# विश्व की श्रेष्ठ कहानियाँ

विश्व साहित्य का अध्ययन हमें न सिर्फ जीवन के एक व्यापक फलक से परिचित कराता है बल्कि उसके माध्यम से हम संसार के विभिन्न हिस्सों में रहने वाले लोगों के रहन-सहन, उनकी नैतिक मान्यताओं, वर्जनाओं, दुखों और प्रसन्नताओं से भी अवगत होते हैं। और यह सिर्फ जानकारी बढ़ाने का मसला नहीं है, इससे हम अपने अंतस्तल को विस्तृत करते हैं, विविधताओं को खुले मन से स्वीकार करने की स्थिति में आते हैं, और दुनिया को देखने का एक उदार नजरिया विकसित करते हैं।

कहानी दुनिया की सबसे प्राचीन विधाओं में है, उसकी सम्प्रेषण शक्ति को भी विशेष रूप से पहचाना गया है। संसार की सभी भाषाओं के पास अपने कुछ महान कथाकार हैं जो अपने जीवनकाल और उसके बाद भी लोगों के हमसफर रहे हैं।

इस संकलन में 14 देशों के कुल 42 कहानीकारों की कहानियाँ संकलित हैं जो अपने समय, समाज और रचना कौशल की प्रतिनिधि रचनाएँ मानी गई हैं। आशा है, पाठकों को यह प्रस्तुति रुचिकर और संग्रहणीय लगेगी।

# विश्व की श्रेष्ठ कहानियाँ

सम्पादन

अभय कुमार

राजकमल पेपरबैक्स

राजकमल पेपरबैक्स में
**पहला संस्करण :** 2008
**सातवाँ संस्करण :** 2025

**राजकमल पेपरबैक्स :** उत्कृष्ट साहित्य के जनसुलभ संस्करण

राजकमल प्रकाशन प्रा.लि.
1-बी, नेताजी सुभाष मार्ग, दरियागंज
नई दिल्ली-110 002

**शाखाएँ :** अशोक राजपथ, साइंस कॉलेज के सामने, पटना-800 006
पहली मंजिल, दरबारी बिल्डिंग, महात्मा गांधी मार्ग, प्रयागराज-211 001
1, अनमोल सोराबजी संतुक लेन, धोबी तलाव, मरीन लाइंस, मुम्बई-400 002
वेबसाइट : www.rajkamalprakashan.com
ई-मेल : info@rajkamalprakashan.com

बी.के. ऑफसेट
नवीन शाहदरा, दिल्ली-110 002
द्वारा मुद्रित

**मूल्य :** ₹299

VISHWA KI SHRESHTHA KAHANIYAN
*(Stories) Edited by* Abhay Kumar

ISBN : 978-81-267-1514-5

# अनुक्रम

# विश्व की श्रेष्ठ कहानियाँ

*फ्रांस*

# बर्लिन का अवरोध

*अलफ़ांस दोदे*

डॉक्टर वी. के साथ शॉज-एलिज़े नामक मुहल्ले से जाते हुए तोप के गोले लगी दीवारों से, बन्दूक की गोलियों से पटी पक्की सड़कों से हम लोग जर्मनों के द्वारा अवरुद्ध पेरिस शहर का इतिहास इकट्ठा कर रहे थे। प्लेस द लेतॉयेल नाम की सड़क पर पहुँचने से पहले डॉक्टर रुके, रुककर उन्होंने 'आर्क़ द त्रियोंफ' नामक विजयतोरण (फाटक) के चारों तरफ, जो भड़कीले मकान एक-दूसरे से लगे हुए थे, उनमें से एक की ओर अँगुली से इशारा किया, फिर कहा—"देख रहे हो उस ऊपर के बरामदे की चार बन्द खिड़कियाँ? उस विपदा से भरे 1870 ई. के अगस्त माह के आरम्भ में पक्षाघातग्रस्त एक रोगी को देखने के लिए मुझे बुलाया गया था। रोगी कर्नल जूभ प्रथम नेपोलियन के समय के एक घुड़सवार सैनिक थे, यश पाने के लिए और मातृभूमि के लिए वे एकदम पागल थे। जर्मनों के साथ युद्ध छिड़ने के समय इसी शॉज़-एलिज़े मुहल्ले में, उन्होंने इस मकान के सड़क की ओर खिड़कीवाले ये कुछ कमरे ले रखे थे—क्यों, जानते हो? अपनी सेना के 'विजय-प्रवेश' का उत्सव वहाँ से देखने के लिए। बेचारा बूढ़ा! वे भोजन करके टेबिल से उठ ही रहे थे कि विसेमबुर्ग़ के युद्ध की खबर आ पहुँची। अख़बार के नीचे सम्राट लुई नेपोलियन के पराजय की ख़बर पढ़कर ही वह बूढ़ा सैनिक बेहोश हो गया।

मैंने जाकर देखा कि वह बूढ़ा घुड़सवार कमरे की ज़मीन पर चित्त पड़ा है, मुँह से ख़ून गिर रहा है, एकदम स्पन्दनहीन—लाठी के आघात से जिस तरह होता है, बिलकुल उसी तरह। खड़े होने पर वे बहुत लम्बे लगते—तब लेटे थे, फिर भी उनकी देह बहुत विशाल-सी लगी। चेहरे की बनावट बहुत सुन्दर थी। सुन्दर दाँतों की पंक्तियाँ थीं, घुँघराले सफ़ेद बाल थे। उम्र अस्सी साल की थी, पर साठ से अधिक नहीं लगती थी। बग़ल में उनकी पोती घुटने टेककर बैठी थी, उसकी पलकें आँसुओं से भीगी थीं। पितामह के चेहरे से उसका काफ़ी साम्य था। फ़र्क केवल यही था, कि एक का चेहरा बुढ़ापे के कारण सिकुड़ा और मलिन था, दूसरे के चेहरे में नवीनता और उज्ज्वलता थी।

उस किशोरी को देखकर मुझे बहुत दुख हुआ। वह उस सैनिक की पोती थी। उसका पिता सेनाध्यक्ष मैकमेहन के ख़ास सहायकों में से एक था। बूढ़ा किशोरी के

सामने बेहोश पड़ा हुआ था; किशोरी के मन में आशंका जागृत हो उठी थी। मैंने उसे आश्वासन देने की भरसक चेष्टा की, यद्यपि वास्तव में मुझे भी कोई आशा नहीं थी। फेफड़े के रुधिर का प्रवाह रोकने के लिए हम लोग चेष्टा कर रहे थे—अस्सी साल की उम्र में इस तरह रक्त का बहाव होने पर बचने की कोई आशा नहीं रहती है।

तीन दिन तक रोगी उसी एक-सी हालत में था—निश्चल और निस्पन्द। इसी बीच राइफ़-शोफ़ेशन से ख़बर आई। तुम्हें याद है न? कैसी अद्‌भुत वह ख़बर थी! हम लोगों की एक भारी विजय हुई है, ऐसा हम लोगों ने सन्ध्या तक विश्वास किया था कि बीस हज़ार जर्मन घायल और जर्मन-युवराज बन्दी हुए हैं।

बेचारा रोगी अब तक बाहर की घटनाओं की ओर से बहिरा था। जाने किस चुम्बक-शक्ति के प्रभाव से इस जातीय आनन्द की प्रतिध्वनि उसके कानों में पहुँची, यह मैं नहीं कह सकता। किन्तु उस रात को रोगी की शय्या के बग़ल में आकर देखा कि वह मानो कोई दूसरा ही मनुष्य है। आँखें क़रीब-क़रीब साफ़ हो गई थीं, बातें करने में भी विशेष कष्ट नहीं हो रहा था; चेहरे पर मुस्कान की एक लकीर दीख रही थी, और तुतलाने की तरह कह रहा था—'विजय! विजय!'

"हाँ, कर्नल, एक भारी विजय हुई है।" फिर जब मैं सेनाध्यक्ष मैकमेहन की विजय के विषय में सविस्तार वर्णन करने लगा, तब उसका रूप शिथिल हो आया, उसका चेहरा उज्ज्वल हो उठा।

मैं कमरे से निकला, तो रोगी की पोती मेरे लिए प्रतीक्षा कर रही थी। उसका चेहरा सफ़ेद हो गया था, और वह निःशब्द हो रही थी। मैंने उसके दोनों हाथ पकड़कर कहा, "कर्नल अब बच गए हैं।"

किशोरी को मेरी बात का उत्तर देने का साहस नहीं हुआ। कुछ समय पहले युद्ध की वास्तविक ख़बर मिल गई थी कि मैकमेहन भाग गया है, और सारी फ्रांसीसी सेना बुरी तरह पराजित हुई है। एक आतंक के भाव से हम दोनों एक-दूसरे की ओर देखने लगे। किशोरी अपने दादा के लिए उत्कंठित थी, और थर-थर काँप रही थी।

मैंने कहा, "अवश्य ही वे इस नए धक्के को नहीं सँभाल सकेंगे। फिर अब क्या उपाय हो? जिस ख़बर ने उनको जीवित किया है, अब वे उस ख़बर का भ्रम ही उपभोग करें। पर हाँ, हम लोगों को उनसे प्रतारणा करनी पड़ेगी।"

साहसी किशोरी बोली, "अच्छा, तो मैं ही उनसे प्रतारणा करूँगी।" यह कहकर शीघ्रता से आँसू पोंछ कर, मुस्कान-भरे चेहरे से उसने अपने पितामह के कमरे में प्रवेश किया।

किशोरी ने स्वयं इस कठिन कार्य का भार लिया। प्रथम कुछ दिनों तक तो यह काम कुछ सहज था, क्योंकि बूढ़े का दिमाग़ उस समय दुर्बल था—छोटे बच्चे की तरह वे अंट-संट विश्वास कर लेते थे। किन्तु स्वास्थ्य की उन्नति के साथ ही साथ उनका दिमाग़ भी साफ़ हो आया। उन्हें प्रतिदिन की ख़बर सुनाने की आवश्यकता होती, बना-बना कर उन्हें नई-नई ख़बरें सुनानी पड़तीं। सुन्दर किशोरी रात-दिन जर्मनी के

नक्शे पर झुकी रही। यह देखने पर दुख होता। छोटे-छोटे झंडों से वह नक्शे को चिह्नित करती—विजय-यात्रा के पथ में सेनाध्यक्ष वाजेन बर्लिन (जर्मनी की राजधानी) की ओर चढ़ रहा है, सेनाध्यक्ष फ्रसर्ड बेवेरिया (जर्मनी का एक प्रान्त) में है, सेनाध्यक्ष मैकमेहन बाल्टिक सागर पर है, आदि। इन विषयों पर वह मेरी सलाह लेती; अपने साध्यानुसार मैं उसकी सहायता करता। किन्तु इस काल्पनिक युद्ध के विषय में हम लोग उसके दादा से अधिक सहायता पाते, प्रथम नेपोलियन के समय में फ्रांसीसियों ने कितनी ही बार जर्मनी पर विजय पाई थी, इसलिए बूढ़ा पहले ही से युद्ध की चालें जानता था। 'अब उनको वहाँ जाना चाहिए। अब वे ऐसा करेंगे।' अपनी भविष्यवाणी सफल हो रही है, देखकर अपने मन में वे गर्व अनुभव करते। दुर्भाग्य से, हम लोग चाहे जितने शहरों पर दख़ल कर लें या युद्ध में विजयी हों, उनसे उन्हें सन्तोष नहीं होता था। हम लोग उनका पीछा ही नहीं कर पाते, वे और आगे बढ़ जाते। किसी तरह भी उन्हें सन्तोष नहीं होता था। प्रतिदिन वह किशोरी मुझे नई-नई विजय की ख़बरें सुनाकर अभिवादन करती। हृदय तोड़ने वाली एक मुस्कान का भाव चेहरे पर लाकर, वह मुझसे मिलती और दरवाज़े के भीतर से मैं सुन पाता—एक हर्ष से भरा स्वर कह रहा है, "हम लोग सुगमता से आगे बढ़ रहे हैं, और एक्र सप्ताह में हम लोग बर्लिन में प्रवेश करेंगे!"

उस समय जर्मन-सेना अधिक दूर नहीं थी, एक सप्ताह में ही शायद पेरिस में आ पहुँचेगी। पहले हम लोगों ने सोचा कि बूढ़े को गाँवों की तरफ ले चलना ठीक है; पर यहाँ से एक बार निकलने पर, गाँवों की हालत देखने पर सब बात प्रकट हो जाएगी। उस समय भी वे इतने दुर्बल थे कि असल बात जान जाने पर और सहन नहीं कर सकते थे। इसीलिए निश्चित हुआ कि वे यहीं रहें।

पेरिस के अवरोध के प्रथम दिन, मैं रोगी को देखने के लिए गया। मुझे अच्छी तरह याद है कि मैं उस समय बहुत ही चिन्तित था। पेरिस के फाटक बन्द हो गए थे। शहर के चारों तरफ दीवार के नीचे युद्ध हो रहा था। हमारे मुहल्ले ही हमारी सीमा में परिणत हो गए थे, यह जानकर मेरा चित्त उस समय बहुत ही व्यथित था। तब यह व्यथा सभी तीव्र रूप से अनुभव कर रहे थे।

जाकर देखा कि बूढ़ा बहुत ही आनन्दित और गर्वित है। उन्होंने कहा, "अवरोध तो शुरू हो गया है!"

मैं चकित होकर उनकी ओर देखता रहा। फिर कहा, "आपको कैसे मालूम हुआ, कर्नल?"

उनकी पोती ने मेरी ओर घूमकर कहा, "हाँ, डॉक्टर, यह भारी ख़बर आज के अख़बार में है। हमारी सेना ने बर्लिन शहर को घेर लिया है।" सिलाई करते हुए उसने शान्त भाव से यह बात कही। बूढ़े के मन में सन्देह कैसे हो सकता है? बूढ़े ने तोपों की आवाज़ नहीं सुनी; पेरिस का वह शोक-भरा गम्भीर भाव और उखड़ी हालत भी नहीं देख पाई। जो कुछ अपनी शय्या पर लेटे-लेटे देख रहे थे, उससे उनका भ्रम एक्र-सा ही चला आ रहा था। बाहर आर्क़-द-त्रियोंफ़ (विजय-तोरण) और कमरे में प्रथम

नेपोलियन के समय की प्राचीन वस्तुओं का एक अच्छा संग्रह था। फ्रांसीसी प्रधान सेनापतियों की तस्वीरें थीं, बालक की पोशाक पहने हुए इटली के राजा का चित्र था, सम्राट् नेपोलियन के स्मृति-चिह्न, ताँबे की मूर्तियाँ, काँच के आवरण में ढँका 'सेंट हेलेना' टापू का (जहाँ नेपोलियन ने क़ैद रहकर अन्तिम जीवन बिताया था) एक पत्थर—ये सब चीज़ें थीं। अहा, सरल-भोला कर्नल! हम लोग चाहे कुछ कहें, प्रथम नेपोलियन की उस विजय-कीर्ति के बीच से, उन्होंने सरल भाव से विश्वास किया था कि फ्रांसीसी सेना के द्वारा बर्लिन अवरुद्ध हुआ है।

उस दिन से हम लोगों की युद्ध के विषय में आलोचना सहज हो आई। अब केवल बर्लिन पर दख़ल करने में धैर्य रखना था। जब वे प्रतीक्षा करते-करते थक जाते, तब कभी-कभी उनके पुत्र की चिट्ठियाँ पढ़कर उनको सुनाई जातीं। हाँ, सब चिट्ठियाँ काल्पनिक थीं, क्योंकि उस समय पेरिस में कुछ भी प्रवेश नहीं कर पाता था। और 'सेडान' के युद्ध में बन्दी होने के बाद, बूढ़े के पुत्र, सेनापति मैकमेहन के सहायक सेनाध्यक्ष को एक जर्मन क़िले में भेज दिया गया था। उस किशोरी के हृदय में अपने बन्दी पिता के लिए कैसी निराशा और आशंका जागृत हो रही थी, यह तुम अच्छी तरह कल्पना कर सकते हो। बाप का कोई समाचार नहीं पा रही थी; बाप बन्दी है, आराम और सुख की सब वस्तुओं से वंचित है; कदाचित् पीड़ित है! फिर भी उसकी ज़बान से, छोटे पत्रों के रूप में, झूठ बात कहलानी पड़ रही है कि विजित देश में, क्रमशः जय करता हुआ बढ़ रहा है! कभी-कभी जब रोगी कुछ अधिक दुर्बल ही जाता, तब नई ख़बर आने में कितने ही सप्ताह बीत जाते। फिर जब वे बहुत उत्कंठित होते, उन्हें नींद नहीं आती, तब सहसा जर्मनी से लड़के के पास से एक पत्र आता; किशोरी उस पत्र को बूढ़े दादा की शय्या के बग़ल में बैठकर ज़बरन रोदन दबाए रखकर हर्ष और प्रफुल्लित भाव से पढ़कर सुनाती। कर्नल बड़ी श्रद्धा से ध्यान लगाकर सुनते, उनके चेहरे पर गर्व की एक मुस्कान रहती, कभी पत्र के किसी विषय का अनुमोदन कर रहे हैं, कभी किसी विषय की भूल दिखा रहे हैं, और कभी किसी विषय की समालोचना कर रहे हैं। उनका सबसे अधिक गुण प्रकट होता जब वे अपने पुत्र को जवाब लिखाते। लिखवाते—'तुम एक फ्रांसीसी हो, यह बात कभी मत भूलना; उन अभागे जर्मनों पर सदा उदारता दिखाना! यह आक्रमण उनके लिए अधिक कठोर न हो।' सलाह की कमी नहीं रहती; सम्पत्ति के प्रति सम्मान दिखाने के सम्बन्ध में, महिलाओं के प्रति शिष्टाचार के सम्बन्ध में कितने ही उपदेश रहते। एक शब्द में, बूढ़े ने विजयी के व्यवहार के लिए एक सामरिक धर्म-संहिता की रचना की थी। इन पत्रों में राजनीति की बातें भी रहतीं, विजित पर संधि की शर्तें किस तरह थोपी जाएँगी, ये सब बातें भी रहतीं। यह मानना ही होगा कि बूढ़े ने विजितों से कुछ भी अधिक दावा नहीं किया। उन्होंने लिखवाया—'युद्ध में हार का अर्थ धन का दंड, इसके सिवाय और कुछ भी नहीं है; देश पर दख़ल कर लेने से कोई लाभ नहीं है। क्या तुम जर्मनी को कभी फ्रांस में परिणत कर सकते हो?'

वे उत्तर लिखवाते समय ऐसे दृढ़ स्वर से, ऐसी देश-भक्ति से भरे विश्वास के साथ

बातों को कहते कि किसी के लिए वह सब अविचलित भाव से सुनना असम्भव था।

इसी बीच अवरोध का कार्य चलने लगा। हाँ, यह बर्लिन का अवरोध नहीं था। हाय! इस समय ठंड, तोपों का वर्षण, महामारी और दुर्भिक्ष सिरे पर पहुँच गए थे। पेरिस की हालत बहुत ही बुरी हो गई थी। पर हम लोगों के यत्न से और घर के लोगों की अक्लान्त सेवा से बूढ़े की शान्ति एक क्षण के लिए भी विचलित नहीं हुई थी। अन्त तक मैंने उनके लिए—केवल उन्हीं के लिए—सफ़ेद आटे की डबल रोटी और ताज़ा गोश्त जुटाया था। बूढ़े का सुबह का भोजन बहुत ही हृदय-स्पर्शी होता। दादा शान्त मन से गर्वित रहते। उनके चेहरे पर ताज़ा भाव और मुस्कान खिली रहती। वे शय्या पर उठकर बैठे हैं, ठोड़ी के नीचे एक बड़ा रूमाल बँधा है (जिससे भोजन के देह पर गिरने से कपड़े ख़राब न हों), शय्या के बग़ल में पोती, अभाव और क्षुधा से पीली, बूढ़े के हाथ को पकड़कर उनके मुँह की ओर उठा दे रही है और सब प्रकार की रुचिकर निषिद्ध चीज़ों के भोजन करने में सहायता कर रही है।

खा-पीकर कुछ स्वस्थ होकर उस दिन वे अपने गरम कमरे में ज़रा आराम उपभोग कर रहे थे। कमरे के भीतर जाड़े की हवा प्रवेश नहीं कर पा रही थी, पर बाहर बर्फ़ का तूफ़ान चल रहा था। ऐसे समय में बूढ़े सैनिक उत्तर यूरोप के युद्ध के क़िस्से कहना पसन्द करते थे। रूस के साथ युद्ध में, रूसियों का वह सत्यानाशी 'पीछे हटने' का वर्णन करते। रूस जाने के रास्ते में बर्फ़ में जमाये बिस्कुट और घोड़े के गोश्त के सिवाय कुछ भी नहीं मिलता था।

बोले, "समझी पोती, हम लोग घोड़े का गोश्त खाते थे?"

किशोरी बहुत अच्छी तरह समझ रही थी, क्योंकि इन दो महीनों में उसने घोड़े के गोश्त के सिवाय कुछ भी नहीं खाया था।

वे जैसे-जैसे स्वस्थ होने लगे, हम लोगों का काम भी प्रतिदिन कठिन होने लगा। उस समय कर्नल की सब इन्द्रियों और अंगों की सिकुड़न, जिसके कारण हम लोगों को कुछ सुविधा थी, क्रमशः ग़ायब होना आरम्भ हुई। इसी बीच, दो बार फ़ोर्ट मेलोर की तोपों की भयानक आवाज़ से वे चौंक पड़े थे और युद्ध के घोड़े की भाँति कान ऊँचे किए थे। इसीलिए मज़बूर होकर हम लोगों को एक बात बनाकर कहनी पड़ी। हम लोगों ने उनसे कहा कि बर्लिन के सामने युद्ध में हम लोगों की विजय हुई है, इसके सम्मानार्थ 'ऐंवालीड' से तोपों की आवाज़ की गई है। और एक दिन उनका पलंग खिड़की के पास हटा कर लाया गया था, उस समय नेशनल गार्ड का एक सेनादल सामने के मैदान में इकट्ठा हुआ था। देखा गया कि वह सेना देखकर कुड़कुड़ा रहे हैं। उन्होंने पूछा, "वे सब किस सेनादल के हैं? उनकी क़वायद की शिक्षा बिलकुल ही अच्छी नहीं हुई। बुरी शिक्षा हुई है—बुरी शिक्षा हुई है!"

इसका फल कुछ भी बुरा न हुआ; पर हम लोग समझ गए कि अब और अधिक सावधान होने की आवश्यकता है। किन्तु दुर्भाग्य से हम लोग काफ़ी सावधान नहीं रह सके।

उस रात को देखा कि किशोरी बहुत चिन्तित हुई है। उसने कहा, ''कल जर्मन सेना हमारे शहर में प्रवेश करेगी।''

पितामह के कमरे का द्वार क्या उस समय खुला था? जब मुझे लग रहा है कि रात-भर उनके चेहरे पर एक अद्‌भुत भाव रहा था। कदाचित् हम लोगों की बातें उनके कानों में पहुँची थीं। हम लोग जर्मनों की बातें कह रहे थे, किन्तु वे सोच रहे थे कि हम लोग, फ्रांसीसियों की बातें कह रहे हैं। इतने दिनों से उन्होंने जो आशा की है कि प्रधान सेनापति मैकमेहन फूलों की बौछार के बीच से, बिगुल के शब्द के साथ, शहर में प्रवेश कर रहे हैं, और प्रधान सेनापति का सहायक सेनाध्यक्ष उनका पुत्र, प्रधान सेनापति के बग़ल में घोड़े पर सवार होकर आ रहा है, यह सब कल देख पाएँगे, सोच कर अपनी कर्नल की वर्दी पहन कर, बारूद के धुएँ से मैले युद्ध के झंडे को अभिवादन करने के लिए उन्होंने बरामदे में बैठने का निश्चय किया।

बेचारे कर्नल जूभ! बूढ़े ने शायद सोचा था कि उनके हृदय का आवेग असह्य न हो जाए, इसलिए हम लोग उन्हें रोकेंगे। इसलिए शायद अपने मन की इच्छा हम लोगों से प्रकट नहीं की थी। पर उसके दूसरे दिन मेलोर से ट्वीलरी तक जो लम्बी सड़क गई है, उस सड़क पर से जब जर्मन सेना सावधानी से आ रही थी, बिलकुल उसी समय यह दीख पड़ा कि बरामदे का द्वार धीरे-धीरे खुल गया, और सिर पर टोपी पहनकर, कमर में तलवार लटकाकर वे बरामदे में आकर खड़े हो गए!

अनेक बार मैंने मन-ही-मन सोचा कि इस तरह सामरिक पोशाक पहन कर खड़े होने में उन्हें कितनी इच्छाशक्ति का प्रयोग करना पड़ा होगा—ऐसी दुर्बल हालत में, जाने कैसे एक भयानक आकस्मिक आवेग ने उनको परिचालित किया होगा! पर उन्हें आश्चर्य हो रहा था कि क्यों सड़क इतनी सुनसान है, क्यों मकान की खिड़कियाँ बन्द हैं; पेरिस मानो कोढ़ियों का एक अस्पताल है; सर्वत्र झंडे लगे हुए हैं, लेकिन अपरिचित विदेशी झंडे लगे हैं, लाल क्रास-अंकित सफ़ेद रंग के झंडे हैं। हमारी सेना को देखने के लिए कोई तो नहीं आया है!

क्षण-भर के लिए उनको लगा कि कदाचित् उनकी भूल हुई है।

पर नहीं! उधर, 'विजय-तोरण' के पीछे एक भारी शोर है। दिन के प्रकाश की वृद्धि के साथ-साथ एक काली रेखा-सी दीखी, फिर क्रमशः उनकी टोपियाँ चमक उठीं, तलवारें झनझना उठीं और फिर श्यूबेयर का बनाया जर्मन विजय-गीत आकाश को कम्पित करके गूँज उठा!

तब सड़क की उस मृत-सी निस्तब्धता के बीच एक चीत्कार—एक भयानक चीत्कार सुनाई दिया—''सब हथियार पकड़ो, हथियार पकड़ो! जर्मन सेना आ गई है!''

आगे के सेना-दल के चार घुड़सवारों ने तब कदाचित् देखा होगा—उस ऊपर के बरामदे से एक लम्बा बूढ़ा हिलता-डुलता, हाथ उठाता हुआ नीचे गिर पड़ा। इस बार कर्नल जूभ मृत थे।

# रेगिस्तान की माया

*ओनोरे द बाल्ज़ाक*

पशुशाला से बाहर आते ही उस महिला ने कहा, "कैसा भयानक दृश्य है?"

अब तक वह पिंजड़े के भीतर खिलाड़ी और उसके पालतू शेर का खेल देख रही थी।

"मनुष्य कैसे इन भयानक पशुओं को इस तरह वश में कर लेता है? उनके स्नेह पर कैसे इतना निर्भर करता है?"

मैंने कहा, "आपको जो बात एक बहुत गहरी समस्या-सी लग रही है, वह प्रकृति के एक नियम के सिवाय और कुछ भी नहीं है।"

तब वह अविश्वास की मुस्कान के साथ कह उठी, "अच्छा, यह बात है!"

मैंने पूछा, "क्या आपको यह ख़्याल है कि इन पशुओं में स्नेह या प्रेम करने की क्षमता नहीं है? सभ्य मनुष्यों में जितने दोष और गुण हैं, सब इनको सिखाए जा सकते हैं।"

वह महिला मेरी ओर बहुत चकित-सी होकर देखती रही।

मैंने कहा, "मैं भी पहली बार इस खिलाड़ी को क्रूर जानवरों के साथ खेलते देख, आपकी तरह ही चकित हुआ था। मेरी बग़ल में एक बूढ़ा सैनिक खड़ा था, उसका एक पैर जाँघ से कटा हुआ था। उसके चेहरे ने और शक्ल ने मुझ पर एक विचित्र प्रभाव डाला। उसके गर्व से ऊँचे माथे पर मानो किसी अदृश्य विजय का टीका अंकित था। देखते ही लगता कि महावीर नेपोलियन के साथ युद्धों में उसने उम्र काटी है। उसके सरल भाव और ख़ुशमिज़ाजी ने मुझे आकर्षित कर लिया। यह उस सेना-दल का एक सिपाही था, जिसे कोई भी विषय चकित नहीं कर सकता, जो मृत्यु के पंजे में भी हँसता रहता है, जो शैतान के साथ बैठकर भी ख़ुशमिज़ाजी से बातें करने को तैयार रहता है। वह बूढ़ा सैनिक इस खिलाड़ी और जानवर का खेल एकटक काफ़ी देर तक देखकर होंठ बिचका कर व्यंग्य की हँसी हँसता हुआ चला जा रहा था। खिलाड़ी के साहस से चकित होकर मेरे कुछ कहने पर उसने जानकार की तरह सिर हिला कर हँसते हुए कहा, 'जनाब, यह सब मुझे ख़ूब अच्छी तरह मालूम है—ख़ूब मालूम है!' "

मैंने कहा, "अच्छा, आप अगर इस रहस्य को समझा दें, तो बहुत आभारी होऊँ।"

कुछ क्षणों में हम दोनों में घनिष्ठता हो गई, और साथ-साथ हम लोगों ने एक होटल में प्रवेश किया। वहाँ बैठकर एक बोतल शैम्पेन पीते ही उस बूढ़े का दिल मानो खुल

गया। तब उसने अपने जीवन का क़िस्सा सुनाना शुरू किया। तभी मैंने समझा कि 'यह सब मुझे मालूम है' कहकर उसने जो गर्व प्रकट किया है, वैसा कहने का उसे अधिकार है।

वह महिला घर लौट कर ऐसे मीठे भाव से अनुरोध करने लगी कि मज़बूरन मुझे उस बूढ़े सैनिक का क़िस्सा लिख देने का वादा करना पड़ा।

दूसरे दिन यह कहानी उसके पास भेजी :

"मिस्र (इजिप्ट) में फ्रांसीसी सेनापति डेसई के नेतृत्व में जो सेना-दल लड़ने गया था, उसमें से एक फ्रांसीसी सैनिक शत्रु-दल के अरबों के पंजे में फँस गया। वे लोग उसे नाइल नदी के पार एक रेगिस्तान में ले गए। फ्रांसीसी सेना-दल उस सैनिक का कोई पता न पा सके, इसलिए वे बड़ी तेजी से चलकर बहुत दूर निकल गए, और रात होने पर एक जगह ठहरने के लिए रुके। यह जगह एक कुएँ के पास थी। उस कुएँ को चारों तरफ से खजूर के पेड़ घेरे खड़े थे। कुछ दिन पहले अरबों ने उसी जगह कुछ खाने की चीज़ें गाड़ रखी थीं, इसीलिए उन्होंने इस जगह को चुना।

उनका बन्दी भागने की कोशिश कर सकता है, यह उन्होंने कल्पना भी नहीं की थी। इसीलिए वे केवल उस फ्रांसीसी सैनिक के दोनों हाथों को बाँध कर भोजन आदि करके निश्चिन्तता से सो गए। फ्रांसीसी वीर ने जब देखा कि उसके दुश्मन लोग नींद से बेहोश हैं, तो उसने दाँतों से एक तलवार उठाई, और उसे जाँघों के बीच रखकर अपने हाथों का बन्धन काट डाला। इस प्रकार अपने को मुक्त करके उसने एक बन्दूक और एक छुरा अपने हाथ कर लिया। साथ में घोड़े के लिए थोड़ा-सा जौ, अपने लिए सूखे खजूर, बन्दूक की गोलियाँ आदि इकट्ठा करना भी वह नहीं भूला। फिर एक घोड़े पर यह सब रखकर, सवार होकर उसी रेगिस्तान में घोड़ा दौड़ा दिया। उसके ख्याल में जिस तरफ फ्रांसीसी सेना थी, उसी ओर चला। अपनी छावनी में जल्दी से जल्दी पहुँचने के ख्याल से उसने इतनी तेजी से घोड़े को भगाया कि कुछ दूर जाकर ही वह अभागा घोड़ा गिर कर मर गया! फ्रांसीसी सैनिक उस सीमा-हीन रेगिस्तान में अकेला खड़ा रहा।...

पर इस भागे हुए बन्दी का साहस भी असाधारण था। बहुत देर तक इधर-उधर भटक कर अन्त में वह रुकने को बाध्य हुआ। रात्रि आ रही थी। पूर्वी देश की रात्रि के अपूर्व सौन्दर्य से मोहित होकर भी, उसने अपने में और आगे बढ़ने की शक्ति नहीं पाई। सौभाग्य से उस समय वह एक छोटी पहाड़ी के पास आ पहुँचा था। पहाड़ी पर कुछ खजूर के पेड़ थे। दूर से उन पेड़ों के पत्ते देखकर सैनिक के मन में आश्रय पाने का भाव जाग उठा। ऊपर चढ़ कर वह एक बड़े पत्थर पर लेट गया और कुछ देर पीछे सो गया। वह इतना थक गया था कि नींद में अपने को किसी तरह बचाने का कुछ भी इन्तज़ाम नहीं किया। शायद अपने जीवन की आशा उसने छोड़ रखी थी। सब तरह की सहायता की सीमा का अतिक्रमण करके, अब अरब डाकुओं का साथ छोड़ आने के लिए शायद उसे दुख और पश्चात्ताप होने लगा था। उनका वह खानाबदोश जीवन भी अब उसे बहुत मीठा लगा रहा था।

धूप से पत्थर बहुत गरम हो उठने पर उसकी नींद टूटी। असावधानी से वह ऐसी जगह पर लेटा था कि जहाँ पेड़ की छाया नहीं पड़ती थी। पेड़ों की ओर देखकर उसका चित्त भय से भर उठा। चारों तरफ देखा—कहीं कुछ भी नहीं, केवल असीम बालू का समुद्र! तब निराशा मानो उसके कलेजे को मुट्ठी से कस कर दबाने लगी। जहाँ तक दृष्टि पहुँचती, बालू का सागर, तेज़ चमकती हुई तलवार की तरह दीख रहा था। वह सचमुच ही नहीं समझ पा रहा था कि समुद्र की ओर देख रहा है या रेगिस्तान की ओर। चारों ओर के दृश्य पर एक आग-भरे कुहरे का आवरण हिल रहा था। आसमान भी एक तीव्र ज्योति से प्लावित था। नीचे-ऊपर सब कुछ आग के रंग से रँगा हुआ था। चारों तरफ की वह नीरवता कैसी भयानक थी! असीम, ज्वालामय शून्यता उसके अस्तित्व को पीड़ित करने लगी। आसमान में रत्ती-भर भी बादल नहीं, हवा में कोई शब्द नहीं, बालू का विशाल समुद्र बिलकुल स्थिर!

फ्रांसीसी सैनिक ने पास के पेड़ों को मित्र की तरह आलिंगन कर लिया। फिर उसकी छोटी-सी छाया में बैठकर रोने लगा। आँखों के सामने फैला हुआ दृश्य उसे बहुत ही भयावह मालूम हो रहा था। वह चिल्ला-चिल्ला कर रो रहा था, पर रेगिस्तान में इस रोदन की कोई प्रतिध्वनि नहीं मिली। केवल उसके हृदय में ही प्रतिध्वनि थी।

तब उस सैनिक की उम्र केवल इक्कीस साल थी। घड़ी पीछे कुछ समय के बाद वह आत्महत्या के लिए बन्दूक में गोली भरने लगा। पर उसे उसी क्षण काम में न ला कर बन्दूक उसने अपने सामने पत्थर पर रख ली। फिर बड़बड़ाकर कहा, "इसके लिए काफ़ी समय मिल जाएगा।"

वह एक बार नीले आकाश की ओर देखता, फिर एक बार बालू के ढेर के उस निरानन्द दृश्य की ओर। फिर वह अपनी मातृ-भूमि फ्रांस का स्वप्न देखने लगा वह कल्पना से ही पेरिस की सड़कों की गन्ध सूँघने लगा। जिन शहरों के बीच से वह आया हैं, अपने साथियों के चेहरे, अपने जीवन की छोटी-मोटी घटनाएँ—सब स्मरण करते ही उसक चित्त आनन्द से भर उठा। रेगिस्तान की मृग-तृष्णा के बीच अपने देश की पहाड़ी को कल्पना में देख पाया। पर मृग-तृष्णा में भय का अन्त नहीं है, इसलिए वह आँखें घुमा कर पहाड़ी की दूसरी तरफ से नीचे उतरने लगा। नीचे उतर कर उसने एक छोटी गुफ़ा-सी देखी, बालू के पत्थर की छाती खोद कर प्रकृति ने ही उसे बनाया था। उसे देखकर सैनिक खुश हुआ। गुफ़ा में एक फटी चटाई पड़ी थी; समझा कि इस जगह कभी मनुष्य रह भी गए हैं। और कुछ दूर जाकर फिर फलों के भार से झुके हुए अनगिनत खजूर के पेड़ देखे। यह सब पाकर मनुष्य के स्वाभाविक जीवन धारण की वृत्ति उसके मन में जागृत हो उठी। वह आशा करने लगा कि यहाँ रहते-रहते किसी सफ़री अरब की निगाह में वह पड़ सकेगा, तोपों के शब्द भी वह सुन सकेगा, क्योंकि इस समय सारे मिस्र में नेपोलियन की सेना लड़ रही थी।

इस चिन्ता से उसके मन ने कुछ शक्ति पाई। तब वह एक पेड़ से थोड़े से खजूर तोड़ कर खाने लगा। वे खजूर इतने स्वादिष्ट और मीठे थे कि उसने सोचा कि यह

केवल प्रकृति की ही कीर्ति नहीं है, इसमें शायद मनुष्य का भी हाथ है।

निराशा के गहरे गड्ढे से निकलकर वह आनन्द से भर उठा। फिर पहाड़ी पर आकर एक खजूर का पेड़ काटना शुरू किया।

कोई क्रूर पशु आकर उस पर वार कर सकता है—सहसा यह बात उसके मन में आई। पत्थरों की ढेरी के भीतर से एक छोटा झरना निकला था, यहाँ जल की तलाश में कोई पशु आ सकता है। तब रात को सोने के पहले वह गुफ़ा के मुँह पर एक घेरा लगा देगा। पर डर के मारे जी-जान से मेहनत करने पर भी वह उस पेड़ को टुकड़े-टुकड़े करके नहीं काट सका। पेड़ काटते-काटते ही संध्या हो गई। उस विशाल पेड़ के गिरते समय चारों ओर को कँपा कर एक शब्द हुआ, मानो निर्जन रेगिस्तान का आर्त्तनाद हो! सुनकर सैनिक की देह सिहर उठी, मानो कोई देववाणी किसी होनेवाले बड़े भारी अनर्थ की सूचना कर गई। पर अधिक देर तक न रुककर झटपट पेड़ के डार-पत्ते काटकर वह फटी चटाई की मरम्मत में लग गया। अन्त में सारे दिन की धूप और मेहनत से थका वह सैनिक गुफ़ा के भीतर पड़कर सो गया।

सहसा आधी रात के समय एक अद्भुत शब्द से उसकी नींद टूट गई। गहरी निस्तब्धता में उसने एक साँस की आवाज़ सुनी, वह बिलकुल बनैली और भयानक थी, मनुष्य की साँस से उसका कोई भी मेल नहीं था। गहरे अन्धकार में, इस घटना से जाग कर डर के मारे उसका खून मानो जम गया। आँखें खोल कर उसने अच्छी तरह से देखा—अँधेरे में दो पीले रोशनी के टुकड़े 'भक्-भक्' जल रहे थे! भय के मारे उसके सिर के बाल सीधे खड़े हो गए। पहले लगा, शायद देखने में गलती हुई है, पर आँखों के अँधेरे की आदी होते ही स्पष्ट देख पाया, उससे दो-तीन क़दम की दूरी पर, एक बड़ा भारी पशु लेटा हुआ है!

वह सिंह है या चीता या घड़ियाल? फ्रांसीसी सैनिक का जीव-विद्या का ज्ञान अधिक नहीं था। वह इस भयानक आगन्तुक का निर्णय आसानी से नहीं कर सका। अज्ञान के कारण उसे डर और भी अधिक हुआ। डर से वह हिल भी नहीं पा रहा था, केवल लेटा-लेटा उस भयावह साँस की आवाज़ में कोई फ़र्क़ होता है या नहीं, वह सुन रहा था। भेड़िये के बदन की गन्ध-सी, परन्तु उससे भी कहीं अधिक तीव्र एक गन्ध से गुफ़ा भर उठी थी। नाक में उस गन्ध के पहुँचते ही आतंक से उसके होश गायब होने लगे। यह समझने में देर नहीं हुई कि किसी भयानक पशु के राज-भवन में आकर उसने आश्रय लिया है। फिर कुछ समय के बाद अस्त होते हुए चन्द्रमा की किरण गुफ़ा के भीतर पड़ी। उस रोशनी से गुफ़ा के उज्ज्वल होने पर एक शेर की देह साफ़-साफ़ दीख पड़ी!

मिस्र का वह पशु-राज कुत्ते की तरह सिकुड़कर लेटा हुआ सो रहा था। उसकी दोनों आँखें एक बार खुल कर फिर बन्द हो गईं। वह फ्रांसीसी सैनिक की ओर मुँह करके ही लेटा हुआ था।

शेर का बन्दी होकर, सैनिक के दिमाग़ में सैकड़ों प्रकार की चिन्ताएँ आने-जाने

लगीं। पहले उसने निश्चय किया कि शेर को गोली से मारेगा। पर वह पशु उसके इतने निकट लेटा हुआ था कि बन्दूक पकड़ने की भी जगह नहीं थी। इसके सिवाय बन्दूक को ठीक करते समय वह अगर जग जाय? इस डर से वह हिल-डुल भी नहीं पा रहा था। रेगिस्तान की नीरवता में उसे अपने हृदय का स्पन्दन भी बहुत प्रबल सुनाई दे रहा था। वह अपने को श्राप दे रहा था कि अगर इस आवाज़ से ही उसके दुश्मन की नींद टूट जाए? वह जब तक सोता रहे, इतने ही समय के भीतर उसे अपनी मुक्ति का उपाय सोचकर कुछ निश्चय करना पड़ेगा। दो बार उसने अपनी छुरी पर हाथ रखा, पर शेर की गर्दन इतने घने बालों से ढँकी थी कि उसके भीतर से छुरी चलाना असाध्य समझ कर उसने वह कोशिश भी त्याग दी। पर यदि वह उस पर वार करके उसे मार न सके, तो अपने जीवन को बचाने का और कोई उपाय ही नहीं रहेगा। उस भयानक शत्रु के साथ आमने-सामने लड़कर विजयी होने की चेष्टा ही उचित समझकर अब उसने निद्रित अवस्था में उसे मारने की इच्छा त्याग दी, और वह प्रतीक्षा करने लगा कि कब दिन निकले।

बहुत देर नहीं लगी। तब उसने शेर को अच्छी तरह से देखा। उस समय भी शेर का मुख खून से भीगा था। सैनिक ने सोचा—'कुछ समय पहले ही इसने भर पेट खाया है, अब जागते ही वह शायद खाने की कोशिश नहीं करेगा।'

और अच्छी तरह से देखकर जाना कि वह शेर नहीं, शेरनी है। उसकी छाती और जाँघों के बाल सफ़ेद और चमकीले थे। पंजों के चारों ओर घिरी मखमल की तरह कोमल काली बिन्दियाँ थीं; देखने पर लगता कि सुन्दरी ने चूड़ियाँ पहनी हैं। उसकी पट्टेदार दुम भी सफ़ेद थी, केवल अगला भाग गोल-गोल काली धारी से शोभित था। पीठ का चमड़ा पुराने सोने की तरह पीले रंग का था, बहुत कोमल और चिकना; उस पर काले गुलाब की छाप थी। यही छाप देखकर उसकी जाति का निर्णय होता है। बिल्ली का बच्चा जिस सुन्दर ढंग से कुर्सी की गद्दी पर लेटा रहता है, वह भयानक आगन्तुक भी उसी ढंग से, निश्चिन्त भाव से सो रहा था। खून से रँगे, लम्बे नाखूनों से शोभित पंजे सामने फैलाकर, उन पर सिर रखकर वह शेरनी लेटी हुई थी; मुख के दोनों तरफ चाँदी के तार की तरह सफ़ेद और सीधी मूँछें दीख रही थीं।

फ्रांसीसी सैनिक इसी पशु को अगर पिंजड़े में बन्द हालत में देखता, तो उसके गठन की सुन्दरता और देह की खाल की नाना रंगों से रँगी राजोचित शोभा की तारीफ़ किए बिना न रहता। पर इस समय शेरनी के भयावह सौन्दर्य से उसकी दृष्टि, मानो धुँधली होने लगी। निद्रित शेरनी का रहना उसे मन्त्रमुग्ध कर रहा था, उसी तरह जिस तरह साँप की दृष्टि पक्षी को सम्मोहित करती है।

इस विपदा के सामने उसका साहस क्रमशः कम होता जा रहा था। यद्यपि उसने तोप के सामने छाती फैला कर खड़े होने में कभी पसोपेश नहीं किया था, तथापि एक बात सोच कर उसने अपने को कुछ शान्त किया। उसके माथे से पसीना झरना भी बन्द हुआ। बिलकुल निरुपाय होने पर मनुष्य अनेक समय नियति की उपेक्षा करके छाती

फुलाकर खड़ा हो जाता है। उस सैनिक ने भी सोच लिया कि यह घटना वियोगान्त ही होगी, पर इस नाटक में अन्त तक अपने 'पार्ट' का उसे एक वीर की तरह ही अभिनय करना होगा। मृत्यु की सम्भावना तो मनुष्य को प्रतिदिन ही है।

अपने को दलील देकर समझाया—दो दिन पहले भी तो अरबों के हाथों से तुम्हारी मौत हो सकती थी।

और उसने अपने को मृत ही सोच लिया। फिर मन में साहस का संचय करके वह शेरनी के जागने की प्रतीक्षा में रहा। कुछ कौतूहल भी उसके मन में झाँक रहा था।

सूर्य के उदय होने के साथ ही साथ शेरनी ने आँखें खोलीं। फिर चारों पैर तान कर आलस्य तोड़ने लगी। फिर उसने मुँह फैलाकर एक जम्हाई ली, तब उसके डरावने दाँतों की पंक्ति और आरे-सी जीभ अच्छी तरह से दीखी। लोट-पोट होने का मनोरम ढंग देखकर फ्रांसीसी ने मन-ही-मन कहा, 'यह महिला काफ़ी शौक़ीन भी है!' मुँह पर और पंजों पर जो खून लगा था, उसे चाट कर साफ़ कर दिया, फिर वह सिर को ज़मीन पर बहुत मनोहर ढंग से घिसने लगी।

मन में ज़बरन साहस लाने के साथ ही साथ थोड़े खुशहाली के भाव भी आए। सैनिक ने मन-ही-मन कहा, 'हाँ, अपनी सजावट पहले कर लो, फिर तुमसे नमस्कार करेंगे!' अरबों के पास से जो छुरा चोरी करके लाया था, उसकी मूठ सैनिक ने अपनी मुट्ठी में कस कर पकड़ी।

ठीक इसी समय शेरनी ने फ्रांसीसी वीर की ओर देखा। वह एकटक देखती रही, पर आगे बढ़ने की कोई कोशिश नहीं की। इधर उसकी दृष्टि की असहनीय उग्रता से फ्रांसीसी वीर की देह सिहर उठी। फिर शेरनी उसकी ओर धीरे-धीरे बढ़ने लगी। सैनिक उसकी ओर एकटक देखता रहा, मानो उसे वह मन्त्र-मुग्ध करना चाहता है। शेरनी के पास आने पर वह साहस का संचय करके उसकी देह पर हाथ फेरने लगा। वह उसके सिर से शुरू करके पिंडली की हड्डी पर से दुम तक बार-बार उसे सहलाने लगा, तब शेरनी चैन से दुम उठा कर बिल्ली की तरह 'घड़-घड़' शब्द करने लगी। उसकी दृष्टि क्रमशः कोमल होने लगी। उसकी विशाल छाती भेद कर उठने वाला यह 'घड़-घड़' शब्द ही एक विशाल 'हारमोनियम' की ध्वनि-सा लग रहा था। फ्रांसीसी सैनिक अपना प्यार सफल होता देख और अधिक उत्साह से सुन्दरी शेरनी का मनोरंजन करने लगा। कुछ ही क्षणों में शेरनी जैसे शान्त हो गई।

सैनिक ने जब देखा कि शेरनी का क्रूर भाव बिलकुल नष्ट हो गया है, तब वह गुफ़ा से बाहर जाने के लिए खड़ा हुआ। शेरनी ने पहले कोई एतराज़ प्रकट नहीं किया, पर सैनिक के बालू की ढेरी पर चढ़ते ही, वह तेज़ी से एक छलाँग मार कर उसके पास आ गई, और बिल्ली की तरह पीठ सिकोड़ कर वह युवक के पैरों पर अपनी देह घिसने लगी। फिर साथी की ओर उज्ज्वल दृष्टि से देखकर बड़े ज़ोर से गरज उठी।

'इसे प्यार की चाह बहुत अधिक है!' कहकर युवक ने फिर उसका सिर सहला दिया, और उसके बदन पर हाथ फेरना शुरू कर दिया। सफलता से उसका साहस बढ़

गया; तब वह अपने छुरे से शेरनी के सिर पर गुदगुदी देने लगा; चोट करने के योग्य नर्म जगह है या नहीं, यह भी देख लिया। पर उसकी खोपड़ी इतनी कठोर मालूम हुई कि असफलता के डर से उसने कुछ भी नहीं किया।

रेगिस्तान की सुल्ताना नौकर की सेवा से सन्तुष्ट हुई है, यह बात वह नाना भावों से प्रकट करने लगी। उसने सिर उठा कर गर्दन आगे बढ़ा दी और बिलकुल नीरव और निस्पन्द हो गई। फ्रांसीसी सैनिक ने सोचा कि अब ताक़त से गर्दन पर छुरा मारने पर इस भयानक शेरनी की हत्या की जा सकती है। छुरा उठाकर वह मारने ही जा रहा था कि शेरनी ऐसे मनोहर ढंग से उसके पैरों पर लेट गई और उसकी ओर इस तरह से ताकने लगी, जिसमें स्वभावोचित क्रूरता कुछ रहने पर भी, प्रेम-चिह्न बहुत साफ़ दीख पड़ा। सैनिक निराशा भाव से एक पेड़ पर टेक देकर खजूर खाने लगा। वह मुक्ति की आशा से एक बार रेगिस्तान की ओर देखता, फिर एक बार शेरनी की ओर देखता। उसका प्रेम-भाव एकाएक ग़ायब तो नहीं हो रहा है, यह देखने के लिए जितनी ही बार वह खजूर की गुठली दूर फेंकता, उतनी ही बार शेरनी उस ओर सन्देह-भरी दृष्टि से देखती। युवक को भी वह बहुत ध्यान से देखने लगी। परीक्षा का फल अच्छा ही हुआ; क्योंकि खाना ख़त्म करके युवक के उठते ही शेरनी जीभ से चाटकर उसकी जूतियाँ साफ़ करने लगी।

फ्रांसीसी ने सोचा, 'इस समय तो बहुत ख़ातिर कर रही है, पर जब भूख लगेगी तब जाने क्या होगा?'

यह बात मन में आते ही देह फिर सिहर उठी। फिर भी वह बैठा-बैठा शेरनी की देह की सुन्दरता देखने लगा। इस जाति के पशु में वह बहुत सुन्दर थी, इसमें कोई सन्देह नहीं था। शेरनी क़रीब तीन फ़ुट ऊँची थी और दुम के छोड़ देने पर भी पाँच फ़ुट लम्बी। दुम काफ़ी मोटी और लम्बाई में क़रीब तीन फ़ुट थी। उसका सिर भी बहुत बड़ा था। चेहरे पर से एक बहुत ही मनोहर सुकुमारिता टपकती थी। उसमें शेरनी की कठोर क्रूरता थी ज़रूर, पर एक चतुर रमणी के चेहरे के भाव से भी काफ़ी मेल था। इस निर्जन रेगिस्तान की रानी का चेहरा एक कठोर आनन्द से खिला हुआ था, उसने ख़ून पीकर अपनी प्यास शान्त की थी, अब वह आनन्द करना चाहती थी।

सैनिक ज़रा इधर-उधर घूमने लगा। शेरनी ने एतराज़ नहीं किया, यद्यपि उसके हर एक क़दम की ओर उसने अपनी तेज़ दृष्टि रखी। सहसा सैनिक ने झरने के पास जाकर अपने घोड़े की लाश देखी। शेरनी उसे इतनी दूर खींच लाई थी, और वह घोड़े की लाश का दो-तिहाई भाग खा गई थी। यह दृश्य देखकर उसे कुछ चैन मिला। निद्रित हालत में उस पर क्यों शेरनी ने वार नहीं किया था और वह किस काम में व्यस्त थी, युवक अच्छी तरह से यह समझ गया।

अब उसे भविष्य के लिए भी थोड़ी आशा हुई। शेरनी को लेकर घर-गृहस्थी करने की अद्‌भुत इच्छा उस पर सवार हुई। हर समय उसे महारानी की ग़ुलामी ही करनी होगी, जिससे वे किसी प्रकार भी नाख़ुश न हों, इसका भी ख्याल रखना होगा। वह लौटकर

शेरनी की बग़ल में बैठा और यह देखकर खुश हुआ कि वह आनन्द-सूचक वह दुम हिला रही है। युवक के मन से डर हट गया, वह उसके साथ खेलने लगा। उसके बदन पर हाथ फेरकर, पीठ खुजला कर उसे खुश कर दिया। पंजे पर हाथ फेरते ही उसने झट नाख़ून समेट लिए, जिससे युवक के हाथ में खुरेंच न लग जाए। युवक के हाथ में उस समय भी वह छुरा था, शेरनी की देह में उसे भोंक देने की इच्छा उस समय भी मन से नहीं हटी थी। पर शेरनी मरते समय अन्तिम आलिंगन में उसे भी साथी न कर ले, यह डर भी था। इसके सिवाय उसके मन में थोड़ा पश्चाताप नहीं हो रहा था, सो नहीं। इस पशु ने तो उसका कुछ भी नुक़सान नहीं किया है; बल्कि उसे लग रहा था कि इस निर्जन रेगिस्तान में उसने एक साथी पाया है। इसे देखकर उसे एक स्त्री की बात याद आ रही थी। वह उस स्त्री से किसी समय बहुत प्रेम करता था। मज़ाक़ में युवक ने उसका नाम रखा था 'केतकी' (एक प्रकार का काँटेदार फूल); क्योंकि युवती सुन्दर तो थी, पर बड़ी क्रूर थी। जब तक सैनिक का उससे सम्बन्ध था, आशंकित रहना पड़ता था, जाने कब वह युवती उसकी छाती पर खंज़र चला दे! उस अतीत की स्मृति आने पर, इस सुन्दर पशुराज की पुत्री का नाम भी 'केतकी' रखना उसने निश्चय कर लिया। क्रमशः उसे शेरनी का भय कम होता जा रहा था।

शाम होने तक उसे परिस्थिति इतनी सहन हो गई कि अच्छी लगने लायक़ चीज़ें भी उसने देख पाईं। 'केतकी' कहकर बुलाने पर शेरनी क्रमशः आँखों की दृष्टि से जवाब देने लग गई।

सूर्यास्त के समय शेरनी कई बार गरजी। यह देखकर ख़ुशमिज़ाज फ्रांसीसी युवक ने मन-ही-मन कहा, 'श्रीमती की शिक्षा अच्छी ही देख रहा हूँ। 'संध्या' करना भी जानती है!'

अँधेरा हो आया। सैनिक ने निश्चय कर लिया कि शेरनी के निद्रित होने पर वह अपने पैरों के दौड़ने की शक्ति की परीक्षा करके देखेगा। रात्रि काटने के लिए दूसरा आश्रय ढूँढ़ लेना ही ठीक है। और वह धीरज के साथ प्रतीक्षा करने लगा। फिर समय आने पर वह जी-जान से नाइल नदी की ओर दौड़ा। पर मील भर जाते ही वह समझ गया कि शेरनी उसका पीछा कर रही है। उसकी तीव्र गर्जना और छलाँग मार कर दौड़ने का शब्द नीरवता में बहुत भयानक होकर युवक के कानों में पहुँचा।

युवक ने मन-ही-मन कहा, 'देखता हूँ, इसने मुझसे बहुत प्रेम कर डाला है! शायद अब तक और किसी से युवती का परिचय नहीं हुआ था। ख़ैर, उसके प्रथम प्रेमी होने में थोड़ा गौरव है।'

सहसा वह एक बालू के दलदल में गिर पड़ा। यह रेगिस्तान का सबसे गहरा ख़तरा है, इसमें गिरने पर बचना असम्भव-सा हो जाता है। युवक समझ गया कि वह क्रमशः डूबता जा रहा है; तब डर से पागल होकर वह चिल्ला उठा।

शेरनी पास आ गई थी। सहसा युवक के गले का 'कॉलर' दाँतों से पकड़ वह तेज़ी से पीछे की ओर कूदी। क्षण-भर में युवक बालू के दलदल के गड्ढे से बाहर आ गया।

युवक ने बहुत उत्साह से उसे प्यार करते हुए कहा, "केतकी, आज से हम लोग सदा के लिए मित्र हो गए। पर धोखा न देना!"

दोनों फिर लौट आए।

अब से रेगिस्तान का सूनापन दूर हो गया। यहाँ एक ऐसा साथी मिल गया, जिससे बातें की जा सकती हैं, जिसे प्यार किया जा सकता है। शेरनी की क्रूरता जाने किस तरह गायब हो गई, युवक यह सोच कर भी नहीं समझ सका।

उसे रात को जागृत रहने की इच्छा थी, पर अपने अनजाने ही वह जाने कब सो गया। नींद टूटने पर उसने 'केतकी' को अपने पास नहीं पाया। पहाड़ी पर चढ़ कर उसने देखा कि बहुत दूर से 'केतकी' कूदती हुई दौड़ी आ रही है।

शेरनी के पास आने पर, युवक ने देखा कि उसका मुँह खून से रँगा है। सैनिक उसे प्यार करने लगा, और आराम पाकर वह 'घड़-घड' शब्द करने लगी। दोनों आँखों में अनुराग भरकर वह फ्रांसीसी युवक की ओर देखती रही।

युवक ने उसे प्यार करते-करते कहा, "केतकी, तुम बहुत बड़े घराने की लड़की हो न? पर तुम तो प्यार बहुत पसन्द करती हो! तुम्हें शरम नहीं लगती? अभी क्या खाकर आई, क्या किसी अरब को? तुम चाहे जितना खा सकती हो; वे तो तुम्हारी तरह ही पशु हैं। पर कभी भी किसी फ्रांसीसी को पकड़कर न खाना, अच्छा! अगर खाओगी तो मैं तुमसे प्रेम नहीं करूँगा।"

बिल्ली का बच्चा जिस तरह मालिक से खेलता है, वह उसी तरह युवक से खेलने लगी। युवक के अनमना होने पर वह भाव-भंगिमा से खुशामद करके प्यार की भीख माँगने लगी।

इसी तरह दिन कटने लगे। क्रमशः फ्रांसीसी युवक की आँखों में रेगिस्तान का अतुलनीय सौन्दर्य प्रकट होने लगा। आसमान से मानो वह स्वर्गीय स्वर सुनने लगा। इस निर्जन रेगिस्तान की कृपा से वह आत्म-चिन्ता का आनन्द भी जान सका, और शेरनी पर उसका प्रेम दिनोदिन गहरा होने लगा। मनुष्य किसी से प्रेम किए बिना रह नहीं सकता। वह समझ नहीं पाता कि अपनी इच्छा-शक्ति की प्रबलता से उसने शेरनी की प्रकृति बदल दी थी, या दूसरी जगह अधिक परिमाण में खाने की चीज़ें मिलने के कारण वह उस पर वार करने की रत्ती-भर भी कोशिश नहीं करती थी। अन्त में शेरनी युवक की इतनी आज्ञाकारिणी हो गई कि उसके विषय में सैनिक को ज़रा भी डर नहीं रहा।

दिन और रात का अधिकांश समय वह सोकर काट देता। पर जिससे मुक्ति का उपाय आँखों से निकल न जाए, उस विषय में वह अपने मन को सदा सतर्क रखता। अपनी कमीज़ फाड़ कर, एक झंडा बना कर, उसने एक खजूर के पेड़ पर लटका दी थी।

जब उसे लगता कि मुक्ति की आशा बिलकुल नहीं है, तब वह शेरनी को प्यार करने लगता। अब वह उसके स्वर का ज़रा-सा भी फ़र्क़ समझ पाता, उसकी विभिन्न दृष्टि का अर्थ लगा सकता। अब शेरनी दुम पकड़कर खींचने पर भी एतराज़ नहीं

करती। उसकी सफ़ेद छाती और सुन्दर देह देखकर सैनिक को बहुत आनन्द होता। जब वह कूदती हुई खेलती तब उसकी क्षिप्रता, उसकी मनोहरता देखकर वह खुश और चकित हो जाता। चाहे वह जितनी खेल में डूबी रहे, 'केतकी' कह कर पुकारते ही उसी क्षण पुकारनेवाले की ओर देखती।

एक दिन दोपहरी की कड़ी धूप में एक विशाल पक्षी दीखा। सैनिक शेरनी को छोड़कर इस नए आगन्तुक को देखने गया। कुछ क्षणों तक प्रतीक्षा करके रेगिस्तान की सुलताना गरज उठी।

सैनिक ने लौट कर देखा कि शेरनी की आँखें फिर भयानक हो उठी हैं। उसने चकित होकर कहा, "ईर्ष्या भी है! अवश्य ही किसी स्त्री की आत्मा ने इसकी देह में प्रवेश किया है।"

पक्षी उड़ते-उड़ते आसमान में अदृश्य हो गया। युवक लौट कर शेरनी के सौन्दर्य की तारीफ़ करने लगा। सचमुच ही वह युवती स्त्री की तरह ही सुन्दर थी। उसके सुनहले रंग के बाल फीके होते-होते छाती के पास बिलकुल दूध से सफ़ेद हो गए थे। सूर्य की किरणों से उसकी खाल अपूर्व रंगों से रँग उठती। शेरनी और सैनिक एक-दूसरे की ओर देखते रहते, मानो वे दोनों एक दूसरे के हृदय की बात जानते हैं। सिर पर हाथ फेरने पर इस रेगिस्तान की सुन्दरी की देह आनन्द से काँप उठती। आँखें बिजली की तरह चमककर क्रमशः आराम के आधिक्य से बिलकुल बन्द हो जातीं।

सैनिक निद्रित शेरनी की ओर देखता रहा। रेगिस्तान की बालू की तरह ही उसकी देह सुनहली और उसी तरह ज्वालामयी और अकेली! उसने मन-ही-मन कहा, 'इसमें ज़रूर ही आत्मा है।'

यहाँ तक की कहानी पढ़कर वह महिला मुझसे बोली, "पशुओं के सम्बन्ध में आपकी वकालत पढ़ ली है। पर इन दोनों प्रेमियों का अन्तिम परिणाम क्या हुआ?"

"साधारणतः परिणाम जैसा होता है। सभी प्रेमी का अन्त किसी ग़लतफ़हमी के कारण होता है। एक-दूसरे को धोखेबाज़ी का सन्देह होता है, पर आत्म-सम्मान के आधिक्य से कोई सुलह करने की कोशिश नहीं करता। फलतः दोनों अलग हो जाते हैं।"

महिला बोली, "बात सही है। कभी-कभी एक बात एक ही निगाह से ख़त्म हो जाती है। पर कहानी का अन्त तो कहिए!"

मैंने कहा, "कहना कुछ कठिन है, पर शायद आप समझ सकें।"

...बूढ़े सैनिक ने शराब की बोतल खत्म करके मुझसे कहा, "पता नहीं, जाने कैसे, मैंने शेरनी को दुख दिया, और सहसा उसने घूम कर मेरी जाँघ को दाँतों से पकड़ लिया। बहुत क्रूरता से उसने यह किया सो नहीं, पर मैं डर गया कि वह मुझे मार डालना चाहती है। मैंने हाथ का छुरा झट उसकी गर्दन में भोंक दिया! और बड़े ज़ोर से गरज कर वह लुढ़क पड़ी। उस शब्द से मेरे हृदय में बड़ी चोट-सी लगी। फिर उसने मेरी ओर देखा, उसकी दृष्टि में रत्ती-भर भी क्रोध नहीं था। दुनिया में मेरा जो कुछ भी था, वह सब

मैं उसके जीवन को लौटाने के लिए दे सकता था। मुझे लग रहा था कि मैंने एक मानव की ही हत्या कर डाली है!

कुछ समय बाद एक फ्रांसीसी सेना का दल मेरा झंडा देख पाकर मेरे पास आया। आकर उन लोगों ने देखा, मैं रो रहा हूँ।

फिर कितनी जगहों में गया, कितनी लड़ाइयों में लड़ता फिरा, पर रेगिस्तान की तरह सुन्दर और कहीं कुछ नहीं देखा। कैसा अपूर्व और महान सौन्दर्य था!

मैंने उससे पूछा--"आप वहाँ क्या अनुभव करते थे?"

बूढ़े ने कहा, "यह मैं साफ़-साफ़ नहीं कह सकूँगा। खजूर के पेड़ों की छाया और शेरनी के लिए अब भी मुझे क्षोभ होता है। रेगिस्तान में सब है, पर कुछ भी नहीं है।"

"इसका क्या मतलब?"

बूढ़े ने कहा, "जानते हो किस तरह? केवल परमात्मा है, मनुष्य नहीं है, वह जिस तरह है!"

# अन्तिम परी

## पॉल बोर्जे

मेरी उम्र सोलह साल की थी, जब मैंने उसे प्रथम बार देखा। मुझे याद है, बैशाख की एक मनोरम संध्या को वह साक्षात्कार हुआ था। मैं नगर से अकेला निकलकर लक्ष्यहीन हो, स्वप्नदर्शी-सा दिन-रात मैदानों के बीच से चला जा रहा था। क्यों चला जा रहा था, यह नहीं जानता था। मेरी कुछ सालें ऐसी ही बीती थीं। तब मुझे एकान्त बहुत प्रिय लगता था।

मैंने देखा, कनक-रंजित नील समुद्र में सूर्य डूब गया। उपकूल से छाया उतरकर समतल भूमि पर फैल गई। अनन्त आकाश में तारे एक-एक करके खिल उठे। बीच-बीच में 'नाइटिंगिल' पक्षी के गीत की तरंगें उच्छ्वसित होने लगीं। मीठी वायु से वृक्ष-पल्लव सिहर उठे, तृण-पुंज दब जाने लगे। फिर चन्द्रमा दिगन्त में उदय हुआ, श्वेत और उज्ज्वल, मानो बादल के पलंग पर सोया हो; रूपहली किरणें पृथ्वी पर झर रही थीं। शीत-संताप-रहित पवन हृदय को उन्मत्तकारी सौरभ से भर रहा था। कुसुमित झाड़ियों के बीच से, नीड़ों में छिपे हुए पक्षियों के प्यार-भरे मृदु कलरव सुनाई दे रहे थे।

यह सब, मधुर शब्द और मधुर गन्ध उपभोग करने के लिए हृदय का द्वार खोल दिया कि देखा, कई युवतियाँ एक-दूसरे का हाथ पकड़कर गीत गाती हुई शहर को लौटी जा रही हैं। वे एक स्वर से प्रेम का गीत गा रही थीं। निद्रित मैदान के सन्नाटे में उनके तरुण स्वर किसी दूर की निर्झर-ध्वनि की भाँति लग रहे थे। मैं झाड़ियों के पीछे छिपा रहकर उनको देखने लगा। जैसे श्वेत छायाएँ रात्रि के समय प्रकाश होते ही अदृश्य होतीं, देखने में वे उसकी तरह की थीं। तारों के प्रकाश में उनके काले या गोरे मुख मैं देख पाया। मैं उनकी पोशाकों का 'खस-खस' शब्द सुन पाया! पथ पर वे अपने शरीर से निकली हुई जो अपूर्व सुगन्ध छोड़ गई थीं, वह मैंने लम्बी-लम्बी साँसें खींच कर जी भर कर सूँघी। संध्या की उस सौरभ-भरी, हृदय को बेसुध करने वाली समीर के उच्छ्वास से भी यह सौरभ मानो अधिक उन्मत्त करनेवाली थी।

वे जब चली गईं, तब जाने कैसी एक अज्ञात व्याकुलता ने आकर मेरे चित्त पर अधिकार कर लिया। मैदान के किनारे एक छोटा टीला था, उस टीले पर जाकर मैं बैठ गया। सामने फैला हुआ मैदान हरियाली का एक समुद्र-सा हो रहा था। दोनों हाथों से

माथा ढँककर भीतर जो कम्पन हो रहा था, उसका शब्द सुनते-सुनते, उसका अर्थ समझने की चेष्टा करते-करते, एक गहरी स्वप्न-कल्पना में मैं डूब गया।

तब जो अनुभव किया, वह शब्दों में व्यक्त नहीं किया जा सकता। एक भयानक वेदना से मेरा हृदय मानो फटने लगा। हृदय में मानो कहीं एक झरना दबा पड़ा था, वह मानो बाहर आने का पथ ढूँढ़ रहा था, मानो एक बन्दी तरंग-कारागार तोड़ कर बाहर निकलना चाहता था। मैं रोने लगा। आँसू बहने लगे। उन आँसुओं में भी जाने कैसी एक बिलासिता-सी छिपी रही।

कुछ समय तक मैं इसी भाव से बैठा रहा, फिर जब उठकर खड़ा हुआ, तब देखा कि मेरे सामने कुछ दूरी पर एक स्वर्ग की देवी खड़ी मुझे देख रही हैं और मुस्करा रही है। कमल से भी अधिक श्वेत एक लम्बा वस्त्र उनकी देह पर झूल रहा था। और संगमरमर से भी अधिक सफ़ेद दो चरण घास के ऊपर रखे थे। सुनहले केश उनके कन्धों के चारों तरफ बिखरे थे, और जिस कुसुम के मुकुट से उनका मस्तक भूषित था, उसी कुसुम की तरह कपोल उज्ज्वल थे! उस गुलाबी मुख पर बैशाख के प्रथम चुम्बन से हिम पर खिले हुए 'पेरिविस्कल' फूलों की तरह, दोनों आँखें चमक रही थीं। दोनों बाँहें नग्न थीं; एक हाथ उनकी छाती पर रखा था, और एक हाथ से मानो मेरा आह्वान कर रही थीं।

मैं कुछ समय तक अवाक् होकर चुपचाप उन्हें देखता रहा। निश्चय ही वे स्वर्ग से उतर कर आई थीं, क्योंकि उस सौन्दर्य में लौकिक स्त्री-सा कुछ भी नहीं था; चमकीले वस्त्र की तरह, उनके चारों ओर एक वायुमंडल, मानो किरणें फैला रहा था। अन्त में व्याकुलता के साथ हाथ बढ़ाकर मैं कह उठा, "तुम कौन हो?"

रात्रि की वायु से भी मृदु-मन्द-स्वर से उसने उत्तर दिया—मित्र! मैं एक परी हूँ। हमारे राजा ने तुम्हारे जन्म के समय, तुम्हारे हृदय के भीतर मुझे निद्रित रहने की आज्ञा दी थी; तुम्हारे हृदय में पहले-पहल जो आकुलता आई, उस आकुलता के वेग से मैं जाग गई हूँ। मेरा जीवन तुम्हारे जीवन से गठित है। मैं तुम्हारी बहन हूँ। जीवन के आधे पथ तक हम लोग एक साथ चलेंगे। फिर सूखा फल जिस तरह से अलग होता है, मैं भी एक दिन बीच रास्ते से उसी तरह अलग हो जाऊँगी। पर देखो भाई, वह दिन और अधिक दूर नहीं है। जिस गुलाब का आयु-काल केवल एक प्रभात है, उसी की तरह मेरी भी नियति है। मुझसे प्रेम करने के समय यह बात भी स्मरण रखना कि मुझे एक समय खोना पड़ेगा; जब मेरी मृत्यु होगी, तब लाख रोने और दुख करने पर भी मुझे बचा नहीं सकोगे। शीघ्र तैयार हो जाओ। मेरे पास जादू की कोई सामग्री नहीं है। मेरे बालों के ये पुष्प-भूषण ही मेरी सजावट हैं। मैं तुम्हें इतनी धन-दौलत दूँगी, जो किसी राज-पुत्र के जन्म-काल में किसी उदार परी ने भी उसे नहीं दी है। तुम्हारे सिर पर मैं एक ऐसा मुकुट पहना दूँगी, कि अनेक राजा अपने मुकुटों के मूल्य से भी तुम्हारा वह मुकुट खरीदकर अपने को भाग्यवान् समझेंगे! तुम्हारे लिए मैं ऐसे अनुचरवर्ग नियुक्त करूँगी, जो राज-भवन या राजदरबार में नहीं दीखते। मैं अदृश्य होकर सदा तुम्हारे साथ

रहूँगी। सदा ही तुम मेरा लाभकारी प्रभाव अनुभव करोगे। जिन स्थानों से तुम चलोगे, मैं उन स्थानों को सजाऊँगी। रात्रि को मैं तुम्हारी शय्या सुगन्धित करूँगी। तुम्हारे जगने पर, हर एक प्रभात तुम्हें हास्यमय लगे, इस उद्देश्य से, सारी प्रकृति को अपनी अन्तरात्मा प्रदान करूँगी। अहा, हम लोग कितने सुन्दर-सुन्दर उत्सवों का उपभोग करेंगे! केवल जो धन-दौलत तुम्हारे पास लाऊँगी, मित्र उसे पहचानना सीखना। हाथों से खिसकने के पहले ही उसे दृढ़ मुट्ठी में पकड़ लेना होगा। बिना बिगाड़े किसी चीज़ को कैसे स्पर्श करना चाहिए, यह जानना। मुझसे अलग होकर तुमको आधा पथ चलना है, पहले से उसका प्रबन्ध कर लेना। देखो मित्र, मैंने तुमसे पहले ही कह दिया है कि मैं बहुत थोड़े दिन तक जीवित रहूँगी; पर मेरे इस छोटे मूल्यवान् जीवन को और कुछ लम्बा करना या न करना तुम पर निर्भर है। मैं उन सब दुर्लभ पौधों की तरह हूँ जिन्हें यथा परिमाण सूर्य के प्रकाश और वर्षा से जीवित रखना पड़ता है। मेरे दोनों चरण बहुत सुकुमार हैं, अपने अनुसरण में उन्हें थका मत देना। मेरे कपोलों की चमक और प्रभा कमल से भी कोमल है; अगर उन्हें सुखा देना नहीं चाहते हो, तो जलती हुई वासना की आग के भीतर मुझे न ले जाना। घनी छाया के भीतर से मुझे ले जाना। मेरे चले जाने पर तुम जो भयानक कष्ट अनुभव करोगे, ख्याल रखना वह विषैला न हो उठे। वही करना, जिससे मेरी याद तुम्हें सुख की याद-सी लगे! तुम्हारे जीवन को मैं और किरण की धारा में उज्ज्वल और दीप्त तो नहीं कर सकूँगी, पर मेरे चले जाने पर भी अनेक दिनों तक तुम्हारे हृदय में उसका एक मधुर प्रतिबिम्ब जिससे छोड़ सकूँ, वही करना!''

यह कहकर, शिशु के रक्षक-देवता जैसे शिशु के पालने पर झुके रहते हैं, उसी तरह मेरी ओर उन्होंने अपना श्वेत मुख झुकाया और मेरे माथे पर अपने होंठों का स्नेहपूर्ण स्पर्श किया। वे होंठ झरी के आस-पास के ताज़े पोदीना की गन्ध से मानो सुगन्धित थे।

क्या यह स्वप्न नहीं है? मैं मैदानों के ऊपर से लगातार चलने लगा; कभी पागल की तरह दौड़ रहा था, और कभी घास पर लेट कर घास को आँसुओं से भिगो रहा था; और कभी सनोवर वृक्ष के पतले वृन्त को अपनी छाती में चिपका रहा था, और सोच रहा था, मेरे उन्माद के लक्षण देखकर वह भी शायद सिहर रहा है, काँप रहा है। कभी मैं तारावलियों की ओर हाथ बढ़ा कर, प्रेम-मुग्ध हृदय से उनसे बातें कर रहा था, और कभी फूलों के साथ, वृक्षों के साथ, तृणों के साथ बातें कर रहा था। मैं अनुभव कर रहा था कि मानो मेरे भीतर एक पुलक का प्रभाव दौड़ कर मेरे सर्वांग को आनन्द से बहा दे रहा है और वह मेरा हृदय पूर्ण करके सारी प्रकृति में फैल गया है; मानो बाँध टूट गया है। मैं हँसने लगा, रोने लगा। एक प्रकार के अनिर्वाच्य सुख और नामहीन आनन्द के असीम सागर में मानो तैरने लगा।

जब प्राची कुछ उज्ज्वल हो उठी, मुझे लगा मानो सृष्टि का जागरण मैं यहीं प्रथम देख रहा हूँ। मेरा हृदय भर उठा; मैं गर्व से भर कर साँसें लेने लगा। क्षण-भर के लिए लगा, मानो मेरी आत्मा देह से निकलकर मुक्त भाव से, लघु भाव से, आकाश के भीतर

से उड़ जाएगी, और उदीयमान सूर्य ने जिन सब क्षीण वाष्पराशियों को अलग-अलग कर दिया था, उन्हीं वाष्पराशियों के साथ घुल-मिल जाएगी। पर्वत पर चढ़ कर एक ऊँचे स्थान से में विजयी की दृष्टि से सारे दिगन्त का निरीक्षण करने लगा। लगा कि अभी-अभी पृथ्वी की मेरे लिए सृष्टि हुई है, और मैं ही उसका प्रभु हूँ!

## 2

फिर वे मेरे पास आईं। उस समय मेरी उम्र पूरे तीस साल की नहीं हुई थी। मुझे स्मरण है, कार्तिक मास की एक सन्ध्या को वह घटना हुई थी। मैं नगर से अकेला बाहर निकला था। लक्ष्यहीन, उदास और थका-सा मैदान के बीच से चला जा रहा था। यद्यपि स्वभावतः एकान्त स्थान मैं पसन्द नहीं करता था।

बादलों से आकाश ढँका था। एक बहुत शीतल वायु वृक्षों के अन्तिम डार-पत्तों में धक्का मार रही थी। बेलों और झाड़ियों में केवल कुछ छोटे-छोटे बीज के आकार के फल लगे थे। दूर के किसानों के घरों से कुत्तों के घोर विषाद-भरे चीत्कार और वृक्षों के डार-पत्तों के बीच से ऊपर उठता हुआ धागा-सा पतला नीला धुआँ—यही उस उजाड़ ग्रामीण प्रदेश के जीवन का निदर्शन था। कुछ पक्षी डर से विह्वल होकर एक डार से दूसरी डार पर उड़ कर जा रहे थे। काले कौवों के नीड़ों से भूमि पर कुछ धब्बे पड़ गए थे। सन्ध्या के भूरे आकाश में बहुत से सारस एक पंक्ति में धीमी गति से उड़े जा रहे थे।

इस शोक से आच्छन्न प्रकृति के साथ अपनी अन्तरात्मा को मिलाकर मैं चलने लगा। सुन्दर दिन के अवसान में चित्त पर जैसी एक ठंडे विषाद की छाया मँडराती है, उसी तरह बहुत देर से विषाद से अभिभूत था। मैं जिस पत्र-हीन झाड़ी के नीचे बैठा था, वहीं देखा—बग़ल से दो स्त्रियाँ धीमे क़दमों से चली जा रही हैं। दोनों ही काँटेदार पौधे सिर पर धरे कुछ झुक गई थीं। शायद जाड़े के समय के लिए संचय करके रखने के उद्देश्य से उन्हें कुटिया में ले जा रही थीं।

कैसी अद्भुत स्मृति है! कैसी अद्भुत निकटता है! बहुत पहले ठीक इसी समय किसी एक बैशाख की सन्ध्या में ठीक इसी स्थान पर से युवतियों को हाथ पकड़कर गाते हुए जाते देखा था। उस समय मेरी उम्र सोलह साल की थी, और तब ये झाड़ियाँ फूलों से भूषित थीं।

तब मैंने दोनों हाथों से मुख ढँक लिया, और उस बैशाख की सन्ध्या से इस कार्तिक की सन्ध्या तक जो समय बीत गया है, उसे लेकर मन-ही-मन बार-बार आन्दोलन करने लगा। फिर एक विषादपूर्ण गहरी क्लान्ति में डूब गया।

फिर सहसा उठकर देखा—थोड़ी दूर पर एक पीले रंग की मूर्ति विषादपूर्ण दृष्टि से मेरी ओर देख रही है। वह रमणी इतनी बदल गई थी कि बहुत कठिनाई से मैं उसे पहचान सका। उसके प्रथम आविर्भाव के समय जो ज्योतिपूर्ण वायुमंडल उसके चारों ओर घिरा था, उसे और नहीं देख पाया। उसकी फटी कुर्ती के भीतर से कुचले हुए से

दो स्तन दीख रहे थे। उसके दोनों पैर खून से भरे थे। उसकी निर्जीव बाँहें जीर्ण पंजर की बग़ल से शिथिल भाव से लटक रही थीं। उसकी आँखों में नीलिमा ग़ायब होकर कालिख आ गई थी। आँसुओं की धाराओं ने उसके नीले रंग के कपोलों पर गहरी रेखाएँ अंकित की थीं। ऐसा लगा कि अभागी बहुत कष्ट से देह का भार धरे है। टूटे वृन्त के सूखे कमल की तरह वह भूमि की ओर झुक गई थी।

मैंने उससे पूछा, "तुम क्या चाहती हो?"

"मित्र! हम लोगों के विच्छेद का समय आ गया है। अब और साक्षात् नहीं होगा, इसलिए यह अन्तिम विदा लेने आई हूँ!" यह बात बुढ़िया ने शोक से दुखी स्वर से, जाड़े की वायु से भी अधिक विषाद-भरे स्वर से, मृदु गुंजन करके कही।

मैं कह उठा, "जा, जा, यहाँ से! झूठी कहीं की। तूने मेरे लिए क्या किया है? तूने जो दौलत देने का वचन दिया था, वह सब दौलत कहाँ है? मैंने यात्रा-पथ पर बहुत ढूँढ़ा, कुछ भी नहीं पाया। तूने जो रत्नों का भण्डार मेरे पैरों पर समर्पित करने का वचन दिया था, वह रत्नों का भण्डार कहाँ है? दैन्य के सिवाय मैंने तो और कुछ भी नहीं पाया। मेरे मस्तक पर तूने जो मुकुट पहनाने की डींग हाँकी थी, उसका क्या हो गया? मेरे सिर पर तो काँटों के मुकुट के सिवाय और कुछ नहीं है। जिन भड़कीले अनुचरों को देने का वादा किया था, वे अनुचर कहाँ हैं? अनुचरों में निराशा और एकान्त ही तो मेरे एकमात्र साथी हैं। अब तू कह रही है कि हम लोगों में विच्छेद होगा। तू दुखों की प्रेतनी है! विच्छेद होने में मेरी क्या हानि है? अगर मेरा सारा जीवन तेरे ही प्रभाव से गठित हुआ हो, तो तू भाड़ में जा, जहन्नुम में जा! तू अमंगल की पिशाचिनी है!"

बुढ़िया ने दुखित भाव से कहा, "मैं न अमंगल की पिशाचिनी हूँ, और न दुखों की। मुझे खोने के पश्चात् मनुष्य मुझे पहचान नहीं सकता। मैंने जिन सुखों से उसे सुखी किया था, उसका मूल्य अब वह नहीं समझ सकता, क्योंकि अब वह वे सब सुख उपभोग नहीं कर रहा है। मनुष्य की नियति यही है। अपने भाइयों की तरह, मित्र तुम भी कृतघ्न हो। तुम मुझको अपराधी बना रहे हो। मैं तुम पर करुणा करती हूँ। क्षण-भर में ही तुम मुझे पहचान सकोगे, तब प्रथम बार मुझे जैसा देखा था, एक दिन के लिए मुझे फिर एक बार वैसा देखने की इच्छा करोगे। शायद अपनी सारी अवशिष्ट आयु के मूल्य में भी यह अभिलाषा पूर्ण करना चाहोगे। तुम कातर भाव से पूछ रहे हो, कहाँ वह सुख-सम्पदा है, जिसकी मैंने प्रतिज्ञा की थी? पर वे सब सुख और सम्पदा तो मैंने तुम्हें खुले हाथों से दान की थी, तुम्हीं ने तो उसकी अवज्ञा की। मुकुट की बात कहते हो? मैंने तो तुम्हारे ललाट पर बसन्त-प्रभात की नवीनता, उज्ज्वलता और शान्ति का मुकुट पहना दिया था। अनुचर-वर्ग की बातें कहते हो? मैंने प्रेम, विश्वास, आशा और मोहिनी यह सब अनुचर तुम्हें दिए थे। तुम्हारी दैन्य दशा ऐसी हास्यमयी और सुन्दर बना दी थी कि अनेक प्रतापी और ऐश्वर्यशाली व्यक्ति अपने धन और दौलत के बदले में उस दरिद्रता को प्राप्त करने के लिए आकांक्षी होते। तुम्हारे एकान्त को तो मैंने मोहक स्वप्न में पूर्ण किया था। तुम्हारे द्वारा तुम्हारी निराशा से भी प्रेम करा दिया था; तुम्हारे आँसू

से तुम्हें इतना उत्तेजित कर दिया था कि अब से लाख मुसीबत आने पर भी तुम आँसू नहीं बहाओगे। जब तुम रास्ते पर चलते थे, तब तुम्हारे रक्षण के लिए ममता और दया को मैं जागृत रखती थी। तब तुम मित्र की दृष्टि और भाई के हाथ के सिवा और कुछ नहीं देख पाते थे। आकाश मुस्कान-भरे चेहरे से तुम्हारी ओर देखता रहता था; पृथ्वी भी तुम्हारे पैरों के नीचे पुष्पित हो उठती थी। अब कहो तो सही, मैंने जो तुम्हें इतनी चीज़ें दीं उन सबको लेकर तुमने क्या किया? उन धन-सम्पदाओं में से कुछ भी क्या रख पाए हो? तुम्हारे यात्रा-पथ के दोनों किनारों पर मैंने जो इतने सुख के बीज बोये थे, अब उनमें से क्या बचा है? तुम अगर कुछ भी सँभालकर नहीं रख पाए, तो क्या उसके लिए मैं उत्तरदायी हूँ? तुम अगर वह सब उपभोग नहीं कर सके, तो उसके लिए मैं कैसे अपराधी हो सकती हूँ?"

इन बातों के पश्चात्, एक प्रकार से मेरी सारी सत्ता प्रकाशित हो उठी। मुझे लगा—मानो एक आवरण मेरी आँखों से हट गया है, तब मैं अपने हृदय का सारा भीतरी भाग साफ़ देख पाकर डर से विह्वल हो पड़ा। मैंने धीमे स्वर से कहा, "अजो, तुम ठहरो! जाओ मत! जिन धन, सम्पदाओं की मैंने अवज्ञा की थी, उन्हें लौटा दो, असली प्रकाश से मेरी आँखें खुल जाएँ। मेरे प्रेम को, मेरे मोह को लौटा दो; मेरे विश्वास को, मेरे आश्वासन को लौटा दो, जिससे केवल एक दिन प्रेम कर सकूँ। यह तुम कर दो, तब तुम चाहे जो भी क्यों न हो, मैं मरते समय तक तुमको आशीर्वाद दूँगा।"

उसने कहा, "हाय! मेरी मृत्यु जो सिर पर मँडरा रही है, क्या तुम देख नहीं पा रहे हो? मेरी ओर देखो, मैंने बहुत ही कष्ट पाया है; अब मेरा और कुछ भी नहीं है, केवल छाया अवशिष्ट है। देखो, बहुत दिनों से एक अज्ञात रोग मुझे जला रहा है, एक सर्वग्रासी साँस की वायु ने मेरी हड्डियों को सुखा दिया है। मेरे हृदय के जीवन-निर्झर को निःशेष कर दिया है। मेरे कलेजे में अब और ख़ून नहीं है। मेरे हाथ का स्पर्श करके देखो, मृत्यु की गीली ठंड अनुभव करोगे। फिर भी, अगर तुम इच्छा करते, तो मैं और अनेक वर्ष बच सकती थी। निर्दय! तुम्हीं ने मुझे अकाल में मार दिया। तुम्हारा अनुसरण करने में मैंने अपना सारा बल नष्ट किया है। मेरे दोनों पैर लहूलुहान हो गए हैं। मैंने तुमसे कितनी ही क्षमा माँगी; पर सब व्यर्थ हुआ। तुम कहते रहे—"चलो! चलो!" मैं चलती रही, क्लान्त-अवसन्न होकर हाँफती हुई चलती रही। चलते-चलते रास्ते के काँटेदार पेड़-पौधों से मेरी पोशाक फट गई; दोपहरी की धूप के ताप से मेरा माथा जलता रहा। वसन में गाँठ देकर फिर सँभालकर पहन लूँ, मुकुट के मलिन झरते हुए फूलों को उठा लूँ, इतना समय भी तुमने मुझे नहीं दिया। कोई फूलों से शोभित सुन्दर आश्रम, कोई रहस्यमय मरु-कानन देखकर जब तुमसे कहती—"मित्र, शान्ति वहीं है, वहीं हम लोगों का तम्बू गड़ेगा।" तब तुम किसी तरह भी नहीं रुकते थे। ज़िद करके लगातार चलते ही रहते थे, और मुझे निर्दय भाव से रेगिस्तान की बालू पर से खींच ले जाते थे। किसी भी अत्याचार से क्या मुझको छुटकारा दिया है? तूफ़ान आने पर मेरा सिर कभी बचाया है? श्रान्त, क्लान्त और निराश होकर कितनी ही बार तुम्हें छोड़ जाने का निश्चय

0किया; पर कृतघ्न! मैं तुमसे प्रेम करती थी। मैं तुम्हारे पास नहीं हूँ, यह अनुभव कर जब तुम आश्चर्य करते और फिर मेरे पास लौट कर इशारे से या करुण स्वर से मुझे पुकारते थे, तब मैं और रह नहीं पाती थी; मैं उठकर फिर तुम्हारे पास आती थी। पर आज उन सबका अन्त हो गया है मित्र, अब और अधिक मैं नहीं रह सकती। मेरे रक्त का प्रवाह बन्द हो रहा है; मेरी दृष्टि क्षीण हो गई है, मेरे पैर काँप रहे हैं। आओ, बाँहों से एक बार मुझे हृदय में चिपका लो, तुम्हारे हृदय में ही मैंने जीवन पाया था, तुम्हारे हृदय पर ही मैं मरना चाहती हूँ!''

उसे लेने के लिए मैं दोनों हाथ बढ़ाकर कह उठा, ''नहीं, तुम नहीं मरोगी। तुम्हें मरने नहीं दूँगा; परन्तु अपरिचित जीव मुझसे कहो, तो तुम कौन हो?''

वह बोली, ''मैं अब कुछ नहीं हूँ, पर एक समय थी तुम्हारी जवानी...!''

तब आकुल होकर मैंने उसे पकड़ने की चेष्टा की; पर इसके पहले ही वह कहीं ग़ायब हो गई थी। देखा—उस स्थान पर उसके बालों से गिरे हुए कुछ फूल पड़े हैं। मैंने सँभालकर वे सब फूल उठा लिए, परन्तु हाय, उन फूलों में कोई सुगन्ध नहीं थी!

# बाजीगर

*अनातोले फ्रांस*

राजा लुई के समय फ्रांस के कँपिय शहर में बरनबी नामक एक बाजीगर था। वह इधर-उधर के शहरों में नाना प्रकार के अद्‌भुत खेल दिखाता फिरता था।

दिन साफ़ रहने पर वह किसी सार्वजनिक बाग़ में अपना फटा ग़लीचा बिछा कर बैठता, और किसी बूढ़े बाजीगर से सीखा हुआ एक मज़ेदार व्याख्यान सुना कर ढेर सारे बच्चों और निकम्मों को इकट्ठा कर लेता। फिर बड़े अद्‌भुत ढंग से नाक पर एक टीन की थाली रख लेता।

पहले इतना देखकर जनता को बहुत आश्चर्य नहीं होता। पर इसके बाद जब वह एक हाथ पर सारी देह का भार रखकर मुँह नीचा करके दूसरे हाथ से छह ताँबे की गेंदें आसमान में फेंकता, और धूप से चमकती उन गेंदों को गिरने के पहले ही पैरों के नीचे पकड़ लेता, या फिर दोनों पैरों की एड़ियाँ घुमा कर, कन्धे के पीछे ला कर सारी देह को एक सम्पूर्ण चक्र बनाकर बारह छुरियों से खेलने लगता, तब दर्शकों के बीच से आश्चर्य की तरह एक अस्फुट ध्वनि निकलती और ग़लीचे पर खनाखन पैसे गिरने लग जाते।

लेकिन फिर भी और लोगों की तरह कँपिय शहर के इस बरनबी को जीवन-निर्वाह के लिए घोर कष्ट सहना पड़ता था।

कठिन परिश्रम करके भोजन का प्रबन्ध करना पड़ता था, इसलिए कहना चाहिए कि मनुष्य के प्रथम पिता आदम के कुकर्मों का दंड उसे कुछ अधिक ही मिला था।

इच्छा रहने पर भी वह सब समय काम कर नहीं सकता था। पेड़ से फल और फूल पाने के लिए धूप और प्रकाश की जितनी आवश्यकता होती है, उसे वैसी अद्‌भुत कसरत दिखाने के लिए भी इन दोनों की उतनी ही आवश्यकता थी। जाड़े के मौसम में वह मानो फूल-पत्ती-रहित पतझड़ का एक सूखा-साखा पेड़ हो जाता था। बर्फ़ से ढँकी ज़मीन पर खेल दिखाने की सुविधा नहीं होती थी। इन जाड़े के दिनों में ठंड और भूख, दोनों से ही उसे घोर कष्ट उठाना पड़ता था। पर वह बहुत ही सरल स्वभाव का आदमी था। विधाता का दिया यह सभी दंड वह चुपचाप सहन कर लेता था।

धन-दौलत की उत्पत्ति या मनुष्य के भाग्य की असम और असदृश्य परिस्थिति के विषय में वह कभी नहीं सोचता था। यह जीवन असहनीय होने पर भी, अगला जीवन

उसकी इस परिस्थिति को सम्पूर्ण रूप से भरी-पूरी कर देगा, केवल इसी आशा से वह साहस पाता था और लोग चोर और दुष्टों की भाँति जैसे दानवीय शक्ति की पूजा करते थे, वह वैसा नहीं कर सका। परमात्मा को वह कभी गाली नहीं देता था; सच्चाई से जीवन काटता, और ईश्वर से डरता था।

ईसा की माता 'मेरी' पर उसकी गहरी श्रद्धा थी। गिरजाघर में घुटने टेक कर वह देवी 'मेरी' से यही प्रार्थना करता था, "माता, ईश्वर की इच्छा से जब तक मेरी मृत्यु नहीं होती है, तब तक तुम मेरी रक्षा करना! मर जाने पर स्वर्ग के आनन्द से मुझे वंचित न करना, देवी!"

## 2

घोर वर्षा की एक संध्या थी। बरनबी दुखी हृदय लिए सड़क पर से जा रहा था। गेंदें और छुरियाँ उसी पुराने ग़लीचे में लपेट कर वह कुछ झुक गया था। वह आश्रय की खोज में जा रहा था; वहाँ चाहे भोजन न हो, पर किसी तरह रात्रि तो बिता सके। सहसा देखा कि उसके आगे-आगे एक मठाध्यक्ष चले जा रहे हैं। बरनबी ने क़दम बढ़ा कर उनको अभिवादन किया। दोनों एक ही सड़क पर चल रहे थे, इसलिए फिर बातचीत भी होने लगी।

मठाध्यक्ष ने पूछा, "भाई पथिक, हरे रंग की पोशाक क्यों पहने हुए हो? क्या किसी प्रहसन में नक्क़ाल का अभिनय करोगे?"

"नहीं महाराज, मेरा नाम बरनबी है, और बाजीगरी मेरा पेशा है। रोज़ की रोटी कमाने के लिए इससे अधिक चैन का धन्धा नहीं है।"

"मित्र बरनबी, जो कहो सोच-विचार कर कहो। संन्यास-जीवन से कोई भी पेशा अच्छा नहीं है। संन्यास-आश्रम में जो रहते हैं, वे केवल दिन-रात ईश्वर, माता मेरी और साधुओं की महानता की स्तुति करके ही समय काटते हैं। धार्मिक-जीवन स्वयं एक विरामहीन महानता की स्तुति है!"

तब बरनबी ने उत्तर दिया, "साधु बाबा, मैंने मूर्खों की-सी बात कही है। आपके जीवन के साथ मेरे जीवन की तुलना नहीं हो सकती। नाक पर एक लाठी रखकर और उस पर एक पैसा रखकर नाचना, इसमें कोई पुण्य नहीं है। आपकी तरह परमात्मा की स्तुति करके जीवन काटने की मुझे गहरी इच्छा है। स्याजों से बैभे शहर तक क़रीब छह सौ गाँव और शहरों में मेरे इल्म की जो प्रसिद्धि है, उसे अनायास त्याग कर मैं मठ का धार्मिक-जीवन बिताने को तैयार हूँ।"

बाजीगर की इस सरल और कपट-रहित बात से मठाध्यक्ष का चित्त बहुत कोमल हो गया। वे बहुत बुद्धिमान आदमी थे, इसलिए उन्होंने बरनबी में इंजील की यह बात पाई, 'दुनिया में जिसका अभिप्राय नेक है, शान्ति उसके ही लिए है।' उन्होंने कहा, "मित्र बरनबी, आओ मेरे साथ, मैं अपने मठ में तुम्हें रख लूँगा। मनुष्य को रेगिस्तान में भी जो राह दिखा देते हैं, मैं तुम्हें उन्हीं परमात्मा का पता बताऊँगा।"

इस तरह बरनबी संन्यासी हो गया। जिस मठ में उसने प्रवेश किया, वहाँ सभी ने अपने को माता मेरी की पूजा में समर्पित किया था। अपना ईश्वर-प्रदत्त ज्ञान और भक्ति लेकर सभी उनकी सेवा करने में लगे हुए थे।

धर्मोपदेशक माता मेरी का गुण-कीर्तन करके बहुत-सी विद्वत्तापूर्ण पुस्तकें लिख रहे थे। मॉरिस उन सब पोथियों की बहुत सुन्दर अक्षरों में चमड़े के काग़ज़ पर नक़ल कर रहे थे।

अलेक्ज़ेंडर उन काग़ज़ों के पृष्ठों पर नाना प्रकार के सुन्दर कलापूर्ण छोटे-छोटे चित्र अंकित कर रहे थे—सलोमन के सिंहासन पर स्वर्ग की रानी बैठी हैं, उनके चरणों के पास चार सिंह हैं, रानी के चेहरे पर ज्योतिर्मंडल है, उनके चारों ओर शान्ति की द्योतक सात फ़ाख़्ताएँ प्रकट कर रही हैं—भय, करुणा, बुद्धि, शक्ति, उपदेश, ज्ञान और विवेक। उनकी सात सुनहली सखियाँ हैं—विनम्रता, विवेचना, अकपटता, निर्मोह, सेवा, कौमार्य और आज्ञाकारिता। रानी के पैरों के पास नंगी देह की दो श्वेत सुन्दर मूर्तियाँ प्रार्थना करने के ढंग से बैठी हैं। वे अपनी-अपनी आत्मा की भलाई के लिए देवी से प्रार्थना कर रही हैं। और एक पृष्ठ में प्रथम माता ईव का चित्र है; पत्नी ईव का पतन और माता मेरी की विजय एक ही पृष्ठ में अंकित है। और भी अनेक विस्मयजनक चित्र थे—संजीवक जलपूर्ण कुआँ, झरने, कमल, चन्द्रमा, सूर्य का प्रमोद-उद्यान।

मारबद भी माता मेरी का एक भक्त पुजारी था। पत्थर की मूर्ति खोदने में उसका सारा दिन बीत जाता था, इसके लिए उसकी दाढ़ी, भौंहें, बाल गर्द से सफ़ेद रहते थे, उसकी आँखें मानो रोनी-सी और कुछ फूली हुई लगती थीं; पर उसका आनन्द और शक्ति कुछ भी कम नहीं हुई थी; उम्र काफ़ी होने पर भी स्वर्ग की रानी जी उस पर कृपा करती हैं, यह उसके चेहरे से साफ़ प्रकट होता था। सिंहासन पर बैठी हुई, और ज्योतिर्मंडल से घिरी हुई माता मेरी की मूर्ति उसने बनाई। उसने पैरों के पास गिरे अंचल से देवी के दोनों चरण ढँक रखे; क्योंकि उनके विषय में इंजील में एक साधु ने कहा है—'मेरा प्रियतम दीवार से घिरे बन की भाँति निर्मल है।' वह कभी देवी को सुन्दर शिशु के रूप में बनाता था, मानो वह मूर्ति यही कहना चाहती हो, "'मेरे गर्भस्थ समय से तुम्हीं मेरे ईश्वर हो।'"

मठ में अनेक कवि भी थे। वे लैटिन भाषा में गद्य तथा पद्य में देवी मेरी के लिए स्तुति-गीत रचा करते थे। पिकार्डी से और एक साधु आए थे, वे भी मित्राक्षर और बोल-चाल की भाषा में देवी की महानता का कीर्तन करते थे।

## 3

उन सबकी देवी की सेवा में इस तरह की प्रतिद्वन्द्विता देखकर बरनबी अपनी असातता के लिए बहुत ही दुखी होता था। मठ के निर्जन बाग़ में अनमने भाव से चहलक़दमी करते हुए ठंडी साँस लेकर कहता था, "हाय, मेरा दुर्भाग्य है! सहयोगी भाइयों की तरह

मैं भी क्यों अपनी देवी की सेवा नहीं कर सकता! हाय, मैं बिलकुल मूर्ख हूँ, पढ़ा-लिखा नहीं हूँ, मैं प्रभावशाली व्याख्यान नहीं दे सकता, धर्म-कार्य की बात नहीं लिख सकता, चित्र नहीं अंकित कर सकता, मूर्ति नहीं बना सकता। मैं कुछ भी नहीं कर सकता! उनकी सेवा करने का कोई भी गुण मुझमें नहीं है!'

इसी तरह वह सदा दुख मानता था। एक दिन संध्या के समय, जब मठ के सब संन्यासी छुट्टी पाकर गपशप कर रहे थे, एक संन्यासी एक मूर्ख धार्मिक का क़िस्सा कहने लगे कि वह 'जय देवी की' के सिवाय स्तुति की और कोई भाषा ही नहीं जानता था। सब उस ग़रीब से घृणा करते थे। लेकिन वह पाँच पवित्र अक्षर उच्चारण करता था, इसलिए मृत्यु के पश्चात् उसके मुँह से पाँच कमल के फूल निकले।

इस क़िस्से से देवी मेरी की प्रीति-भरी करुणा की बात सुनकर बरनबी बहुत आश्चर्यचकित हो गया। पर इस पुण्य की मृत्यु के क़िस्से से उसे रत्ती-भर की सांत्वना नहीं मिली; क्योंकि उसके हृदय में एक उत्साह का ज्वर आया था, वह स्वर्ग की देवी की महानता का प्रचार करने के लिए अधीर हो गया था।

कैसे यह कार्य किया जाए, यही उसकी चिन्ता का विषय हो उठा और दिन पर दिन उसका हृदय टूटने लगा। फिर सहसा एक दिन सुबह उसने आनन्दित चित्त से प्रार्थना-गृह में देवी की वेदी के निकट जाकर क़रीब एक घंटा बिताया। दोपहर को भोजन के बाद फिर वह वहाँ गया।

उस दिन से प्रार्थना-गृह में जिस समय कोई भी नहीं रहता था, उस समय उसने वहाँ जाना शुरू कर दिया। संन्यासी लोग जब अपने-अपने काम में व्यस्त रहते, तब वह भी किसी एक काम में लगा रहता था। अन्त में उसका दुखित भाव हट गया; परिताप और वेदना दूर हुई।

उसका ऐसा भाव देखकर सब संन्यासियों को कौतूहल हुआ। वे आपस में पूछताछ करने लगे कि बरनबी अब नियमित रूप में एकान्त में बैठकर क्या करता है!

मठाध्यक्ष का काम था, सबके काम और स्वभाव पर कड़ी दृष्टि रखना। वे भी बरनबी क्या करता है, यह जानने के लिए उत्सुक हो उठे।

एक दिन बरनबी प्रतिदिन की भाँति प्रार्थना-गृह में बन्द था, तब वे सब इकट्ठे होकर द्वार की दरार से देखने लगे कि बात क्या है।

उन्होंने देखा—बरनबी ने देवी मेरी की वेदी के सामने सिर नीचा करके, दोनों पैर ऊपर को उठाकर, छह ताँबे की गेंदों और बारह छुरियों से बाजीगरी दिखाना शुरू कर दिया है। उसने जिन खेलों में पहले प्रशंसा पाई थी, वह उन्हीं खेलों को ईश्वर की माता को दिखा रहा था। वह जो कुछ भी जानता है, सबका सब देवी के निकट निवेदन कर रहा था। यह रहस्य न समझ पाकर दो संन्यासियों ने वहीं से चिल्ला कर कहा, "यह क्या! ईश्वर के मन्दिर में अनाचार!"

मठाध्यक्ष तो बरनबी के निष्कलंक हृदय की बात जानते थे। पर उनको भी लगा कि वह आदमी पागल हो गया है। वे तीनों बरनबी को प्रार्थना-गृह से निकाल देने के

लिए जा ही रहे थे कि देखा–ईश्वर की माता वेदी की सीढ़ी से उतरकर थके हुए बाजीगर का पसीने से भीगा माथा अपने पवित्र नीले अंचल से पोंछ रही हैं!

तब मठाध्यक्ष भूमि पर साष्टांग माथा टेककर कह उठे, "जो सरल हैं, वे ही धन्य हैं, क्योंकि वे परमात्मा का दर्शन कर पाते हैं।"

"तथास्तु!", कहकर दोनों बूढ़े संन्यासियों ने भूमि का चुम्बन किया।

# चाचा

## गाय द मोपासाँ

एक ग़रीब सफ़ेद दाढ़ीवाला बूढ़ा भीख माँग रहा था। मेरे मित्र जोसेफ़ दबराँचे ने उसे पाँच रुपए का एक नोट दिया। देखकर मैं चकित हो गया! जोसेफ़ ने कहा, "इस माँगते ने मुझे एक क़िस्सा याद दिला दिया; कहो तो तुम्हें सुनाऊँ! वह क़िस्सा मेरे चित्त में सदा घूमता रहता है। क़िस्सा यों है—

हम लोग हावरे शहर के रहनेवाले हैं। मेरा घराना धनी नहीं था; किन्तु किसी तरह निर्वाह हो जाता था, बस। पिता को गृहस्थी चलाने के लिए नौकरी करनी पड़ती थी। वे बहुत देर से दफ्तर से घर आते थे, और सामान्य वेतन पाते थे। मेरी दो बहनें और थीं।

माता को हम लोगों की तंग हालत के लिए बहुत कष्ट सहना पड़ता था, और वे अपने पति को सदा कोसती थीं, सदा तिरस्कार करती थीं। ऐसे अवसरों पर मेरे दुखी पिता का चेहरा ऐसा बन जाता था, कि उनके लिए मुझे भी दुख होता था। वे एक शब्द भी न बोलते, अपने माथे पर हाथ फेरते रहते, मानो काल्पनिक पसीने की बूँदें पोंछ रहे हों। मैं उनकी इस बेबसी के क्लेश का अनुभव करता था। हम लोग सब तरह से ख़र्च में कमी करते; किसी के घर दावत खाने नहीं जाते थे, जिससे फिर उसे दावत न देनी पड़े। किफ़ायती क़ीमतों में सड़ी-गली रसद खरीदते थे। मेरी बहनें अपने कपड़े ख़ुद बना लेती थीं, और दो-तीन आने गज़ के गोटे के भाव पर घंटों बहस करती थीं। हम लोग साधारणतया रोटी और गोश्त खाते। यह सही है कि यह भोजन स्वास्थ्यकर तथा बलवर्द्धक था, पर नित्य एक ही चीज़ खाते-खाते आख़िर तबीयत ऊब ही जाती है।

मैं जब कभी बटन खो देता, या पायजामा फाड़ लेता, तो कड़ा तिरस्कार सुनना पड़ता था।

पर प्रति रविवार को हम लोग अच्छी तरह सज-धज कर समुद्र के किनारे पर टहलने के लिए अवश्य जाते थे। मेरे पिता कोट और ऊँची टोपी पहने, त्योहार के दिन सजे हुए जहाज़ की तरह, अपने पूरे लिबास में, टहलने जाने के लिए तैयार होते थे। मेरी बहनें, जो पहले ही से कपड़े पहनकर तैयार रहतीं, चलने के इशारे की प्रतीक्षा करतीं। पर घर से निकलने के समय ही हम लोग पिता के कोट पर कोई अलक्षित धब्बा देख पाते, और हम लोगों को रुक जाना पड़ता। पिता कोट उतार कर टोपी और कमीज़ पहने प्रतीक्षा करते, और उधर माता चश्मा लगा कर हड़बड़ी मचाती हुई 'बेनजाइन' अर्क

में एक कपड़े के टुकड़े को डुबो-डुबो कर कोट का वह धब्बा साफ़ करने लगतीं।

हम लोग क़ायदे से चलते थे। मेरी बहनें आगे-आगे एक-दूसरे का हाथ पकड़कर चलती थीं। उनकी शादी की उम्र हो चुकी थी, और हम लोग उन्हें शहर के चारों तरफ दिखाते फिरते थे। मैं माता की बाईं तरफ और पिता उनकी दाहिनी तरफ रहते। और मुझे याद है, उन रविवारों को टहलने के समय मेरे माँ-बाप कैसे आडम्बरी दीखते थे। उनके चेहरे में जाने कितनी शान रहती थी। वे गम्भीर भाव से पीठ सीधी किए, रोब के साथ चलते थे। मानो कोई बड़ा भारी ज़रूरी काम उनके रंग-ढंग पर ही निर्भर हो।

और प्रति रविवार को, दूर विदेश से लौटते हुए बड़े-बड़े जहाज़ों को देखकर, मेरे पिता कह उठते, 'अगर जुलियस इसी जहाज़ पर आता हो!'

चाचा जुलियस, मेरे पिता के भाई, किसी समय हमारे वंश के कलंक समझे जाते। पर अब वे हमारे खानदान की एकमात्र आशा, भरोसा थे। उनके विषय में मैं इतना सुन चुका था कि मुझे लगता था कि पहली दृष्टि में ही मैं उनको पहचान जाऊँगा। उनके अमेरिका चले जाने तक का हाल मैं ब्यौरेवार जानता था, यद्यपि उनके उस समय तक के जीवन की चर्चा दबी ज़बान में ही होती थी।

वे बिगड़े हुए थे, आवारा थे, यानी उन्होंने धन उड़ा दिया था। गरीब घराने में यह सबसे बड़ा अपराध है। धनियों के घर में अगर कोई रुपए बहा कर मज़ा करता है, तो लोगों की राय में वह केवल अपना ही सत्यानाश करता है, पर गरीबों के घर में अगर कोई युवक बाप-दादा का संचित धन उड़ाता है, तो नालायक, दुर्जन और निकम्मा समझा जाता है।

यद्यपि बात एक ही है, पर यह ठीक है, क्योंकि परिणाम ही काम के भारीपन का फैसला करता है।

संक्षेप में चाचा जुलियस ने अपने हिस्से की पाई-पाई बर्बाद करके मेरे पिता का हिस्सा भी नहीं के बराबर कर दिया था, और अन्त में वे एक माल-जहाज़ पर न्यूयार्क चले गए थे।

वहाँ पहुँचकर जुलियस चाचा ने एक दुकान खोली, और घर को चिट्ठी भेजी कि वे अब कुछ रुपए कमाने लगे हैं, और उम्मीद करते हैं कि जल्दी ही उनकी हालत ऐसी हो जाएगी कि वे मेरे पिता को जो नुक़सान पहुँचाया है, वह सब भर सकेंगे। उस चिट्ठी ने हमारे घर में हलचल मचा दी। निकम्मा, आवारा जुलियस अब सहसा लायक हो गया। परमात्मा ने अब उसे अच्छी बुद्धि दी है। दबराँचे खानदान में कभी कोई बेईमान नहीं हुआ। वह भी कैसे हो सकता था!

फिर कुछ दिनों के बाद एक जहाज़ के कप्तान ने बतलाया कि उनकी दुकान खूब बढ़ी है—माल भरा पड़ा है और अच्छी चल रही है।

दूसरी चिट्ठी दो साल के बाद आई। उसमें लिखा था—"प्रिय भाई फिलिप, मेरे स्वास्थ्य के बारे में चिन्ता न करो, मेरी तबीयत ठीक रहती है। धन्धा भी अच्छा चल रहा है। मैं कल दक्खिनी अमेरिका की लम्बी यात्रा कर रहा हूँ। शायद सालों तक तुम्हें

कोई ख़बर नहीं भेज सकूँगा। अगर मैं तुम्हें पत्र न लिखूँ, तो कोई चिन्ता न करना। मैं तब तक हावरे शहर में न लौटूँगा, जब तक मैं धनवान न हो जाऊँ। मुझे आशा है कि इसमें देर नहीं है; और हम सब सुखपूर्वक एक साथ रहेंगे।''

यह चिट्ठी खानदान की खुश-ख़बरी हो गई। वे इसे सब अवसरों पर पढ़ते और सबको दिखाते।

दस साल से जुलियस चाचा की कोई ख़बर नहीं मिली थी, पर जितने ही दिन बीतते जाते, मेरे पिता की आशा और दृढ़ होती जाती, और मेरी माता भी प्रायः कहती, ''जब हमारा प्रिय देवर लौट आएगा; हम लोगों की हालत बदल जाएगी। उसने अब तक किसी तरह अपना जीवन सफल बनाया होगा।''

और प्रति रविवार को जब पिता बड़े और काले रंग के जहाज़ों को धुएँ का वृत्ताकार उद्गार करते हुए आते देखते, तो वही पुराना वाक्य दोहराते—''अगर जुलियस इसी जहाज़ पर आता हो!''

और हम लोग करीबन यही इन्तज़ार करते रहते कि अब उन्हें रूमाल नचाते देखेंगे और चिल्लाते सुनेंगे, ''अरे फिलिप!''

उनके लौटने पर हम लोग क्या-क्या करेंगे, यह सोच रखा था, तय कर रखा था। हम लोग चाचा के रुपए से एक मकान ख़रीदने को ही थे और मकान देखकर पसन्द कर रखा था। वह शहर के बाहर खुली जगह पर बाग़ से घिरा हुआ एक छोटा-सा बँगला था! मैं बिलकुल निश्चित नहीं कह सकता कि मेरे पिता ने उस समय मकान मालिक से ख़रीदने की बातचीत चलाई थी या नहीं।

बड़ी बहन की उम्र उस समय अट्ठाईस साल की थी, और दूसरी की छब्बीस। उन्हें पति ही नहीं मिल रहे थे, और यह हम सबके लिए बड़ी चिन्ता की बात हो गई थी।

अन्त में एक विवाहार्थी दूसरी बहन के लिए आए। वे एक क्लर्क थे। उनकी आर्थिक हालत वैसी अच्छी नहीं थी, पर उनकी नौकरी अच्छी थी। एक शाम को उन्हें जुलियस चाचा की चिट्ठी दिखाई गई। मुझे जहाँ तक ख्याल है कि उस चिट्ठी ने ही उनकी दुविधा हटाई, और उन्हें निर्णय कर लेने को मजबूर कर दिया!

उनका प्रस्ताव बड़े आग्रह के साथ स्वीकृत हुआ, और यह तय हुआ कि विवाह के बाद पूरा परिवार 'जर्सी' टापू में सैर करने के लिए चलेगा।

एक ग़रीब के लिए 'जर्सी' टापू का भ्रमण आदर्श है। वह दूर नहीं है। तुम एक जहाज़ पर समुद्र पार करो, और एक परदेशी भूमि में आ जाओगे। सिर्फ़ दो घंटे का सफ़र है। कम ख़र्च में काफ़ी भ्रमण का आनन्द मिल सकता है।

'जर्सी' की यात्रा ने हम लोगों में आनन्द की बाढ़ ला दी। हम लोग अधीरता के साथ जाने के दिन की प्रतीक्षा करते रहे।

अन्त में हम लोग चले। मुझे सब याद है, जैसे यह सब कल की ही बातें हैं। जहाज़ छूटने के लिए तैयार था। मेरे पिता घबरा कर हम लोगों के तीनों बंडल जहाज़ पर रखे गए हैं या नहीं, यह देख रहे थे। मेरी माता घबराई हुई-सी मेरी अविवाहित बहन के

साथ खड़ी थीं। बेचारी बड़ी बहन दूसरी के चले जाने पर खोई हुई-सी हो गई थी, और हमारे पीछे दूल्हा और दुलहिन प्रेमालाप कर रहे थे। वे लोग बार-बार मुझे सिर घुमा कर अपनी ओर देखने के लिए मज़बूर कर रहे थे।

जहाज़ ने सीटी दी। सब लोग जहाज़ पर आ गए थे। जहाज़ घाट छोड़कर, हरे पत्थर के टेबिल-सा चौरस समुद्र पर रवाना हो गया। आनन्द तथा सुख के आवेश में हम लोग खड़े-खड़े पीछे हटते हुए तट की ओर देखते रहे।

मेरे पिता अपना वही पुराना कोट पहन कर खड़े थे, जिसके सब धब्बे उसी दिन सबेरे साफ़ किए गए थे, और उनके चारों तरफ़ 'बेनजाइन' की गन्ध मँडरा रही थी, जो हम लोगों को त्योहार के दिन और रविवारों की याद दिलाती थी।

मेरे पिता की दृष्टि सहसा दो सुसज्जित स्त्रियों पर पड़ी, जिन्हें दो सज्जन पकाई हुई घोंघा मछलियाँ पेश कर रहे थे। एक बूढ़ा गन्दा खलासी छुरी से खोल काट-काट कर उन सज्जनों को दे रहा था, और वे फिर उन स्त्रियों को दे रहे थे। सुन्दर रूमाल पर खोल को रखकर, अपने होंठों को बढ़ा कर, जिससे कपड़े ख़राब न हों, वे बड़े मनोहर ढंग से खा रही थीं, और मुँह को ऊपर करके उसका रस पीकर समुद्र में खोल को फेंक रही थीं।

मेरे पिता को चलते जहाज़ पर घोंघा खाने की सुन्दरता ने आकर्षित कर लिया। वे इसे सभ्यता और शिष्टाचार समझे और माता और बहनों के पास जाकर उन्होंने पूछा, "कुछ घोंघा मछलियाँ खाओगी?"

माता ने ख़र्च के ख्याल से आगा-पीछा किया; पर मेरी बहनें फ़ौरन तैयार हो गईं। माता कुछ दिक़ होने के भाव से बोलीं, "मैं नहीं खाऊँगी। बच्चे दो-एक खा सकते हैं, पर ज्यादा नहीं; नहीं तो तुम उनकी तबीयत ख़राब करोगे!"

फिर मेरी ओर देखती हुई वे बोलीं, "जोसेफ़ नहीं खाएगा। बालकों को भरपूर खिलाना ठीक नहीं।"

यह अन्तर का अन्याय सोच कर मैं माता के पास बैठा रहा। मेरी आँखों ने पिता का अनुसरण किया। वे दामाद और कन्याओं को तकल्लुफ़ से, चिथड़ा पहने हुए बूढ़े ख़लासी की ओर ले जा रहे थे। वे दोनों महिलाएँ अब उठकर चली गई थीं, और मेरे पिता बहनों को बतला रहे थे कि कैसे रस से कपड़े ख़राब न करके घोंघा निगल जाना चाहिए। फिर वे एक घोंघा उठा कर उसे खाकर, उनको तालीम देने को भी तैयार हो गए।

उन्होंने उन महिलाओं का अनुकरण किया था; पर उसी क्षण सब रस उनके कोट पर छलक पड़ा, और मैंने माता को गिड़गिड़ाते सुना, "वह चुप क्यों नहीं रह सकते!"

पर पिता सहसा बहुत घबराए हुए से दीख पड़े, मछलीवाले को घेरकर खड़े हुए अपने परिवार की ओर एकटक देखते हुए वे कई क़दम पीछे हट गए और एकाएक हम लोगों के पास चले आए। वे बहुत पीले दीख रहे थे, और उनकी आँखें अज़ीब-सी हो गई थीं। उन्होंने फिसफिसा कर माता से कहा, "बड़ा आश्चर्य है, वह मछली वाला बिलकुल जुलियस की शक्ल का दीख रहा है!"

मेरी माता ने चकित होकर पूछा, "कौन जुलियस?"

पिताजी ने कहा, "अरे, मेरा भाई! अगर मैं नहीं जानता होता कि वह अमेरिका में काम कर रहा है, तो मैं यक़ीन करता कि यह वही है।"

माता ने हकलाकर कहा, "तुम्हारा दिमाग़ ख़राब हो गया है! जब तुम जानते ही हो कि यह वह नहीं है, तब क्यों ऐसी बेवकूफ़ी की बातें कर रहे हो?"

"जाओ क्लेरीसा, तुम अपनी आँखों से देख आओ! तुम अपनी आँखों से देखकर निश्चय तो कर लो, नहीं तो मुझे चैन नहीं मिलेगा।"

माता उठीं और अपनी कन्याओं के पास गईं। मैंने भी उस आदमी की ओर देखा। वह एक गन्दा, झुर्रीदार चेहरे वाला बूढ़ा था। वह अपने काम से आँखें नहीं उठा रहा था।

माता लौट आईं। मैंने देखा, वे काँप रही थीं। जल्दी-जल्दी बोली, "मेरे ख्याल में यह जुलियस ही है। जहाज़ के कप्तान के पास जाकर पता लगाओ। पर ख़ैरियत चाहते हो, तो होशियारी से काम करना। अब कहीं भिखमंगे को साथ लेकर उतरना न पड़े!"

पिता चले। मैं भी उनके साथ-साथ चला। मेरे हृदय में एक विचित्र करुणा भर आई।

कप्तान—एक लम्बा, दुबला, सफ़ेद मूँछों वाला बूढ़ा—पुल के पास चहलक़दमी कर रहा था। वह चारों तरफ ऐसी रोबीली नज़र डाल रहा था, मानो वह हिन्दुस्तान के डाक-जहाज़ का कप्तान हो।

मेरे पिता उससे क़ायदे से मिले और उसकी सराहना करते हुए, समुद्री-जीवन के बारे में उससे पूछा।

'जर्सी' टापू कैसी जगह है? वहाँ की जनसंख्या कितनी है? वहाँ क्या-क्या चीज़ें पैदा होती हैं? वहाँ के लोगों का धन्धा क्या है, किस तरह जीवन काटते हैं? ज़मीन कैसी है? आदि-आदि।

पिता ने शायद अमेरिका के बारे में कोई बात ही नहीं की।

फिर वे, हम लोग जिस जहाज़ पर थे, उसी जहाज़ के विषय में बातें करते रहे; फिर ख़लासियों के बारे में। अन्त में मेरे पिता ने लहराते स्वर में पूछा, "आपके जहाज़ में घोंघा मछली बेचनेवाला एक अजीब बूढ़ा है। क्या आप उसके बारे में कुछ जानते हैं?"

अब वह कप्तान इस बातचीत से ऊबने लगा था। उसने संक्षेप में कहा—"वह एक फ्रेंच घुमक्कड़ है। पारसाल अमेरिका में उससे भेंट हुई थी, और मैं उसे स्वदेश लौटा लाया था। हावरा शहर में उसके रिश्तेदार हैं; पर वह उनके पास जाना नहीं चाहता, क्योंकि वह उनका कर्ज़दार है। उसका नाम है जुलियस...जुलियस दरमाँचे या दरबाँचे, ऐसा ही कुछ है। मैंने सुना है, वह किसी समय वहाँ एक धनी आदमी था; पर अब उसकी हालत कैसी है, यह तो आप देख ही रहे हैं!"

पिता का चेहरा प्रति क्षण पीला पड़ता जा रहा था; गले की नसों को कस कर घबराई हुई दृष्टि से देखते हुए उन्होंने हकला कर कहा, "अच्छा...अच्छा...मुझे कुछ भी आश्चर्य नहीं हो रहा है...धन्यवाद, कप्तान साहब!"

यह कहकर वे आगे बढ़ गए। कप्तान चकित होकर उनके विचित्र हाव-भाव देखता रहा।

वे बहुत विचलित होकर माता के पास लौट आए। माँ बोली, "बैठ जाओ, तुम्हारा भाव देखकर लोग क्या सोचेंगे?"

कुर्सी पर धम्म से बैठकर उन्होंने कहा, "हाँ, वह जुलियस ही है। इसमें कोई शक ही नहीं।"

फिर उन्होंने माता से पूछा, "अब हम लोगों को क्या करना चाहिए?"

माता ने फ़ौरन जवाब दिया, "बच्चों को हटा लेना चाहिए। जोसेफ़ तो सब जान गया है। वही जाकर उन लोगों को ले आवे। हम लोगों को बहुत होशियार हो जाना चाहिए, जिससे दामाद को कोई शक न हो।"

निराशा तथा दुख से पिता शिथिल हो गए। उन्होंने एक ठंडी साँस लेकर अस्फुट स्वर में कहा, "कैसी आफ़त आ गई!"

झट उनकी ओर घूम कर माता ने क्रोध से कहा, "मुझे हमेशा शक रहा कि उस बेईमान बदमाश से कोई भलाई नहीं होगी और आखिर में आकर हम लोगों की छाती पर बैठकर चैन से गुज़र करेगा। तुम आशा लगाए बैठे रहे कि भाई आकर राजगद्दी पर बैठाएगा! हुँ... जैसे किसी 'दबराँचे' पर कभी आसरा लगाया जा सकता है!..."

सदा की तरह, मेरे पिता अपने माथे पर हाथ फेरते हुए चुपचाप पत्नी का तिरस्कार सुनते रहे।

वे फिर बोलीं, "जोसेफ़ को कुछ पैसे दो, वह जाकर मछली की क़ीमत दे आवे। अगर वह गुदड़िया हम लोगों को पहचान ले, तो सब चौपट ही समझो! जहाज़ पर एक अच्छी खासी खलबली मचेगी। चलो, हम लोग एक किनारे होकर चलें, होशियार रहना, वह हम लोगों के पास न आए!"

वह उठ पड़ीं। मुझे पाँच रुपए का नोट देकर वे दोनों चले गए।

मेरी बहनें चकित होकर पिता के लिए प्रतीक्षा कर रही थीं। मैंने कहा कि माता के सिर में चक्कर आ रहा है।

"आपको कितना देना है, जनाब!"—मैंने मछली वाले से पूछा।

मैं उनसे 'चाचा' कहना चाहता था।

उन्होंने कहा, "एक रुपया आठ आने।"

मैंने उनको पाँच का नोट दिया, और उन्होंने बाक़ी दाम लौटा दिए।

मैंने उनके हाथों की तरफ देखा—एक ग़रीब खलासी की तरह सूखे, गिरहदार थे। उनका सिकुड़ा, दुखी, करुणा तथा निराशापूर्ण चेहरा देखते हुए मैंने मन-ही-मन कहा, "यही मेरा चाचा है! मेरे बाप का सगा भाई है, मेरा चाचा है!"

मैंने उनको आठ आने इनाम दिए। उन्होंने मुझको धन्यवाद देकर "परमात्मा आपका भला करे!" इस ढंग से कहा, जैसे भिखमंगा भीख पाने पर कहता है। मुझे लगा, वे ज़रूर वहाँ भीख माँगते रहे होंगे।

बहनें मेरी उदारता देखकर चकित होकर मेरे मुँह की ओर देखती रहीं।

जब मैंने तीन रुपए पिता को वापस दिए, तो माता चकित होकर बोलीं, "क्या दो रुपए दाम दिए? यह नामुमकिन है।"

मैंने कहा, "मैंने उनको आठ आने इनाम दिए हैं।"

माता चौंककर मेरी ओर पूरी दृष्टि से देखती हुई बोलीं, "तूने अपनी अक्ल खो दी है। ज़रा सोचो, तो उस चोर को आठ आने दे आया...!"

वह और भी कहने जा रही थीं, पर पिता की आँखों के इशारे से चुप हो गईं। वह इतनी उत्तेजित हो गई थीं, कि यह भी ध्यान नहीं रहा कि दामाद पास खड़ा है।

फिर सब कोई चुप रहे।

हम लोगों के सामने, अन्तरिक्ष पर एक हल्के नीले रंग की छाया, मानो सागर के गर्भ से उठ रही थी। यह 'जर्सी' टापू था।

अब हम लोग घाट के पास पहुँचने लगे, तो मुझे तीव्र इच्छा होने लगी कि एक बार जुलियस चाचा से मिलूँ, उनके पास जाऊँ और उनसे सान्त्वना-भरी, स्नेहपूर्ण कुछ बातें करूँ। पर और कोई घोंघा मछली का ख़रीदार न रहने के कारण वे अदृश्य हो गए थे, नीचे चले गए थे, शायद किसी गन्दे कोने में, जहाँ वे बेचारे रहते थे।

और हम लोग, उनसे भेंट न हो, इस डर से एक दूसरे जहाज़ पर घर लौट आए। मेरी माता घबराहट से पागल-सी हो गई थीं। इसके बाद मैंने चाचा को कभी नहीं देखा!...

इसीलिए तुम कभी-कभी देखते हो कि मैं भिखमंगों को पाँच का नोट देता हूँ।

# बच्चा

*गाय द मोपासाँ*

लेमोनिये इस समय विधुर हैं; उनका केवल एक ही बच्चा है। लेमोनिये अपनी पत्नी को मुग्ध भाव से प्यार करते थे। उस प्रेम में कुछ उच्च भाव भी था। सम्पूर्ण विवाहित जीवन में उन्हें एक बार भी ऊबने का अवसर नहीं पड़ा था। उनका प्रेम कभी भी पुराना नहीं हुआ था। वह बहुत ही नेक, ईमानदार, सीधे-सादे और निष्कपट मनुष्य थे। वह किसी का भी अविश्वास नहीं करते थे; किसी से भी उनको द्वेष या ईर्ष्या नहीं थी।

एक गरीब पड़ोसिन पर मुग्ध होकर, उन्होंने उसके साथ विवाह करने की इच्छा प्रकट की थी; अन्त में उसी से विवाह भी किया। वह कपड़ों का व्यापार करते थे। व्यापार से अच्छा लाभ होता था। इसलिए उन्हें सन्देह नहीं था कि कोई-न-कोई युवती बहुत आग्रह के साथ उनसे विवाह करेगी।

इसके सिवाय इस ललना ने सचमुच ही उन्हें सुखी किया था। वह उसके सिवाय और किसी की भी तरफ नहीं देखते थे, और किसी के भी बारे में नहीं सोचते थे। भोजन के समय वह उस प्यारे मुख पर से आँखें एक बार भी नहीं हटा सकते थे, और इसलिए नाना प्रकार की गड़बड़ कर बैठते थे; रकेबी में मदिरा और नमकदान में जल उँड़ेल देते थे। फिर एक बच्चे की तरह हँस देते और कहते, "देखो, जान, मेरे प्रेम का पारा कुछ ऊपर चढ़ गया है, इसीलिए मैं इस तरह कर रहा हूँ।"

उनकी पत्नी 'जान' शान्त तथा नम्र भाव से ज़रा मुस्करा देती; फिर पति के प्रेम-भरे वाक्यों से कुछ संकुचित होकर, दूसरी तरफ ताकती हुई बेकाम की बातें करने की चेष्टा करती। पर लेमोनिये टेबिल के ऊपर से हाथ बढ़ाकर उसके हाथ पकड़ते और धीमे स्वर से इस तरह कहते, "मेरी प्यारी 'जान', मेरी रानी!"

फिर वे ज़रा घबराते हुए कहते, "लो जी, ज़रा समझदार बनो, तुम भी खाओ, मुझे भी खाने दो!"

फिर एक गहरी साँस लेकर वे रोटी का एक टुकड़ा तोड़ते और धीरे-धीरे चबाते रहते।

पाँच साल तक उन लोगों के कोई बच्चा नहीं हुआ था। फिर सहसा पता चला कि जान गर्भवती है। इस हालत में वे पत्नी से एक क्षण के लिए भी अलग नहीं होते थे। उन्हें यह एक रोग-सा हो जाते देखकर, जिस बुढ़िया नौकरानी ने उन्हें पाला था,

जिसके ऊँचे स्वर से मकान सदा गूँजता रहता था, वह कभी-कभी जबरन जरा हवा खाने के लिए, उन्हें मकान से बाहर कर दरवाज़ा बन्द कर देती थी।

एक युवक के साथ लेमोनिये की बहुत मित्रता थी। यह युवक लेमोनिये की पत्नी को बचपन से जानता था। शहर के कोतवाल के दफ्तर में वह काम करता था। युवक का नाम दिरतूर था। दिरतूर सप्ताह में तीन बार लेमोनिये के मकान में दोपहर का भोजन करता, मालकिन के लिए अच्छे-अच्छे फूल भी लाता; कभी-कभी वह थियेटर का टिकट भी ला देता और अकसर, भोजन के अन्त में, सरल चित्त लेमोनिये, प्रेम के आवेश से पत्नी की ओर देखते हुए कह उठते, "तुम्हारी तरह संगिनी, और उनकी तरह मित्र रहने पर दुनिया में केवल सुख ही सुख है!"

बच्चा प्रसव करने के दूसरे दिन पत्नी की मृत्यु हो गई। इस शोक से लेमोनिये जीवन्मृत हो गए। केवल बच्चे का मुख देखकर उन्हें कुछ तसल्ली हुई। छोटा-सा जीव सिकुड़ा पड़ा हुआ—'टें, टें' कर रहा था।

इस बच्चे पर उनका असीम प्यार था। कुछ समय में यह प्यार एक रोग की तरह दीखने लगा। इस प्यार में मृत पत्नी की केवल स्मृति ही नहीं थी, इसमें उनकी प्रियतमा का कुछ शारीरिक अंश भी बच गया था। पत्नी के रक्त-मांस, उसके जीवन की धारा, उसका सार मानो इस बच्चे के भीतर था। मानो पत्नी का जीवन उसके भीतर आ गया था। शिशु को जीवन दान देने के लिए ही मानो उसकी माता अन्तर्हित हुई थी। शिशु के पिता उसे आवेश से चुम्बन करते। पर इसी शिशु ने उनकी पत्नी का वध किया था, उसके जीवन को चुरा लिया था, मानो उसके स्तन पीते समय उसके जीवन का कुछ अंश चूस लिया था। अब लेमोनिये बच्चे को पालने की शय्या पर लेटा कर उसके पास बैठकर, एकटक उसकी ओर देखते रहते! इसी तरह घंटे पर घंटे बीतते जाते; जैसे वे देखते रहते और कितनी ही दुख की बातें, सुख की बातें उन्हें याद आ जातीं। फिर जब बच्चा सो जाता, उसके चेहरे की ओर झुककर देखते हुए निःशब्द रोते रहते और आँसुओं से बच्चे के कपड़े भिगो देते।

बच्चे की उम्र बढ़ने लगी। पिता और एक क्षण भी उसने अलग नहीं रह सकते। उसके चारों तरफ घूमते-फिरते, चहलक़दमी करते, उसे स्वयं कपड़े पहनाते, स्नान कराते, खिलाते। उन्हें लगता, मित्र दिरतूर भी मानो बच्चे को बहुत प्यार करता था। माँ-बाप जिस तरह स्नेह के उच्छ्वास से चुम्बन करते हैं, वह भी उसी तरह बच्चे को चुम्बन करता। वह बच्चे को कन्धे पर रखकर घुमाता; घोड़ा बन कर, अपने पैरों पर उसे बैठा कर उसे घंटों नचाता रहता; फिर सहसा उसे घुटनों पर उलट-फेंककर, उसका छोटा कुर्ता उठा कर, उसकी कोमल मांस भरी जाँघों पर, उसके पैरों के मोटे गोल पुट्ठों पर चुम्बन करता। तब लेमोनिये आनन्द से प्रफुल्लित होकर धीमे स्वर से कहता, "मेरा बच्चा! मेरा प्यारा बच्चा!"

तब दिरतूर शिशु को और भी हृदय में कस कर अपनी मूँछों से उसके कन्धे पर गुदगुदी करता।

पर यह प्रतीत होता था कि शिशु पर बुढ़िया नौकरानी 'सेलेस्त' का स्नेह नहीं है। बच्चे के लड़कपन के से व्यवहार से वह नाराज़ हो उठती, और इन दोनों पुरुषों का यह प्यार-दुलार देखकर प्रतीत होता, वह मन-ही-मन जल जाती।

वह अक्सर कहती, "क्या इस तरह से लड़का पाला जाता है? तुम लोग उसे बिगाड़ रहे हो।"

और कई साल बीत गए। बच्चे की उम्र इस समय नौ साल की थी। वह अभी तक अच्छी तरह अक्षर नहीं पहचान सकता था। अधिक प्यार से वह बिगड़ गया था। वह बहुत जिद्दी एवं बहुत क्रोधी हो गया था। वह जो भी ज़िद करता, पिता मान जाते; उसी की इच्छा के अनुसार चलते। उसे जिस तरह के भी खिलौने की इच्छा होती, दिरतूर एक-पर-एक लाकर उसकी इच्छापूर्ण करता, और उसे तरह-तरह की मिठाइयाँ लाकर खिलाता।

सेलेस्त नाराज़ होकर चिल्लाती, "बड़े शर्म की बात है, महाशय! तुम दोनों मिलकर इस लड़के का सत्यानाश कर रहे हो! सुन रहे हो, तुम लोग इस लड़के का सत्यानाश कर रहे हो! यह ठीक नहीं, यह ठीक नहीं! पीछे पछताओगे..."

लेमोनिये ने हँसते हुए जवाब दिया, "तुम क्या चाहती हो, कहो? यह सच है कि मैं बच्चे को कुछ ज्यादा ही प्यार करता हूँ। मैं उसकी बात टाल ही नहीं सकता। अब तुम जो भला समझो, करो।"

बच्चा ज़रा दुबला हो गया था। कुछ रोगी-सा दीखता था। डॉक्टर ने कहा, कोई ख़ास मर्ज़ नहीं है सिर्फ ख़ून की कमी है। उन्होंने दवा का नुस्ख़ा लिख दिया, और भेड़ का मांस और गाढ़ा शोरबा खाने की सलाह दी।

पर बच्चा मिठाइयों के सिवाय और कुछ भी खाना पसन्द नहीं करता; कोई दूसरी चीज़ें खाने को वह तैयार ही नहीं होता था। बच्चे के पिता अन्त में निराश होकर तरह-तरह की स्वादिष्ट मिठाइयाँ भर पेट खिलाने लगे।

एक दिन शाम को सेलेस्त दृढ़ निश्चय के साथ एक बड़ा कटोरा भर कर शोरबा बना कर लाई। कटोरे का ढक्कन झट खोल कर एक बड़ी चम्मच शोरबे में डुबो कर वह बोली, "यह शोरबा, इस तरह का शोरबा तुम लोगों के लिए और कभी नहीं बनाया गया था। अब अगर बच्चा इसे खा ले, तो बड़ा अच्छा हो।"

लेमोनिये ने डर कर सिर नीचा कर लिया। वे समझ गए मामला ठीक नहीं है।

नौकरानी ने मालिक का कटोरा लेकर, स्वयं ही उसमें शोरबा भर दिया, और कटोरे को मालिक के सामने रख दिया।

तब नौकरानी ने बच्चे का कटोरा लेकर उसमें एक चम्मच शोरबा डाल दिया; फिर दो क़दम पीछे हट कर प्रतीक्षा करने लगी।

बच्चे ने आग-बबूला होकर कटोरे को सामने से हटा दिया, और घृणा के साथ ज़बान से 'थू-थू' करने लगा।

नौकरानी का चेहरा पीला पड़ गया; उसने झट पास आकर चम्मच में शोरबा भरा

और उस शोरबे-भरे चम्मच को बच्चे के अधखुले मुँह के भीतर ज़बरन घुसेड़ दिया।

बच्चे की साँस रुकने लगी। वह काँपने लगा, थूकने लगा, फिर उसने नाराज़ होकर दोनों हाथों से जल का गिलास उठा कर नौकरानी को मारा। तब नौकरानी भी नाराज़ होकर, हाथ से उसका सिर दबा कर ज़बरन चम्मच पर चम्मच शोरबा खिलाने लगी। बच्चे ने उल्टी कर दी, हाथ-पैर पटकने लगा, देह सिकोड़ी—उसका मुँह लाल हो उठा। प्रतीत हुआ, मानो उसी क्षण उसकी साँस बन्द होकर वह मर जाएगा।

उसके पिता पहले विस्मय से इतने स्तम्भित हो गए थे कि चुप बैठे रहे। फिर एकाएक पागल की तरह दौड़े हुए आकर नौकरानी की गर्दन पकड़कर उसे दीवार की ओर ढकेलते हुए बोले, "हट यहाँ से! पशु कहीं की!"

पर नौकरानी ने एक धक्का देकर अपने को छुड़ा लिया। उसके बाल बिखर गए थे, उसकी टोपी कन्धे पर गिर गई थी, उसकी आँखें आग की तरह जल रही थीं। वह ज़ोर से चिल्ला उठी, "महाशय, तुम्हें क्या हो गया है? तुम लोग बच्चे को मिठाई खिला कर मार रहे थे, और मैं उसे शोरबा पिलाकर बचाने की कोशिश कर रही थी, यही मेरा अपराध है! इसीलिए तुम मुझे मारने को तैयार हो गए?"

सिर से पैर तक काँपते हुए उन्होंने कहा, "जा, चली जा यहाँ से! चली जा...चली जा...! पशु कहीं की!"

तब नौकरानी क्रोध से पागल होकर उनके सामने जाकर खड़ी हुई, और उनकी आँखों पर अपनी आँखें रखकर, काँपते हुए स्वर से बोली, "ऐ! तुम्हें विश्वास है...तुम मेरे साथ इस तरह का बर्ताव करोगे? आह! पर नहीं...और, यह किसलिए? किसलिए?...इस लड़के के लिए, जो बिलकुल ही तुम्हारा नहीं है...नहीं...बिलकुल ही तुम्हारा नहीं है...तुम्हारा नहीं, है...तुम्हारा नहीं है...यह बात तो दुनिया जानती है...हां परमात्मा! केवल तुम्हारे सिवाय यह बात सारी दुनिया जानती है...पनसारी से पूछो... गोश्तवाले से पूछो...रोटीवाले से पूछो...सबसे पूछो...सबसे...!"

क्रोध से स्वर अटक जाने से वह रुक-रुककर कहने लगी, फिर वह उनकी ओर देखती हुई चुप रही।

लेमोनिये निर्वाक् खड़े रहे। उनका मुख पीला हो गया था; उनके दोनों हाथ स्थिर लटक रहे थे। कुछ क्षणों के बाद उन्होंने कम्पित स्वर से केवल यह कहा, "तू कहती...?...तू कहती?...कहती क्या है?"

तब नौकरानी ने शान्त स्वर से जवाब दिया, "जो मैंने कहा है, वही फिर कहती हूँ। हा, परमात्मा! यह बात तो सारी दुनिया जानती है!"

लेमोनिये दोनों हाथ ऊपर उठा कर, क्रोध से क्रूर पशु की तरह उस पर झपटे और उसे ज़मीन पर पटकने की कोशिश की। पर बूढ़ी होने पर भी नौकरानी ताक़तवर थी। वह उनके हाथों से झट फिसल कर आत्म-रक्षा के लिए टेबिल के चारों तरफ दौड़ने लगी; दौड़ते-दौड़ते फिर सहसा चेहरे को भयानक बनाकर, तेज़ स्वर से चिल्लाने लगी, "बेवकूफ़, ज़रा उस पर नज़र तो डालो, ज़रा अच्छी तरह से देखो, यह लड़का दिरतूर

की शक्ल का है या नहीं? उसकी नाक देखो, उसकी आँखें देखो—क्या तुम्हारी आँखें और नाक और बाल उसी तरह के हैं? क्या तुम्हारी औरत उस तरह की थी? मैं फिर कह रही हूँ, यह बात सारी दुनिया जानती है, तुम्हारे सिवाय और सब जानते हैं! शहर भर में यह एक हँसी की बात हो गई है! ज़रा ग़ौर से देखो...''

फिर वह दरवाज़ा खोलकर बाहर चली गई।

बेचारा बच्चा डरा हुआ अपने शोरबे के कटोरे के सामने बिना हिले-डुले बैठा रहा।

# नीला मकान

## एमेन्युयेल अरेन

मेरे चचाजान ने अपने जीवन का यह क़िस्सा हम लोगों से कहा था :

तुम लोग तो जानते ही हो कि रुपए कमाने के लिए मुझे फ्रांस के चारों तरफ घूमना पड़ता था। एक बार की यात्रा में मुझे दी-जो ज़िले के पास एक निहायत छोटे-से स्टेशन ब्लेजी-बा जाना पड़ा। वहाँ एक अद्‍भुत-सा छोटा मकान देखा।

उस मकान का रंग नीला था; वर्षा और बर्फ़ के तूफ़ान से नीला रंग कुछ फीका हो गया था।

प्रथम बार जब मैंने उस मकान को देखा, वह क़रीब चालीस साल पहले की बात है, रेल के डिब्बे में बैठे-बैठे ही। उस समय ट्रेन उस छोटे ब्लेज़ी-बा स्टेशन पर आकर रुकी थी। उस वक्त नीले मकान के सामने के बाग़ में एक बालिका गेंद से खेल रही थी। उसकी उम्र दस साल के क़रीब थी, उसकी शक्ल गुलाबी रंग की थी, उसकी पोशाक पीले रंग की थी और उसके रेशमी बाल एक नीले रेशमी फ़ीते से बँधे हुए थे। उसके सर्वांग में एक प्रबल आनन्द की तरंग थी। वह आनन्द की मूर्ति-सी ही थी!... उस सुबह को मेरा चित्त ठीक नहीं था; मेरा कारोबार ठीक नहीं चल रहा था, इसलिए बदमिज़ाजी से चिन्ता का पहाड़ लिए पेरिस शहर को लौटा जा रहा था।...इस क्षण-भर के चित्र ने आनन्द का पलस्तर देकर मेरे मन की सारी ग्लानि पोंछ दी। उस सुबह आँखों की पलकें खोलकर प्राकृतिक सौन्दर्य के बीच सजे हुए बाग़ की बालिका की मधुरता देखकर लगा कि आज का दिन मेरा बहुत अच्छा कटेगा। मैंने सोचा, 'ऐसी जगह में जो लोग रहते हैं, वे निश्चय ही सुखी हैं!...न उनको कोई चिन्ता है, और न कोई परेशानी।' और उस आनन्द की मूर्ति बालिका की सरलता देखकर मुझे ईर्ष्या होने लगी। अगर मैं उसी की तरह अपनी चिन्ता का बोझ उतारकर विश्व-सौन्दर्य की लीला के बीच अपने को डुबा पाता।

ट्रेन छूट गई। ठीक उसी समय नीले मकान की एक खिड़की खोल कर किसी ने पुकारा, "लोरीन!"...और वह बालिका मकान के अन्दर चली गई।

लोरीन! यह नाम भी मुझको बहुत मीठा लगा, और ट्रेन में चुपचाप बैठे-बैठे मैं कल्पना की आँखों से वह लोरीन, वह गेंद, वह बाग़ और वह नीला मकान देखने लगा। क्रमशः सब धुँधला होने लगा, और फिर मकान, बाग़, गेंद, लोरीन सब मेरी चिन्ताओं में मिल गए।

फिर बहुत दिनों तक उस तरफ नहीं गया। फ्रांस के उत्तर से पूर्व, कभी लील और कभी नैन्सी, रुपए की परेशानी से चक्कर काटता फिर रहा था; दिमाग़ में और किसी दूसरी चिन्ता का अवसर तक नहीं था।

क़रीब दस साल के पश्चात् एक शुभ दिन मार्सेई के लिए यात्रा की। वहाँ का काम खत्म करके लौटते समय मेरी पुरानी स्मृति जागृत हो उठी। मैं सन्ध्या की ट्रेन पर बैठा, जिससे ब्लेज़ी-बा स्टेशन पर ट्रेन सुबह के समय पहुँची।...वही नीला मकान, बिलकुल वैसा ही है, बल्कि लगा कि रंग ज़रा फीका हो गया है, और मानो मकान की ओर किसी का ध्यान नहीं है।...पर उस बाग़ में एक नवयुवती बैठी हुई थी, बड़ी सुन्दर, उसके बाल उसके चित्त की तरह ही गुलाबी फ़ीते से बँधे हुए थे...यही तो वह लोरीन है, जिसे मैं जानता हूँ! उसके बग़ल में एक नवयुवक बैठा हुआ था। सारे चित्त की एकाग्रता से वह लोरीन को देख रहा था, लोरीन को खुश करने के लिए वह मानो क्षण-क्षण में अपने को न्योछावर कर रहा था, और उन दोनों को घेरकर वही सरल हँसी और चित्त की शान्ति उसी तरह विराजमान थी।

उनके उन तरुण-हृदय के मिलन दृश्य को देखकर मेरा चित्त आनन्द से भर उठा। जब ट्रेन खुलने की संकेत-घंटी बज उठी, मैंने झट खिड़की से मुँह बाहर निकालकर हाथ और सिर हिलाकर अभिवादन करके चिल्लाकर कहा, "नमस्ते, नमस्ते कुमारी लोरीन!...'गुड् बाई'..."

नवयुवती ने विस्मय-चकित होकर मेरी ओर अपनी बड़ी-बड़ी आँखें फैला कर देखा, साथ-साथ उस युवक ने भी। फिर वे दोनों हँसते-हँसते मानो एक-दूसरे पर गिरने लगे, उन लोगों ने भी नमस्ते करके अपने रूमाल हिला कर अभिवादन किया।...मैंने ट्रेन की खिड़की से मुँह निकाल कर झुक-झुक कर सब देखा।...मेरा हृदय आनन्द से पूर्ण हो गया।

फिर अनेक वर्ष बीत गए, मार्सेई लाइन पर कई बार आना-जाना तो हुआ; पर काम की जल्दी में ऐसी ट्रेनों में आना-जाना हुआ, जो गहरी रात्रि में ब्लेज़ी-बा स्टेशन पर न रुककर ही चली जातीं। एक बार सन्ध्या की ट्रेन से जाने की सुविधा हुई, वही ट्रेन जो सुबह के समय ब्लेज़ी-बा स्टेशन पर पहुँचती थी। अब से कितने वर्ष पहले लोरीन को अपने प्रेमी के बग़ल में देखा था? बारह साल, या शायद पन्द्रह साल—मुझे ठीक-ठीक याद नहीं।

इस बार जब ट्रेन उस छोटे से स्टेशन पर जाकर खड़ी हुई, तो देखा कि उस नीले मकान के बाग़ में केवल एक बालक घास पर लेटा हुआ एक विशाल कुत्ते को पकड़कर खींचातानी करके खेल रहा है।...तब क्या एक बार के लिए भी मैं लोरीन को नहीं देख पाऊँगा?...मैं बहुत निराश हो रहा था। सहसा बालक चिल्लाने लगा, "अम्माँ!... अम्माँ!...रेलगाड़ी आई है...रेलगाड़ी!..."

तब एक अधेड़ महिला मकान के भीतर से निकल आई।...यह वही है, अवश्य वही है। ज़रा मोटी, ज़रा काली, पर फिर भी मैंने उसे देखते ही पहचान लिया। उसे देखते

ही मैंने आनन्द से विह्वल होकर सम्मान के साथ टोपी उठाकर अभिवादन किया।...उसने भी मेरा अभिवादन लौटाया, पर कुछ विस्मय के साथ।...वह सदा एक-सी रही है—वैसी ही सुन्दर, वैसी ही सरल।...ट्रेन जब चलने लगी, तब अपने इस आगमन को चिह्नित कर रखने के लिए मैंने एक संतरा उठाकर बालक के उद्देश्य में बाग़ में फेंक दिया। संतरा घास पर लुढ़क गया, और उसके पीछे-पीछे वह बालक और कुत्ता दौड़े।

इसके बाद मेरे जीवन में ऐसी-ऐसी विचित्र घटनाएँ हुईं, कि अब इतने सालों के बाद वह सब मानो स्वप्न-सा लगता है। तुम लोग जानते हो कि व्यापार के एक काम से मुझे तुर्क जाना पड़ा था। लौटते समय जहाज़ समुद्र में डूब गया। तब उस मुसीबत में ब्लेज़ी-बा स्टेशन के किनारे उस नीले मकान का स्मरण हुआ था या नहीं, तुम लोग सोच रहे हो!...हाँ, स्मरण हुआ था। जहाज़ के डूबने के बाद जब मृत्यु और मुझमें केवल एक तख्ते का व्यवधान था, तब ठीक उस पहले दिन की तरह ही सब चिन्ताएँ मेरे चित्त पर घूम रही थीं।...मैं तब अपने को धिक्कार कर कह रहा था, "हाय अभागे जॉन! दुनिया भर की सैर करते रहने का मज़ा तो चख लिया न! अगर तुम थोड़े में सन्तोष कर लेना जानते तो तुम भी अपनी अपरिचित मित्र लोरीन की तरह ही शान्ति में रह पाते, कदाचित् धूप से गरम उस नीले मकान में ही जगह पा जाते। अब वह सब सुख की सम्भावना तो तुमने नहीं रखी!

भाग्य से मैं उस बार बच गया। वह मानो एक दैवी घटना थी। जब जीवन से निराश होकर मृत्यु की प्रतीक्षा कर रहा था, तब एक 'डच' जहाज़ ने दो दिनों के बाद मुझे समुद्र से उठा लिया!...पन्द्रह या बीस दिन के बाद, ठीक स्मरण नहीं, मैं फ्रांस लौट आया। स्वेदश लौटकर ही मैं मार्सेई से पेरिस शहर की ट्रेन पर सवार हुआ। यही मेरी अन्तिम यात्रा थी। इस बुढ़ापे में इतनी मुसीबतों के बाद और भ्रमण की मुझे चाह नहीं थी।

सुबह के समय ट्रेन उस ब्लेज़ी-बा स्टेशन पर जा पहुँची। मेरा हृदय मानो आनन्द के आवेग से फट जाने की तरह हो उठा, हृदय मानो पसली की हड्डियाँ तोड़-मोड़ कर एक बार लोरीन को देखने के लिए निकल भागना चाहता था। अभी ट्रेन रुकेगी और फिर चल देगी, केवल एक क्षण-भर का मौक़ा है। शायद उससे अन्तिम साक्षात् नहीं होगा।

डिब्बे से मुँह बढ़ा कर दूर से ही देख पाया, स्टेशन से लगा हुआ वह नीला मकान धूप से जगमग उसी तरह खड़ा है।...सहसा धूप से उज्ज्वल नीले मकान को देखकर मुझे समुद्र में जहाज़ का डूबना और अपने जीवन और मृत्यु से संग्राम का स्मरण आया।...वह आज भी इस मकान में है, कदाचित् वैसी ही शान्त तथा उदासीन! मेरे जहाज़ के डूबने की खबर भी वह न जानती होगी। ट्रेन ठीक उस मकान के सामने जाकर खड़ी हुई। मैंने देखा, मकान के पूरब की तरफ के बरामदे में एक बूढ़ी रमणी बैठी है। उसके रूपहले केश सिर के बीच से दो भागों में होकर फैले हैं, और उसके चारों तरफ घिरकर छोटे-छोटे बच्चे शोर मचा रहे हैं।

यही लोरीन है!...उसे और कोई पहचान नहीं सकता; पर मैं उसे पहचानता हूँ!...एक क्षण के लिए भी मुझे दुविधा नहीं हुई। उसे बालिका का गेंद से खेलना, फिर यौवन का वह लीला-चंचल साक्षात्; फिर पत्नी और माता की मूर्ति में, और आज वह दादी है। वह पोता-पोती, नाती-नातिन से घिरी हुई है, प्रत्येक बार भिन्न मूर्तियाँ उसी एक अभिन्न की!

इस बार की नज़दीकी मेरे चित्त को वेदना से भरने लगा! मैं और कभी इस रास्ते में नहीं आऊँगा। वह मेरा इस जन्म का अन्तिम साक्षात् था! मुझे बड़ी चाह होने लगी कि एक बार मैं कुछ समय के लिए बातें करके अपनी चालीस साल ही पुरानी इस अपरिचित मित्र लोरीन से अन्तिम विदा लेकर जाऊँ।...दैव ने मेरी सहायता की, इंजिन कुछ बिगड़ गया था—मरम्मत होने में घंटा भर लगेगा, तब तक स्टेशन में ही ठहरना था।...इस मौके के लिए ईश्वर को धन्यवाद दिया। मैं अपनी इच्छा पूरी करूँगा। हम लोगों को इस बूढ़ी उम्र में संकोच का कोई कारण भी तो नहीं था।

मैं नीले मकान के फाटक की ओर चला; पर उस समय मेरे पैर थर-थर काँप रहे थे। मैं कभी भी आवेग से इतना विह्वल नहीं हुआ था। और मैं चाहे जो कुछ भी होऊँ, कायर नहीं था। यह बिलकुल सही है। तिस पर समुद्र के बीच लाइफ बेल्ट के सहारे दो दिन और दो रातें बिता कर मैं लौट रहा था। ख़ैर, मैंने बुलाने का घंटा खींच ही तो दिया! एक नौकर ने आकर दरवाज़ा खोल दिया। मैंने उससे कहा, "उस बरामदे में जो बूढ़ी मालकिन बैठी हैं, मैं उनसे बातें करना चाहता हूँ।" वह नौकर मुझे बैठक में बैठाकर मालकिन को बुलाने गया।...वह आई...

इतने दिनों के पश्चात् आज लोरीन मेरे सामने आकर खड़ी हुई है, पर उससे कहने लायक एक भी बात मैं ढूँढ़ नहीं पाया। तब उसी ने मुझसे पूछा, "आप से मेरा साक्षात् होने का सौभाग्य कैसे हुआ, महाशय?"

डरते-डरते मैंने कहा, "तुम मुझे पहचान नहीं सकीं?"

"जी, नहीं!"

"ओ! मैं...मैं तुमको अच्छी तरह जानता हूँ!...स्मरण करो!...ज़माना बीत गया, जब से मैं तुम्हें जानता हूँ! मैंने तुमको इसी मकान के बाग़ में गेंद से खेलते देखा है। मैं वही आदमी हूँ, तुम्हें अवश्य याद होगा, जिसने एक बार ट्रेन की खिड़की पर से नमस्ते किया था। तब तुम्हारी शादी नहीं हुई थी; और फिर बहुत दिनों के बाद जिस आदमी ने एक संतरा एक छोटे..."

वह महिला जाने कैसी डरी हुई-सी मेरी ओर देखती रही; दो क़दम पीछे हट गई; शायद उसने मुझे पागल या शराबी सोच लिया; पर फिर मेरे बूढ़े वय की शान्त मूर्ति देखकर साहस पाकर बहुत कोमल स्वर से बोली, "आपकी भूल है, महाशय! हम लोग सिर्फ एक साल से इस नीले मकान में हैं।"

मैं चकित हो गया। मैंने हकलाते हुए पूछा, "तब...क्या...आप...लोरीन...नहीं... हैं..."

"लोरीन!...आप किस के बारे में कह रहे हैं, मैं नहीं समझ पा रही हूँ। हमारे घर मैं इस नाम का तो कोई भी नहीं है!"

मुझे लगा, मानो मेरे चारों तरफ स्वप्न का वातावरण आ गया है। जब वह महिला जाने लगी, तब मैंने कहा, "क्षमा कीजिएगा, मेरे एक प्रश्न का उत्तर देती जाइए। आप लोगों के आने के पहले इस मकान में कौन रहते थे?"

"हम लोगों के पहले? एक बूढ़े सज्जन। वे चिर कुमार थे। दस साल पहले उनकी मौत हुई है।

महिला ने मुझसे बहुत भड़कीले ढंग से नमस्ते करके, फाटक के बाहर तक मुझे पहुँचा कर फाटक बन्द कर दिया। मैं पूरा बेवकूफ बन कर ब्लेज़ी-बा की गली में चल रहा था। इस आकस्मिक दुर्घटना के दुख से मेरा हृदय भारी हो गया था।...नहीं, मुझे तलाश करके सब मालूम करना ही पड़ेगा...अवश्य ही कोई भारी भूल इसमें उलझी हुई है, खोज कर उसका पता लगाना ही है।

मैंने स्टेशन-मास्टर से पूछा। वे सज्जन कुछ भी नहीं जानते थे। वे इस स्टेशन पर नए आए थे। पर उन्होंने बताया कि इस गाँव का सबसे बूढ़ा एक आदमी स्टेशन के पास नीले मकान के सामने रहता है, उससे पता मिल सकता है।

बूढ़े ने याद करते हुए कहा, "लोरीन?...अँ, लोरीन?...नहीं साहब, मुझे तो याद नहीं आ रहा है..."

"पर कोई पन्द्रह-सोलह साल पहले उस बाग़ में एक महिला को देखा था, कुछ मोटी और कुछ काली। उसके साथ एक छोटा बच्चा और एक बड़ा कुत्ता था, तो वह कौन थी?"

"अच्छा! एक बड़ा कुत्ता...? एक बड़ा कुत्ता? वह तो दारोग़ा की औरत श्रीमती जिलामे थी। उसका नाम तो लोरीन नहीं। मैं अच्छी तरह जानता हूँ। मैं तो उनके ही मकान में रहता था। दारोग़ा का नाम फ्रांसिस था।"

मैं तो पूरे जाहिल की तरह हो गया।

"अच्छा जनाब, ज़रा अच्छी तरह याद तो कीजिए...अच्छा इसके पहले, करीब बारह साल पहले; एक युवती, बहुत गोरी, काफ़ी लम्बी, सिर के बाल गुलाबी फ़ीते से बँधे रहते थे, और एक कुछ काला-सा युवक, बहुत सम्भव है कि उस युवती से उसकी सगाई हुई थी, क्या इस नीले मकान में नहीं रहते थे?"

बूढ़ा सोचता रहा, सोचता रहा, बहुत देर तक सोचता रहा।...अन्त में बूढ़ी को बुलाया। बूढ़ी छोटी शक्ल की औरत थी, आँखें उज्ज्वल जीवित-सी, चतुर-सा मुखड़ा, देखते ही लगता कि उसकी स्मरण-शक्ति तेज़ है। बूढ़े ने उससे सब बातें कहीं।

"ओह! वो तो कुमारी स्तेफानी थी। ठेकेदार साहब की लड़की...वही तो कुछ लम्बी-सी थी, फ़ीते से बाल बाँधकर रखती थी...यह उसके सिवाय और कोई नहीं हो सकता। दी-जो शहर के एक सौदागर से उसकी शादी हुई थी। अहा, बेचारी! उनकी शादी सुखद नहीं हुई थी। वे एक-दूसरे से अलग हो गए हैं। अहा, वह लड़की

अब...क्या नाम है...हाँ, सोमबरनों शहर में अपने बाप के घर रहती है। अहा, बेचारी बड़ी दुखी है..."

मैंने जाने के लिए नमस्ते किया।...और समय नहीं रहा, कुछ ही देर में ट्रेन छूटेगी।

"लोरीन! लोरीन! यह तो मेरा भ्रम नहीं है। मैंने उसे इतनी छोटी उम्र में देखा था, उसका नाम सुना था। आज भी मैं मानो उसे आँखों के सामने देख रहा हूँ कि वह बसन्त की तितली की तरह नाचती-कूदती खेल रही है।"

यह सुनकर बूढ़ी कह उठी, "ओह! यह बात पहले ही कह देते!...आपने पहले एक अधेड़ औरत की बात पूछी, फिर पूछी एक जवान लड़की की बात...अब कह रहे हैं एक छोटी लड़की के बारे में!...हाँ, जी, वह तो मुझे अच्छी तरह याद है।...लोरीन।...हाँ, उसका नाम तो लोरीन ही था।...ओफ़, यह क्या हाल की बात है। चालीस साल बीत गए होंगे!...आप उस सुन्दर छोटी लड़की के बारे में पूछ रहे हैं?...वह डॉक्टर साहब की लड़की थी, हम लोगों की रिश्तेदार! अहा, बेचारी लड़की दस साल की उम्र में मर गई!"

दस साल की उम्र में, मेरे उसको देखने से कुछ ही हफ्तों के बाद, वह मर गई। और मैं? इन चालीस सालों से उसका अनुसरण करता फिर रहा हूँ!...

# दार्शनिक की दुर्दशा

*वाल्टेयर*

मेमनन ने उस दिन तत्त्वज्ञानी होने की ठान ली। ऐसे बहुत कम लोग होंगे, जो कभी-न-कभी ऐसा ही अद्‌भुत विचार कर लेते हों। मेमनन मन-ही-मन सोचने लगा। पूर्ण रूप से सुखी होने के लिए, मुझे केवल काम, क्रोध, लोभ और अन्य दुर्गुणों से दूर रहना है। सभी को मालूम है, इससे अधिक सहज और क्या हो सकता है? प्रथम तो मैं किसी स्त्री से प्रेम नहीं करूँगा; मैं जब किसी सुन्दर स्त्री को देखूँगा, तो मन-ही-मन सोचूँगा, इस चेहरे पर एक दिन झुर्रियाँ पड़ जाएँगी, इन आँखों के चारों तरफ धब्बे पड़ेंगे, सिर के सारे बाल सफ़ेद हो जाएँगे। मुझे सिर्फ यह सोचना होगा कि वह पीछे कैसी हो जाएगी। बस, तब फिर कोई सुन्दर मुखड़ा मुझे मोह नहीं सकेगा।

दूसरी बात यह है कि मैं सदा संयमी रहूँगा। किसी तरह भी कोई मुझे अधिक शराब नहीं पिला सकेगा। मैं सदा याद रखूँगा कि अधिक शराब पीने से क्या हानियाँ होती हैं, जैसे सिर-दर्द, बदहज़मी, मानसिक तथा शारीरिक पतन और समय की बर्बादी। फिर स्वास्थ्य अटूट रखने के लिए भोजन की जितनी आवश्यकता है, उतना ही खाऊँगा। तब मेरा स्वास्थ्य सदा एक-सा रहेगा, मेरा जीवन सदा पवित्र और उज्ज्वल रहेगा। यह सब करना इतना सहज है कि इसकी सफलता के लिए अधिक परिश्रम का प्रयोजन नहीं।

मेमनन ने मन-ही-मन कहा, अपनी सम्पत्ति को कायम रखने के बारे में मुझे कुछ सोचना चाहिए, फिर मेरी चाह भी थोड़ी है, और मेरा सारा धन शहर के विश्वास-योग्य महाजन के पास अच्छे सूद पर जमा है। परमात्मा की बड़ी कृपा है कि चैन से मेरी गुज़र हो जाएगी। मैं कभी भी अदालत या राजदरबार में नहीं जाऊँगा, किसी से भी मैं ईर्ष्या नहीं करूँगा, और न कोई मुझसे ईर्ष्या करेगा। यह सब करना इतना सरल है, तो अपने सुख के लिए क्यों न करूँ? वह सोचता गया—मेरे इतने मित्र हैं, सबसे मैं मित्रता बनाए रखूँगा, क्योंकि हम लोग किसी भी बात पर न लड़ेंगे। वे कुछ भी करें या बोलें, मैं नाराज़ नहीं होऊँगा; और वे भी मुझसे उसी तरह व्यवहार करेंगे। यह सब करने में कौन-सी कठिनाई है?

अपनी कोठरी में बैठे-बैठे इसी तरह तत्त्व-विचार करके मेमनन ने खिड़की से बाहर सिर बढ़ाया। उसने देखा, दो औरतें उसके मकान के पास टहल रही हैं। एक अधेड़

थी, और सुखी मालूम पड़ती थी; दूसरी एक सुन्दर युवती थी, जो दुख से विह्वल दीख रही थी। वह लम्बी साँसें ले रही थी और रो रही थी; पर इससे वह और भी सुन्दर मालूम पड़ती थी। हमारे तत्त्वज्ञानी का हृदय घबरा उठा। यह निश्चय है कि उस युवती का सौन्दर्य देखकर नहीं, क्योंकि उसने दृढ़-संकल्प कर लिया था कि इसके लिए वह बेचैनी अनुभव नहीं करेगा, बल्कि उसका दुख देखकर, वह अपनी कोठरी से बाहर निकलकर तत्त्वज्ञान द्वारा युवती को ढाढ़स देने लगा। तब वह सुन्दरी सरलता के साथ, और बहुत ही प्रभावपूर्ण ढंग से उससे कहने लगी कि कैसे एक काल्पनिक चाचा ने उसको नुक़सान पहुँचाया है, किस चालाकी से वह उसकी काल्पनिक सम्पत्ति हड़प रहा है, और बताने लगी कि उसके डर की आशंका से उसे ज़रा भी चैन नहीं मिलता। ''आप जैसे बुद्धिमान् आदमी,'' वह बोली, ''अगर कृपा करके मेरे घर चलकर मेरी परिस्थिति पर ज़रा ध्यान दें, तो शायद इस घबराहट से मैं रिहाई पा जाऊँ।'' उसके साथ चलकर तत्त्वज्ञान की दृष्टि से उसकी हालत की जाँच करने और उसे परामर्श देने को मेमनन तैयार हो गया।

उस व्यथित युवती ने उसे एक सुगन्धित कमरे में ले जाकर एक बड़े सोफ़े पर अपने पास बैठाया। वे आमने-सामने थे। युवती उत्सुकता के साथ अपनी कहानी कहती जा रही थी, और वह बहुत आग्रह से सुनता जा रहा था। आँखें नीची किए युवती बोल रही थी। उन आँखों से कभी-कभी दो-एक बूँद आँसू टपक पड़ते थे, और जब वे आँखें ऊपर उठतीं, तो मेमनन की आँखों से मिल जातीं। उसकी बातचीत कोमलता से पूर्ण थी, और जितनी अधिक उनकी आँखें मिलने लगीं, बातें और भी कोमल होती गईं। मेमनन का हृदय करुणा से भर गया; ऐसी दुखिया युवती का उपकार करने के लिए वह प्रतिक्षण उत्सुक होता जा रहा था। धीरे-धीरे बातचीत के जोश में वे आमने-सामने नहीं बैठे रह सके, वे एक-दूसरे के पास बैठ गए। मेमनन उससे इतना लगाव से बातें करने लगा और उसके परामर्श के शब्द इतने मीठे होते गए कि अन्त में वे दोनों काम के बारे में बातें करना भूल गए, और उन्हें पता ही नहीं रहा कि किस विषय पर जा रहे हैं।

ऐसे ही समय पर, जैसा कि तय था, चाचा साहब एकाएक कमरे में आ गए और आते ही बोले, ''छिपे-छिपे प्रेम हो रहा है। आज दोनों ही को मार डालूँगा। मेरे घर की बदनामी!'' युवती तो खिसक गई। वह जानती थी कि एक मोटी रक़म बिना दिए वह क्षमा नहीं पाएगा। फिर जेब में जो कुछ धन था, चाचा को देकर मेमनन ने किसी तरह अपनी जान बचाई।

शरम और घबराहट से मेमनन अपने घर लौट आया। उसे उसी दोपहर को कुछ घनिष्ठ मित्रों के साथ भोजन करने के लिए निमन्त्रण-पत्र मिला था। सोचा—अगर घर पर रहूँ, तो यह लज्जाजनक घटना मेरे हृदय पर छाई रहेगी, और मैं कुछ भी खा-पी नहीं सकूँगा, इससे मेरी तबीयत ख़राब हो जाएगी। बेहतर है कि अपने मित्रों के पास जाकर दिल-बहलाव कर आऊँ। मित्रों के हँसी-मज़ाक में अपनी इस सुबह की बेवकूफ़ी

को भुला सकूँगा। इसी तरह निश्चय कर वह मित्रों की गोष्ठी में गया। उसे उदास देखकर मित्र लोग शराब परोसकर उसे खुश करने के लिए ज़ोर देने लगे। तब तत्त्वज्ञानी मेमनन मन-ही-मन तर्क कर इस नतीज़े पर पहुँचा कि कम शराब यानी संयत भाव से अगर शराब पी जाए, तो स्वास्थ्य और चित्त दोनों ही के लिए बहुत गुणकारी है। यह सोचकर शराब पीकर वह मतवाला हो गया। भोजन के बाद जुआ शुरू हो गया। उसने जुआ खेला, और जो कुछ उसकी जेब में था, वह सब हार तो गया ही, ऊपर से एक मोटी रक़म कर्ज़ भी रह गई। खेल की किसी बात पर झगड़ा चला। वाद-विवाद करने वाले गरम हो गए। एक घनिष्ठ मित्र ने पाँसे का बॉक्स उठा कर उसके सिर पर दे मारा, और उसकी एक आँख नोच ली। नशे और बिना पैसे की हालत में, एक आँख खोकर तत्त्वज्ञानी मेमनन किसी तरह अपने घर लौट आया।

घर आकर वह सो गया। सोने के बाद जब कुछ स्वस्थ हुआ, तो उसने महाजन से कुछ रुपए लाने के लिए नौकर को भेजा; क्योंकि उसे उसी दिन अपने घनिष्ठ मित्र का कर्ज़ अदा करना था। नौकर ने लौटकर कहा कि महाजन ने आज सुबह ही अपने आपको दिवालिया घोषित कर दिया है, और सैकड़ों परिवार, जो उस महाजन के पास अपना धन जमा कर चुके थे, तबाह हो गए हैं। यह सुनकर मेमनन के होश-हवास उड़ गए। अपनी आँख पर पट्टी बाँधकर, एक अर्जी लिखकर, वह राजदरबार में उस दिवालिया के विरुद्ध न्याय की प्रार्थना करने के लिए निकल पड़ा। राजदरबार में उसने कई रमणियों को बैठे देखा। वे बहुत खुश नज़र आ रही थीं। उनमें से एक ने, जो उसे कुछ जानती थी, उसे देखकर बुरे ढंग से मज़ाक किया। दूसरी एक रमणी ने, जिससे उसकी घनिष्ठता थी, कहा, "नमस्ते मिस्टर मेमनन! अच्छी तरह तो हो न? पर मिस्टर मेमनन, आपने अपनी एक आँख कैसे खोई?" यह कहकर वह खिलखिला कर हँस पड़ी और जवाब के लिए न रुककर पीछे घूमकर चली गई। मेमनन ने अपने को एक कोने में छिपा रखा था और राजा के पैरों के पास अपने अर्जी पेश करने के मौक़े की प्रतीक्षा करता रहा। आखिर वह मौक़ा मिला, और उसने तीन बार ज़मीन चूमकर वह अर्ज़ी पेश की। राजा ने उस अर्ज़ी को पढ़ा और एक अफ़सर को उस पर कार्यवाही करने का हुक्म दिया। अफ़सर उसे अलग ले जाकर बड़े रूखेपन से बोले, "अरे, ओ काने राजा! सुनो, मेरे पास न आकर सीधे राजा के पास जाकर तुमने बड़ी भारी बेवकूफ़ी की है और तुम्हारी इतनी मजाल कि उस ईमानदार दिवालिया के विरुद्ध नालिश करने आए हो, जो मेरा प्रिय-पात्र है, जो मेरी पत्नी का भांजा है! अगर भलाई चाहते हो, तो इस मामले में चुप हो जाओ, नहीं तो, यह याद रखो, तुम्हारी दूसरी आँख भी नहीं रहेगी!"

अपनी कोठरी में बैठे-बैठे मेमनन ने निश्चय किया था कि वह स्त्रियों से दूर रहेगा, शराब नहीं पिएगा, जुआ नहीं खेलेगा, लड़ाई-झगड़ा नहीं करेगा, राजदरबार में नहीं जाएगा, पर चौबीस घंटे के थोड़े से समय के भीतर वह एक मन-मोहिनी सुन्दरी के द्वारा ठगा गया, शराब पीकर मतवाला हुआ, जुआ खेला, झगड़ाकर बैठा, आँख खोई और राजदरबार में गया, जहाँ वह मूर्ख बना और बुरी तरह बेइज़्ज़त हुआ!

विह्वल होकर दुख से हृदय को टुकड़े-टुकड़े करके मेमनन अपने घर लौटा। वह घर में घुस ही रहा था, कि देखा, कर्ज़ अदा न करने के कारण उसके घनिष्ठ मित्र सरकारी नौकरों की सहायता से उसका सामान उठाकर ले जा रहे हैं। तब शोक में डूबकर वह ज़मीन पर बैठ गया। वहीं उसने सुबह की उस मन-मोहिनी युवती को फिर देखा; वह अपने चाचा के साथ टहल रही थी। मेमनन की आँख पर पट्टी देखकर वे दोनों खिलखिलाकर हँस पड़े। रात हो रही थी। मेमनन ने अपने मकान की दीवार के पास घास-पात बिछा कर बिस्तरा बनाया। उसे बुख़ार आ गया था और वह बेहोश होकर वहाँ पड़ा रहा। इसी समय स्वप्न में स्वर्ग से एक देवदूत आए।

वह अद्भुत प्रकाश से उज्ज्वल थे। उनके छह पंख थे, पर न उनके पैर थे, न सिर और न पूँछ; उनकी कोई शक्ल ही नहीं थी।

मेमनन ने पूछा, ''आप कौन हैं?''

वह बोले, ''मैं एक देवदूत हूँ।''

मेमनन ने कहा, ''तब तो आप मुझे मेरी आँख, मेरा स्वास्थ्य, मेरा धन और मेरा ज्ञान लौटा दीजिए।'' और विस्तारपूर्वक कहा कि उसने इन सबको कैसे खोया।

देवदूत बोले, ''हम जहाँ रहते हैं, वहाँ इस तरह कोई भी कुछ नहीं खोता है।''

दुखी मेमनन ने पूछा, ''आप कहाँ रहते हैं?''

देवदूत बोले, ''सूर्य से ढाई करोड़ कोस दूर सिरियन नाम के एक छोटे नक्षत्र में रहता हूँ। वह नक्षत्र यहाँ से दीख पड़ता है।''

मेमनन ने कहा, ''वह बहुत सुन्दर देश होगा! क्या वहाँ सचमुच स्त्रियों के द्वारा लोग ठगे नहीं जाते? कोई घनिष्ठ मित्र जुए में रुपया नहीं जीतता और आँख नहीं नोच लेता! वहाँ बेईमान दिवालिया नहीं है, और न सरकारी अफ़सर अन्याय करके बेइज़्ज़ती करते हैं?''

नक्षत्रवासी बोले, ''नहीं, तुम जो कुछ कह रहे हो, हमारे देश में वह सब नहीं है। हमारे यहाँ कोई स्त्रियों से ठगा नहीं जाता, क्योंकि वहाँ कोई स्त्री ही नहीं है; हम लोग कुछ भी नहीं खाते-पीते, हमारे यहाँ सोना-चाँदी नहीं होता, इसलिए कोई दिवालिया नहीं है, हम लोगों की आँखें नोच नहीं ली जातीं, क्योंकि तुम लोगों की तरह हमारे शरीर नहीं हैं। हमारे यहाँ अफ़सर नहीं होते, क्योंकि हम सब वहाँ एक से हैं।''

मेमनन ने तब पूछा, ''स्त्रियों के बिना और बिना खाए-पिए आप लोगों का समय कैसे कटता होगा?''

उस देवदूत ने कहा, ''दूसरे लोगों को देखते, जो कि हम लोगों के अधिकार में हैं। यह देखो न, ढाढ़स देने के लिए में आया हूँ।''

मेमनन बोला, ''हाय! आप कल आकर मुझे चेतावनी क्यों न दे गए? तब तो मैं मुसीबतों में नहीं पड़ता।''

देवदूत ने कहा, ''कल मैं तुम्हारे बड़े भाई के पास गया था। वह तुमसे भी दयनीय दशा में था। वह सम्राट के दरबार में काम करता है, उसने एक छोटी-सी ग़लती के लिए

अपनी दोनों आँखें खोईं, और अब जंजीर से बँधा हुआ अन्धकूप में पड़ा है।''

मेमनन ने कहा, ''कैसा दुर्भाग्य है! बड़ा भाई दोनों आँखों से अन्धा, छोटे के एक आँख नहीं। बड़ा अन्धकूप में पड़ा है, छोटा घास-पात पर!''

देवदूत ने कहा, ''जल्दी ही तुम्हारे दुख का अन्त होगा। तुम अपनी आँख तो वापस नहीं पाओगे, पर अगर तुम निर्दोष तत्त्वज्ञानी होने का विचार छोड़ दो तो फिर काफ़ी सुखी हो सकोगे।''

मेमनन ने पूछा, ''तब क्या यह असम्भव है?''

देवदूत ने कहा, ''हाँ, यह उतना ही असम्भव है, जितना कि आदर्श बुद्धिमान्, बलवान् और सुखी होना। हम स्वयं भी इससे बहुत दूर हैं! एक लोक ऐसा है, जिसमें यह सब असम्भव है। किन्तु आकाश में ऐसे सैकड़ों-हजारों लोक हैं, जहाँ प्रत्येक बात क्रम से चलती है। पहले की अपेक्षा दूसरे में भोग-विलास और तत्त्वज्ञान कम हैं। दूसरे की अपेक्षा तीसरे में कम हैं। इसी प्रकार आगे भी, यहाँ तक कि अन्तिम लोक में सब कोई पूर्ण रूप से मूर्ख हैं।''

मेमनन ने कहा, ''तब तो मैं समझता हूँ कि इस पृथ्वी को इन सब लोकों का पागलखाना समझना चाहिए।''

देवदूत बोले, ''एकदम ऐसी बात नहीं है, पर लगभग ऐसा ही है। प्रत्येक वस्तु ठीक स्थान पर ही होनी चाहिए।''

''किन्तु तब फिर क्या वे कवि और दार्शनिक ग़लती पर हैं, जो कहते हैं कि प्रत्येक वस्तु श्रेष्ठ है?'' मेमनन ने पूछा।

देवदूत ने उत्तर दिया, ''नहीं, वे ठीक कहते हैं, यदि हम प्रत्येक वस्तु को सारे विश्व के साथ क्रम-सम्बन्ध से देखें।''

''ओह! मैं इस बात पर तब तक विश्वास नहीं करूँगा जब तक मुझे मेरी आँख वापस न मिल जाए।'' बेचारे मेमनन ने कहा।

## फ्रांस

# सीधी-सादी आत्मा

*ल्योन इयूजीन फ्रैपी*

महाशय! मैं आपसे क्षमा माँगती हूँ। मैं उसकी माँ हूँ। महाशय! हाँ, उसकी माँ। अपने बेटे की माँ। धोखे से मार डाला गया है।

मैं आपसे क्षमा माँगती हूँ। मुझे कुछ कम सुनाई पड़ता है। क्या वे इसके लिए दुखी हैं। महाशय! उनके तो दिमाग़ में ही नहीं आया कि यह सब कैसे हुआ। उन्होंने मुझे माफ़ कर दिया है और कहा है कि भविष्य में ऐसी बात न होगी।

महाशय! क्या आपको वह याद नहीं है। महाशय, आप बुरा तो न मानेंगे अगर मैं बैठ जाऊँ। मैं बिलकुल थक गई हूँ। नौ बजे से यों ही चल रही हूँ। आधा शहर का चक्कर मैंने लगा डाला है। मैं थाने पर गई। वहाँ से लोगों ने मुझे बड़े थाने पर भेजा। वहाँ मुझे एक सज्जन मिले जिन्होंने वकील की राय से मुकदमा लड़ने को कहा। उनका नाम मैं भूल गई। उनका क्लर्क भी बड़ा भला आदमी था। उसने मुझे मजिस्ट्रेट के पास दरख़्वास्त देने को कहा। इसलिए मैं यहाँ आई हूँ।

वह घटना! महाशय, मैं उसके सम्बन्ध में सब जानती हूँ। कुछ शैतान जिनकी पुलिस तलाश कर रही थी, एक घर में घुसे। वहाँ पुलिस पहले से ही मौजूद थी। पुलिस को देखकर वे छत पर चढ़ कर भाग गए। पुलिस ने उनका पीछा किया पर वे साफ़ निकल गए। मेरा बेटा हेनरी एक बनिए के यहाँ काम करता था। वहीं छत पर वह काम कर रहा था। पुलिस ने पीछे से देखा। समझा, यह भी उन्हीं शैतानों में से है। और बिना सोचे-समझे गोली चला दी जो सनून् करती आकर मेरे बेटे के सिर में लगी।

महाशय! ओह! वह कितना भयानक दृश्य था। पीछे जब लोग उसे उठाकर मेरे पास लाए तब भी उसके कोट की जेब में एक गोली पड़ी थी। महाशय! वह मर गया।

महाशय! हेनरी मेरा बेटा था। वह बड़ा भला लड़का था। दिन भर कमाता था, शाम को भी मेरे ही पास रहता था। मैंने उसे खुश करने के लिए काले और लाल चारख़ाने के पैन्ट और कमीज़ बनवा दी थी। पर उसे देखने के पहले ही वह...।

मेरे दुख से सभी को दुख हुआ था। एक भले आदमी ने मेरे लिए दरख़्वास्त लिखी थी। उसने ही उसे भेजा भी था। और थोड़ी देर बाद एक दूत आकर मुझे प्रेसीडेंट के पास ले गया था। ओह, वे कितने दयालु थे! मैं सीधे उनके कमरे के दरवाज़े के पास

चली गई। मुझे देखते ही वह उठ खड़े हुए और ज्योंहि मैंने कहना शुरू किया, उन्होंने बीच में ही कहा, "बूढ़ी स्त्री, मैं सब जानता हूँ। मैं वचन देता हूँ, तुम्हें हर प्रकार की सहायता दी जाएगी, तुम्हें आजीवन पेंशन मिलेगी।" यही उनके शब्द थे। मैं कमरे में एक मिनट से अधिक नहीं रुकी। तब से मैं आसरा देखती रही पर एक साल बीत गया और कुछ न हुआ।

बाद में उस घटना की जाँच की गई थी। इधर-उधर के जाने कितने प्रश्न पूछे गए और अन्त में यह तय हुआ कि पुलिस को निरपराध पर गोली नहीं चलानी चाहिए थी। अपराधी का पता लगाया जा रहा था।

चार हफ़्ते हुए, पता लगा है। एक विक्टर है, दूसरा कोई और; दोनों को जेल भेज दिया गया। उन्हीं के लिए मैं आई हूँ। उन्हें बड़ा कष्ट होगा। मेरे भीतर माँ का हृदय धड़कता है; इसलिए जानती हूँ, मेरे मुहल्ले के भी सब आदमी जानते हैं कि प्रेसीडेंट ने कहा था, "बूढ़ी औरत तेरी सहायता की जाएगी, तू जो चाहेगी होगा।" वे सब यह जानते हैं। मैं यहाँ चालीस साल से रह रही हूँ। और पिछले कई महीनों से तो वे बड़े ही दयालु रहे हैं। गली में जब मैं चलती हूँ तो दुकानदार ऐसा व्यवहार करते हैं मानो मैं कोई अमीर महिला होऊँ। विक्टर की पत्नी बड़ी भली स्त्री है। मेरे पास आकर उसने विक्टर के लिए मैं जो कुछ भी कर सकती हूँ करने के लिए प्रार्थना की। मैंने इस सम्बन्ध में मोचा, बहुत सोचा। अब आप ही बताइए मैं उसकी कैसे सहायता करूँ। महाशय!

महाशय! मैं एक प्रतिकार करना चाहती हूँ; यदि आप मुझे करने दें। मुझे वह पेंशन मत दीजिए जिसको प्रेसीडेंट ने वचन दिया था, बदले में विक्टर को क्षमा कर दीजिए।

मैं एक बूढ़ी स्त्री हूँ। मेरी उम्र साठ साल से अधिक है। अब मुझे रुपयों की क्या आवश्यकता? मैं रुपयों का क्या करूँगी। मैं जैसी हूँ–ठीक हूँ। तीन घंटे सुबह और पाँच घंटे शाम काम करके मैं काफ़ी पैदा कर लेती हूँ। जब कभी दावत वगैरह में तश्तरियाँ साफ़ करने के लिए बुला ली जाती हूँ तो कुछ फ़ालतू रुपया मिल जाता है। आप देखते ही हैं कि मेरे पास आवश्यकता की हर वस्तु है।

मेरे मुहल्ले के लोग यह सुनकर बड़े खुश होंगे कि मेरे पेंशन न लेने से विक्टर क्षमा कर दिया गया।

और विक्टर! वह बुरा आदमी भी तो नहीं है। यह तो उसकी नादानी थी। उसने तो कचहरी में सब सच-सच कह दिया। औरों की तरह वह झूठ नहीं बोला और यही कारण है कि उसे सज़ा भी मिली। उसे इसका दुख है, वास्तविक दुख है। बाहर आकर वह शीघ्र ही लड़की की शादी करेगा। विक्टर भी मेरे बेटे जैसा ही है।

महाशय! अरे क्या आप अब बाहर जा रहे हैं? आफ़िस का समय समाप्त हो गया क्या? आपको मैं धन्यवाद देती हूँ कि आपने अपना समय मेरी बातें सुनने में नष्ट किया। मैं आज सुबह नौ बजे से अपने पैरों पर ही दौड़ रही हूँ। इसलिए थकान के कारण समय का अन्दाज़ा न लगा सकी।

महाशय! तो आपने लिख लिया न? मैंने तो सब कुछ बतला दिया है? मैं जानती हूँ कि आप अपने भरसक पूरी कोशिश करेंगे। मेरे अब दुबारा आने की तो आवश्यकता नहीं है? मैं घर ही पर आपके उत्तर की आशा करूँगी। आपकी दयालुता के लिए मैं कैसे धन्यवाद दूँ। आपको हज़ारों लाखों बार धन्यवाद हैं।

महाशय! कौन से दरवाज़े से मैं आई हूँ। आते समय मुझे इतने सारे दरवाज़े और दालानें पार करनी पड़ी हैं कि मैं सब भूल गई हूँ। और मेरी आँखें भी अब कमज़ोर हो गई हैं।

आप महाशय! क्या यहाँ क्लर्क हैं? मेरे काम में देर।... मेरा काम अवश्य कर दीजिएगा। मैं अब जा रही हूँ। यह मैं इसलिए कहने आई थी कि मेरे पास माँ का हृदय है।

# पॉकेट-बुक

*हेनरी लैवडेन*

मोशिया करवेऊ चूहे की तरह ऑफ़िस से बाहर आया। जब वह बाहर आ रहा था तो उससे उसके कई मित्रों ने छिपकर जाने को कहा था। उसने लगभग तीन फ्रेंक खो दिए थे। अब वह जल्द ही घर पहुँचना चाहता था। रास्ते में उसे एक आदमी ने यह ख़बर दी कि घर पर उसकी स्त्री उसकी राह देख रही है। उसे शीघ्र ही घर पहुँचना चाहिए। पर दरवाज़े के निकट पहुँच कर उसने अनुभव किया कि उसका साहस लुप्त होता जा रहा है। पता नहीं उसकी स्त्री ने उसे क्यों बुलाया? भीतर का क्या दृश्य होगा।

धीरे-धीरे सीढ़ी पर पाँव रखता वह ऊपर चढ़ने लगा। उसका हृदय इस समय तीव्रता से धड़क रहा था। जब वह एक मंजिल पार कर दूसरे पर पाँव रखने जा रहा था कि ऊपर किसी के खखारने की आवाज़ आई। उसने अपना सिर ऊपर उठाया और देखा कि रेलिंग को पकड़कर उसकी स्त्री आधी लटकती खड़ी है। उसके हाथ में एक दीपक भी है। अब वह और भी घबड़ा गया। पर सीढ़ियाँ चढ़ता रहा। उसने अपने चेहरे पर उड़ते हुए भय के चिह्नों को मुस्कान में छिपाने की कोशिश की। ज्यों ही वह ऊपर पहुँचा उसे कुछ बोलने के पहले ही उसकी स्त्री बोल उठी—

''ख़ैर, आए तो तुम। मैं बड़ी अधीरता से तुम्हारी राह देख रही थी।'' उसका हाथ तेज़ी से पकड़ते हुए वह बोली, ''तुम नहीं जानते कि मैं तुमको कितनी आश्चर्यजनक बात बताने जा रही हूँ। आओ।''

वे कमरे में गए। स्त्री ने दरवाज़ा बन्द कर लिया और बोली, ''अभी तुम्हें पता लग जाएगा।'' कहकर वह बड़ी तेज़ी से हँसी।

''तुम मुझे परेशान कर रही हो, लोनी! बताओ न, क्या बात है?'' करवेऊ ने कहा।

''क्यों? पर सुनो, एक घंटे पूर्व मेरे साथ एक बड़ी आश्चर्यज़नक घटना घटी है। तुमने उपन्यास पढ़े हैं? अवश्य पढ़े होंगे—बोली!''

''हाँ पढ़े तो हैं, पर तुम्हारा मतलब?''

''क्या तुम नहीं अनुमान लगा सके? एक बार कोशिश करो।''

''बताओ क्या बात है? मैं प्रार्थना करता हूँ।''

''मैं सेन्ट होनोरे से जब वापस आ रही थी तो रास्ते में मुझे यह मिल गया।''

बड़ी मुश्किल से उसने अपने जेब से एक काली और कठोर चीज़ निकाली, फिर उसका चेहरा गम्भीर हो गया जैसे वह कोई बहुत महत्त्वपूर्ण बात कहने जा रही हो। उसने उसे अपने पति की ओर बढ़ा दिया। और बोली, ''इसे देखो, तुम्हारी क्या राय है?''

करवेऊ ने उसे इधर-उधर पलटकर देखा फिर कहा, ''अरे यह तो एक पॉकेट-बुक है।''

''इसके अन्दर तो देखो।''

सावधानी से करवेऊ ने उसे खोला। कुछ कागज़ बाहर उड़कर गिर पड़े। स्त्री को बुरा लगा। बोली, ''यह मुझे दो।'' पॉकेट-बुक का पहला पन्ना खोल कर उसने कहा, देखो। कुछ समझे। यह कोई विदेशी व्यापारी कम्पनी के हिस्से का कागज़ है। मैं नहीं कह सकती कि इसकी क़ीमत क्या होगी।''

''यह तो आश्चर्य है कि तुम इसे पा गईं।''

''हाँ, वहाँ सड़क पर मिल गई।''

''किसी का गिर गया होगा।''

''हाँ और क्या?''

''अगर कहो तो खाना खाने के बाद चलकर इसे किसी थाने में जमा करा आवें। क्या इरादा है तुम्हारा?''

''हाँ-हाँ, अवश्य। मैं रखना थोड़े ही चाहती हूँ इसे।''

वे चुप होकर बैठ गए—फिर एकाएक स्त्री ने कहा, ''वह जो कल हमारे यहाँ खाना खाने आया था, मौरीन, उसे दिखाओ, यह क्या है।''

वह काग़ज़ मौरीन को दिखाया गया। उसने अच्छी तरह कागज़ों को देखकर कहा, 'रूसी-आस्ट्रियन रेलवे।' यह तो तुम्हारी क़िस्मत जग गई है। कम-से-कम चालीस हज़ार फ्रेंक के होंगे।''

''चालीस हज़ार फ्रेंक !'' दोनों उछल पड़े।

''और तुम जानते हो?'' मौरीन ने कहा, ''कुछ ही वर्षों में इनकी कीमत दुगुनी हो जाएगी, मैं इन चीज़ों को अच्छी तरह जानता हूँ।'' फिर हँसते हुए कहा, ''अगर मैं तुम्हारी जगह पर होता...।''

थोड़ी देर बाद जाकर उन्होंने उस पॉकेट-बुक को थाने में जमा कर दिया। उनका नीरस जीवन पहले सा ही व्यतीत होने लगा। और देखते-देखते आठ महीने बीत गए। नवाँ महीना भी आधे के लगभग समाप्त हो गया था। एक दिन स्त्री ने करवेऊ से कहा, ''क्या तुम विश्वास करोगे? मैंने पता लगाया है। अभी तक उस पॉकेट-बुक को लेने कोई नहीं आया है।''

''अच्छा! सचमुच।''

''हाँ!'' वह बड़ी खुश थी।

फिर दोनों प्रतिदिन उसका पता लगाने जाते। वहाँ का दारोग़ा उन्हें देखते-देखते

ऊब गया था। अब उन्होंने तय किया कि अगर कोई न मिले तो हमीं क्यों न उसे ले लें।

उस रात वे सो न सके। अपने-अपने बिछौने पर बैठे वे रात भर दीपक के धुँधले प्रकाश में हवाई क़िले तैयार करते रहे। उन्होंने समुद्र के किनारे एक क़िला बनाने का निश्चय किया और उसका नाम भी सोच लिया ''बिलालोनी।' उन्होंने एक नौकर भी रखने का सोचा।

एक दिन शाम को उसने अपनी स्त्री से कहा, ''अब हम नहीं रुक सकते। कल उसे हम माँग लाएँगे।''

दूसरे दिन उसने नौकरी भी छोड़ दी क्योंकि अब वह अपने को अमीर समझ रहा था।

एक दिन अखबार में उसने देखा, 'पेटाइटस डालेस में स्वेस भवन की बिक्री।'

करवेऊ ने उसका दाम सबसे अधिक, पन्द्रह हज़ार फ्रेंक लगाया और पन्द्रह दिन के भीतर ही दाम जमा करने का सौदा कर लेने का वायदा किया।

अन्त में बारह जनवरी को बड़ी खुशी से दोनों ने अच्छे-अच्छे कपड़े पहने। थाने पर जाकर दारोग़ा के सामने हस्ताक्षर करके पॉकेट-बुक माँग लाए।

इतने दिनों की प्रतीक्षा के मीठे फल की आशा में वे गिरजा में जाकर भगवान को धन्यवाद देने लगे। खुशी में उन्होंने मौरीन को अपने यहाँ दावत भी दी। दावत को समाप्त कर उन्होंने यह ख़ुशख़बरी सुनाई और पॉकेट-बुक जिसे इन्होंने लोहे के सन्दूक़ में बन्द कर रखा था—शान से सबके सामने रखा।

मौरीन ने पॉकेट-बुक पढ़ना शुरू किया।

''रूसी और आस्ट्रियन रेलवे।'' उसने कहा, ''मेरे भाई, छह महीने हुए यह कम्पनी फ़ेल हो गई। अगर तुम्हें कोई इसका तीन सौ फ्रेंक भी दे तो ले लो।''

# दो सराय

*अल्फांसो डाउडेट*

जुलाई का महीना था; दोपहर ढल रही थी। मैं नाइम्स से लौट रहा था। धूप से तपती हुई सड़क जहाँ तक दृष्टि जाती थी, जैतून के हरे-भरे बाग़ों के बीच धूल की रेखा सी दिखाई पड़ती थी; और ऊपर नीले आकाश में सूरज की सुनहली किरणें बिखरी हुई थीं। छाया का कहीं नाम न था, हवा का साँस चलना जैसे बन्द हो गया हो। उष्ण वायुमंडल में लहरें नहीं उठ रही थीं। चारों ओर स्तब्धता थी; केवल टिड्डों की तीव्र चीख़ विस्तृत नीरवता को भंग कर रही थी। उनका यह तीव्र संगीत प्रकाशपूर्ण असीम लहरियों का प्रतिरूप-सा प्रतीत होता था। दो घंटे से मैं इस निर्जन मरुभूमि में यात्रा कर रहा था कि सहसा सड़क की धूल से जैसे सफ़ेद मकानों का एक झुंड उभरकर उठ आया। इसका नाम सेंट पिन्सेट था; पाँच-छह किसानों के घर, लाल छत का लम्बा-चौड़ा खलिहान और छोटे-छोटे मकानों के इस झुरमुट के सिरे पर दो सराय सड़क के दोनों किनारों पर बनी हुई जैसे एक-दूसरे की ओर ईर्ष्या भरी दृष्टि से देख रही हों।

इन दो सरायों के इतना समीप होने में एक विचित्र बात-सी दिखाई देती थी। सड़क की एक ओर तो एक विशाल इमारत थी जिसमें जीवन छलक रहा था। सभी दरवाज़े खुले थे, फाटक पर गाड़ियाँ खड़ी थीं, गाड़ियों से खुले हुए घोड़े आनन्द की साँस ले रहे थे; यात्री सराय की छोटी दीवारों के अपर्याप्त साये में बैठे शराब पी रहे थे। हाते में खच्चर और गाड़ियों की भरमार थी, गाड़ीवाले सायबान में लेटे हुए संध्या की प्रतीक्षा कर रहे थे। भीतर चीख-पुकार, शपथ, मेज़ पर घूसों की आवाज़ें, गिलासों की खनखनाहट, बिलियर्ड खेल की गोलियों की झंकार, बोतलों के कार्क खुलने की आवाज़, और इन सभी प्रकार के शोरगुल के क्षुब्ध सागुद्र से प्रसन्नता से भरी हुई, मधुर झंकार-पूर्ण संगीत की ध्वनि उठकर खिड़कियों से बाहर निकल-निकलकर उन निर्जीव खिड़कियों में भी स्पन्दन उत्पन्न कर रही थी।

*ज्यों ही निद्रा को तज कर, ऊषा ने ली अँगड़ाई।*
*त्यों ही सुन्दर मार्ग्टन भी, चाँदी-घट पनघट लाई।*

और उनके सामनेवाली सराय ठीक इसके विपरीत निर्जन तथा परित्यक्ता-सी प्रतीत हो रही थी। दरवाज़े के पास घास उग आई थी, दरवाज़े और खिड़कियाँ टूटने लगी थीं,

दरवाज़े पर की शाख झूल रही थी जिसमें ज़ंग लग रही थी; सड़क के कंकड़-पत्थर निकल-निकलकर दरवाज़े पर बिछ गए थे। यह सराय निर्धनता की मारी हुई इतनी दयनीय दिखाई पड़ रही थी कि मैंने सोचा कि इसमें बैठकर एक गिलास शराब पीना भी इसके ऊपर दया दिखाना होगा।

मैंने भीतर प्रवेश किया। एक बड़ा-सा कमरा था जो और भी परित्यक्त और उदास प्रतीत होता था। कमरे में तीन खिड़कियाँ हैं जिनमें पर्दे नहीं थे। बाहर का प्रकाश इनसे आकर कमरे में प्रवेश करके उसे और उदास-सा बना रहा था। थोड़े से मेज़ कमरे में रखे थे जिन पर टूटे-फूटे गिलास सजे थे। वर्षों की गर्द गिलासों पर जमकर उन्हें और भी अदर्शनीय बना रही थी। बिलियर्ड खेलने की मेज़ टूट-फूट चुकी थी; उसके चारों कोनों की चारों जेबें जैसे आनेवालों से भीख माँग रही हों। एक पीली कोच, एक पुराना-सा डेस्क उस अस्वास्थ्यकर स्थान में जैसे गहरी नींद में पड़े थे। और मक्खियाँ? जिधर देखो उधर मक्खियाँ ही मक्खियाँ थीं। इतनी मक्खियाँ मैंने कभी न देखी थीं। ऊपर की छत पर, खिड़कियों में चिपकी हुई और गिलासों में झुंड की झुंड मक्खियाँ बैठी हुई थीं। मैंने दरवाज़ा खोला तो भीतर भन-भन की आवाज़ हुई जैसे मैं किसी मधुमक्खी के छत्ते में प्रवेश कर रहा था।

कमरे के दूसरे सिरे पर एक खिड़की के सामने एक स्त्री खड़ी थी। बाहर की ओर निहारने में वह अत्यन्त व्यस्त थी। मैंने उसे पुकारा, फिर पुकारा :

"अरे, ओ, इधर, मालकिन।"

धीरे से मुड़कर एक किसान स्त्री ने अपना मुँह मेरी ओर कर दिया। झुर्रियाँ झूल रही थीं। रंग सूखकर मिट्टी का जैसा हो गया था। पुराना-सा गन्दा एक लैस बाँधे थी जैसा कि हमारे आस-पास की स्त्रियाँ बाँधती हैं। बहुत वृद्धा न होने पर भी सतत अश्रुप्रवाह में उसका यौवन जैसे बहकर उसे वृद्ध कर गया हो।

अपनी नम आँखों को पोंछते हुए उसने पूछा, "कहिए, क्या चाहिए?"

"एक गिलास शराब चाहता हूँ।"

आश्चर्य के साथ उसकी आँखें मेरे मुँह पर जम गईं; अपने स्थान पर वह जड़-सी हो गई जैसे उसे मेरी बात समझ में ही न आई हो।

"यह सराय नहीं है क्या?"

स्त्री के मुँह से एक निःश्वास निकल गई।

"है तो पर यदि आप इसे समझें। परन्तु दूसरों की तरह आप भी सामनेवाली सराय में क्यों नहीं जाते? वह तो अधिक सुन्दर और सजीव है।"

"मेरे लिए वहाँ ज़रूरत से ज्यादा चहल-पहल है। मैं यहीं ठहरना चाहता हूँ।"

और बिना उसके उत्तर की प्रतीक्षा किए मैं एक मेज़ पर बैठ गया।

जब उसे विश्वास हो गया कि मैं सचमुच में ही शराब पीने आया हूँ तो वह बहुत व्यस्त सी दरवाज़े खोलती हुई, बोतलों को इधर-उधर करती, गिलासों को साफ़ करती और मक्खियों के आराम को भंग करती हुई इधर-उधर आती-जाती दिखाई देने लगी।

जान पड़ा था जैसे आए हुए ग्राहक की आज्ञाओं को पूरा करना उसके लिए एक महान कार्य हो। कभी-कभी बेचारी दुखिया रुककर अपने सिर को हाथों पर रख लेती जैसे कभी कोई काम वह पूरा नहीं कर पाती हो।

तब मुझे पीछे कमरे में जाने की उसकी आहट मिली। फिर बड़ी-बड़ी चाबियों की तालों के साथ खनखनाहट! फिर प्लेटों को फूँक कर झाड़ने और फिर धोने की आवाज़ सुनाई दी। बीच-बीच में गहरी निःश्वास और सिसकना!

पन्द्रह मिनट की इस कार्य-व्यस्तता के बाद मेरे सामने एक प्लेट सूखी किशमिश, एक टुकड़ा रोटी पुरानी होने के कारण जो पत्थर सी कड़ी हो गई थी और एक बोतल खट्टी नई शराब लाकर रख दी गई।

"बस, आपको सब मिल गया।" उस स्त्री ने कहा और जाकर फिर खिड़की पर खड़ी हो गई।

मैं शराब पी रहा था तो मैंने उससे बातें करनी चाहीं।

"जान पड़ता है यहाँ अक्सर लोग नहीं आते।"

"नहीं, कभी नहीं, महाशय! जब हम अकेले यहाँ थे तब बात दूसरी थी! हम लोग शिकार के मौसम में शिकारी को खाना दे सकते थे, और साल भर हमारे यहाँ गाड़ियाँ मिल सकती थीं। लेकिन जब से हमारे पड़ोसी ने यह सराय शुरू की तब से हमारा सब कुछ नष्ट हो गया। लोग उसी के यहाँ जाना पसन्द करते हैं। यह स्थान उन्हें बहुत मनहूस-सा जान पड़ता है और सच भी है कि अब जगह उतनी आकर्षक नहीं है। मैं सुन्दर नहीं हुई। मुझे ज्वर भी रहता है। और मेरी दोनों लड़कियाँ मर गई हैं। उसके विपरीत सामनेवाली सराय में हमेशा हँसी का फ़व्वारा छूटता रहता है। उसकी मालकिन आर्लेस की एक स्त्री है, वह सुन्दर है और गले में सोने का तिनलड़ा कंठा पहनती है। उसका प्रेमी है और इसके अतिरिक्त कई सुन्दर नवयुवतियाँ उसके यहाँ नौकरानियों का काम करती हैं। इसलिए उसके यहाँ बहुत से ग्राहक आते हैं। बेन्जोसेस, रेडेसन और जानक्विरेस के सभी लोग उसी के यहाँ जाते हैं। गाड़ी वाले उसकी सराय के सामने से जाने के लिए अपना रास्ता छोड़ देते हैं। और मैं बिना एक भी ग्राहक के यहाँ बैठी हुई अपना हृदय मसोसती रहती हूँ।"

उसने दुख-विदीर्ण शब्दों में उदासीन भाव से यह सब कहा। अब भी वह अपना माथा शीशे पर टेके हुए थी। यह प्रत्यक्ष था कि कोई ऐसी बात सामनेवाली सराय में अवश्य है जिससे वह इतनी आकर्षित है।

सहसा सड़क की दूसरी तरफ़ भीड़-भाड़ जान पड़ी। गाड़ी धूल में आगे बढ़ रही थी, मुझे चाबुक की सड़ाक-सड़ाक, चालक की सीटी, और दरवाज़े पर खड़ी लड़कियों की आवाज़ जो 'विदा, विदा' चिल्ला रही थी, सुनाई पड़ी। और इस सब शोरगुल से ऊपर उठता हुआ संगीत मुझे सुनाई पड़ा।

*लिए रजत घट अपना फिर वह, पहुँची तुरन्त कुएँ के पास;*
*नहीं दीखते थे वे सैनिक; अभी वहाँ से आते पास!*

संगीत की यह ध्वनि सुनकर वह स्त्री अंग-अंग में काँप गई। मेरी ओर देखकर बोली, "सुनते हैं न आप! यह मेरे पति हैं! अच्छा गाते हैं न?"

मैं अवाक्-सा उसे देखने लगा!

"क्या? आपके पति! तो क्या वे भी वहीं जाते हैं?"

इस पर टूटे हुए हृदय से पर बड़ी ही कोमलता के साथ उसने उत्तर दिया, "फिर और क्या आशा आप करते हैं, महाशय? पुरुष तो इसी प्रकार के बने होते हैं! वे किसी को रोते देखना नहीं पसन्द करते। और जब से मेरी लड़कियाँ मर गईं; मैं दिन-रात रोती रहती हूँ। और फिर यह बड़ी इमारत, यहाँ कोई आता नहीं इसलिए यह भी निर्जन बनी रहती है। इसलिए जब बेचारा जोसे बहुत ऊब गया तो वह भी वहाँ शराब पीने जाने लगा। आर्लेस की स्त्री उससे गीत गवाती है। ओह, फिर उसने शुरू किया।"

और वह वहाँ स्वप्न में डूबी-सी खड़ी रही, काँपती हुई। उसके हाथ आगे को फैले हुए थे। गालों पर आँसू की बूँदें ढुलक रही थीं जिनसे उसका चेहरा पहले से भी अधिक असुन्दर दिखाई पड़ रहा था। और उसका जोसे आर्लेस की स्त्री के लिए गा रहा था :

*कहा प्रथम ने उसे देखकर*
*'नमस्कार ऐ, प्रिय सुन्दरि!'"*

# बर्फ का तूफान

*अलेक्ज़ेंडर एस. पुश्किन*

सन् 1811 ई. में श्रीमान् गैब्रियल अपनी नेनाब्दोभा जमींदारी में रहते थे। वह ज़िले में अतिथि-सेवा और चरित्र की मधुरता के लिए प्रसिद्ध थे। मुहल्ले के लोग खाने-पीने के लिए और उनकी पत्नी प्रैसकोविया के साथ ताश खेलने के लिए अक्सर उनके घर आते थे। और कोई उनकी कन्या मारिया को देखने के लिए आते-जाते था। युवती की उम्र सत्रह साल की थी। वह लम्बी और पीले रंग की थी और वही अपने पिता की सारी ज़मींदारी की वारिस थी। इसीलिए अनेक जन अपने लिए या अपने पुत्रों के लिए उसे चाहते थे।

मारिया फ्रांसीसी उपन्यासों के आदर्श में पली हुई थी। उसका प्रेमी सेना-विभाग का एक नीचा ओहदेदार था। वह इस समय छुट्टी लेकर घर आया था। युवक भी मारिया से प्रेम करने लगा था। लेकिन प्रेमिका के माँ-बाप ने, दोनों में यह मोह देखकर, युवक को अपने मन में जगह देने को मना किया। उनके घर आने पर वे युवक का बिलकुल ही आदर नहीं करते थे।

प्रेमी-द्वय एक-दूसरे को पत्र लिखते और प्रतिदिन चीड़ के जंगल में या सड़क किनारे पुराने गिरजे के पास एक-दूसरे से मिलते थे। उन्होंने आजीवन एक-दूसरे से प्रेम करने की शपथ ली, परमात्मा का तिरस्कार किया और भाँति-भाँति के उपायों की आलोचना करने लगे। अनेक पत्र-व्यवहार और बातचीत के बाद वे इस निश्चय पर पहुँचे—

अगर हम लोग एक-दूसरे से अलग न रह सकें, अगर कठोर हृदय माँ-बाप हम लोगों के सुख का पथ बन्द कर दें, तो क्या हम लोग उनसे कोई मतलब न रखकर अलग नहीं रह सकते हैं?

युवक के दिमाग़ में ही प्रथम यह बात आई थी, फिर मारिया की औपन्यासिक कल्पना में भी यह बात सुन्दर लगी थी।

जब मुलाकात न होती तब उन लोगों में पत्र-व्यवहार और भी तेज़ी से बढ़ने लगा। युवक ब्लाडिमीर अपनी हर एक चिट्ठी में मारिया से अनुनय करता कि वे गुप्त भाव से विवाह कर लें। कुछ समय तक छिपे रहकर, फिर माँ-बाप के चरणों पर अपने को गिरा देंगे। हमारा प्रेम देखकर अन्त में वे कहेंगे, "बच्चो! आओ, हमारे गले से लग जाओ।"

मारिया ने बहुत देर तक दबाव डाला, और दूसरे उपायों से भागने का प्रस्ताव उसने स्वीकार नहीं किया। लेकिन अन्त में वह ब्लाडिमीर के बातचीत से राज़ी हुई। मारिया ने निश्चय किया कि भागने के निश्चित दिन, सिर-दर्द का बहाना करके रात को भोजन नहीं करेगी और अपने कमरे में चली जाएगी। फिर मारिया और उसकी नौकरानी (जो भीतरी बात जानती थी) पीछे की सीढ़ी से बाहर की फुलवारी में आएगी; फुलवारी से कुछ दूर पर 'स्लेज' (बिना पहिए की बर्फ़ पर चलने की बग्घी) तैयार रहेगी। उस बग्घी पर नेनाब्दोभा से पाँच मील दूर, जद्रीनों गाँव में जाएगी, वहाँ से सीधे गिरजाघर पहुँचेगी, उसका प्रेमी ब्लाडिमीर वहीं उसके लिए प्रतीक्षा करेगा।

उस रात मारिया को नींद नहीं आई। वह आवश्यक चीज़ें बाँधने लगी। इसके सिवाय उसने अपनी एक नाज़ुकख्याली सहेली को एक लम्बा पत्र लिखा और एक पत्र अपने माँ-बाप को लिखा। इस पत्र में बहुत ही हृदय-स्पर्श करनेवाली भाषा में उनसे विदा ली। वह जो यह काम कर रही है, उसका एकमात्र कारण है, प्रेम की अजेय शक्ति। और उसने यह लिखकर पत्र समाप्त किया कि अगर कभी उनके चरणों पर पड़ने की इज़ाजत मिल जाए, तो वह क्षण उसके जीवन का सबसे बड़े सुख का क्षण होगा! उसने दोनों पत्रों पर लाख लगाकर मुहर छांप दी, उस मुहर पर दो जलते हृदय और उनकी उपयोगी बातें खोदी हुई थीं। इसके बाद ही वह अपने पलंग पर लेट गई। उसे झपकी आई। बीच-बीच में बुरा स्वप्न देखकर वह जग जाती। पहले लगा कि 'स्लेज'-बग्घी में बैठते ही उसके माँ-बाप ने उसे रोका और बग्घी खींच ले जाकर एक अँधेरे गड्ढ़े में फेंक दी। वह लड़खड़ाकर उसमें गिर पड़ी। जाने कैसे एक अकथनीय अवसाद से उसका हृदय पीड़ित हो गया। फिर वह ब्लाडिमीर को देख पाई; ब्लाडिमीर घास पर पड़ा था। उसका चेहरा पीला, सर्वांग से ख़ून झर रहा था; अपनी अन्तिम साँस के साथ वह मानो शीघ्र विवाह करने के लिए उससे प्रार्थना कर रहा था...और भी कितने ही भयानक स्वप्न एक के बाद एक उसके सामने आने लगे। अन्त में जब वह जाग उठी तब उसका चेहरा और भी पीला पड़ गया था, उसका सिर बहुत दर्द कर रहा था।

माँ-बाप दोनों ने ही मारिया की यह अस्वस्था देखी। वे चिन्तित होकर बार-बार पूछने लगे, "तुम क्यों ऐसी दीख रही हो, बेटी? तुम क्या अस्वस्थ हो?" उनके इस स्नेह-भरे प्रश्न से मारिया का हृदय फटा जा रहा था। मारिया उन लोगों को ढाढ़स देने लगी, चेहरे पर खुशी लाने की चेष्टा करने लगी; पर कर नहीं सकी। क्रमशः संध्या आई। माँ-बाप के घर में रहने का यह अन्तिम दिन सोच कर, उसका चित्त व्यथित होने लगा। उसने मन-ही-मन सबसे विदा ली, आस-पास की सारी चीज़ों से विदा ली।

रात्रि के भोजन का इन्तज़ाम हुआ। तब काँपते स्वर से उसने कहा कि आज उसे भूख नहीं है, फिर 'गुड-नाइट' कहकर दोनों से विदा ली। उन्होंने उसे चुम्बन किया और दूसरे दिन की भाँति आशीर्वाद दिया। वह रोनी-सी हो गई।

अपने कमरे में जाकर मारिया आराम कुर्सी पर गिर पड़ी। उसकी आँखों से आँसू झरने लगे। नौकरानी ने उससे शान्त होने और हृदय में साहस लाने के लिए कहा। सब

तैयार था। आधे घंटे में ही मारिया अपने माँ-बाप का मकान, अपना कमरा, अपना शान्तिमय जीवन, सब सदा के लिए छोड़कर चली जाएगी!

बाहर बर्फ़ गिर रहा था, बादल गरज रहे थे। खिड़कियाँ हिल रही थीं, उनसे 'खट-खट' शब्द हो रहा था। प्रत्येक बात से मानो अमंगल की सूचना और खतरे की आशंका प्रकट होने लगी।

शीघ्र ही सारा मकान निस्तब्ध और निद्रामग्न हुआ। मारिया ओवर-कोट पहनकर, ऊपर से एक दोशाला ओढ़कर, एक बॉक्स हाथ में लिए पीछे के जीने पर आ गई। नौकरानी दो गठरियाँ लिए पीछे-पीछे आ रही थी। वे दोनों फुलवारी में उतर आईं। बर्फ़ का तूफ़ान बड़े ही भयानक रूप से चल रहा था। एक प्रबल वायु का प्रवाह सामने से उन लोगों को ठेलने लगा, मानो किशोरी अपराधी को पाप-कर्म से रोकने के उद्देश्य से। बहुत कठिनाई से फुलवारी से चलकर वे सड़क पर आईं। सड़क पर उसके लिए एक 'स्लेज़' बग्घी प्रतीक्षा कर रही थी।

ठंड के मारे घोड़े स्थिर नहीं रहना चाहते थे। कोचवान घोड़े के सामने इधर-उधर घूम रहा था, और उन्हें शान्त करने की चेष्टा कर रहा था। कोचवान ने मारिया और नौकरानी को बग्घी पर बिठा दिया। फिर सामान बग्घी में लादकर रस्सी हाथ में ली, और घोड़े रात्रि के अन्धकार में दौड़ चले।

किशोरी मारिया को परमात्मा के हाथों में और कोचवान टेरेस्का के हाथों में सौंपकर नौकरानी वापस चली आई।

ब्लादिमीर सुबह जद्रीनों गाँव के पादरी से मिलने गया और बहुत कठिनाई से उसे विवाह कराने के लिए राजी किया। फिर गवाहों की तलाश में मुहल्ले के सज्जनों के पास गया। पहले वह घुड़सवार सेना के दर्विन नाम के एक अफ़सर से जाकर मिला। उसकी उम्र चालीस के क़रीब थी। वह उसी क्षण राज़ी हो गया। उसने ब्लादिमीर को अपने साथ भोजन करने के लिए ठहर जाने का अनुरोध किया और उसे आश्वासन दिया, कि और दो गवाह अनायास ही मिल जाएँगे। भोजन के बाद की क़ानूनगो स्मिथ और मजिस्ट्रेट का किशोर पुत्र, जिसकी उम्र सोलह साल की थी, आए। उन्होंने केवल ब्लादिमीर का प्रस्ताव ही स्वीकार नहीं किया, उन्होंने यह शपथ भी खाई कि उसके लिए वे अपना जीवन तक देने के लिए तैयार हैं। ब्लादिमीर ने आनन्द से उन लोगों का आलिंगन किया और सब कुछ तैयार है या नहीं, यह देखने के लिए वह बग्घी पर सवार होकर चल दिया।

बहुत पहले संध्या बीत चुकी थी। ब्लादिमीर ने दो घोड़ों की 'स्लेज़' बग्घी के साथ अपने विश्वासी कोचवान टेरेस्का को नेनाब्दोभा भेज दिया और जो बातें कहनी थीं, वे सब समझा कर कह दीं। और अपने लिए एक घोड़ा वाली 'स्लेज़' बग्घी जोतने का हुक्म दिया और कोचवान जद्रीनों गाँव के लिए चल पड़ा। वहाँ दो घंटे के भीतर मारिया के पहुँचने की बात थी। ब्लादिमीर को रास्ता मालूम था। उसने सोचा, वहाँ पहुँचने में सिर्फ बीस मिनट लगेंगे।

पर ब्लाडिमीर के चहारदीवारी से पार होकर खुले मैदान में आते ही हवा तेज हो गई, और थोड़ी देर के बाद ऐसी तेज़ी से बर्फ़ का तूफ़ान चला कि वह कुछ भी नहीं देख पा रहा था। क्षण-भर में रास्ता बर्फ़ से ढँक गया। गहरे अँधेरे में ज़मीन के सब चिह्न लुप्त हो गए। आसमान और पृथ्वी मिलकर एक हो गए। घोड़ा अपनी मर्ज़ी से चल रहा था और प्रति क्षण या तो गहरे बर्फ़ के भीतर, नहीं तो एक गड्ढे में आकर रुक रहा था। बार-बार उसकी बग्घी उलटी जा रही थी। ब्लाडिमीर भरसक चेष्टा कर रहा था कि दिशा-भ्रम न हो जाए, लेकिन उसे लगा कि आधे घंटे से अधिक समय बीत गया, फिर भी वह जद्रीनों के जंगल में नहीं पहुँच सका है। और दस मिनट बीत गए, पर वह जंगल नज़र में नहीं आया। गहरी नाली और खड्डों से भरे मैदानों पर से घोड़ा बढ़ाने लगा। बर्फ़ के तूफ़ानों के वेग में कुछ भी कमी नहीं हुई, आसमान भी साफ नहीं हुआ। घोड़ा थक गया, बर्फ़ के भीतर उसके पैर धँस जाने पर भी, उसके बदन से पसीना टपक रहा था।

अन्त में ब्लाडिमीर ने देखा कि वह ग़लत दिशा को जा रहा है। उसने घोड़ा रोक लिया। मन-ही-मन वह सोचने लगा, क्या करेगा? अन्त में उसे लगा कि दाहिनी ओर जाना चाहिए था। वह दाहिनी ओर जाने लगा। घोड़ा और नहीं चल पा रहा था। वह एक घंटा चला। जद्रीनों और अधिक दूर नहीं होगा। वह घोड़ा बढ़ाता गया; लेकिन किसी तरह भी मैदान पार नहीं कर पा रहा था। अभी भी उसी तरह नालियाँ और खड्डे मिल रहे थे। प्रति क्षण बग्घी उलटी जा रही थी और प्रति क्षण ब्लाडिमीर को उसे खींच कर सीधा करना पड़ रहा था।

समय बीतता चला जा रहा था, ब्लाडिमीर बहुत चिन्तित हो उठा। अन्त में बहुत दूर पर एक काली लकीर दीख पड़ी।

ब्लाडिमीर उस ओर बढ़कर जब उसके निकट आया, तो देखा वह एक जंगल है। उसने मन-ही-मन कहा, 'ईश्वर को धन्यवाद है, कि मैं अब अपनी मंजिल पर आ गया हूँ।' ब्लाडिमीर जंगल के किनारे-किनारे बग्घी बढ़ाने लगा, सोचा कि परिचित सड़क आ पड़ेगी। जद्रीनों गाँव बिलकुल इस जंगल के पीछे है।

शीघ्र ही वह सड़क मिल गई; उसने उस रास्ते से जाते हुए जंगल के अन्धकार में प्रवेश किया। यहाँ हवा की तेज़ी नहीं थी। सड़क चौरस थी। घोड़े को तसल्ली हुई। ब्लाडिमीर की घबराहट भी कुछ कम हुई। ब्लाडिमीर घोड़ा बढ़ाता ही जा रहा था, फिर भी जद्रीनों नहीं दिख रहा था। जंगल भी ख़त्म नहीं हो रहा था। फिर उसके मन में एक भयानक डर और घबराहट छा गई। यह क्या? यह तो उसका अपरिचित जंगल है! वह निराश हो गया। घोड़े को कोड़ा मारा। बेचारे घोड़े ने फिर दुलकी चाल से चलना शुरू किया। पर घोड़ा शीघ्र ही थक गया। और बेचारे ब्लाडिमीर के भरसक कोशिश करने पर भी, घोड़ा बहुत धीरे चलने लगा।

क्रमशः जंगल पतला होने लगा, ब्लाडिमीर जंगल से निकल पड़ा। फिर भी जद्रीनों गाँव नहीं दीखा। उस समय आधी रात थी। उसकी आँखों से आँसू टपकने लगे। वह

निरुत्साह भाव से घोड़ा बढ़ाने लगा। इस समय तूफ़ान कुछ कम हो गया था, बादल इधर-उधर बिखरे थे; उसके सामने सफ़ेद तरंगित कालीन से ढँका दूर तक फैला हुआ मैदान था। रात्रि कुछ साफ़ हो गई थी। कुछ दूर पर एक छोटा-सा गाँव दीख पड़ा। चार-पाँच कुटियों से यह गाँव बना था। पहली कुटी आते ही ब्लाडिमीर बग्घी पर से कूद पड़ा, खिड़की के निकट दौड़कर जाकर उसने खिड़की खटखटाई।

कुछ क्षण के बाद वह खिड़की ज़रा-सी खुली और एक बूढ़े की लाल दाढ़ी दीख पड़ी।

"क्या चाहते हो?"

"यहाँ से जद्रीनों कितनी दूर है?"

"जद्रीनों कितनी दूर है?"

"हाँ, हाँ, जद्रीनों। क्या यहाँ से बहुत दूर है?"

"ज्यादा दूर तो नहीं है; यहाँ से सिर्फ दस मील है।"

यह जवाब पाकर ब्लाडिमीर ने अपने बालों को मुट्ठी के भीतर कस लिया, और मौत की सज़ा पाए मनुष्य की तरह चुपचाप खड़ा रहा। उस बूढ़े ने फिर कहा, "तुम कहाँ से आ रहे हो?"

ब्लाडिमीर को जवाब देने का साहस नहीं हुआ। उसने कहा, "जद्रीनों जाने के लिए एक घोड़ा लिवा सकते हो?"

उस किसान ने जवाब दिया, "हम लोगों के पास घोड़ा नहीं है।"

"क्या एक राह दिखानेवाला पा सकता हूँ? चाहे जितना रुपया माँगो, मैं दूँगा।"

बूढ़े ने खिड़की बन्द करके कहा, "ठहरो, तुम्हारे साथ अपने लड़के को भेज दूँगा; वह तुम्हें रास्ता दिखाकर ले जाएगा।"

ब्लाडिमीर प्रतीक्षा करने लगा। एक मिनट के बाद ही वह फिर खिड़की खटखटाने लगा। खिड़की खुल गई; फिर वह लाल दाढ़ी दीख पड़ी।

"क्या चाहते हो?"

"भेजो अपने लड़के को!"

"आ रहा है, जूते पहन रहा है। क्या तुम्हें जाड़ा लग रहा है? भीतर आग के पास ज़रा गरम हो लो।"

"धन्यवाद! मुझे ज़रूरत नहीं है। तुम अपने लड़के को जल्दी भेज दो।"

दरवाज़ा खुलने का शब्द हुआ। लाठी हाथ में लिए एक युवक निकलकर उसके सामने आया। एक बार उसने बड़ी सड़क को उँगली से दिखा दिया और बाईं ओर जहाँ बर्फ़ जमा हुआ था, उस जगह को भी दिखा दिया।

ब्लाडिमीर ने पूछा, "वक्त क्या होगा?"

युवक किसान ने जवाब दिया, "थोड़ी देर में दिन निकल आएगा।"

ब्लाडिमीर ने कुछ नहीं कहा।

मुर्ग़े बोलने लगे। जब वे जद्रीनों में पहुँचे, उस समय सूर्य निकल आया था।

ब्लाडिमीर ने किसान युवक को कुछ बख़्शीश देकर पादरी के घर के आँगन में प्रवेश किया। पर आँगन में उसने अपनी दो घोड़ों की 'स्लेज़' बग्घी नहीं दिखाई दी। न जाने क्या ख़बर उसके लिए प्रतीक्षा कर रही थी!

लेकिन अब हम नेनाब्दोभा में दयालु हृदय ज़मींदार गैब्रियल के घर में फिर लौट चलें। देखें, वहाँ क्या हो रहा है।

कुछ भी नहीं!

ज़मींदार और उसकी पत्नी ने जागकर बैठक में प्रवेश किया। गैब्रियल के सिर पर रात्रि-टोपी थी और बदन पर फ्लालेन का कुर्त्ता था; और प्रैसकोविया एक रुई भरा ओवर-कोट पहने हुए थी। चाय बनने लगी। गैब्रियल ने नौकरानी को यह पूछने के लिए भेजा कि रात मारिया को कैसी नींद आई? नौकरानी ने लौटकर कहा, "रात मारिया को अच्छी तरह नींद आई है। अब वह कुछ स्वस्थ है। अभी बैठक में आएगी।"

द्वार खुला, मारिया ने कमरे में प्रवेश करके माँ-बाप को नमस्कार किया।

गैब्रियल ने पूछा, "तुम्हारे सिर का दर्द कैसा है, मारिया?"

मारिया ने उत्तर दिया, "कुछ अच्छा है।"

प्रैसकोविया बोली, "शायद कमरे की आग के धुएँ से और आँच लगने से सिर में दर्द हुआ था।"

मारिया ने उत्तर दिया, "यही बात होगी, अम्माँ!"

यह दिन किसी तरह बीत गया। लेकिन रात को मारिया एकाएक बीमार पड़ गई। शहर से एक डॉक्टर बुलाया गया। डॉक्टर ने सन्ध्या समय आकर देखा कि मारिया प्रलाप कर रही है। बहुत तेज़ बुख़ार था। दो सप्ताह के भीतर मारिया मृत्यु के निकट आ गई।

मारिया जो घर से भाग गई थी, यह बात घर का कोई भी आदमी नहीं जानता था। भागने के पहले दिन के रात में मारिया ने जो पत्र लिखा था, वह जला दिया गया था। मालिक और मालकिन नाराज़ होंगे, सोचकर नौकरानी ने इस विषय में एक भी बात नहीं कही थी। पादरी और शादी के गवाह भी बहुत सावधान थे। सावधान होने का कारण भी था। कोचवान टेरेस्का अधिक बोलता नहीं था, शराब पीने पर भी नहीं। सबने बात को बहुत गुप्त रखा था।

पर मारिया ने स्वयं अपने लम्बी अवधि के ज्वर के प्रलाप में गुप्त बात को प्रकट कर दिया। लेकिन उस बात को उसने ऐसे टूटे-फूटे भाव से कहा था कि उसकी माता केवल इतना ही समझी कि ब्लाडिमीर के प्रेम से वह एकदम मोहित हो पड़ी है, और यही प्रेम शायद उसकी बीमारी का असली कारण है। पत्नी ने अपने पति से और कुछ पड़ोसियों से सलाह की, और सबने एकमत से राय दी कि मारिया को रोकना ठीक नहीं है। जिस आदमी से किसी नारी ने विवाह करने की इच्छा की है, उस आदमी को उससे दूर हटाना उचित नहीं है। ग़रीबी तो कोई अपराध नहीं है; नारी को रुपए के साथ तो रहना नहीं है—रहना होगा एक पुरुष के साथ, आदि। ऐसे अवसरों पर, जब अपने

समर्थन के लिए हम लोग कुछ भी सोच नहीं पाते, तब नैतिक कहावतें बहुत काम में आती हैं।

इसी बीच मारिया की तबीयत कुछ सुधरने लगी। पहले के सत्कार से ब्लाडिमीर इतना डर गया था कि वह बहुत अर्से से गैब्रियल के घर नहीं गया था। अब ब्लाडिमीर के निकट यह अच्छी ख़बर भेजना निश्चित हुआ कि मारिया के माँ-बाप मारिया से उसका विवाह करने को राज़ी हैं। ब्लाडिमीर ने कभी ऐसी ख़बर पाने की आशा नहीं की थी। इस निमन्त्रण के जवाब के रूप में मारिया के माँ-बाप ने जो चिट्ठी पाई, उसे पढ़कर वे बहुत ही विस्मित हुए। ब्लाडिमीर ने उन लोगों को जताया कि वह और कभी उनके घर नहीं जाएगा, उसकी तरह अभागे व्यक्ति को वे सदा के लिए भूल जाएँ। अब मृत्यु ही उसकी एकमात्र आशा और कामना है। इसके कुछ दिनों के बाद उन लोगों ने सुना कि ब्लाडिमीर उस जगह से चला गया और सेना में सम्मिलित हो गया है।

बहुत दिनों के बाद, उन लोगों ने मारिया से यह बात कहने का साहस किया, क्योंकि मारिया अब कुछ ठीक हो गई थी। मारिया ने कभी भी ब्लाडिमीर का उल्लेख नहीं किया। ख़ैर, कई महीने के बाद, बरोदिनी के युद्ध में जो लोग सख़्त घायल हुए थे और बहुत प्रशंसित हुए थे, उसकी सूची में ब्लाडिमीर का नाम देखकर मारिया बेहोश हो गई थी। सब को डर हुआ कि कहीं फिर बुखार न आ जाए। पर ईश्वर की कृपा से बेहोशी से और कोई बुरा फल नहीं हुआ।

मारिया और एक दुख में डूब गई। उसके पिता की मृत्यु हो गई; वे मारिया को अपनी सारी सम्पत्ति का वारिस कर गए थे। मारिया ने निश्चय किया कि शोक से कातर अपनी माता को छोड़कर वह अब कहीं नहीं जाएगी।

इस धनवान सुन्दर युवती को विवाहार्थी लोग आकर घेरे रहते। लेकिन मारिया उनको रत्ती भर भी आशा नहीं देती। एक जीवन-साथी चुन लेने के लिए कभी-कभी उसकी माता ज़ोर देती; किन्तु मारिया केवल सिर हिलाती और बहुत उदास हो पड़ती।

ब्लाडिमीर अब जीवित नहीं है। नेपोलियन के रूस-आक्रमण करने के पहले ही ब्लाडिमीर इस संसार को छोड़कर चला गया था। मारिया ने अब उसकी पवित्र स्मृति को हृदय-मन्दिर में प्रतिष्ठित किया है। ब्लाडिमीर ने जो सब किताबें पढ़ी थीं, जो सब चित्र अंकित किए थे, जो सब गाने गाये थे, जो सब छोटी-छोटी कविताएँ मारिया ने उसके लिए नक़ल कर दी थीं, एक शब्द में जो कुछ भी उसकी बातें याद दिलाती हैं, वे सब अमूल्य रत्न की भाँति उसने संचित करके रख ली हैं।

मुहल्ले के लोग ये सब बातें सुनकर, उसके ऐसे प्रेम से विस्मित हुए, और वे कुतूहल के साथ ब्लाडिमीर के वापस आने की प्रतीक्षा करने लगे।

इसी बीच युद्ध ख़त्म हो गया। हमारी विजयी सेना परदेश से लौट रही थी। लोग उन्हें देखने के लिए भागे जा रहे थे। पल्टन का बाजा युद्ध का जय-संगीत बजा रहा था। जो कम उम्र के किशोर युद्ध में गए थे, वे मोटे-ताज़े होकर, सम्मानित होकर लौट आए। सैनिक बहुत आनन्द से आपस में बातचीत कर रहे थे। वे प्रतिक्षण अपनी बातों

में फ्रांसीसी और जर्मन शब्द मिला रहे थे। वह समय भूलने का नहीं है, वह गौरव का समय था। 'मेरी जन्मभूमि!' इस बात से रूसी हृदय कितना शीघ्र फड़क उठता है। मिलन के आँसू कितने मीठे होते हैं! हम लोगों ने किस तरह एक हृदय होकर जातीय गर्व का भाव और ज़ार पर भक्ति का भाव इकट्ठा सम्मिलित किया था!

स्त्रियाँ—हमारी रूसी स्त्रियाँ—तब बहुत उत्साहित हो गई थीं। उनकी उदासी ग़ायब हुई थी। विजयी सेना को देखकर उनमें आनन्द की बाढ़ आ गई। वे चिल्लाकर जय-ध्वनि कर उठीं अपनी टोपियाँ आसमान की ओर फेंकने लगीं।

उस समय का ऐसा कौन सैनिक है, जो नहीं स्वीकार करेगा—उनके अच्छे और क़ीमती पुरस्कारों के लिए वे स्त्रियों के निकट ऋणी हैं। उस गौरव से उज्ज्वल समय में मारिया अपनी माता के साथ एकान्त में दिन काट रही थी। दोनों में से किसी ने भी नहीं देखा कि रूस की राजधानी में लौटे हुए सैनिकों ने कैसी आदर पाई। पर गाँवों और क़स्बों में लोगों का उत्साह मानो और अधिक हुआ था। उन जगहों में एक सैनिक दीखने पर सब लोग विजय का उत्सव मनाने लगते। वर्दी पहने एक सैनिक की बग़ल में सादी पोशाक पहने किसी स्त्री का प्रेमी फीका पड़ जाता था।

मारिया उदासीनता में भी विवाहार्थी युवकों के द्वारा घिरी हुई रहती। लेकिन जब 'सेंट जाज ऑर्डर' के ख़िताब से सम्मानित, पीले रंग का सुन्दर, एक हज़ार सेनादल का घायल युवक कप्तान, नाम बुर्मीन, उसके भवन में आ पहुँचा, तब और सब लोगों को पीछे हटना पड़ा। बुर्मीन की उम्र करीब छब्बीस साल की थी। वह छुट्टी लेकर अपनी ज़मींदारी में आया था। यह ज़मींदारी मारिया के गाँव के घर के पास ही थी। मारिया उसका जितना आदर और अभ्यर्थना करने लगी, वैसा आदर और अभ्यर्थना उसने और किसी की नहीं की थी। बुर्मीन के सामने उसकी स्वाभाविक उदासी और दुखित भाव ग़ायब हो गया। यह बात नहीं कही जा सकती कि मारिया उसके प्रति प्रेम का छल कर रही थी। उसका व्यवहार देखकर कोई कवि कह सकता था—

"यह अगर प्रेम नहीं है, तो क्या है?"

वास्तव में उस युवक को देखने पर सबको अच्छा लगता। उसके व्यवहार में बनावटी भाव नहीं था। वह कुछ परिहास-प्रिय था। पर सोच-विचार कर परिहास नहीं करता था।

मारिया के प्रति उसका व्यवहार सीधा-सादा और सहज ढंग का था। उसे वह शान्त और नम्र स्वभाव का लगता। लेकिन लोग कहते कि किसी समय वह बहुत लम्पट, क्रोधी और उद्दंड था। पर मारिया के विचार में, उससे कुछ नुक़सान नहीं हुआ। मारिया ने (दूसरी युवतियों की भाँति) उसकी ये सब बातें, चित्त के स्वाभाविक आवेग और निडरता का परिणाम कहकर, आनन्द के साथ क्षमा कर दीं।

पर खास कर, उसके प्रेम-संभाषण से अधिक, उसके मनोहर वार्तालाप से भी अधिक—उसके सुन्दर चेहरे से भी अधिक उसकी पट्टी बँधी बाँह से भी अधिक, इस युवक सैनिक की नीरवता ने उसके कुतूहल और कल्पना को उत्तेजित किया था। वह

मन-ही-मन स्वीकार किए बिना रह नहीं सकी कि वह सैनिक उसे बहुत अच्छा लगा है। और उस बुद्धिमान और अनुभवी सैनिक ने भी समझा कि वह मारिया को अच्छा लगा है। तब क्यों इतने दिनों तक वह युवती के पैरों पर नहीं पड़ा है? और यह युवती भी क्यों प्रेम प्रकट नहीं कर रही है? तब क्या मारिया का अपना और कोई गुप्त रहस्य है?

अन्त में बुर्मीन ऐसी गहरी चिन्ता में डूब गया, उसकी काली उज्ज्वल आँखें ऐसे प्यासे भाव से मारिया के चेहरे पर लगी रहतीं कि अन्तिम परिणाम में और अधिक देर नहीं है। पड़ोसी आपस में कहने लगे कि अब मारिया की शादी हो जाएगी, इतने समय के बाद लड़की को योग्य वर मिला है। यह जान कर प्रैसकोविया भी बहुत खुश हुई। मारिया की माता एक दिन बैठक में बैठी थी कि बुर्मीन ने कमरे में प्रवेश करके मारिया की बात पूछी। बुढ़िया ने उत्तर दिया, "वह फुलवारी में है, उसके पास जाओ। मैं यहीं तुम्हारे लिए प्रतीक्षा करूँगी।"

बुर्मीन ने जाकर देखा कि तालाब के पास एक कुंज के भीतर मारिया बैठी है। उसके हाथ में एक पुस्तक है। वह एक सादी पोशाक पहने हुए थी। वह बिलकुल उपन्यास की नायिका-सी लग रही थी। प्रथम पूछताछ के बाद, मारिया ने इच्छा करके ही बातें बन्द कर दीं। इस कारण दोनों का संकोच और भी बढ़ गया। अब एकाएक साफ़-साफ़ कुछ न कह डालने पर इससे छुटकारा मिलने का और कोई उपाय नहीं। बात इस तरह शुरू हुई। इस बुरे संकोच की परिस्थिति बदलने के ख्याल से बुर्मीन ने साफ़-साफ़ कहा कि वह मारिया के निकट अपना हृदय खोलने का अवसर बहुत दिनों से ढूँढ़ रहा था और अब अगर ध्यान से सुनाई हो, तो वह अपने हृदय की सब बातें कहे। मारिया ने पुस्तक बन्द करके, ध्यान से सुनने के छल से, आँखें नीची कर लीं।

बुर्मीन ने कहा, "मैं तुमसे प्रेम करता हूँ, हृदय से प्रेम करता हूँ। मेरा व्यवहार तुम्हारी बातें सुनने के लिए बैचेन रहता।"—मारिया को 'ला नावेल होलायेस' नामक उपन्यास के नायक सेंट प्रूक्स का प्रथम पत्र का स्मरण हुआ। "अब मैं अपनी नियति को रोक नहीं सकूँगा, वह समय बीत गया है। तुम्हारी स्मृति, तुम्हारा अतुलनीय सौन्दर्य आज से मृत्यु तक मेरे जीवन का दुख और सांत्वना होगी। अब एक कठोर गुप्त बात प्रकट करूँगा, वह हम लोगों के मिलने में भयानक बाधा होगी..."

मारिया ने बात काटकर कहा, "बाधा तो हमेशा रही। मैं कभी भी तुम्हारी पत्नी नहीं हो सकती थी।"

बुर्मीन ने झट उत्तर दिया, "मैं जानता हूँ कि तुम किसी से प्रेम करती थीं। लेकिन मृत्यु और तीन साल के शोक ने तुम्हारे हृदय में कोई न कोई तो परिवर्तन किया ही होगा। मारिया, मेरे हृदय की देवी! मेरी अन्तिम सांत्वना से मुझे वंचित करने की चेष्टा न करो। तुम मुझे सुखी कर सकतीं, मगर यह बात न बोलो—नहीं, नहीं, परमात्मा के लिए। मुझे बड़ा कष्ट होगा। हाँ, मैं जानता हूँ, मैं मन-ही-मन अच्छी तरह अनुभव कर रहा हूँ कि तुम मेरी हो सकती थीं, लेकिन मैं बहुत ही अभागा हूँ। मेरी शादी पहले ही हो चुकी है।"

मारिया ने चकित होकर उसकी ओर देखा। बुर्मीन बोला, "मैं विवाहित हूँ। तीन साल से अधिक हुआ मेरी शादी हो गई है, पर मैं नहीं जानता कि मेरी पत्नी कौन है? और कहाँ है? और कभी मिलूँगा या नहीं?"

मारिया कह उठी, "यह तुम क्या कह रहे हो? यह कैसी अद्‌भुत बात है? अच्छा, कहते जाओ, फिर?"

बुर्मीन कहने लगा, "1782 ईस्वी के आरम्भ में, मैं शीघ्रता से विलना जा रहा था। वहाँ हमारी सेना ठहरी थी। एक दिन सन्ध्या समय देर से घोड़ों के स्टेशन पर पहुँच कर, मैंने अपनी बग्घी में शीघ्र नए घोड़े जोत देने के लिए हुक्म दिया। उसी समय एकाएक बड़े ज़ोर का बर्फ़ का तूफ़ान उठा। स्टेशन-मास्टर और एक कोचवान ने तूफ़ान के रुकने तक ठहर जाने के लिए कहा। मैंने उनकी सलाह सुनी, लेकिन एक अकारण चंचलता ने मुझे घेर लिया। मानो कोई मुझे सामने की ओर ढकेल कर ले जा रहा था। तूफ़ान कम नहीं हुआ। मुझे देर सहन नहीं हुई, मैंने फिर घोड़े जोतने के लिए कहा और उसी तूफ़ान में चल दिया। कोचवान की इच्छा हुई कि नदी के किनारे-किनारे चले, क्योंकि तब तीन मील रास्ता कम हो जाएगा। नदी का तट बर्फ़ से ढँका था। जिस मोड़ पर घूम जाने पर विलना शहर की सीधी सड़क मिलती, कोचवान ग़लती से उस मोड़ पर नहीं घूमा। हम लोग एक अनजान जगह में जा पड़े। उस समय भी वैसे ही ज़ोरों से बर्फ़ का तूफ़ान चल रहा था। एक रोशनी नज़र आई। मैंने कोचवान को उसी रोशनी की ओर चलने के लिए कहा! हम लोगों ने एक गाँव में प्रवेश करके देखा कि एक लकड़ी के बने गिरजाघर से वह रोशनी आ रही थी। गिरजा खुला था। गिरजा के बरामदे के सामने कई 'स्लेज़' गाड़ियाँ खड़ी थीं, और कुछ लोग बरामदे पर खड़े थे।

"अनेक स्वर एक साथ कह उठे—'यहाँ! यहाँ!' मैंने कोचवान से कहा—'वहाँ घोड़े बढ़ा ले चलो।' गिरजा के सामने पहुँचते ही एक आदमी ने कहा—"अब तक तुम कहाँ रहे? दुलहिन को मूर्च्छा आ गई है। पादरी क्या करे, यह सोच नहीं पा रहा है। हम लोग थोड़ी ही देर में लौटनेवाले थे। जल्दी बग्घी से उतर जाओ!"

"मैंने चुपचाप बग्घी से उतरकर गिरजा में प्रवेश किया। गिरजे में दो या तीन मोमबत्तियों की रोशनी टिमटिमा रही थी। देखा कि अँधेरे कोने में एक बेंच पर एक युवती बैठी है और एक युवती उसका माथा दबा रही है। शेषोक्त युवती ने कहा—"ईश्वर को धन्यवाद है कि तुम आखिर आ गए हो! और ज़रा देर होने पर इस युवती की मृत्यु का कारण होते!"

"बूढ़े पादरी ने कहा, "अब मैं विवाह की तैयारी शुरू कर दूँ?"

"मैंने अनमने भाव से कहा—'शुरू कर दो, शुरू कर दो, पादरी बाबा!' "

"युवती को खड़ा कर लोग उसे पकड़े रहे। बहुत सुन्दर लग रही थी। ओह! मेरी यह चपलता अक्षम्य है। मैं वेदी पर जाकर उसकी बग़ल में खड़ा हुआ। पादरी झटपट अपना काम ख़त्म करने लगा। तीन पुरुष और एक युवती दुलहिन को पकड़े हुए थे और सारी देर उसे लेकर वे व्यस्त रहे। हम लोगों की शादी हो गई। पादरी ने कहा,

'अपनी पत्नी को चुम्बन करो।' मेरी पत्नी ने अपना पीला गाल मेरी ओर बढ़ा दिया। मैं चुम्बन कर ही रहा था कि वह कह उठी, 'आह! यह तो वह नहीं है, यह तो वह नहीं है!' यह कहकर वह बेहोश हो गई। गवाह एक निगाह से मुझे देखने लगे। मैं उसी क्षण गिरजा से निकल पड़ा और कोचवान से कहा, 'बढ़ाओ।' ''

मारिया कह उठी, ''क्या! और अपनी अभागी पत्नी की दशा क्या हुई, यह तुम नहीं जानते हो?''

बुर्मीन ने कहा, ''नहीं, मैं नहीं जानता। जिस गाँव में हमारी शादी हुई थी, उस गाँव का नाम तक मैं नहीं जानता हूँ। जिन घोड़ों के स्टेशन से मैंने यात्रा शुरू की थी, उस स्टेशन का नाम भी नहीं जानता हूँ। अपने इस दुष्ट परिहास की बात मैंने कुछ भी नहीं सोची, गिरजा से निकलकर ही मैं बग्घी में सो गया था। जब मेरी बग्घी तीसरे स्टेशन पर आई तब मेरी नींद खुली। जो नौकर मेरे साथ था, वह युद्ध के समय ही मर गया। इसलिए जिस युवती से मैंने यह चालाकी की थी, वह अभागी कौन है, यह अब खोज करने का कोई उपाय नहीं है।''

मारिया ने झट बुर्मीन का हाथ पकड़कर कहा—''आश्चर्य है! तो तुम वही हो! और तुम मुझे पहचान नहीं रहे हो?''

बुर्मीन का चेहरा पीला हो गया। वह मारिया के पैरों पर गिर पड़ा।

# वेनका

## एंटन चेख़ब

नौ साल की उम्र का वेनका तीन महीने से आलियाखिन मोची के पास काम सीख रहा था। क्रिसमस (ईसाइयों के सबसे बड़े त्योहार) की पहली रात्रि को वेनका सोने नहीं गया। वह इन्तज़ार कर रहा था कि कब मालिक और मालकिन तथा अन्य नौकर गिरजाघर में कथा सुनने के लिए जाएँ, और उसे मालिक की आलमारी से स्याही और क़लम लेने का मौक़ा मिले। और जैसे ही वे सब चले गए, वह अपने सामने एक कागज़ फैला कर लिखने बैठ गया।

मगर प्रथम अक्षर लिखने से पूर्व उसने दरवाज़े और खिड़की की ओर छिपकर देखा, जूतों की आलमारियों के पास रखी हुई देवी की धुँधली मूर्ति की तरफ उसने कई बार प्रार्थना-भरी दृष्टि से देखा और फिर एक हृदय-भेदी ठंडी साँस ली। वह घुटने मोड़ कर बैठा था और उसके सामने कागज़ फैला हुआ था।

उसने लिखा :

''मेरे प्यारे दादा कान्सटेंटाइन, मैं तुम्हें एक चिट्ठी लिख रहा हूँ। परमात्मा से तुम्हारी दुआ माँगता हूँ, वे तुम्हें तन्दुरुस्त रखें! मेरी माँ नहीं हैं, बाप भी नहीं हैं। तुम्हारे सिवाय मेरा और कोई भी नहीं है।''

वेनका ने आँखें उठाकर काँच की खिड़की की ओर देखा, उस पर मोमबत्ती की परछाईं चमक रही थी। उसके मानस-पट पर दादा कान्सटेंटाइन की तस्वीर साफ़ खिंच गई। मेसर्स ज़िबेरव की कोठी में कान्सटेंटाइन रात को चौकीदारी करता था। वह एक पैंसठ साल का बुड्ढा था। उसकी देह नाटी और दुबली थी। मगर वह बहुत ही फ़ुर्तीला और परिश्रमी था, उसके चेहरे पर सदा मुस्कान रहती थी। वह दिन भर नौकरों के रसोईघर में सोता रहता था; नौकरों से हँसी-मज़ाक करता रहता। रात को चमड़े का एक कुर्त्ता पहनकर, लाठी खटखटाता हुआ कोठी के चारों ओर चक्कर लगाता। कशटंका नाम की एक कुतिया और विऊँ नाम का एक कुत्ता उसके पीछे-पीछे, सिर झुकाए चलते रहते। विऊँ बहुत ही सुशील और मिलनसार कुत्ता था, एक अनजबी से भी दोस्ती कर लेता, मगर फिर भी वह विश्वास-योग्य नहीं था। उसके भोलेपन और नम्रता की आड़ में कपट छिपा रहता। चुपके से, पीछे से आकर वह कब, किसका पैर काटेगा, या रसोईघर में जा घुसेगा, किसानों की मुर्गियाँ चुराएगा, इसका पता किसी को भी नहीं

रहता था। लोगों ने कई बार उसके पैर तोड़ दिए, दो बार उसे पेड़ पर टाँग दिया गया। हर हफ्ते एक-दो बार उस पर बेहद मार पड़ती, मगर वह अपनी आदत से बाज न आता।

वेनका का दादा अवश्य ही इस समय फाटक के पास आँगन में खड़ा होकर गिरजा की लाल खिड़की की ओर आँखें मिचमिचाता लोगों से हँसी-मज़ाक कर रहा होगा, उसके हाथ में लाठी होगी, ठंड से उसका शरीर सिकुड़ रहा होगा, और कभी-कभी वह नौकरानियों से छेड़छाड़ करता होगा।

"आओ, हम लोग सुँघनी लें," कहकर औरतों के सामने वह सुँघनी की डिबिया बढ़ा देता था। औरतें एक-एक चुटकी सुँघनी सूँघतीं और छींकने लगती थीं।

तब बूढ़ा बहुत ही खुश नज़र आता, बड़े ज़ोर से हँसकर चिल्लाता, "सुँघनी निकाल लो, नहीं तो नाक ठिठुर जाएगी!"

वह कुत्तों को भी सुँघनी देता। कशटंका छींकती, एक झटके से अपनी नाक खसोटती और नाख़ुश होकर दूर हट जाती। विऊँ बड़ा चालाक कुत्ता था, वह नहीं सूँघता और ज़रा-ज़रा पीछे हटकर पूँछ हिलाता रहता।

बहुत ही मनोरम वायुमंडल है, ज़रा भी हवा नहीं। बर्फ़ गिरकर चारों ओर दूध-सा सफ़ेद हो गया था। अँधेरी रात है, फिर भी सारा गाँव साफ़ दीखता है। आसमान तारों से झिलमिला रहा था। और 'छाया-पथ' इतना साफ़ दीख रहा है, मानो त्योहार के लिए बर्फ़ मल कर चिकना किया गया हो।

वेनका एक ठंडी साँस लेकर क़लम को स्याही में डुबो कर लिखने लगा, "पिछली रात मुझ पर मार पड़ी। मेरा मालिक बाल पकड़कर घसीटते हुए मुझे आँगन में खींच कर ले गया और मोची के एक औज़ार से मुझे बेहद पीटा, इसलिए कि उसके बच्चे का पालना डुलाते-डुलाते मुझे नींद आ गई थी।

"उस दिन मेरी मालकिन ने एक मछली मुझे साफ़ करने के लिए दी। मैं पहले उसकी पूँछ की तरफ साफ़ करने लगा, तो उन्होंने मछली को उठाकर मेरे थूथन मुँह पर दे मारी।

"दुकान के नौकर मोची लोग मुझे बहुत तंग करते हैं। शराबख़ाने से शराब लाने को भेज देते हैं। मुझसे मालिक की ककड़ी चोरी करवाते हैं और सामने जो कुछ पड़ जाए, उसी से मालिक मुझे पीटते हैं।

"यहाँ खाने को कुछ नहीं मिलता; सुबह सूखी रोटी, दोपहर को लपसी और रात को फिर सूखी रोटी। चाय या खट्टा शोरबा मुझे नहीं मिलता, मालिक और मालकिन सब पी जाते हैं। मुझे आँगन में सुलाते हैं और जब उनका बच्चा रोने लगता है, मैं बिलकुल नहीं सो पाता, मुझे पालना डुलाना पड़ता है।

"प्यारे, दादा, बड़ी कृपा होगी, तुम मुझे यहाँ से ले जाओ। गाँव के घर में मुझे ले चलो। मैं और बरदाश्त नहीं कर सकता।...मैं तुम्हारे पैरों पड़ता हूँ, परमात्मा से सदा तुम्हारी दुआ माँगता रहूँगा। मुझे यहाँ से ले जाओ, नहीं तो मैं मर जाऊँगा!..."

वेनका सिसकने लगा, उसकी आँखों से झर-झर आँसू गिरने लगे।

"मैं तुम्हारे लिए तम्बाकू पीसकर सुँघनी बना दूँगा, तुम्हारे लिए परमात्मा से प्रार्थना करता रहूँगा और अगर कभी तुम्हारा नुक़सान करूँ, तो मुझे चाहे जितना पीटना और अगर वाक़ई तुम्हें ख्याल हो कि मुझे कोई काम नहीं मिलेगा, तो मैं वहाँ के मैनेजर के पैरों पड़ कर कहूँगा—अपनी जूतियाँ साफ़ करने के लिए मुझे रखिए, या मैं चरवाही का काम किया करूँगा। प्यारे दादा, मुझसे यह और बरदाश्त नहीं होता, मैं मर जाऊँगा!...मैं गाँव को भाग आना चाहता हूँ, मगर जूता नहीं है। बर्फ़ पर नंगे पैरों कैसे जाऊँ? और जब मैं काफ़ी बड़ा हो जाऊँगा तब तुम्हारी देखभाल करूँगा, कोई तुम्हें नुक़सान नहीं पहुँचा सकेगा और जब तुम मर जाओगे तब तुम्हारी आत्मा की शान्ति के लिए मैं प्रार्थना करता रहूँगा, जैसा कि मैं अपनी माँ पेलागुआ के लिए करता रहता हूँ।

"मास्को बहुत बड़ा शहर है। यहाँ सब शरीफ़ों के मकान हैं। यहाँ बहुत घोड़े हैं, भेड़ें नहीं हैं, और कुत्ते नहीं काटते। एक बार मैंने एक दुकान की खिड़की में मछली पकड़ने की बंसियाँ देखी थीं, सब बिक्री के लिए थीं। उनसे सब तरह की मछलियाँ आसानी से पकड़ी जा सकती हैं। और वहाँ एक बंसी थी, जो सेर भर वज़न की मछली पकड़ेगी। यहाँ बन्दूकों की बहुत-सी दुकानें हैं, जैसी कि तुम्हारे मालिक की है, और मेरे ख्याल में एक-एक बन्दूक की क़ीमत सौ रुपए से कम नहीं होगी। और यहाँ की गोश्त की दुकानों में जंगली मुर्ग़, तीतर और ख़रगोश का भी गोश्त बिकता है, मगर किसने उन सबका शिकार किया—कहाँ से आया—यह दुकानदार नहीं बताना चाहता।

"प्यारे दादा, जब तुम्हारे मालिक लोग क्रिसमस पेड़ दें, तब मेरे लिए एक सुनहरा अख़रोट लेकर मेरे हरे बॉक्स में छिपा कर रख देना। मालिक की लड़की ओलगा से कहना, वेनका के लिए एक अख़रोट दे दो, वह दे देगी।"

वेनका ने एक ठंडी साँस ली और खिड़की की ओर देखने लगा। उसे याद आया, उसका दादा हर साल 'क्रिसमस-पेड़' लाने के लिए जंगल में जाता और अपने पोते को भी साथ ले जाता था। हाय, वह दिन कितने आनन्द का होता! बर्फ़ पर दादा और वेनका दोनों दौड़ते। फिर 'क्रिसमस-पेड़' काटने के पहले उसका दादा एक चिलम तम्बाकू पी लेता, एक चुटकी सुँघनी सूँघता और ठंड से अकड़े हुए वेनका को चिढ़ाने लगता।...बर्फ़ से लदे हुए छोटे-छोटे सनोवर के पेड़, उनमें से किसकी मृत्यु होगी, इसकी प्रतीक्षा से अचल खड़ा रहता। सहसा कहीं से एक ख़रगोश निकलकर बर्फ़ पर छलाँग मारता हुआ भागता। उसका दादा आँखें फाड़कर, हाथ बढ़ाए हुए चिल्ला पड़ता—"अरे...पकड़, पकड़!...नहीं पकड़ सका!"

जब पेड़ कट जाता, उसका दादा उसे खींचता हुआ मालिक के मकान में ले जाता। और वे लोग पेड़ को सजाते। वेनका की मित्र, मालिक की लड़की ओलगा, पेड़ सजाने का सबसे ज्यादा भार लेती। जब वेनका की माँ पेलागुआ ज़िन्दा थी और उसी मकान में नौकरानी का काम करती थी, तब ओलगा वेनका को खूब मिश्री खिलाती थी, और कोई काम न रहने के कारण उसने वेनका को पढ़ना-लिखना और सौ तक गिनती गिनना

सिखाया था। पेलागुआ मर गई तब वेनका को रसोईघर में दादा के पास भेज दिया गया और रसोईघर से उसे मास्को में आलियाखिन मोची के पास भेजा गया।

वेनका लिखता गया :

"जल्दी आ जाओ, प्यारे दादा, मैं तुमसे विनती करता हूँ। मुझे यहाँ से ले जाओ। एक ग़रीब यतीम पर रहम करो। यहाँ लोग मुझे मारते हैं और मैं बहुत भूखा हूँ, और मेरा चित्त इतना उदास है कि मैं कह नहीं सकता। मैं सदा रोता रहता हूँ। तीन-चार दिन की बात है, मालिक ने एक लकड़ी उठाकर मेरे सिर पर मारी थी, मैं ज़मीन पर गिरा, किसी तरह जान बची हुई है। मेरी ज़िन्दगी एक शामत है, एक कुत्ते से भी ख़राब है। मैं अलिकोना, टेगर और कोचवान को नमस्ते भेज रहा हूँ, मेरी बाँसुरी किसी को न देना। तुम्हारा पोता—वेनका। प्यारे दादा ज़रूर आ जाना!"....

वेनका ने काग़ज़ की चार तहें कीं और उसे एक लिफ़ाफ़े के अन्दर रखा, जिसे वह कल रात को एक पैसे में ख़रीद लाया था। उसने देर तक सोचा, कलम को स्याही में डुबोया और लिफ़ाफ़े पर पता लिखा :

'गाँव को—मेरे दादा के पास पहुँचे।' फिर सिर खुजलाते हुए उसने सोचा और इतना बढ़ाया—'कान्सटेंटाइन।'

लिखते समय किसी ने बाधा नहीं पहुँचाई, इससे वह बहुत ख़ुश हुआ। टोपी पहनी और चमड़े का कुर्ता न पहनकर केवल कमीज़ पहन ही दौड़ कर सड़क पर गया।

पिछली रात को वेनका के पूछने पर एक दुकानदार ने बताया था—चिट्ठियाँ लेटर-बॉक्स में छोड़नी चाहिए, वहाँ से डाकखाने वाले ले जाकर सारी दुनिया में बाँटते हैं। वेनका ने जाकर पहले लेटर-बॉक्स में अपनी अमूल्य चिट्ठी डाल दी।

एक घंटे के बाद, आशा से शान्त चित्त होकर, वह गहरी नींद सो गया। स्वप्न में उसने एक अँगीठी देखी, और उस अँगीठी के पास आराम से बैठकर उसका दादा नौकरों को एक चिट्ठी पढ़कर सुना रहा था और कुत्ता विऊँ अँगीठी के चारों तरफ पूँछ हिलाता हुआ चक्कर काट रहा था।

# लाल झंडी

*वी.एम. गारशिन*

सेमेन इवानफ़ रेलवे में गुमटिहारा था। उसकी गुमटी एक स्टेशन से बारह मील और दूसरे स्टेशन से दस मील की दूरी पर थी। पिछले वर्ष चार मील के फ़ासले पर एक कपड़े की मिल स्थापित हुई थी। जंगल के पीछे से उसकी ऊँची धुएँ की काली चिमनियाँ दीखती थीं।

सेमेन इवानफ़ एक रोगी और अस्वस्थ आदमी था। वह नौ साल पहले युद्ध में गया था। वहाँ एक अफ़सर के पास अर्दली का काम करता था; सारे युद्ध के समय वह उसी अफ़सर के साथ रहा था। वह भूखा रहता था, ठंड से सिकुड़ जाता था, तेज़ सूर्य के ताप से जलता था और बर्फ़ गिरने के मौसम में या जलती गर्मी के मौसम में सेना-दल के साथ चालीस से पचास मील तक पैदल चलता था। कितनी ही बार उसे गोलियों की बौछार के भीतर से चलना पड़ा था; लेकिन परमात्मा की कृपा से कभी एक भी गोली ने उसके देह को स्पर्श नहीं किया था।

एक बार उसका रेज़िमेंट प्रथम लाइन में था; लगातार एक सप्ताह तक दोनों तरफ से गोलियों की बौछार हुई थी। गड्ढे के इस तरफ रूसी सेना और गड्ढे के उस तरफ तुर्की सेना ने प्रतिदिन सुबह से रात तक गोलियाँ चलाई थीं। सेमेन का अफ़सर भी प्रथम लाइन में था। दिन में तीन बार रेज़िमेंट के रसोईघर से गरम चाय और भोजन उसके पास ले जाता था। खुली जगह से निकलता था और उसके सिर के ऊपर से गोलियाँ 'सन्न' से निकल जाती थीं और पत्थरों से जाकर टकराती थीं। सेमेन रोता था, फिर भी चलता था। अफ़सर को सदा गरम चाय मिलती थी।

वह बिना चोट खाए युद्ध से लौट आया; पर उसके हाथ-पैरों में गठिया का दर्द होने लगा। उसी समय से उसने बहुत दुख पाया। युद्ध से लौट आने के कुछ दिन बाद ही बाप की मौत हुई; फिर उसके चार वर्ष के बच्चे की भी कंठ-रोग से मृत्यु हो गई। वह और उसकी पत्नी अकेले रह गए। दुनिया में अब उनका कोई भी नहीं रहा।

उन लोगों को जो ज़मीन दी गई थी, उस ज़मीन की खेती में भी वे सफल नहीं हुए। गठिया से फूले हाथों से खेती करना बहुत कठिन था। इसीलिए अपने गाँव में कुछ कर न पाकर, उन लोगों ने भाग्य की परीक्षा के लिए किसी नई जगह जाने का निश्चय किया। कुछ समय तक सेमेन डनू नदी के किनारे पत्नी को लेकर रहा, पर दुर्भाग्य से

वहाँ भी कुछ नहीं कर सका। अन्त में उसकी पत्नी ने एक नौकरानी का काम पकड़ लिया; पर सेमेन उसी तरह भटकता फिरा।

उन्हीं दिनों किसी काम से उसे रेल में सफ़र करना पड़ा। उस समय एक स्टेशन के स्टेशन-मास्टर पर उसकी निगाह पड़ी। ख्याल हुआ, इस स्टेशन-मास्टर को वह जानता है। सेमेन एकटक उसकी ओर देखता रहा, तब वह भी सेमेन का चेहरा आग्रह से देखने लगा। असल में वह उसके रेज़िमेंट का एक अफ़सर था। उसने पहचान कर कहा, "अरे, तुम सेमेन हो न?"

"हाँ जी, मेरा नाम सेमेन ही है।"

"तुम यहाँ कैसे आ पहुँचे?"

तब सेमेन ने अपनी दुर्दशा का सारा क़िस्सा उससे कहा।

"अच्छा, तो अब कहाँ जा रहे हो?"

"यह तो मैं नहीं कह सकता, जनाब!"

"कैसी बात कह रहे हो? तुम तो बड़े अद्भुत आदमी हो! कहाँ जा रहे हो, यह नहीं बता सकते?"

"हाँ, बिलकुल सही है जनाब, मुझे कहीं भी जाना नहीं है। मुझे काम की तलाश है।"

स्टेशन-मास्टर ने एक बार उसकी ओर देखा, कुछ सोचने लगा। फिर कहा, "अच्छा भाई, फिलहाल इसी स्टेशन पर तुम रहो। लेकिन मुझे ख्याल आ रहा है कि तुम विवाहित हो। तुम्हारी पत्नी कहाँ है?"

"जी हाँ, मैं विवाहित हूँ। मेरी पत्नी कुरुष्क शहर के एक सौदागर के घर में नौकरी करती है।"

"अच्छा तो तुम अपनी पत्नी को यहाँ आने के लिए लिखो। मैं उसके लिए एक फ्री टिकट का इन्तज़ाम कर दूँगा। जल्दी ही इस लाइन में एक गुमटिहारे की जगह खाली होगी, मैं इंस्पेक्टर से वह काम तुम्हें दिलवाने के लिए कहूँगा।"

सेमेन ने उत्तर दिया, "बहुत धन्यवाद, महाशय!"

इस तरह सेमेन उस स्टेशन पर रह गया। स्टेशन-मास्टर के रसोईघर के काम में वह सहायता करने लगा। वह लकड़ी चीरता था, आँगन बुहारता था, प्लेटफार्म साफ़ करता था। दो सप्ताह में ही उसकी पत्नी भी आ गई, और सेमेन एक 'ट्राली' पर सवार होकर अपने नए घर में आ गया।

यह गुमटी नई बनी थी और काफ़ी गरम थी। यहाँ जलाने की लकड़ी बहुत सारी थी। पहले का चौकीदार एक छोटा-सा सब्जी का खेत भी बना गया था और लाइन के दोनों तरफ एक बीघा खेती के क़ाबिल ज़मीन भी थी। सेमेन बहुत खुश हुआ। वह अब अपनी एक घर-गृहस्थी का स्वप्न देखने लगा; उसने एक घोड़ा और एक गाय खरीदने की बात सोची।

जो कुछ भी आवश्यक था, सब उसे दिया गया—लाल-हरी झंडियाँ, लालटेन, एक

सीटी, हथौड़ा, पेचकस, एक टेढ़ा गदाला, कुदाली, झाड़ू, कीलें, बोल्ट और रेलवे के नियम और क़ानून की दो किताबें। पहले-पहल सेमेन रात को सोता नहीं था। वह सब नियम और क़ानून समझने के लिए दोनों किताबें पढ़ता रहता था। दो घंटे में किसी ट्रेन के आने की बात रहने पर, वह उससे बहुत पहले ही एक चक्कर लगा आता था, और अपनी निगरानी की छोटी कुर्सी पर बैठकर सब देखता था और कान लगाकर सब सुनता था—लाइन काँप रही है या नहीं, निकट में चलती ट्रेन की कोई आवाज़ सुनाई दे रही है या नहीं।

अन्त में उसे सब नियम और क़ानून याद हो गए। यद्यपि वह बहुत कठिनाई से पढ़ सकता था और प्रत्येक शब्द को हिज्जे करके पढ़ता था, फिर भी उसने किसी प्रकार सब रट लिया।

यह सब गर्मी के मौसम में हुआ था। काम कठिन नहीं था, ठेला, कुदाली से बर्फ़ काटकर एक जगह जमा नहीं करना पड़ता था, इसके सिवाय उस लाइन पर बिरले ही ट्रेन चलती थी। सेमेन चौबीस घंटे में दो बार अपनी निर्दिष्ट चौकी देने की जगह पर से चलता था। कहीं पेच ढीला हो जाने पर कस देता था, लाइन पर से कूड़ा-करकट उठा लेता था, पानी के नल की परीक्षा करता था, फिर अपनी छोटी-गुमटी में जाकर घर-गृहस्थी का काम करता था।

पर एक बात से वह और उसकी पत्नी दोनों बहुत दिक हो गए थे। वे जो कुछ भी करने का निश्चय करते, उसके लिए एक रेलवे के अफ़सर से इजाज़त लेने की आवश्यकता पड़ती थी। वह अफ़सर और एक बड़े अफ़सर के पास उस बात को पेश करता। अन्त में जब समय बीत जाता तब वह इजाज़त दी जाती। तब इतनी देर हो जाती कि वह इजाज़त किसी काम में नहीं आती। इस कारण कभी-कभी सेमेन और उसकी पत्नी उदास हो जाते।

इस तरह दो महीने बीत गए, तब बहुत निकट के पड़ोसियों से, उसकी तरह के रेल के चौकीदारों से, सेमेन का परिचय होना शुरू हुआ। उसमें एक बहुत ही बूढ़ा था, जिसकी जगह पर और एक आदमी रखने के लिए रेलवे के अफ़सर लोग बहुत दिनों से सोच रहे थे। वह अपनी गुमटी से बाहर नहीं जा सकता था, उसका काम उसकी पत्नी ही करती थी। और एक चौकीदार था, जो स्टेशन के पास ही रहता था, उसकी उम्र बहुत कम थी। उसकी देह इकहरी, लेकिन पुट्ठेदार थी। लाइन की निगरानी से लौटते समय, दोनों की गुमटी के बीच रास्ते पर, उस आदमी से सेमेन की प्रथम भेंट हुई। सेमेन ने अपनी टोपी उठा कर सिर झुकाया। फिर कहा, "मैं तुम्हारी तन्दुरुस्ती की कामना करता हूँ, पड़ोसी!"

पड़ोसी ने तिरछी निगाह से देखा और फिर चुपचाप अभिवादन करके बिना बात किए चला गया।

फिर स्त्रियों में भी भेंट हुई। सेमेन की पत्नी और आरीना ने अपनी पड़ोसिन को शिष्टता के नाते अभिवादन किया, पर यह पड़ोसिन भी गम्भीर स्वभाव की होने के

कारण दो-चार बातें कहकर चली गई। एक बार उससे भेंट होने पर सेमेन ने पूछा, "क्यों जी, तुम्हारा पति इतना गम्भीर क्यों रहता है? बोलता-चालता नहीं?"

वह चुपचाप कुछ देर खड़ी रहकर बोली, "वह तुम लोगों से क्या बात करे? सभी के अपने दुख और मुसीबतें हैं, परमात्मा तुम्हारा भला करें।" और फिर चली गई।

और समय बीतता गया। उन लोगों में घनिष्ठता बढ़ी। अब, जब लाइन के किनारे सेमेन और वैसिली में भेंट होती, तब वे लाइन के किनारे बैठकर तम्बाकू पीते, और अपने-अपने अतीत और अनुभव की बातें कहते। वैसिली अधिक बात नहीं करता था, पर सेमेन अपने सामरिक जीवन की बातें या अपने गाँव की बातें सुना कर कहता, "अपनी इस उम्र में मैंने बहुत कष्ट और दुख झेला है। ईश्वर जानता है कि मेरी उम्र भी अधिक नहीं है। मेरी तक़दीर में ज्यादा सुख और सौभाग्य नहीं लिखा था। मुझे जो मिलना था, ईश्वर ने दिया। इसी से मुझे सन्तोष से रहना है, मेरे भाई!"

वैसिली ने राख फेंकने के लिए लाइन पर पाइप को ठोंक कर उस दिन कहा, "मेरा जीवन या तुम्हारा जीवन जो नोच-नोचकर खा रहा है वह हमारा भाग्य नहीं, ईश्वर भी नहीं, 'लोग' नोच-नोच कर खा रहे हैं! कोई भी पशु मनुष्य से अधिक निर्दय या लालची नहीं है। भेड़िया भेड़िये को मार कर नहीं खाता है, पर मनुष्य जीवित मनुष्य को भकोसता है!"

"भाई, भेड़िया भेड़िये को खा लेता है, इस विषय में तुम ग़लती कर रहे हो।"

"मेरी ज़ुबान में जो आया सो कह दिया। ख़ैर, कोई भी पशु मनुष्य से अधिक क्रूर नहीं है। मनुष्य की बुरी बुद्धि और लालच न होती, तो जीवन बिताना सम्भव होता। हरेक आदमी, कैसे तुम्हारी छाती पर वार करेगा, उसमें से एक टुकड़ा मांस नोच कर भकोस जाएगा बस, इसी की तलाश में रहता है।"

सेमेन ने कुछ सोच कर कहा, "कह नहीं सकता भाई, यह हो भी सकता है। अगर ऐसा ही हो तो वह परमात्मा की इच्छा है।"

"और अगर ऐसा ही हो, तुमसे कहने से कोई लाभ नहीं है। जो आदमी सब अन्याय ईश्वर पर सौंप देता है और खुद चुपचाप धैर्य के साथ रहता है, वह मनुष्य नहीं है, भाई, वह एक पशु है। मुझे जो कहना था, मैंने सब कह दिया।" यह कह कर बिना अभिवादन किए वह चल दिया।

सेमेन उठकर उसे पुकारने लगा, "भाई पड़ोसी, तुम क्यों मेरा तिरस्कार कर रहे हो?"

पर पड़ोसी ने एक बार भी घूमकर नहीं देखा। वह अपनी गुमटी की ओर चला गया। सेमेन, जहाँ तक निगाह पहुँची, उसकी ओर देखता रहा। दृष्टि से ओझल हो जाने पर, घर आकर उसने पत्नी से कहा, "देखो, अरीना, हमारा यह पड़ोसी कितना क्रूर और भयानक आदमी है!" फिर भी वे एक दूसरे से क्रोधित नहीं हुए थे। दुबारा जब भेंट हुई तब मानो कुछ भी नहीं हुआ है इस भाव से, फिर उसी विषय पर उन लोगों की बातें शुरू हुईं।

वैसिली ने कहा, "क़हो भाई, क्या ऐसी ही गुमटी में रहने के लिए हम लोगों का जन्म हुआ था? और लोगों के लिए ही ऐसी गुमटियों में हम लोगों को रहना पड़ रहा है।"

"अगर गुमटी में ही हम लोगों को रहना पड़े, तो हर्ज़ की क्या है?"

"इन गुमटियों में रहना वैसा बुरा तो नहीं है। तुम तो बहुत दिन से हो, पर तुम्हें तो कोई लाभ नहीं हुआ है! एक ग़रीब आदमी, चाहे कहीं भी रहे, रेलवे की गुमटी में या और कहीं, उसका जीवन कैसा है, यह तो कहो? वे सब राक्षस तुम्हारा जीवन चूस लेते हैं, जीवन की ख़ासियत निकाल लेते हैं, और जब तुम बूढ़े हो जाओ, तब वे तुम्हें कूड़ा-करकट की तरह बाहर फेंक देते हैं! तुम कितनी तनख्वाह पाते हो?"

"अधिक नहीं, वैसिली, सिर्फ़ बारह रुपए।"

"और मुझे साढ़े तेरह रुपए मिलते हैं—अच्छा, तुमसे मैं पूछता हूँ, इसका कारण क्या है? रेलवे के उपनियम के अनुसार सबको एक ही तनख्वाह मिलनी चाहिए, यानी मासिक पन्द्रह रुपए और रोशनी और जलाने की लकड़ी। कहो तो, किसने तुम्हारे लिए बारह रुपए किए और मेरे लिए साढ़े-तेरह रुपए? इसका कारण क्या है? मैं तुमसे भी पूछता हूँ, और तुम कहते हो कि इस तरह का जीवन बुरा नहीं है! मेरी बातें अच्छी तरह समझ तो लो, मैं तीन या डेढ़ रुपए के लिए लड़ नहीं रहा हूँ। वे अगर मुझे पूरी तनख्वाह ही दें, तो उससे क्या? पिछले महीने में मैं स्टेशन पर था, इत्तफ़ाक से डायरेक्टर उस समय वहाँ से जा रहे थे। स्टेशन पर ही उनसे भेंट हुई। वे अकेले एक पूरी रेलगाड़ी पर बैठे हुए थे। स्टेशन पर उतर कर प्लेटफ़ार्म पर खड़े होकर देखने लगे...नहीं, मैं यहाँ और नहीं रहूँगा! अवश्य ही कहीं चला जाऊँगा!"

"पर तुम कहाँ जाओगे, वैसिली? यहाँ रहो। इससे अच्छी नौकरी तुम और कहीं नहीं पाओगे। यहाँ रहने के लिए घर है, लकड़ी है, थोड़ी-सी ज़मीन भी है! तुम्हारी पत्नी मेहनती..."

"ज़मीन!" मेरी ज़मीन तुम्हें देखनी चाहिए, कहीं तिनका तक नहीं। इस बसन्तकाल में मैंने थोड़ी बन्दगोभी बोई थी। एक दिन इंस्पेक्टर उधर से जा रहा था, कहा, 'यह क्या? मुझसे इजाज़त क्यों नहीं ली? अभी सब उखाड़ डालो। इसका एक भी चिह्न न रहे!' उस समय वह शराब के नशे में था। ठंडे मिज़ाज में होता, तो कुछ भी नहीं बोलता। बस, तीन रुपए जुर्माना हो गया!"

कुछ देर तक वैसिली चुपचाप तम्बाकू पीता रहा, फिर धीमे स्वर से कहा, "और कुछ अधिक होने पर मैं उसे मज़ा चख़ाता!"

"भाई पड़ोसी, तुम्हारा दिमाग़ बहुत गरम है। बस, मैं इतना ही कह सकता हूँ।"

"नहीं, मेरा दिमाग़ गरम नहीं है। मैं जो कह रहा हूँ, वह सब न्याय की दृष्टि से। फिर उसने मेरा लाल गिलास हड़पना चाहा। मैं यह सब सुपरिंटेंडेंट के पास शिकायत करूँगा। देखूँ क्या होता है!"

उसने सचमुच शिकायत की भी थी।

एक दिन सुपरिंटेंडेंट लाइन की पेशगी निगाहबानी करने के लिए आए थे। तीन दिन के भीतर कई प्रधान व्यक्ति रेल-पथ की देखभाल करने आनेवाले थे। जहाँ जैसा होना चाहिए, वैसा ही सब करके रखना था। उनके आने के पहले नए कंकड़ लाकर लाइन के बीच डाल कर चौरस किया गया था, लाइन बिछाने की लकड़ियाँ जाँची गई थीं, लोहे की बोल्टें कसी गई थीं, मीलों के खम्भे रँगे गए थे और चौराहे पर पीली बालू छिड़क दी गई थी। एक पत्नी ने अपने बूढ़े को घास से भरी ज़मीन साफ करने के लिए ज़बरन घर से निकाल दिया था। वह बूढ़ा गुमटी से बाहर नहीं होता था। सेमेन ने सब काम अच्छी तरह से निभाने के लिए जी-जान से मेहनत की; अपने कोट की भी मरम्मत की, अपनी ताँबे की चपरास को भी राख से मल कर चमकीला बना डाला। वैसिली ने भी बहुत मेहनत की। अन्त में सुपरिंटेंडेंट साहब ट्राली पर आ पहुँचे। चार आदमियों ने घंटे में बीस मील की रफ्तार से गाड़ी को ढकेला था। वह गाड़ी भागती हुई सेमेन की गुमटी की ओर आई। सेमेन ने सामने कूदकर सामरिक क़ायदे से अभिवादन करके कहा—"सब ठीक है।" देखने पर लगा कि सब ठीक ही है। सुपरिंटेंडेंट ने पूछा, "यहाँ कब से काम करते हो?"

"हुज़ूर, मई महीने की दूसरी तारीख़ से काम कर रहा हूँ।"

"बहुत अच्छा, धन्यवाद। और 164 नम्बर में कौन है?"

जो इंस्पेक्टर गाड़ी में साथ आया था, उसने जवाब दिया, "वैसिली।"

"वैसिली!" जिसके विरुद्ध तुमने रिपोर्ट की थी?"

"हाँ, वही है!"

"अच्छा, वैसिली की शक्ल, तो देख लें। बढ़ो!" कुली लोग हैण्डिल पकड़कर झुक गए! लाइन पर गाड़ी 'सें-सें' आवाज़ करती हुई चलने लगी। गाड़ी जब ओझल हो गई, तब सेमेन ने मन-ही-मन कहा, 'दीख रहा है कि हमारे पड़ोसी से इन लोगों की लड़ाई होगी!'

और दो घंटे के बाद सेमेन लाइन की देखभाल के लिए निकल पड़ा।

उसने देखा कि लाइन पर से एक आदमी पैदल उसकी ओर आ रहा है, और उसके सिर पर एक सफ़ेद-सी चीज़ दीख रही है। सेमेन आँखें फाड़ कर उसे देखने के लिए कोशिश करने लगा। देखा, वैसिली ही है। उसके हाथ में एक छड़ी थी, एक छोटी-सी गठरी उसके कन्धे पर लटक रही थी, और उसके गाल सफ़ेद रूमाल से बँधे थे। सेमेन ने चिल्ला कर पूछा, "कहाँ जा रहे हो पड़ोसी?"

वैसिली जब और निकट आया तब सेमेन ने देखा कि खड़िया की तरह उसका चेहरा सफ़ेद हो गया है और आँखें लाल। जब उसने बातें करनी शुरू कीं, उसका स्वर बैठा हुआ था। उसने कहा, "मैं शहर को जा रहा हूँ, मास्को में, रेलवे के बड़े साहब से मिलने के लिए।"

"बड़े साहब के पास? तो क्या तुम शिकायत करने के लिए जा रहे हो? मैं कहता हूँ वैसिली, तुम मत जाओ। भूल जाओ..."

"नहीं भाई, मैं नहीं भूलूँगा। देखो, मेरे मुँह पर मारा है, जब तक ख़ून न निकल आया तब तक मारा है। मैं जब तक ज़िन्दा रहूँगा, मैं नहीं भूल सकता। इसके सिवाय मैं इसे यों ही जाने नहीं दूँगा।"

सेमेन ने उसका एक हाथ पकड़कर कहा, "जाने दो भाई, वैसिली! मैं सच कह रहा हूँ, तुम कोई प्रतिकार नहीं कर सकोगे।"

"प्रतिकार की बात कौन कहता है? मैं अच्छी तरह जानता हूँ कि मैं कोई भी प्रतिकार नहीं कर सकूँगा। तक़दीर की बात तुमने जो कही थी, सो सही है। मैं अपने लिए कुछ भी भलाई नहीं कर सकूँगा, पर किसी एक को तो न्याय के पक्ष में खड़ा होना चाहिए।"

"पर तुम मुझसे यह कहो, कैसे यह सब हुआ?"

"कैसे हुआ! तब सुनो! उन्होंने आकर सब देखा-भाला, इसी मतलब से गाड़ी को यहीं छोड़ गए थे। उन्होंने मेरे घर के भीतर तक देखा। मैं पहले से ही जानता था कि वे बहुत कड़े होंगे, इसलिए मैंने बहुत सावधानी से सब इन्तज़ाम ठीक ढंग से कर रखा था। वे जब चलने लगे तब मैंने निकलकर वह शिकायत की। बस, वे बड़े नाराज़ हो उठे, "यहाँ अब सरकारी निगाहबानी होगी, और तुम अपने सब्ज़ी के खेत के बारे में शिकायत करने लग गए? हम लोग मन्त्री के आने की प्रतीक्षा कर रहे हैं, तुमने किस साहस से अपनी बन्दगोभी की बात छेड़ी?" मैंने अपने को सँभाल न पाकर एक बात ही कह दी, वह बात कुछ भी बेज़ा नहीं थी, पर इस बात से नाराज़ होकर उन्होंने मुझे मारा। ऐसी घटना जैसे रोज़ ही होती रहती है, इस भाव से मैं चुप खड़ा रहा। उनके चले जाने पर मुझे होश हुआ। मुँह पर का ख़ून धो कर निकल पड़ा।"

"और तुम्हारे घर का क्या हुआ?"

"मेरी पत्नी वहाँ है, वही मेरा सब काम करेगी। अब अगर वे कमीने रास्ते में किसी ख़तरे में पड़ जाएँ, तो मुझे खुशी हो। विदा सेमेन, मुझे पता नहीं, न्याय मिलेगा या नहीं।"

"तुम क्या यहाँ से पैदल चले जाओगे?"

"मैं स्टेशन के लोगों से कहूँगा मालगाड़ी में जाने की इज़ाजत देने के लिए। मैं कल ही मास्को में पहुँच जाऊँगा।"

दोनों पड़ोसी एक-दूसरे से विदा लेकर अपनी-अपनी राह पर चले गए। वैसिली कई दिनों तक घर से बाहर रहा। उसका सब काम उसकी पत्नी ही करती थी। रात या दिन में वह ज़रा भी सोती नहीं थी। उसका चेहरा देखने पर लगता था कि वह बहुत थक गई है। तीसरे दिन सुपरिंटेंडेंट अपने दल के साथ चले गए। एक इंजिन, एक गार्ड की गाड़ी और दो स्पेशल गाड़ियाँ निकल गईं। उस समय भी वैसिली ग़ैरहाज़िर था। चौथे दिन सेमेन जाकर वैसिली की पत्नी से मिला। उसका चेहरा रो-रो कर फूल उठा था। उससे पूछा, "तुम्हारा पति लौट आया?"

उसने केवल हाथ हिलाया। एक भी बात नहीं कही।

सेमेन जब बालक था तब से ही 'विलो' लकड़ी की बाँसुरी बनाना जानता था।

वह लकड़ी का भीतरी भाग जलाकर फेंक देता था, जहाँ छोटे-छोटे छेद करने की आवश्यकता होती, वहाँ छेद करता था। इस तरह वह ऐसी निपुणता से बाँसुरी बनाता था कि उसमें से सब तरह के स्वर निकलते थे। अब वह अपनी छुट्टी के समय बाँसुरी बनाकर, किसी परिचित गार्ड के द्वारा शहर में भेज देता था। बाँसुरी एक-एक आने में बिक जाती थी।

निगाहबानी के तीसरे दिन, अपनी पत्नी को घर पर छोड़कर, वह छह बजेवाली गाड़ी को हाज़िरी देने गया, और फिर अपनी छुरी लेकर 'विलो' पेड़ से लकड़ी काटने के लिए जंगल में प्रवेश किया। वह अपने विभाग के अन्तिम प्रान्त में आ पहुँचा। वहाँ सड़क एकाएक मुड़ गई थी, और आध मील दूर एक बड़ी कीचड़दार ज़मीन थी, उसी के चारों तरफ बाँसुरी बनाने लायक लकड़ी थी। सेमेन ढेर-सी लकड़ी काट कर जंगल के भीतर से घर की ओर चला। उस समय सूर्य डूब रहा था। चारों तरफ मरघट-सी निस्तब्धता छाई थी। केवल पक्षियों का कलरव और हवा से भगाए सूखे पत्तों के गिरने का शब्द हो रहा था। और थोड़ी दूर जाने पर लाइन के पास पहुँचा जा सकता है। सहसा उसे लगा कि मानो लोहे पर लोहे का आघात पड़ कर 'ठन्-ठन्' आवाज़ हो रही है! सेमेन तेजी से चलने लगा। मन में सोचा, यह किसकी आवाज़ हो सकती है? क्योंकि वह जानता था कि उस समय कहीं भी मरम्मत का काम नहीं हो रहा था। वह जंगल के किनारे पर आ गया। उसके सामने रेलवे का बाँध बहुत ऊँचा हो उठा था। देखा कि उस बाँध पर एक आदमी लाइन पर बैठा कोई काम कर रहा है। लगा कि मानो कोई लाइन के पेच चुराने की कोशिश कर रहा है। फिर देखा कि वह आदमी उठकर खड़ा हुआ है, उसके हाथ में एक टेढ़ा गदाला है, उसने तुरन्त गदाला लाइन के नीचे घुसेड़ दिया और एक तरफ ज़ोर से धक्का दिया। यह देखकर सेमेन का सिर चक्कर काटने लगा। उसने चिल्लाने की कोशिश की, पर चिल्ला नहीं सका। और उसने देखा कि वह आदमी वैसिली है! सेमेन ने दौड़कर उसके निकट जाने की चेष्टा की; पर तब तक वैसिली बाँध की दूसरी ओर गदाला आदि औज़ार लेकर उतरने लगा था।

"वैसिली! वैसिली, मेरे भाई, लौट आओ! मुझे गदाला दे दो! मैं लाइन को फिर ठीक जगह पर लगा दूँगा। कोई भी नहीं जान सकेगा। लौट आओ। इस भयानक पाप से अपने को बचाओ!"

पर वैसिली ने एक बार भी पीछे मुड़कर नहीं देखा, वह सीधा जंगल के भीतर चला गया।

सेमेन उखड़ी लाइन के पास खड़ा रहा, लकड़ी के टुकड़े उसके पैरों के पास बिखरे पड़े रहे। जो ट्रेन आ रही थी, वह मालगाड़ी नहीं थी, वह पैसेंजर ट्रेन थी। गाड़ी रोकने लायक उसके पास कुछ भी नहीं था। उसके हाथ में झंडी नहीं थी। वह लाइन को ठीक जगह बैठा नहीं सकता, वह केवल हाथ से लाइन का पेंच कस भी नहीं सकता। आवश्यक औज़ार लाने के लिए उसे अपनी गुमटी तक दौड़ कर जाना पड़ेगा, नहीं तो इस ट्रेन को बचाना कठिन है!

सेमेन अपने घर की ओर पागल की तरह दौड़ा। बीच-बीच में उसे लगा कि वह गिर पड़ेगा, अन्त में जंगल ख़त्म हो गया और सौ कदम जाने पर वह अपनी गुमटी में पहुँच सकता है, उसी समय एकाएक कारखाने की सीटी बज उठी। यह छह बजा, छह बजकर दो मिनट पर ट्रेन उस जगह से निकल जाएगी। परमात्मा, इन निर्दोषों की रक्षा करो! अपनी आँखों के सामने वह मानो देखने लगा, इंजिन का बायाँ पहिया कटी लाइन पर अभी टकराएगा, काँप उठेगा, फिर एक तरफ झुक जाएगा, लाइन के नीचे की लकड़ियों को चूर-चूर कर देगा। और बिलकुल इसी जगह पर लाइन मुड़ गई थी, और ऊँचा बाँध है, यहीं इंजिन और गाड़ियाँ सब एक साथ नीचे गिर पड़ेगी। सत्तर फ़ीट ऊँचे से ट्रेन गिर पड़ेगी! तीसरे दर्जे की गाड़ियाँ ठसा-ठस भरी होंगी। उसमें छोटे बच्चे भी होंगे, वे शान्त भाव से बेफिक्र बैठे हुए हैं। नहीं, नहीं, वह अपनी गुमटी में जाकर फिर लौटने का समय नहीं पा सकेगा।

सेमेन ने अपने घर जाने की इच्छा त्याग दी। वह घूम कर और भी तेज़ी से कटी लाइन की ओर दौड़ा। उसका सिर चक्कर काट रहा था। क्या होगा? वह कुछ भी सोचे-समझे कटी लाइन तक दौड़ता हुआ आया। लकड़ी के टुकड़े चारों तरफ बिखरे पड़े थे। उसने झुक कर एक लकड़ी उठा ली। क्यों उठा ली यह वह नहीं जानता था। और दौड़ता हुआ आगे बढ़ा। उसे लगा, मानो ट्रेन निकट आ रही है। उसने इंजिन की सीटी की आवाज़ सुनी, लाइन को काँपते सुना! लाइन काँप रही थी। उसकी देह में और दौड़ने की शक्ति नहीं थी। सांघातिक जगह से क़रीब सात सौ फ़ीट आगे जाकर वह रुका। सहसा उसके दिमाग़ में एक बात आई। उसने अपनी टोपी उतार कर उसमें से रूमाल निकाला; पैर के बूट से छुरी निकाल ली, फिर ईश्वर से आशीर्वाद की प्रार्थना की। फिर छुरी से अपनी बाईं बाँह पर एक गहरी चोट की, गरम लहू का फ़व्वारा छूट निकला। उस ख़ून में रूमाल को डुबो लिया, फिर रूमाल को फैलाकर बराबर किया। उसे लकड़ी से बाँधा; एक लाल झंडी बन गई। वह झंडी हिलाने लगा! तब ट्रेन दीख रही थी। पर शायद इंजिन चलानेवाला उसे नहीं देख पाया था। पर सिर्फ़ सात सौ फ़ीट दूर ऐसी एक भारी ट्रेन को वह किसी तरह नहीं रोक सकेगा।

उसकी बाँह से लगातार ख़ून बह रहा था। सेमेन ने चोट पर हाथ दबा रखा; पर उससे भी ख़ून बन्द न हुआ। अवश्य ही वह चं।c गहरी हो गई है। उसने चारों तरफ अँधेरा देखा। उसका सिर घूम रहा था। उसकी आँखों के सामने मानो कई काली मक्खियाँ चक्कर काट रही थीं। फिर एकदम सब अँधेरा हो गया; इंजिन के घंटे की तेज़ 'टिंग-टिंग' ध्वनि उसके कानों में सुनाई दे रही थी। उसने और ट्रेन देख नहीं पाई, उसने और ट्रेन का शब्द नहीं सुन पाया। केवल एक बात उसके दिमाग़ में जागृत हो रही थी, "मैं और खड़ा नहीं रह सकता, मैं गिर पड़ूँगा, झंडी गिरा दूँगा; मेरे ऊपर से ट्रेन चली जाएगी! परमात्मा! परमात्मा! मुझे बचाओ, मुझे बचाने के लिए किसी को भेजो..." उसकी अन्तरात्मा बिलकुल खाली हो गई थी। झंडी हाथ से खिसक पड़ी! पर वह रक्तमय झंडी ज़मीन पर नहीं गिरी। एक आदमी के हाथ ने उसे पकड़ लिया, और

आगे बढ़कर ट्रेन के सामने उसे ऊँचा उठाए रखा। इंजिन चलानेवाले ने लाल झंडी देख पाकर इंजिन रोक लिया।

लोग ट्रेन से उतरकर दौड़े हुए आए। घड़ी भर में एक भीड़ हो गई! सबने देखा, एक आदमी ख़ून से लथपथ बेहोश उनके सामने पड़ा है और एक आदमी उसके बग़ल में खड़ा है, जिसके हाथ में लकड़ी में बँधा ख़ून से भीगा एक कपड़े का टुकड़ा है।

वैसिली ने जनता को देखकर सिर झुका लिया। फिर कहा, "मुझे गिरफ्तार करो, मैंने ही लाइन उखाड़ी है!"

# नौकर

## सेमियोनोव

जेराशिम ऐसे समय मास्को शहर में लौटकर आया जब कोई नौकरी मिलना बहुत कठिन था। क्रिसमस-त्योहार का केवल एक महीना रह गया था; इस समय कुछ इनाम पाने की उम्मीद से सब अपनी-अपनी नौकरी पर लगे रहते हैं, चाहे वह नौकरी कितनी ही ख़राब हो। इसीलिए यह किसान का लड़का जेराशिम तीन सप्ताह तक मारा-मारा फिरा, मगर कहीं काम न मिला।

वह अपने गाँव के आदमियों और मित्रों के पास ठहरा था। यद्यपि अभी तक उसे पैसे की बहुत तंगी नहीं सहनी पड़ी थी, फिर भी एक हट्टा-कट्टा जवान आदमी होकर, बिना काम-धन्धे के बैठे रहने से वह सारे दिन बहुत उदास रहता था।

जेराशिम लड़कपन से मास्को शहर में रहा था। जब वह बहुत छोटा था, उस समय शराब की भट्ठी पर बोतलें धोने का काम करता था, और बाद में एक मकान में चौका-बर्तन का काम करता। इन पिछले दो सालों से वह एक सौदागर के पास था, और अगर सरकार ने उसे फ़ौजी कर्तव्य करने के लिए गाँव में न बुला लिया होता, तो वह अभी तक उसी काम में लगा रहता। खैर, फ़ौज में उसका नाम नहीं लिखा गया और गाँव में उसका मन नहीं लगा; क्योंकि ग्रामीण जीवन का वह आदी नहीं था, इसलिए उसने निश्चय किया कि भले ही उसे मास्को में दुख उठाना पड़े, वह गाँव में नहीं रहेगा।

बेकारी की हालत में गली-गली भटकना उसे बहुत ही बुरा लगता था। किसी तरह का भी काम पाने के लिए उसने जी-जान से कोशिश की। अपने सब जाने-पहचाने लोगों के पास जा-जाकर तलाश की। सड़क चलते लोगों को रोक कर पूछा कि वे किसी जगह के खाली होने के बारे में जानते हैं या नहीं, मगर सब व्यर्थ!

अन्त में अपने लोगों पर एक बोझ होकर रहना जेराशिम को बुरा लगा। उसके आने पर कुछ लोग खीज प्रकट करने लगे थे; कुछ को मालिकों से डाँट-फटकार सुननी पड़ी थी। पर वह सोच नहीं पाता था कि उसे क्या करना चाहिए। कभी-कभी वह दिन भर बिना खाए-पीए रह जाता था।

### 2

एक दिन जेराशिम अपने गाँव के एक मित्र के पास गया, जो शहर के बिलकुल बाहर

रहता था। वह शरोव नामक एक सौदागर के यहाँ बहुत दिनों से कोचवानी कर रहा था। उस पर मालिक बहुत खुश रहते थे, उसका विश्वास करते थे और उस पर उनकी कृपा भी थी। ख़ासकर अपनी मीठी बोली के कारण यह आदमी मालिक का कृपा-पात्र था। वह नौकरों से ठीक-ठीक काम भी करवा लेता था, इसलिए शरोव महाशय उसकी बहुत क़दर करते थे।

जेराशिम ने पास पहुँच कर उसे नमस्ते की। कोचवान ने अतिथि का स्वागत किया, उसे कुछ खाने को दिया और चाय पिलाई। फिर उससे पूछा कि उसके दिन कैसे कट रहे हैं।

जेराशिम ने कहा, "बहुत ही बुरी तरह दिन कट रहे हैं, एगर! गाँव से आने के बाद बेकार ही बैठा हूँ।"

"तुम अपने पुराने मालिक के पास क्यों नहीं गए?"

"गया तो था।"

"क्या वे तुम्हें फिर नहीं रखना चाहते?"

"मेरी जगह पर एक और आदमी काम कर रहा है।"

"अच्छा, ऐसी बात है! तुम छोकरों के काम करने का ढंग ही ऐसा है। तुम लोग अपनी मालिक की सेवा इस ढंग से करते हो कि एक बार काम छोड़कर लौट आने पर वे काम नहीं देते। मालिक की ख़िदमत इस तरह से करनी चाहिए, जिससे वे तुम पर खुश रहें, और जब तुम लौट कर आओ तब फिर रखने से इनकार न करें, बल्कि तुम्हारी जगह पर जो काम कर रहा हो, उसे छुड़ा कर तुम्हें रखें!"

"कौन ऐसा करता है? आजकल के मालिक इस तरह के नहीं हैं।"

"बहस करने से फ़ायदा क्या? मैं अपने बारे में कह रहा हूँ। सुनो, अगर किसी वजह से मुझे गाँव जाना पड़े और बहुत दिनों के बाद भी लौट कर आऊँ, तो मिस्टर शरोव बहुत खुशी के साथ मुझे रख लेंगे।"

आँखें नीची करके जेराशिम बैठा रहा। उसने देखा, उसका मित्र अपनी बड़ाई कर रहा है। उसे वह खुश करना चाहा। इसलिए उसने कहा, "मैं यह जानता हूँ। मगर तुम्हारी तरह आदमी मिलना मुश्किल है। एगर, अगर तुम लायक न होते, आलसी होते, तो तुम्हारे मालिक तुम्हें बारह साल तक कभी नहीं रखते।"

एगर मुस्कराया। अपनी तारीफ़ सुनकर उसे खुशी हुई। उसने कहा, "हाँ, अगर तुम लोग मेरी तरह जी-जान लगा कर ख़िदमत करो, तो तुम्हें महीने भर बेकार न रहना पड़े।"

जेराशिम ने कोई जवाब नहीं दिया।

इसी समय मालिक ने एगर को बुला भेजा। उसने जेराशिम से कहा, "ज़रा ठहरो, मैं अभी आ रहा हूँ।"

## 3

एगर ने लौटकर बताया कि आधे घंटे के भीतर घोड़े पर साज़ कस कर गाड़ी जोत कर तैयार रखनी होगी। मालिक शहर को जाएँगे। फिर उसने एक चिलम सुलगा कर तम्बाकू पीते-पीते जेराशिम से कहा, ''तुम कहो तो मालिक से कहकर यहाँ तुम्हारी नौकरी लगवा दूँ।''

''क्या उन्हें नौकर की ज़रूरत है?''

''ज़रूरत तो नहीं है, मगर जो एक आदमी रहता है, वह ठीक ढंग से काम नहीं कर सकता। वह बूढ़ा हो चला है; उससे काम होना मुश्किल है। इस मुहल्ले में बहुत कम लोग रहते हैं और पुलिस भी तंग करने नहीं आती, वरना वह टिक नहीं सकता था। जगह जैसी साफ़ रखनी चाहिएँ, वह नहीं रख पाता।''

''तब मालिक से कहकर मुझे रखवा दो, एगर! मैं ज़िन्दगी भर के लिए अहसानमन्द रहूँगा। बिना काम के अब एक दिन भी गुज़र करना मेरे लिए मुश्किल है!''

''अच्छी बात है। मैं उनसे कहूँगा। कल फिर आ जाना और लो, यह दुअन्नी लेते जाओ। इससे अभी काम चलाना।''

''शुक्रिया, एगर! तब तुम मेरे लिए कोशिश करोगे? मुझ पर यह मेहरबानी करना न भूलना!''

''हाँ, हाँ, मैं कोशिश करूँगा।''

जेराशिम चला गया, और एगर घोड़े पर साज कसने लगा। फिर वह अपनी कोचवान की वर्दी पहन कर, गाड़ी जोत कर उसे दरवाज़े के सामने ले गया। मिस्टर शरोव मकान के अन्दर से निकलकर गाड़ी पर बैठ गए और वह गाड़ी हाँकने लगा।

वे शहर में अपना काम करके घर लौट आए। एगर ने देखा, उसके मालिक इस वक्त ख़ुश हैं, तो उसने कहा—''मालिक! आपसे मेरी एक विनती है।''

''क्या?''

''मेरे गाँव से एक नौजवान आया है, वह अच्छा लड़का है। वह बेकार बैठा है।''

''अच्छा!''

''आप उसे रखिएगा?''

''किस काम के लिए रखूँ?''

''बाहर के काम, चौकीदारी, झाड़ू-वाड़ देने के लिए आप उसे रख सकते हैं।''

''मगर उसके लिए तो पोलिकारपिच है?''

''अब वह किस काम का रहा? अब उस बूढ़े को निकाल देने का वक्त आ गया है।''

''यह ठीक नहीं होगा। बहुत दिनों से वह मेरे यहाँ काम कर रहा है। अकारण मैं कैसे उसे छुड़ा सकता हूँ?''

''हाँ, यह बात तो सही है कि वह आपके पास बहुत दिनों से काम कर रहा है;

मगर उसने मुफ़्त तो काम नहीं किया। इसके लिए उसे तनख़्वाह मिली है। अपने बुढ़ापे के लिए ज़रूर ही उसने सौ-पचास रुपए बचा लिए होंगे।''

''बचा लिए होंगे! कैसे, कहाँ से? वह अकेला तो नहीं है; उसे अपनी औरत को पालना पड़ा है। कैसे बचा सका होगा?''

''उसकी औरत भी तो कमाती है।''

''अरे, वह क्या कमाती होगी, ताड़ी पीने का ख़र्च चल जाता होगा।''

''आप पोलिकारपिच और उसकी औरत के लिए इतना क्यों सोच रहे हैं? सच बात तो यह है कि वह अब काम नहीं कर सकता। उसे रखने से आपका कोई फ़ायदा नहीं, फ़िज़ूल रुपया बर्बाद होता है। वह वक़्त पर बर्फ़ बटोरकर नहीं फेंकता, अहाता भी गन्दा रखता है। कभी ठीक ढंग से काम नहीं करता। और जब उसकी चौकीदारी की बारी होती है, कम-से-कम रात-भर में दस बार अपनी कोठरी में जाकर बैठा रहता है। उससे ठंड बर्दाश्त नहीं होती। आप देख लीजिएगा, उसके लिए किसी दिन आपकी फटकार सुननी पड़ेगी। कुछ दिनों में तिमाही जाँच के लिए दारोग़ा आनेवाला है।''

''फिर भी उसे छुड़ा देना क्या ठीक होगा? पन्द्रह साल से मेरे पास वह नौकरी कर रहा है। उसके साथ बुढ़ापे में अगर ऐसा व्यवहार किया, तो यह एक पाप होगा।''

''पाप! क्यों? आप उसका क्या नुक़सान कीजिएगा? वह भूखा नहीं मरेगा। वह मुहताज-ख़ाने में जाएगा। बुढ़ापे में वहाँ पर वह शान्ति से, आराम से रहेगा।''

शरोव ने सोचकर कहा, ''अच्छी बात है। तुम अपने दोस्त को मेरे पास लाना।''

''मालिक! आप उसे रख लीजिए। उसके लिए मुझे बहुत फ़िक्र है। वह बहुत नेक लड़का है और बहुत दिनों से बेकार बैठा है। मुझे अच्छी तरह से मालूम है, वह खरा आदमी है और आपकी ख़िदमत जी-जान से करेगा। अगर सरकार उसे फ़ौज में भरती करने के लिए गाँव में नहीं बुलाती, तो उसकी नौकरी नहीं छूटती। वह अगर नहीं जाता, तो उसके मालिक उसे नहीं छोड़ते।''

## 4

दूसरे दिन शाम को जेराशिम फिर आया और पूछा, ''क्या मेरे लिए तुम कुछ कर सके?''

''हाँ, कुछ किया है। पहले चाय तो पी लो। फिर हम लोग मालिक से मिलेंगे।''

जेराशिम को चाय पीने की बिलकुल इच्छा नहीं थी। उसे मालिक का फ़ैसला सुनने की बहुत उत्सुकता थी; मगर कोचवान की ख़ातिर के दबाव से वह दो गिलास चाय पी गया। फिर वे मालिक से मिलने के लिए चले।

शरोव ने जेराशिम से पूछताछ की कि पहले वह कहाँ काम करता था और क्या-क्या कर सकेगा। फिर उसे इस शर्त पर रख लिया कि जब जो काम आ पड़ेगा, उसे करना होगा।

और जेराशिम को हुक्म मिला, "सुबह से काम पर हाज़िर हो जाओ।"

अपने सौभाग्य से जेराशिम चकित हो गया। वह खुशी के मारे उछलता-कूदता कोचवान की कोठरी में गया।

तब एगर ने उससे कहा, "देखना भाई, अपना काम ठीक ढंग से करना; तुम्हारे लिए मुझे शर्मिन्दा न होना पड़े। तुम जानते ही हो कि मालिक लोग कैसे होते हैं। अगर ज़रा भी ग़फलत की और पकड़े गए, तो वे हमेशा कुसूर ढूँढ़ते रहेंगे और शान्ति से रहना ही दूभर हो जाएगा।"

"इसके लिए फ़िक्र न करो, एगर!"

"बहुत अच्छा! बहुत अच्छा!"

जेराशिम विदा लेकर, फाटक के बाहर जाने के लिए आँगन पार कर रहा था। पोलकारपिच की कोठरी आँगन में थी और उसकी खिड़की से रोशनी आकर जेराशिम की राह में पड़ रही थी। अपना भविष्य का कमरा ज़रा झाँककर देख लेने के लिए उसे बहुत कौतूहल हुआ। वह दो कदम आगे बढ़कर खिड़की के पास आया, मगर खिड़की के काँच पर बर्फ़ जम जाने के कारण भीतर नहीं देख पाया। फिर भी भीतर के लोग क्या बातें कर रहे हैं, वह यह साफ़ सुन पाया।

कोई औरत कह रही थी, "अब हम लोग क्या करेंगे?"

एक पुरुष ने जवाब दिया, वह पोलिकारपिच था, "मुझे पता नहीं, मुझे पता नहीं—भीख माँगनी पड़ेगी और क्या?"

औरत ने कहा, "हाँ! इसके सिवाय हम लोग और क्या कर सकते हैं? आख़िर हम लोगों को भीख माँगनी पड़ेगी! हाय, हम ग़रीबों की ज़िन्दगी किस क़दर बुरी होती है! सुबह से रात तक, दिन-दिन भर काम करते जाते हैं और जब बूढ़े हो जाते हैं तब—भागो यहाँ से!"

"हमारी बात कौन सुनता है? मालिक तो हम में से एक नहीं हैं जो हमारा दुख समझे। उनसे सब कहना फ़िज़ूल है। वे सिर्फ़ अपना फ़ायदा देखते हैं।"

"सब मालिक लोग इसी तरह के नीच होते हैं। वे दूसरों के बारे में बिलकुल सोचते ही नहीं, सिर्फ़ फ़ायदे पर निगाह रखते हैं। उन लोगों को यह ख्याल ही नहीं होता कि हम लोग ईमानदारी के साथ एक ज़माने से उनकी ख़िदमत करते रहे हैं। उनकी सेवा में अपनी सारी ताक़त ख़त्म कर चुके हैं। और एक साल भर भी हम लोगों को वे नहीं रखना चाहते हैं। क्या हम लोगों में बिल्कुल ताक़त नहीं रही! हम लोगों को रखे रहें, अगर हम न कर सकें, तो अपनी खुशी से चले जाएँगे।"

"मालिक का ज्यादा क़ुसूर नहीं है; हम लोगों को यह कोचवान यहाँ से भगा रहा है। एगर अपने एक दोस्त को मेरी जगह पर रखवाना चाहता है।"

"हाँ, वह तो साँप है! वह ज़ुबान चलाना ख़ूब जानता है। बदमाश कहीं का! ठहर बदज़ुबान जानवर, मैं भी तुझे मज़ा चखाऊँगी! मैं अभी सीधी मालिक के पास जाकर कहूँगी, वह किस तरह से उन्हें ठगता है, किस तरह घास और दाने की चोरी

करता है। मैं पूरा-पूरा सबूत दिखाऊँगी और तब उन्हें मालूम हो जाएगा कि वह हम लोगों के बारे में कैसी झूठी चुग़ली करता है!"

"अरी बुढ़िया! ऐसा न कर; यह पाप है।"

"पाप है! मैंने जो कुछ कहा, क्या वह सच नहीं है? मैं जो कुछ कह रही हूँ, सब सच है, और मालिक से ज़रूर कहूँगी! वे अपनी आँखों से देख लें। क्यों न कहूँ? हम लोग कहाँ जाएँ! उसने हम लोगों का नाश कर दिया है, एकदम नाश कर दिया है।"

बुढ़िया रो पड़ी।

जेराशिम ने सब सुना। वे बातें उसके दिल में छुरी की तरह चुभ रही थीं। वह साफ़ समझ गया कि इन बूढ़े लोगों को वह कितना दुख देने जा रहा है। उसका हृदय वेदना से भर गया। बहुत देर तक वहाँ खड़ा रहकर, बहुत उदास होकर, चिन्ता में डूबा रहा, फिर घूम कर कोचवान की कोठरी की ओर लौट गया।

"अरे, क्या तुम कुछ भूल कर छोड़ गए?"

"नहीं, एगर!" जेराशिम हकलाता हुआ कहने लगा, "तुमने...तुमने मेरे...लिए कितनी...तकलीफ़ उठाई; मगर...मगर मैं यह नौकरी नहीं कर सकूँगा। क्षमा करना।"

"क्यों? आख़िर बात क्या है?"

"कुछ नहीं! मैं यह नौकरी नहीं करना चाहता। कोई और ढूँढ़ लूँगा।"

एगर बहुत नाराज़ हो गया। चिल्लाकर कहने लगा, "तब क्या तुम मुझे उल्लू बनाना चाहते थे? बेवकूफ़! पहले आकर पैरों पड़े, 'एक नौकरी लगवा दो, एक नौकरी लगवा दो!' और अब नौकरी नहीं करना चाहते! बदमाश कहीं के! तुमने मुझे बेइज़्ज़त किया।"

जवाब देने लायक कोई बात जेराशिम को नहीं मिली। उसने सिर नीचा कर लिया। एगर घृणा से मुँह फेरकर खड़ा हो गया। उसने और कुछ नहीं कहा।

तब जेराशिम चुपचाप अपनी टोपी उठाकर कोचवान की कोठरी से निकला। वह जल्दी-जल्दी आँगन पार कर, फाटक से सड़क पर निकल आया, और तेज़ कदमों से शहर की ओर बढ़ने लगा। अब उसका चित्त हल्का था और उसे एक सुख का अनुभव हो रहा था।

# जूतियाँ

*ग्रेज़िया डेलेड्डा*

अक्सर ही एलिया केराई को कोई काम नहीं रहता था, क्योंकि जमाना बहुत ख़राब था। लोग कचहरी जाने से हिचकते थे, और बड़े-बड़े वकील-बैरिस्टरों को ही मामूली मुख़्तारों का काम लेना पड़ रहा था। लेकिन कोई मुक़दमा न रहने पर भी एलिया कचहरी जाता था। जाकर प्रतीक्षा-गृह में जम जाता था, और अपनी नोट-बुक को जाँघ पर या दीवार पर रखकर पत्नी के उद्देश्य में कविताएँ लिखता था। उसके चारों तरफ शोर-गुल मचा रहता था। भीड़ 'प्रतीक्षा-गृह' में सर्वत्र जमी रहती; ग़रीब स्त्रियाँ, जो दो-चार आने के लिए आतीं, एक-दूसरे पर गालियों की बौछार करतीं, ऐसे गम्भीर और दुखान्त भाव से, मानो उन्हें सारी दुनिया को बाँटना है। धोखेबाज़, कर्ज़दाताओं का उन पर कुछ नहीं चाहिए, इसकी शपथ खाने के लिए तैयार, गर्व से छाती फुलाए घूमते थे! वकील और मुख़्तार, जो अपने मुवक्किलों से भी ग़रीब थे, छीना-झपटी करके एक दरख़्वास्त का काग़ज़ हथियाने के लिए मारे-मारे फिरते थे। पर एलिया को कोई फिक्र नहीं, वह यह सब बहुत स्थिर भाव से सह लेता। उसने अपने पुराने ढंग के छन्दों में, पत्नी के उद्देश्य में, कविता की रचना की–

"मैं जानता हूँ कि दुनिया कैसी है, और मैं जानता हूँ कि जो कुछ भी होनहार है वही होता है। मैं एक कवि और दार्शनिक हूँ; दुनिया का कुछ भी मुझे चकित नहीं करता है। जीवन एक उतार-चढ़ाव का खेल है; एक दिन ऊपर और दूसरे दिन नीचे, फिर तीसरे दिन ऊपर! निराश न होओ, मेरी सुनहली कमलिनी! कदाचित् चाचा अगस्तिनो, जिसने अपनी पत्नी को तज दिया है, मरते समय हम लोगों को कुछ धन दे जाएगा। तब हम दोनों समुद्र के किनारे जाएँगे, हम लोग दूर से तैरती हुई नावों को देखते रहेंगे, और एक-दूसरे का हाथ नव-दम्पत्ति की भाँति पकड़े रहेंगे। और फिर हम लोग तो इस समय भी हद से ज्यादा सुखी हैं। हमारे घर में शान्ति और प्रेम का राज है, और मेरी रानी, तुम्हीं तो मेरी सबसे क़ीमती दौलत हो..."

...एक जाड़े की सुबह, एक गाड़ीवान ने एलिया के कन्धे पर ज़ोर से थपकियाँ दीं, ऐसे हाथ से जो पत्थर-सा लगा।

"अरे दौड़ो भाई! मैं अभी एक कूड़ा-भरी गाड़ी लेकर टेर्रानोवा गया था, और तुम्हारे चाचा अगस्तिनो से मिला था। वह सख़्त बीमार हैं..."

एलिया स्थिर खड़ा रह गया, और शोक के चिह्न के रूप में हाथ से अपने सफ़ेद बालों को चौरस करने लगा।

फिर कहा, "मैं अभी जाकर अपनी पत्नी को यह दुखदायी ख़बर सुनाता हूँ।"

उसकी पत्नी कोठरी के द्वार पर बैठकर धूप ले रही थी। यह दुखपूर्ण समाचार सुनकर वह अधिक विचलित नहीं दीखी; वह द्वार पर से उठी ही नहीं। वह एक सभ्य स्त्री की तरह सज्जित थी, जूतियाँ पहने हुई थी और नवीन ढंग से बाल सँवारे थी; किन्तु उसके कपड़े पुराने और सिले हुए थे, जूतियाँ फटी थीं, और उसके मृत-से रक्तहीन मुख पर उसके सफ़ेद तारों से पतले बालों की बनावट उसकी ग़रीबी को और भी अधिक साफ़ प्रकट कर रही थी। उसकी बड़ी-बड़ी आँखें, जो किसी समय बहुत काली दीखती थीं, अब एक तरह की सुनहरी भूरे रंग की-सी हो गई थीं, और दृष्टि ख़रगोश की तरह उदास और सूनी थी।

मकान के भीतर से, जहाँ ये दोनों नीचे के आँगन के सामने का एक कमरा किराए पर लेकर रहते थे, कचहरी के शोरगुल की-सी आवाज़ आ रही थी। मकान के मालिक आपस में झगड़ रहे थे, और उनके होटल में लोग पाँसा खेलते हुए शोर मचा रहे थे।

एलिया का कचहरी में जैसा बर्ताव था, उसी प्रकार उसकी पत्नी भी जड़ थी, और अपने चारों तरफ क्या हो रहा है, इस पर निरुत्सुक रहती थी। एलिया उससे प्रेम करता था और उसे बिलकुल वैसा ही चाहता था।

"जानती हो, मैं क्या करने जा रहा हूँ?" पत्नी के सिर पर हाथ फेरते हुए और आसमान की ओर देखते हुए उसने कहा, "मैं जा रहा हूँ।"

"कहाँ?"

"कहाँ? क्या तुम नहीं सुन रही थीं? चाचा अगस्तिनो के पास, और कहाँ! आज का दिन बड़ा सुहावना है..."

वह जो कुछ सोच रहा था, सब नहीं कहा, लेकिन उसकी पत्नी अवश्य ही भाँप गई थी, क्योंकि उसकी पुरानी सूराखों से भरी जूतियों की ओर देखती हुई वह बोली, "जाने का खर्च?"

"मेरे पास काफ़ी है। तुम मेरे बारे में बिलकुल फ़िक्र न करो। इस दुनिया में सब कुछ ही अन्त में जाकर ठीक हो जाता है, अगर तुम शान्ति और बुद्धिमानी से सब काम करो। केवल एक बात की आवश्यकता है, वह यह कि लोगों से स्नेह करना और उनसे दयापूर्ण व्यवहार करना। मैं आज सुबह बिलकुल इसी तरह की बातें सोच रहा था।...यह लो, इसे पढ़ोगी?"

उसने कॉपी में से वह पन्ना फाड़ डाला, और शरमाते हुए उसे पत्नी की गोद में डाल दिया। अपनी गैरहाज़िरी में ख़ुराक के रूप में वह केवल यही छोड़ जा सका।

वह चल पड़ा। इस दुनिया में उसके पास केवल नौ आने पैसे थे। सफ़र के लिए और कुछ पैसे उधार माँगने की चेष्टा करके वह फ़िज़ूल वक्त बर्बाद नहीं करना चाहता था।

× × ×

वह इस तरह की परिस्थिति से अभ्यस्त था। सिवाय अपनी दार्शनिक शान्ति और चाचा अगस्तिनो के वसीयतनामा के वह कभी भी और किसी सहायता की आशा नहीं करता था। वह बहुत तेज़ चलने वाला था, पर अपने पैरों की अपेक्षा अपनी जूतियों के बारे में अधिक सोच रहा था। वह चाह रहा था कि अगर उसकी जूतियाँ उसे अपने चाचा के घर तक पहुँचा दें, तो बस उसे सन्तोष है!

ओरोसी तक अच्छा बीता। सारी सड़क उतार थी, चौरस और सीधी थी और बहुत ही मनोहर दृश्यों से भरी हुई थी, उन्हें देखते ही लोग दुनियावी स्वार्थ और कष्ट भूल जाते हैं। यह मानो इन्द्रपुरी का सफ़र था। सूर्य एक बड़े हीरे की भाँति, अपनी ठंडी और निर्मल ज्योति बिखेर रहा था, चट्टानें और घास चमक रही थीं। जब एलिया और नीचे उतर गया, तब उसे सूर्य और अधिक गरम और सुनहला लगा और अन्त में पहाड़ों के श्वेत पिछवाड़े पर समुद्र की ओर, बसन्त काल-सा, बादाम का वन उसने गुलाबी फूलों से ढँका देखा।

पर सूर्य निर्दय आकस्मिकता से नीचे उतर गया, फिर क्षणिक गोधूलि के बाद ठंडी रात्रि आई और एलिया को लगा कि उसके पैर गीले होते जा रहे हैं। उसकी जूतियों ने दम तोड़ दिया था। यह प्रत्यक्ष होनेवाला ही था, लेकिन फिर भी उसने अपनी सदा की दार्शनिक आशावादिता से इसे स्वीकार नहीं किया था। वह उनकी मरम्मत भी नहीं कर सकता था, और न अब किसी से एक जोड़ी माँग ही ले सकता था। सचमुच सूराख़ों से भरी, फटी जूतियाँ पहन कर चलना बहुत कष्टकर था और बड़ी बेइज़्ज़ती थी, और ख़ास करके अपने चाचा के घर इस तरह भिखारी की तरह जाना! भविष्य के ख्याल से, पत्नी के स्वास्थ्य और भलाई के लिए, किसी तरह भी जूतियों की एक जोड़ी प्राप्त करनी ही थी। पर सवाल था कैसे? एलिया को इसका रत्ती-भर भी पता नहीं था। और इसी बीच वह गाँव में पहुँच गया।

सड़कें अँधेरी थीं। तेज़ सामुद्रिक हवा बह रही थी। गाँव सुनसान दीख रहा था। सिर्फ आम सड़क के किनारे छोटी-सी सराय से एक रोशनी आ रही थी। एलिया भीतर गया और रात-भर रहने की जगह माँगी। उसने पेशगी पैसा दे दिया, और उसे एक गन्दी-सी कोठरी में एक खाट दे दी गई। उसी कोठरी में और दो पथिक सो रहे थे। एक खर्राटे ले रहा था। एलिया अपने सब कपड़े पहने ही लेट गया, पर उसे नींद नहीं आई। उसने दुनिया की सब सड़कों पर, घरों में और मैदानों में अन्तहीन जूतियों की कतारें देखीं, जहाँ भी कोई मनुष्य था, वहीं जूतियों की एक जोड़ी थी। ढेर-सी जोड़ियाँ आलमारी में, बक्सों में और इधर-उधर छिपी रखी थीं। कुछ जोड़ियाँ अपने मालिकों की खाट के किनारे पर खड़ी उनकी निगरानी कर रही थीं। कुछ कमरों के द्वार के बाहर प्रतीक्षा कर रही थीं, और कुछ अपनी ही जोड़ी की भाँति उनको पहननेवालों की ग़रीबी और निराशा की हिस्सेदार...

बाहर की हवा का गर्जन और बग़ल में सोये आदमी के खुर्राटे उसके दुःस्वप्न को

उत्तेजना दे रहे थे। रात्रि बीतती जा रही थी। हल्के नीले रंग के आसमान में, जैसे समुद्र के जल में तर किया हो, एक तारा उठा और काँच की खड़खड़ाती खिड़कियों के सामने रुक गया। एलिया सोचने लगा—अपनी पत्नी को, उन कविताओं को, जो उसने उसके लिए लिखी थीं और उस चैन के जीवन को, जो वे दोनों काटेंगे; अगर सिर्फ चाचा अगस्तिनो अपना सब कुछ उनके लिए छोड़ जाएँ...

वह उठ पड़ा और काँपता हुआ खर्राटे लेनेवाले आदमी की जूतियाँ लेने के लिए झुका। जूतियाँ भारी थीं; उनकी घिसी कीलों ने एलिया की गरम उँगुलियों में ठंड की सुई-सी चुभो दी। तब उसने उन जूतियों को रख दिया और दूसरे आदमी की जूतियाँ खोज निकालने के लिए टटोलने लगा, पर उसे वे नहीं मिलीं।

फिर उसने दालान में एक स्पष्ट आवाज़ सुनी, बहाने पैरों के क़दमों की तरह। वह फ़र्श पर चार हाथ-पैरों में दुबका, एक भीत पशु की तरह काँपता हुआ वहीं निश्चल रुक गया। वह पूर्ण रूप से अपने पतन का विस्तार समझ गया। एक स्वभाव-प्रेरित उदासी, हृदय के ख़तरे में होने के दुख की भाँति, उस पर बुरी तरह जम बैठी। पर जैसे ही वह आवाज़ रुक गई, वह द्वार के बाहर गया, देखा कि वहाँ कोई नहीं था और ओसारे के अन्त में चिराग़ के पास उसने देखा कि एक बिल्ली अपनी पूँछ ऊपर को उठाए, अपने को दीवार से रगड़ रही थी और एक जूतियों की जोड़ी द्वार के पास पड़ी थी—आँकड़े की तरह भूमि पर छाया फेंकती हुई।

उसने उन्हें उठाकर कुर्ते के भीतर छिपा लिया और नीचे उतर गया। एक आदमी आँगन में चटाई पर सो रहा था। वह लोगों के घोड़ों पर निगरानी रखता था, बड़ा फाटक भिड़ा हुआ था। एलिया चुपचाप निकल गया और अपने को समुद्र के सामने पाया। समुद्र भूरे रंग का दीख रहा था, ऊपर तारे चमक रहे थे और लगते थे कि मानो आसमान से नीचे गिर पड़ने को इच्छुक हों।

'कैसी अजीब बात है कि मनुष्य और प्रकृति में पतन की ओर इतना झुकाव है।' अँधेरे में हवा को चीरते हुए एलिया ने मन-ही-मन कहा।

आधे घंटे तक चलने के बाद उसने सोचा कि अब जूतियों को पहनना चाहिए। एक पत्थर पर बैठकर उसने जूतियों को पहना और ध्यान से उनका अनुभव करने लगा। वह खुश हो गया। जूतियाँ नरम और आरामदेह थीं; पर जैसे ही वह उन पर झुका, पतन के दुख ने फिर एकाएक उसे बुरी तरह घेर लिया।

वे अगर मेरा पीछा करें, तो? तब तो मेरी बड़ी बुरी हालत होगी।...पत्नी को यह सब मालूम होने पर वह क्या कहेगी! 'जब तुम्हारा यह पतन हो सकता है एलिया, तब तो तुम जूतियों की तरह एक लाख रुपए की चोरी भी कर सकते हो!'

फिर पैरों को आगे की ओर फैलाकर और जूतियों के भीतर उँगुलियों को घुमाते-फिराते हुए, उसने मन-ही-मन हँसकर कहा, 'एक लाख रुपया! सवाल है कि वे कहाँ मिलेंगे? मिले तो मैं अभी ले लूँ!' ये जूतियाँ अच्छी थीं, लेकिन उसके पैर जलने और काँपने लगे, मानो इन जूतियों के भीतर रहने में बहुत भारी एतराज़ था।

उसने चलना शुरू किया। बग़ल में अपनी जूतियों की जोड़ी थी, क्योंकि अगर संयोग से कोई उसका पीछा करे, तो वह शीघ्रता से अपनी पुरानी जूतियाँ पहन कर दूसरी जोड़ी फेंक दे सकेगा। उसने देखा कि पहले जैसी तेज़ी से वह अब नहीं चल सकता है। उसके पैर डोलने लगे और पीछे से कदमों की आहट आ रही है या नहीं, यह सुनने के लिए वह प्रति क्षण रुकने लगा।

धुँधले समुद्र के पीछे एक कोहरे के पर्दे की आड़ से सूर्योदय हुआ और उसे भूत की तरह डरा दिया। अब क्रोसेई जाने की सड़क पर चलते हुए लोग उसे अच्छी तरह देख सकेंगे और जब वे गाँव पहुँचेंगे और जूतियों के चोरी की बात सुनेंगे, तो वे कह सकेंगे, 'हाँ, रास्ते में एक आदमी को देखा है, वह सन्देहजनक लगा तो था, उसकी बग़ल में एक गठरी-सी थी!'

और सचमुच ही भोर के अँधेरे और स्तब्धता में एक किसान से उसकी भेंट हुई, उसके कन्धे पर गठरी और हाथ में लाठी थी। एलिया को लगा कि मानो उसने घूम कर उसे देखा और मुस्कराया।

दिन निकल रहा था, उदास और भूरा। विशाल, काले, उलझे लच्छों की तरह बादल पहाड़ों से समुद्र की ओर और समुद्र से पहाड़ों की ओर भाग रहे थे। और कौवे वायु से प्रवाहित दलदल ज़मीन के ऊपर से उड़ते हुए 'काँव-काँव' कर रहे थे।

पहले दिन का वह मनोहर प्राकृतिक सौन्दर्य मानो अदृश्य हो गया था। अब सब वस्तु सताई हुई और शैतानी से भरी लग रही थी। और एलिया को लग रहा था कि दूर पर वह उन लोगों का स्वर सुन पा रहा है, जो उसका पीछा कर रहे हैं।

अन्त में उसने अपनी पुरानी, फटी जूतियाँ पहन लीं और दूसरी जोड़ी को सड़क के एक किनारे छोड़ दिया, पर फिर भी उसे शान्ति नहीं मिली। ख्याली घटनाएँ उसके मन में आने लगीं। जिन दो ग़रीब पथिकों के साथ वह सोया था, उनमें से एक इसी सड़क से आ रहा था और उसने सड़क पर से जूतियाँ उठा लीं; फिर पीछा करनेवाले लोगों ने उसे पकड़ लिया और उसे ही अपराधी मान कर जाने कितनी बुरी तरह सज़ा दी।...या उसके ख्याल में, जो लोग उसका पीछा कर रहे थे, वे चोरी की जूतियाँ पा गए और उसे पकड़कर सताने लगे, ख़ूब सताने लगे, जब तक वह गहरी लज्जा के साथ अपनी करतूत क़बूल न कर ले। यह सब पता लगने पर उसकी पत्नी क्या कहेगी? यह बात उसके सरल बच्चों के-से मन में, जो क्लान्ति, ठंड और भूख से उत्तेजित था, पनप उठी और जाड़े के तूफ़ानी आसमान में विशाल बादल की भाँति फैल गई। उसके मन में बार-बार यह बात आने लगी कि वह अगर बिलकुल न आता और एक छाया के पीछे दौड़कर अपना सदा का सुख और शान्ति न त्यागता, तो अच्छा था। अपने चाचा की जायदाद अगर मिली भी, तो शायद उसे अनन्त परेशानी और उलझन में डाल देगी और इसी बीच उसने तो अपने को बुरी तरह गिरा भी दिया!

वह लौट पड़ा। वह जूतियों को जहाँ छोड़ गया था, वे वहीं पड़ी थीं। वह उनकी ओर देर तक किंकर्तव्यविमूढ़-सा देखता रहा। वह सोचने लगा कि उसे क्या करना

चाहिए। वह अगर उन्हें छिपा दे या ज़मीन में गाढ़ दे, तो भी यह बात कि ये चुराई हुई हैं, नहीं बदलती है। उसने जूतियाँ चुराई थीं, और उस क्षण की याद, जबकि वह चार हाथ-पैर से दुबक कर, भीत पशु की तरह काँप रहा था, उसके सारे जीवन पर छाया फेंकती रहेगी।

उसने फिर उन चुराई हुई जूतियों को अपने बड़े कोट के भीतर छिपा लिया, और उस गाँव की ओर लौट चला। सन्ध्या के पहले गाँव में न पहुँचने के लिए वह रास्ते में देर करने लगा। उसने पूरे चौबीस घंटे तक कुछ भी नहीं खाया था। उसे बड़ी कमज़ोरी मालूम हो रही थी। हवा से जिस तरह घास हिलती है, उसी तरह वह भी डोल रहा था। वह अपनी करतूत क़बूल करने के लिए तैयार होकर, स्वप्न में डूबा, सराय में आया। पर वहाँ कुछ भी शोर-गुल नहीं था, किसी ने भी उस चोरी की बात नहीं कही, न उस पर सन्देह किया और न उसकी तलाशी ली। उसने भोजन किया और सोने के लिए जगह माँगी। उसे वह खाट दी गई, जिस पर पहली रात्रि को वह लेटा था। उसने जूतियों को वहीं रख दिया, जहाँ से उसने ले ली थीं और अपनी खाट पर लेट गया। उसकी यह नींद मृत्यु की तरह गहरी थी। सराय वाले ने उसे जगाया और कहा कि बारह बज गए हैं। अपने अन्तिम पैसे से उसने एक डबल-रोटी खरीदी और फिर चल पड़ा।

अब फिर मौसम सुन्दर था और काले पर्वतों और नीले समुद्र के बीच बन्द-सा उस नम प्रान्त में एक आदिम प्राकृतिक दृश्यों का उदास आकर्षण और सौन्दर्य था। सब कुछ हरा और दृढ़ था, पर जैसे तुम कुछ मनुष्य के जीवन में देख पाते हो, लगा कि वहाँ कोई फूल कभी खिल नहीं सकता।

पुरानी और फटी जूतियाँ होने पर भी एलिया अच्छी तरह चल रहा था, और इन फटी जूतियों के लिए ही सब जगह आवारा समझ कर लोगों ने उसे दयापूर्वक दूध पिलाया और ख़ाने के लिए रोटियाँ दीं।

जब वह पहुँचा तो देखा कि उसका चाचा कुछ घंटे पहले ही मर चुका है। नौकरानी ने सन्देह-भरी दृष्टि से एलिया की ओर देखा और कहा, "क्या तुम्हीं उनके भतीजे हो? तो तुम जल्दी क्यों नहीं आए?"

एलिया ने कोई जवाब नहीं दिया।

"मालिक तुम्हारा इन्तज़ार कर रहे थे। तीन दिन पहले उन्होंने तुमको एक तार भेजा था। वे सदा कहते थे कि सिर्फ़ तुम्हीं उनके रिश्तेदार हो, पर तुमने उनको भुला दिया था, कभी ख़बर नहीं ली। इसलिए आज सुबह, जब देखा कि तुम नहीं आए, तो उन्होंने अपना सब कुछ मल्लाहों के अनाथ बच्चों के लिए छोड़ जाने का निश्चय किया...।"

एलिया घर लौट आया और देखा कि उसकी पत्नी, पीली और निर्विकार, पहले जैसी धूप में बैठी है।

"मेरी भली स्त्री, जब तार आया, तो क्यों नहीं कह दिया कि मैं गया हूँ?"

"पर तुम अवश्य ही वहाँ पहुँच जाते! इतनी देर क्यों लगाई?"

एलिया ने कोई उत्तर नहीं दिया।

## इटली

# जीवन इतना दीर्घ है

*मेटिल्ड सेराओ*

जिस रमणी को निम्नलिखित चिट्ठियाँ लिखी गई थीं और जिसने मुझे ये चिट्ठियाँ दे दी थीं कि जिससे उसके चित्त से अन्तिम कड़वी स्मृति भी दूर हो जाए, वह अभी तक जीवित है, पर अब वह बहुत दूर पर है और विस्मृत है। वर्षों बीत गए हैं जब तूफ़ानों ने उनका हृदय आलोड़ित किया था, वर्षों बीत गए हैं, जब वह शान्त जल में आ पहुँची है। वर्षों से वह प्रेम की चाह नहीं रखती है। और अगर ये चिट्ठियाँ, जो मैं प्रकाशित कर रहा हूँ, उसकी नज़र में पड़ जाएँ, तो शायद इन्हें वह पहचानेगी भी नहीं, क्योंकि प्रेम इतना क्षणिक है और जीवन इतना दीर्घ है। चिट्ठियाँ इस प्रकार हैं—

20 जून

प्रिय मित्र,

यह बहुत आश्चर्य की बात है कि मैं क्यों आपको पत्र लिख रहा हूँ! मैंने इससे पहले कभी भी किसी स्त्री को पत्र नहीं लिखा है, किसी के उद्देश्य में कविता की रचना नहीं की है! पर पिछली रात्रि को मैंने आपके उद्देश्य में एक कविता लिखी थी और आज सुबह ही उसे फाड़ डाला है! और अब शाम को आपको पत्र लिख रहा हूँ। यह सब कुछ मेरी समझ में नहीं आ रहा है। कदाचित् मैं किसी रहस्यमय रोग से ग्रस्त हो गया हूँ, या मुझमें लड़कपन आ गया है। लेकिन तीस साल की उम्र में लड़कपन आ जाना लज्जा की बात है, जबकि दृढ़ चित्त, गम्भीर और बुद्धिमान होने का मुझे यश है, और मैं अपना यश खोने का साहस नहीं करता। शायद आप हँस रही होंगी, और यही ख्याल मुझे और अधिक दुखित कर रहा है। यह सच है कि आप सदा हँसती हैं, मैंने कभी भी आपको मुस्कराते नहीं देखा। कितनी सुन्दर है आपकी हँसी! आपकी आँखें, कपोल, ललाट, होंठ, दाँत सब उस मनोहर हँसी में शामिल होकर आनन्द की झड़ी बरसा देते हैं! क्या कुछ भी आपको दुखित नहीं कर सकता है, जो आप प्रत्येक बात पर हँसती हैं? मुझसे कह दीजिए, मैं फ़ौरन जाकर वह चीज़ ले आऊँगा, केवल आपको उदास देखने के लिए। मेरे विचार में आप कभी सोचती नहीं होंगी, जैसे आप कभी मुस्कराती नहीं हैं। आपका पोस्ट-कार्ड इतना सुगन्धित और छोटा है, नन्हे-नन्हे चटकीले, उज्ज्वल और ज़ोरदार वाक्यों से इतना जीवनमय और

विनोदपूर्ण है! पर ठीक एक कोने में एक शब्द विशेष भाव से ध्यान खींचता है, सुरीला और दुलारा, वह शब्द है 'स्वप्न'...मेरी महिला, क्या आप कभी स्वप्न देखती हैं? मैं सदा ही स्वप्न देखता हूँ, मैं जैसा चाहूँ वैसा स्वप्न देखता हूँ, और वह आश्चर्यजनक सुन्दर होने के साथ आश्चर्यजनक उदास होता है। मैं यह सोचना चाहता हूँ कि स्वप्न कुछ दैवयुक्त होता है, और स्वप्न में अपनी इच्छाशक्ति आधीन हो जाती है। आप क्या स्वप्न देखती हैं? मैं आप से यह बेहूदा प्रश्न इसलिए कर रहा हूँ कि आप इसका कोई उत्तर न दें। मैं बिलकुल ही पसन्द नहीं करूँगा, अगर आप मुझे बताएँ कि आप क्या स्वप्न देखती हैं, मुझे पता नहीं कि मैं क्या करूँगा, अगर आप मुझे बताएँ। मैं मानता हूँ, मेरी महिला, कि मैं आशंकित हूँ। आपसे कह नहीं सकता कि मैं क्यों शंकित हूँ। पर यह अज्ञात भय और भी अधिक डरावना है, इसलिए कि यह अज्ञात है। तब अवश्य ही आप मुझे निर्भय कीजिए। अपने भविष्य के बारे में कहिए...नहीं, नहीं, यह भी ख़तरनाक है; तब अतीत के बारे में। आप बहुत ही साधारण भाव से चली गईं। मैं शपथ खाकर कहता हूँ कि आप बहुत ही शीघ्र चली गईं। आपसे मुझे बहुत ही आवश्यक बातें करनी थीं। यद्यपि आप दो दिन और ठहर जातीं, तो भी शायद मैं ये सब बातें आप से नहीं कहता, और आपसे कहना चाहता, जैसा कि मैं अब भी चाह रहा हूँ। उस दिन सोमवार था। सप्ताह के प्रारम्भ में किसी को कहीं जाना नहीं चाहिए, लेकिन आप अगर ठहर कर शनिवार को भी जातीं, तो मैं कहता कि सप्ताह के अन्त में किसी को कहीं जाना नहीं चाहिए। आप काली पोशाक पहने हुए थीं। क्या आप किसी के लिए या किसी बात के लिए शोक मना रही थीं? मेरी महिला, अपने हृदय के क़ब्रिस्तान में दफ़नाए हुए मृतकों के नाम मुझसे कहिए! भोर का समय था; आपको स्मरण है? भूरा प्रभात था, तुम और निद्रित शहर की भाँति ही भूरा। हम लोग कई आदमी आपको स्टेशन तक पहुँचाने गए थे, हम सब कुछ घबराए हुए से थे; बहुत सुबह था न! मुझे स्मरण है, आप हँस रही थीं। फिर आपने सबसे हाथ मिलाया। जब मेरी बारी आई तब एक क्षण के लिए आप पटरी पर, मेरे हाथों में हाथ डाले, खड़ी रहीं। मैं सड़क की ओर देख रहा था और आप ज़मीन की ओर। आपने फिसफिसा कर मुझसे कहा, "धन्यवाद!" आपने किसलिए मुझे धन्यवाद दिया था? मैं उत्तर नहीं दे सका, क्योंकि प्रभात की वायु ने मेरे स्वर को दुर्बल और कम्पित कर दिया था। फिर आप रेल के डिब्बे में चढ़ गईं आपकी खिड़की के सामने हम लोग भीड़ करके खड़े रहे, रूमाल हिलाए और आपको जाते देखा।

नहीं, यह ग़लत है, मैंने आपको जाते नहीं देखा। भोर का समय था, मेरी आँखों के सामने कोहरा था। उस दिन मैंने क्या किया, मुझे पता नहीं। लोग कहते हैं कि मैं विक्षिप्त-सा, उदास दृष्टि लिए घूमता रहा। मैं आपसे कह सकता हूँ कि मैं अपने पर बहुत लज्जित हो रहा था। मुझे आपकी टोपी के हवा में फरफराते पंखों की क्षीण स्मृति है। आप क्यों मेरा रूमाल लेकर चली गई थीं? आपने लिखा और कहा है कि आपके

न रहने से आपका नन्हा 'बिगोनिया' फूल का पौधा मर गया है...कदाचित् आपके न रहने के लिए! मैं इसके लिए दुखित हूँ। विरह से एक 'बिगोनिया' की मृत्यु हो गई है। पर किसे इसकी परवाह है, दुख है किसी को भी नहीं। मैं सोचता हूँ कि कहीं फूलों का स्वर्ग है, तो ढेर से फूलों को भी नरक में जाना चाहिए, क्योंकि लोगों के द्वारा वे इतने पाप कराते हैं। नरक कितना सुन्दर होगा! वहाँ के सब कुछ जल रहे हैं, पर ख़ाक नहीं हो रहे हैं। आपको इस पत्र से पता चलेगा कि मैं कितना आनन्दित हूँ, वास्तव में मैं बहुत आनन्दित हूँ। सचमुच ही मैं सब समय विनोदपूर्ण हूँ। मेरे मित्रवर्ग कहते हैं कि मैं अतुलनीय हूँ। मेरी प्रिय महिला, मैंने ढेर-सा अक्षम्य कूड़ा-करकट लिख डाला है। पर मैं आपसे कुछ और अधिक और बहुत गम्भीर बात लिखने की आज्ञा चाहता हूँ। या तो आप मेरी सब धृष्टता क्षमा कर देंगी या आप मुझे क्षमा नहीं करेंगी। मैं एक पातकी हूँ। मैं एक शिशु भी हूँ—एक शिशु तुतला रहा है, काँप रहा है और प्रार्थना कर रहा है...

—लुसियानो

पु.—आप नहाने के लिए, लेगहार्न में आ रही हैं? बिना किसी के साथ?

× × ×

10 सितम्बर

प्रिय मित्र,

मेरी सतानेवाली, मेरी मिट्ठू, मेरी तामसी शेरनी, मेरी काले नयनवाली हिरनी, मेरी पीड़नकारिणी, मेरी प्रेम की सजीव मूर्ति!

मुझे शीघ्र लिखो, शीघ्र, और कहो कि तुम मुझसे प्रेम करती हो और कहो कि मैं तुम्हारा लुसियानो हूँ। मुझसे प्रेम करती हो, यह कहने के लिए एक 'तार' भेजो। मेरी काली आँखोंवाली, तुम्हें देखे दो दिन हो गए हैं, तुम्हें अन्तिम बार देखे दो दिन बीत गए हैं। इतने समय तक तुम्हें नहीं देखा है, यह सोचने से मुझे क्रोध और अधीरता होती है, और कल शाम तक तुम्हें नहीं देख पाऊँगा। मुझे ज्वर-सा हो गया है, मैं अब सदा ही ज्वर से पीड़ित-सा हूँ। और तुम्हीं मेरा ज्वर हो! हा परमात्मा! प्रेम भी कैसी अजीब चीज़ है! मेरी छाती में जाने कैसा एक अनुभव हो रहा है, बिलकुल यहाँ मांस के भीतर, जैसे मेरे भीतर एक अंगूर की बेल उगती हुई ऊपर, खूब ऊपर को उठकर फिर नीचे, फिर दाहिने, फिर बाएँ फैलकर मेरी सारी सत्ता को कुतर रही है। और फिर मैं नए रूप से जन्म लेता हूँ, एक क्षण के बाद फिर से अज़ियत और टुकड़े-टुकड़े होने के लिए और मेरे सिर में यहाँ माथे के भीतर, मैं अनुभव कर सकता हूँ कि एक छोटी-सी कील चुभ रही है बड़े ही सुहावने भाव से। मैं अपने अनिद्रा-रोग के लिए 'क्लोरल' दवा खाता हूँ। 'क्लोरल' से मुझे बहुत फ़ायदा होता है, पर फिर भी तुम्हारे चुम्बनों को मैं अधिक चाहता हूँ। मैं उन्हें अधिक पसन्द करता हूँ, वास्तव में मैं बहुत अधिक पसन्द करता हूँ! लिलिया, मेरी कमलिनी, मैं डूब गया हूँ। मैं वास्तविकता के बाहर कूद पड़ा हूँ, पता नहीं,

जाने कैसे! तुम से, तुम्हारी आत्मा से, तुम्हारी देह से, तुम्हारे नाम से मैं अपना जीवन हासिल करता हूँ। काम काज की अनन्त घुमेरी से मैं घिरा हुआ हूँ, मैं सुन पाता हूँ कि मित्रवर्ग मुझसे बोल रहे हैं, और मैं लोगों से हाथ मिलाता हूँ...पर यह सब मुझे पिली छाया की झलमल-सा, एक अस्पष्ट मर्मर ध्वनि-सी या एक प्रेम-रूपी चित्र-सा लगता है, जैसी 'हफ़मैन' (जर्मनी के डरावने कहानी-लेखक) ने कल्पना की थी। और केवल मधुर, कोमल, रंगीन, सुगन्धित, झंकृत, ऊँचा, मतवाला, कम्पित स्वर है प्रेम! लिलिया, मैं डूब गया! हम दोनों ही होशो-हवास खो चुके हैं, मेरी देवी! सूर्य चमकता है, पर उससे कोई लाभ नहीं है, और आज रात को तारे चमकेंगे, पर उनसे भी कोई फल नहीं होगा, क्योंकि न तुम तारों में हो और न सूर्य में। मैं मर रहा हूँ, प्रियतमे! मैं तुम्हारे पैरों पड़ता हूँ, तुम मेरी रक्षा करो। तुम्हीं मेरी सब कुछ हो, तुम्हीं मेरे जीवन का सुख हो, तुम्हीं मेरा धर्म हो, तुम्हीं तीर्थ हो, तुम्हीं मेरा स्वर्ग हो। आओ जी, आओ, मुझे मरने न दो! आह, यह प्रेम कैसी भयानक चीज़ है! भयंकर लगता है जब मैं एक क्षण के लिए एकान्त होता हूँ और सोचता हूँ कि वास्तव में मैं क्या हूँ। विपद की अस्वस्थ अभिलाषा से मेरा विवेक भक्षित होता है, कूद पड़ने की एक उन्मादकारी इच्छा से मैं घिर जाता हूँ। यह है वासना! लिलिया, मेरी लिलिया! मेरी, मेरी मेरी! तुम्हारा पत्र वास्तव में ही तुम्हारा हिस्सा है, वह मैं पूरा रट गया हूँ। वह मेरे हृदय में अंकित है, वह मेरे हृदय को जला रहा है। तुम मुझे कभी इस तरह न लिखो, तुम अपने इस तरह के पत्रों से मुझे पागल न करो। तुम्हारी चिट्ठियाँ आग की तरह होती हैं। तुम मुझे बर्फ़ दो, बर्फ़ दो...मैं जल रहा हूँ। ओह, शान्त हो जाओ, मुझ पर कृपा करो! मेरे प्रेम को अपने आप जल जाने दो, अपनी आग से मुझे ध्वंस न करो।

ओ सुन्दर लिलिया, तुम क्यों इतनी सुन्दर हो? क्यों बेख़बर से इतनी निर्दय और वाक़िफ़ से इतनी दयालु हो? तुम ऐसी हो इसीलिए तुम से प्रेम करता हूँ। मुझे न बताओ कि तुम कौन हो? मैं तुम्हें जानना नहीं चाहता। ओ सुन्दर, रहस्यमयी रमणी, मैं केवल तुमसे प्रेम करना चाहता हूँ। ओ नृसिंहनी, तुम मेरे हृदय को फाड़े डाल रही हो, किन्तु मैं तुम्हारी गुप्त बात को जानना नहीं चाहता। सुनो! आओ, प्रेम के गुप्त समुद्र में तुम और मैं निःशब्द डूब कर मर जाएँ। नहीं, मेरे साथ जीवित रहो। जीवित रहो लिलिया, और मुझे प्यार करो। तुम शरीरी सत्य हो, तुम जलता प्रकाश हो, तुम जलती दोपहरी हो। मेरे निकट तुम सर्वोच्च प्रेम का रूप हो। मेरे निकट वास्तव किसी भी आदर्श से अधिक आश्चर्यजनक है। मेरी कल्पना, मेरा चित्त, मेरा हृदय, मेरे होंठ और मेरी आँखें सबके सब तुम्हें पागल की तरह प्रेम कर रहे हैं। तुम देखोगी, कल शाम को। अगर तुम न आईं, तो मैं नरक में होऊँगा। इस प्रतीक्षा की पीड़ा से मैं साँप की तरह सताया जा रहा हूँ। हा परमात्मा! यह प्रेम क्या है, जो अश्रुहीन पर इतना निधड़क है? यह प्रेम क्या है जिसकी मुस्कान अज़ीयत है और जिसकी दृष्टि आग है। परमात्मा! परमात्मा...मैं इसे सहन नहीं कर सकता, यह असह्य है, मैं टुकड़े-टुकड़े हो रहा हूँ, मेरा हृदय टूट रहा है, मेरा सिर टूट रहा है। आह, मैंने अपने उन्माद तथा कठोर प्रेम की

सिहरन और जलन और दुविधा और ऐंठन और ज्वर को शब्दों में प्रकट करके तुम्हें भी अपने ज्वर से प्रलाप-ग्रस्त कर दिया! मैं जल रहा हूँ। लिलिया, मैं मर रहा हूँ।

—लुसियानो

× × ×

20 दिसम्बर

प्रिय मित्र,

तुम्हारे पत्र से मालूम हुआ कि तुम अभी तक व्याकुल, उष्ण और घबराई हुई हो। अपने को शान्त करो, धीरज धरो मेरी मधुर लिलिया! सोचो, तुम्हें भी मेरे जैसे अनेक कर्तव्य पालन करने हैं। मैं तुम्हें तन-मन से प्रेम करता हूँ--तुम जानती हो कि मैं करता हूँ, उसे दोहराने की आवश्यकता नहीं है। मैंने इस जीवन में केवल तुम्हीं से प्रेम किया है। तुम्हें शान्त और स्थिर देखना मेरी एकमात्र इच्छा है। तुम्हारे जीवन को हैरान करके, तुम्हें उदास करके मैं दुख पाना नहीं चाहता, अगर तुम सुखी हो, तो मैं अपने प्रेम की आग में अपने को न्योछावर करने के लिए तैयार हूँ। और तुम तो जानती हो कि मैं हृदय से, तन-मन से तुम्हें प्रेम करता हूँ। अगर वास्तव में प्रेम नाम की कोई चीज़ है, तो सचमुच ही मैंने तुमसे प्रेम किया है। मैं तुम में भर देना चाहता हूँ सब चीज़ों के प्रति घोर घृणा और उदासीनता, जो कि मेरे जीवन का ध्येय हो उठा है। तुम सब बातों से अनासक्त और उदास हो जाओ, तभी तुम सुखी हो सकोगी। तुम ज़बरदस्ती दूसरों का रोदन न देखो, तुम स्वयं न रोओ। केवल हँसती रहो और बस तुम सुखी रहोगी। नास्तिकता में एक विशेष आनन्द भी है और तुम्हारे जैसे उच्च हृदय के लिए नास्तिकता ही बहुत ठीक है। शायद हम लोग शीघ्र मिलेंगे। मैं तुमसे विनती करता हूँ कि तुम उस दिन अपने को संयत रखना न भूलना। अपने भावों को छिपा लो और हँसती रहो। क्या तुम देख नहीं पातीं कि मैं ऐसा ही करता हूँ? जीवन इतनी भद्दी, हास्योत्पादक और व्यर्थ चीज़ है!

—लुसियानो

*इटली*

# पुरुष का हृदय

## *जर्जेरी कंट्री*

गुगलियेलमो ने बुलाने की घंटी बजती सुनी, फिर कोई भीतर आया और बैठक में बातचीत शुरू हुई। वह नहीं उठा। कौन आया? दवा-फ़रोश, रोटीवाला, या नौकरानी? अपने विचित्रताहीन एक से जीवन की तफ़सील उसकी पूर्ण रूप से रटी हुई थी। अपने 'पाठ-गृह' से वह प्रतिदिन ही घटनाओं की ताल, ताँत के चलने की भाँति वह ताल, सुन पाता। उस दिन उसके घर में ग़ैर-मामूली घटनाएँ हो रही थीं, फिर भी जैसे उसके कान उनकी आवाज़ से परिचित-से थे, और उसे कोई विशेष कौतूहल नहीं हो रहा था। उदाहरण के लिए, वह दवा-फ़रोश, परमात्मा की कृपा से उससे काम आज ही लगा है। इसलिए वह क्यों अपने कमरे से निकल आए? वह कुछ भी नहीं जान सकता, वह इन घटनाओं की धारा बदलने के लिए कुछ भी नहीं कर सकता। वह सोचता हुआ अपने आप कहने लगा—"अभी दाई आ जाएगी, फिर डॉक्टर आएगा, और एक या दो घंटे में सब काम ख़त्म हो जाएगा।"

अपनी घबराहट छिपाने के लिए, सामने की छोटी हरी-भरी फुलवारी की ओर बिना देखे ही, उसने फिर पढ़ना शुरू कर दिया। उसका पाठ-गृह उसके जीवन की तरह ही साधारण और सीमाबद्ध था। वह पढ़ता हुआ अपने जीवन के बारे में सोचता जा रहा था। उसने पच्चीस साल की उम्र में शादी की थी, और अब उसकी उम्र तीस साल की है...उसका यह पाँच वर्ष का जीवन बिलकुल विचित्रताहीन था, न वह विशेष सुखी था, न विशेष दुखी। उसकी माता की साधारण और आकांक्षाहीन कामना बहुत अच्छी तरह पूरी हुई है और उसने पूरी होने भी दी है, क्योंकि आलस्य करके वह इसका विरोध नहीं कर सका था, उसे अपने गुण और पुरुषार्थ पर भी विशेष विश्वास और भरोसा नहीं था। उसकी माता भी अधिकांश स्त्रियों की-सी बहुत साधारण आकांक्षाएँ रखती थी। वह पुत्र से सदा कहती थी, "तुम आइरीन से शादी करो, वह तुम्हारी योग्य पत्नी होगी, तुम केवल उससे ही शादी कर सकते हो। वह सुन्दर तो नहीं है, पर गम्भीर है; काम-काजू है...साथ में दहेज भी अच्छा लाएगी। दहेज़ बहुत नहीं है तो क्या? तुम्हारा लक्ष्य तो रुपए से शादी करना नहीं है...वह तुम्हारी गृहस्थी बड़ी अच्छी तरह सँभालेगी—तुम्हें बच्चे देगी। तुम अपने मन में भ्रम न पालो, समझे?"

और सचमुच ही उसने कोई भ्रम पोषण नहीं किया। माता को प्रसन्न करने के लिए

ही उसने आइरीन से शादी की थी और माता के सुख के विचार के अनुसार ही वह सुखी होने का आदी हुआ था।

यह एक धुँधला, सुस्त-सा सुख था, स्वप्न-मग्न नर्स की तरह। 'भ्रम' का उल्लेख उसकी माँ किस उद्देश्य से करती थी, यह वह ख़ूब अच्छी तरह जानता था। गुगलियेलमो के लिए भ्रम का अर्थ अन्ना था, अन्ना उसकी धनी बुआ की लड़की थी। जब गुगलियेलमो किशोर वय का था, तब अक्सर ही वह उनके घर जाता था; पर जैसे ही वह युवावस्था में आया, अपनी बुआ का सन्देह और दोनों परिवारों के धन के अन्तर ने उन दोनों के बीच एक दीवार खड़ी कर दी और उसने धीरे-धीरे वहाँ जाना छोड़ दिया। अन्ना लम्बी और सुन्दर थी, वह सदा सुसज्जित और सुगन्धित रहती थी। गुगलियेलमो की माता सदा इस 'भ्रम' के विरुद्ध लड़ती आई है। "उसके जैसे पुरुष को भला वह चाहेगी? शादी करेगी? कभी नहीं। उसका ध्येय उससे और भी ऊँचा है।...अन्ना उससे प्रेम करती है? वह समझता क्यों नहीं कि वह सिर्फ उससे दिल बहला ले रही है, ज़रा आनन्द ले रही है और वास्तव में रत्ती-भर भी उसका ख्याल नहीं कर रही है!"

लगातार ये निर्दय बातें सुनते-सुनते उसका स्वप्न टूट गया और इसलिए उसने आइरीन से शादी की...

वर्षों के धुँधले और सुस्त सुख के बाद, अब आइरीन एक बच्चा प्रसव करने जा रही है। पहले गुगलियेलमो को इसमें कोई उत्साह नहीं हुआ था। पर अब उसने सोचा कि किसी को लाने का समय आ गया है जिसको वह भी 'भ्रम' से बचाएगा। फिर, जैसे-जैसे महीने बीतते गए, उसका हृदय आनन्द से पूर्ण हो उठने लगा, जिस तरह बाढ़ भूमि को ढँक देती है। एक पुत्र, वंशधर, उसके सारे पिछले दुख तथा प्रेम और सुख की निछावर का तावान होगा।

वह उठ पड़ा, पाठ-गृह से निकला और दालान में आया। पत्नी के कमरे से तेज़ 'डिसिनफ़ेक्टेंट' की गन्ध आ रही थी। अगर वह बहुत ध्यान से सुनता, तो एक बहुत क्षीण कराहने की ध्वनि सुन पाता...पर बाहर से एकाएक एक छाया उसके निकट आई, और एक सबल और स्थिर स्वर से उसकी चिन्ता धारा को तोड़ दिया—

"मैं आ गया—मैं आ गया! तुम घबराए क्यों हो?"

यह डॉक्टर था। कभी स्कूल में गुगलियेलमो का सहपाठी था। किसी समय वह गुगलियेलमो के घर बहुत अधिक आता था। वह मीठा, रसिक और लाल मुँह वाला मनुष्य था। नए जीवनों को दुनिया में लाना उसका काम था और कदाचित् यही उसे अतिरिक्त जीवन-शक्ति देने का कारण हो।

"जितनी जल्दी हो सका आ गया...कैसी तबीयत है? अच्छी है? बहुत अच्छा।...घबराओ मत जी...मैं होता तो घूमने-घामने चला जाता, या पाठ-गृह में शान्ति से रहता। मैं एक या दो घंटे में फिर तुम्हें हाल-चाल बताऊँगा।"

वह हँसा और सोने के कमरे में प्रवेश किया। गुगलियेलमो अपने पाठ-गृह में लौट गया। एक क्षण के लिए उसने बाहर जाने की बात गम्भीरता से सोची, पर एक अस्पष्ट

भय और प्रसन्नता के मिश्रण ने उसे जाने से रोका। वह सोचने लगा कि यह उसके स्नायुविक उत्तेजना का फल है या और कुछ?

वह फिर अपनी टेबिल के सामने बैठ गया। वहाँ उसकी सब पुरानी चिन्ताएँ लौट आईं और फिर बिलकुल ऐसे मौक़े पर जबकि उसका जीवन अपने बच्चे के जन्म के साथ भविष्य की ओर बढ़ने का विचार कर रहा था, उसकी असली चिन्ताएँ ज़िद के साथ अतीत की ओर बढ़ती ही गईं, बढ़ती ही गईं।

अतीत का अर्थ था अन्ना, सदा ही अन्ना, अन्ना के सिवाय और कुछ नहीं।

अपनी शादी के बाद उसने अन्ना को अनेक बार देखा था। अन्ना ने विवाह नहीं किया; वह हँसती हुई कहती कि उसे स्वतंत्रता अधिक पसन्द है। अब वह सत्ताइस साल की थी। वह अकेली रहती थी, बहुत सफ़र करती थी और सदा व्यस्त रहती थी। वह अभी भी पहले जैसी ख़ुशमिज़ाज और सुन्दर थी। वह कभी-कभी उन लोगों से मिलने के लिए आती और आइरीन से सखी-सी गपशप करती थी। गुगलियेलमो से एक-दो मुस्कान के विनियम के अलावा, अधिक बात नहीं करती थी; और वह अधनिष्ठता के ढंग से उससे हाथ मिलाती थी। गुगलियेलमो सोचता था कि उसकी माता आधी ग़लत और आधी सही थी। अन्ना अधिक ऊँची ख्वाहिशमन्द न भी हो, पर अवश्य ही वह स्नेहशील नहीं थी।...

घंटी की आवाज़ सुनाई दी। क्या और कोई आया? कोई धीमे स्वर से नौकरानी से बात कर रहा था। इस स्वर ने गुगलियेलमो को चौंका दिया। फिर उसके पाठ-गृह का द्वार खुल गया और एक सुन्दर मुख दीखा।

"मैं हूँ, गुगलियेलमो! क्या मैं भीतर आ सकती हूँ?"

उसने टेबिल पर अपने हाथों से एक असहाय भाव प्रकट किया। वह भाव अपराधी के अपराध करते समय पकड़े जाने का-सा था। वह चाह रहा था कि अपनी सब चिन्ताएँ किसी बक्स में बन्द करके रख दे, पर अन्ना बढ़ आई स्थिर और निःसंकोच भाव से।

"मैं ज़रा ख़बर लेने के लिए चली आई। आइरीन की तबीयत कैसी है?"

गुगलियेलमो इतना अनमना दीखा कि अन्ना ने उसकी ओर स्नेहपूर्ण दृष्टि से देखा और कहा—"तुम बहुत ही चिन्तित..."

"नहीं," उसने कुछ अस्पष्ट स्वर में कहा, "वहाँ डॉक्टर है।"

और एकाएक इस युवती का ख्याल, जो प्रेम और जीवन से इतना सम्बन्धित था, उसके मन में उठ पड़ा और उसे परेशान किया; क्योंकि वह होशियार और साफ़ दिल का था। उसने बे-इरादे से अन्ना की सुन्दर देह की ओर देखा, जो कि सन्तान वहन करने के बिलकुल योग्य थी।

"एक क्षण के लिए बैठ जाओ, अन्ना!...कृपा है कि तुम आई हो!"

उसका स्वर अजीब-सा ध्वनित हुआ, बाजे का पर्दा बदलने की तरह। अन्ना ने चकित भाव से उसकी ओर देखा और क्षण-भर तक मौन रही। फिर उसने पूछा, "क्या तुम्हें कुछ ज़रूरत है? क्या मैं तुम्हारे किसी काम में आ सकती हूँ?"

अब कोई उत्तर न देने की उसकी बारी थी। उन दोनों के बीच मौनता बढ़ती गई एक चक्र की तरह, जिसमें वे दोनों खो गए थे। अनजाने में ही वे दोनों मानो किसी दूसरे स्वर को सुनने में मग्न रहे, उन बातों की स्मृति, जो बातें किसी समय कही गई थीं, पर अब  विस्मृत हैं, या वे बातें, जो सोची गई थीं, और कभी कही नहीं गईं। और एकाएक गुगलियेलमो ने एक अजीब प्रश्न से निस्तब्धता भंग की। यह प्रश्न इसलिए और भी अजीब प्रतीत हुआ कि यह उसके जैसे लजीले मनुष्य के मुँह से निकला, और इस प्रश्न ने अन्ना को एक बेढंगे दुलार के रूप से स्पर्श किया–

"तुम इतनी नेक हो, अन्ना!...तुमने अभी तक शादी क्यों नहीं की है?"

अन्ना के कपोलों पर लाली दौड़ गई; उसका सारा चेहरा और गर्दन सुर्ख़ हो गई। अपनी आँखों की छाया छिपाने के लिए उसने मुस्कराने की चेष्टा की।

"तुम क्या सोच रहे हो, गुगलियेलमो? तुमने यह सवाल क्यों पूछा? मैं कुमारी रह गई इसलिए...इसलिए कि किसी ने भी मुझे नहीं चाहा।"

"अच्छा?"

गुगलियेलमो खूब हँसता रहा। किसी ने भी नहीं चाहा! अरे, अरे, उसके 'युवक मित्र' तो शहर भर की सब युवतियों के जोड़ने पर भी अधिक थे!

"तुमसे किसने कहा?"

"मेरी माँ ने।"

"तुम्हारी माँ कुछ भी नहीं जानती थीं। ये सब बातें जाने भी दो। अच्छा, तब मान लो कि मैंने शादी न करने की प्रतिज्ञा की थी।" अन्ना ने हँसते हुए कहा, पर उसके चेहरे से परेशानी टपक रही थी।

"प्रतिज्ञा? पर जब हम लोग बच्चे थे, तब तुम सदा कुछ और ही बात..."

"प्रतिज्ञा बाद में की जाती है।"

"कब तुमने की थी?"

"याद नहीं है।...शायद पाँच-छह साल पहले..."

"यानी, जब मेरी शादी हुई?"

वह चुप रही। वह बहुत ही अधिक परेशान-सी दीखी। वह अपने होंठ काटती रही। वह पछता रही थी कि क्यों उसने ये सब बातें कह डालीं?

"हाँ-हाँ," गुगलियेलमो ने कहा, "मुझे स्मरण हो रहा है कि तुम उस साल बीमार रहीं।...तुम्हें क्या हो गया था, यह कोई भी नहीं जानता था।...मुझे स्मरण है, मैं उस समय आइरीन के साथ स्विट्ज़रलैंड में था।...यह सब मैंने बहुत पीछे सुना था। और," वह मुस्कराता हुआ कहता गया, "क्या उसी समय तुमने प्रतिज्ञा कर डाली?"

"नमस्ते, गुगलियेलमो," कुर्सी पर से उठती हुई अन्ना बोली, "मैं अब जा रही हूँ, मैं फिर आऊँगी। मुझे टेलीफ़ोन से हाल बताते रहना।"

"अच्छा, अवश्य बतलाऊँगा। क्या मुझसे हाथ बिना मिलाए ही चली जाओगी?"

"अच्छा, तो आओ, मिला लें।"

अन्ना ने हाथ बढ़ा दिया। गुगलियेलमो ने उससे हाथ मिलाया और फिर देर तक पकड़े रहा बिना इरादे के। बात क्या है? क्यों अन्ना का हाथ इस तरह काँप रहा है? वह और ज़ोर से दबाता गया, और लगा (ओह, यह आकस्मिक, उजाड़ और निश्चित बोध था) मानो अन्ना ने अपने को और रोक न पाकर उसे समर्पण कर दिया।

अकेले में वह चकित और भीत हो गया कि कैसे उसने ये सब बातें कह डालीं, और कैसे यह सब सोच भी डाला। उसे लगा मानो, सत्य उसके सामने खड़ा है और पूछ रहा है—"क्या तुम समझ नहीं पा रहे हो?"

नहीं, वह नहीं समझा। उसने अपने को अपनी माता के अन्धेपन में चलित होने दिया था और इसलिए अपने को गड्ढे के किनारे पाया था, जिसमें लाचार होकर वह गिर ही पड़ा। अब उसने अतीत को उसकी सच्ची रोशनी में देखा। जब वह अक्सर ही अन्ना से मिलने के लिए जाता था, तब उसका चेहरा उज्ज्वल और प्रसन्न दीखता था; जब उसकी मुलाकातें कम और अर्से के बाद होती थीं, तब वह दुखी दीखती थी। फिर वह बीमार हो गई; माँ-बाप से लड़ाई-झगड़ा मचा, क्योंकि वह किसी से भी शादी नहीं करना चाहती थी...पर उसने क्यों गुगलियेलमो से कुछ भी नहीं कहा? क्या यह गर्व था? या वह तिरस्कार और इनकारी की शंका करती थी? नहीं, अन्ना भी कुछ नहीं समझ सकी थी।

और अब? यह आकस्मिक आविष्कार?...और उसका शरमाना, और उसके हाथ का काँपना...अन्ना उससे अभी तक प्रेम करती होगी...'नहीं,' उसने अपने मन में कहा, 'यह सम्भव नहीं है।' पर उसका हृदय दृढ़ता से अनुभव करके कि अभी तक वह उससे प्रेम करती है, काँपने लगा। नहीं, इसमें सन्देह नहीं है...

एक गहरे कष्ट की चीख़ ने उसकी चिन्ता की रेलगाड़ी को रोक दिया, और वह उसे वास्तविक जीवन में लौटा लाई। उसका एक बच्चा, उसके ही मांस का जन्म ले रहा है और भविष्य में उसी का जीवन कायम रखेगा। और वह अपने अन्तर्हित सुख के बारे में ही सोच रहा है, जबकि एक नई खुशी, उसका पुत्र, उसकी बगल में है। फिर भी अन्ना के विचार से उसका चित्त भरा रहा और उसे लगा कि ये दोनों खुशियाँ—एक असम्भव और मृत और दूसरी अति निकट में निश्चित-सी मिल-जुलकर एक-दूसरे को पूर्ण करेंगी...

डॉक्टर उसके सामने आ खड़ा हुआ—पीला और घबराया हुआ। गुगलियेलमो उछल पड़ा। बोला, "क्यों-क्यों? क्या बात हो गई?"

"हाँ," डॉक्टर ने बहुत गम्भीरता से कहा, "तुम्हारी पत्नी बहुत ख़तरे में है। बच्चा पेट में फँस गया है, फिर भी अभी तक आशा है; पर हम लोगों को चीर-फाड़ की सहायता लेनी ही पड़ेगी। मैं तुमसे कहने के लिए आया हूँ।"

गुगलियेलमो लड़खड़ाने लगा। सोचा, 'आह, बेचारी अपने जीवन को जोख़िम में डाल कर घोर कष्ट और पीड़ा सहन कर रही है।'

"और तुमसे एक बात पूछ रहा हूँ," डॉक्टर कहता गया, "तुम्हारा हृदय कहेगा

कि क्या करना अच्छा होगा। अगर मैं दो में से एक बचा सकूँ, तो किसे? माँ को या बच्चे को?''

''क्या?'' वह चिल्लाया। वह मृत की तरह पीला दीख रहा था।

''हाँ, मामला कुछ ऐसा ही हो पड़ा है। विज्ञान उनमें से एक को ही बचा सकता है। यह मैं तुम से वादा कर सकता हूँ; पर शायद दोनों को नहीं!...तुम अच्छी तरह से सोच कर बताओ...''

एक चमक में गुगलियेलमो ने अपने सामने अपना नया जीवन देखा। वह जीवन जो भाग्य उसे देने का वायदा कर रहा है और सामने रखकर प्रलोभित कर रहा है। एक पुत्र; उसके जीवन का लक्ष्य है। अन्ना और सुख! सब कुछ भिन्न हो जाएगा; सब कुछ फिर नए सिरे से शुरू हो जाएगा। धुँधले और सुस्त सुख के बदले में, जैसी कि उसने अक्सर कामना की है, उसका सुख उज्ज्वल और जलता हुआ होगा।...अगर आइरीन मर जाए, तो वह अन्ना से विवाह करेगा।...बस, उसे हाथ बढ़ा भर देने की और लेने भर की देर है। कौन उस पर दोष लगा सकेगा? क्या वह जीवन के क़ानून और आवश्यकता के अनुसार कार्य नहीं कर रहा है?

''परमात्मा! परमात्मा!'' गुगलियेलमो कराह पड़ा।

'तुम अपनी पत्नी से प्रेम नहीं करते हो,' उसका हृदय कहता गया, 'और ऐसी स्त्री के साथ, जिसकी क़ीमत तुम्हारे निकट कुछ भी नहीं है। अकेले और बिना बच्चों के तुम्हें रहना है, ज़रा सोचो कि अन्ना को फिर दूसरी बार तुम किस तरह खो रहे हो। अब सब तुम्हारा ही दोष है।...कह दो...बस, दो ही शब्द तो हैं...क्या इन सभी से यह मुश्किल लग रहा है? अरे कह दो, बेवकूफ़! कह दो, बच्चे को!'

उसने अपना पीला मुख ऊपर को उठाया और कहा, ''माँ को बचाओ!''

*जर्मनी*

# क्रोध

## *पॉल हेसी*

पौ फटने का समय था। 'विमुसुवियस' पर्वत के ऊपर से दिगन्त-व्यापी कोहरे का घना आवरण फैला हुआ था। समुद्र-तट के छोटे-छोटे गाँव स्तब्ध, शब्दहीन थे। सागर निद्रित शिशु की भाँति शान्त और स्थिर था।

पहाड़ से लगे हुए समुद्र-तट पर मछुए जाड़े की उपेक्षा करके अपने-अपने कामों में लगे हुए थे। कोई जल से जाल खींचकर उठा रहा था; कोई पार उतारने वाली नाव पर बैठकर यात्रियों की प्रतीक्षा कर रहा था, और कोई नाव साफ़ कर रहा था। इन लोगों की कर्म-चंचलता निद्रित प्रकृति को जागृत कर रही थी।

शहर के पुजारी आकर टोनियो मल्लाह की नाव पर बैठ गए और बोले, "भैया, क्या आज दिन भर आसमान ऐसा ही रहेगा?"

"जी नहीं, सूरज निकलते ही कोहरा साफ़ हो जाएगा। कोई घबराने की बात नहीं है।"

पुजारी निश्चिन्त होकर बोले, "तब चलो, हम लोग चलें।"

टोनियो को नाव में बैठे पसोपेश करते देखकर पुजारी ने पूछा, "क्यों, देरी किसलिए?"

टोनियो ने सामने की ओर ताक कर कहा, "और एक यात्री है। यह भी केप्री शहर जाएगी। हाँ, बग़ैर आपकी इजाज़त, मैं उसे नाव पर नहीं बैठा सकता।...वह आ रही है!"

पुजारी सामने देखते हुए बोले, "अरे...यह तो लरेला है। केप्री क्यों जा रही है?"

टोनियो ने सिर हिलाया। वह नहीं जानता था।

तेज़ी से एक नवयुवती नाव के पास आ पहुँची।

पुजारी बोले, "नमस्ते लरेला! क्या तुम हम लोगों के साथ केप्री जाओगी?"

"जी, हाँ। अगर आपको एतराज़ न हो, तो?"

"टोनियो से पूछो। नाव उसी की है।"

"मेरे पास कुल चार पैसे हैं। क्या इतने में मैं जा सकती हूँ?" कहकर लरेला पुजारी की ओर ताकने लगी।

"मुझे पैसे नहीं चाहिए। तुम अपने पास रखो।" कहकर टोनियो कई लकड़ी के बॉक्स हटाकर लरेला के बैठने के लिए जगह करने लगा।

युवती भौंहें सिकोड़कर बोली, "मैं मुफ्त नहीं जाना चाहती।"

पुजारी बोले, "आओ, आओ, लरेला! बैठ जाओ। टोनियो बहुत नेक लड़का है। वह मुफ्त ही तुम्हें ले जाएगा। आओ, चली जाओ।"

उन्होंने लरेला को हाथ पकड़कर नाव पर बैठा लिया और कहने लगे, "यहाँ बैठो। देखो, टोनियो ने अपना नया दुशाला तुम्हारे बैठने के लिए बिछा रखा है।...नहीं, टोनियो, इसमें शरमाने की कोई बात नहीं है। दुनिया का नियम ऐसा ही है। एक अठारह साल की युवती के लिए एक युवक जितना आत्म-त्याग कर सकेगा, और किसी के लिए इतना नहीं। सृष्टि के आदि युग से यही स्वाभाविक नियम चला आ रहा है।"

लरेला टोनियो का दुशाला एक तरफ हटाकर, पुजारी के पास बैठ गई।

टोनियो यह देखकर, गम्भीर चेहरा बना नाव खेने लगा।

पुजारी और युवती बातें करने लगे—"तुम्हारी इस छोटी गठरी, मैं क्या है, लरेला?"

"रेशम और सूत है। केप्री में दो ग्राहक हैं; उनके पास बेचने के लिए ले जा रही हूँ।"

"तुम्हारा अपना बनाया हुआ सूत है?"

"जी हाँ।"

"तुम्हारी अम्माँ की तबीयत कैसी है?"

"दिन पर दिन हालत बिगड़ती ही जा रही है। अब वह नहीं बचेगी..."

घर-गृहस्थी की और भी कई बातें होने के पश्चात् पुजारी बोले, "तुम्हारी शादी क्या अभी तक तय नहीं हुई? वह चित्रकार कहाँ गया? तुमने उसे क्यों अस्वीकार किया?"

लरेला बोली, "इसलिए कि वह शादी करके मुझको बहुत तकलीफ़ देता। शायद मार ही डालता।"

पुजारी स्निग्ध-स्वर में बोले, "अरे, नहीं...नहीं...ऐसा नहीं! कभी इस तरह की दुखदायक चिन्ता मन में आने भी न दो। क्या तुम नहीं जानतीं, तुम परमात्मा के अधीन हो। उनकी इच्छा के प्रतिकूल कोई कुछ नहीं कर सकता। तुम्हें छू नहीं सकता; मगर जहाँ तक हमें मालूम है, वह लड़का सज्जन है..."

लरेला दृढ़ स्वर से बोली, "मुझे पति की आवश्यकता नहीं है। मैं कभी भी शादी नहीं करूँगी।"

"शादी नहीं करोगी! तुम इस दुनिया में अकेली, रक्षक-हीन रहकर जीवन काटोगी? यह नहीं हो सकता; क्यों नहीं शादी करोगी?...जवाब दो।"

लरेला पसोपेश करने लगी।

पुजारी ने सवाल किया, "क्या मुझसे कहने में तुम्हें संकोच हो रहा है?"

लरेला ने सिर हिलाया और फिर पीछे की ओर मुड़ कर, पुजारी की ओर ताकने लगी। पुजारी समझ गए कि नाव पर दूसरे आदमी के रहने से उसे संकोच हो रहा है।

लरेला के पास वे और सट कर बैठ गए। तब लरेला दूसरा कोई सुनने न पाए, ऐसे धीमे स्वर में अपनी जीवनी कहने लगी।

किस तरह उसका पिता शराब पीकर, रात को लौटकर माँ को मारता था; किस तरह माँ के छिपा कर जमा किए हुए रुपए, उसका प्रत्येक गहना, सब सुन्दर कपड़े, उसका पिता ज़बरदस्ती छीन कर ले जाता था; कैसे उसकी माँ पति का यह निर्दय आचरण मुँह बन्द करके सहती थी।

स्त्री पर किए गए पुरुष के अत्याचार की वह एक लम्बी, करुणाजनक कहानी थी।

जीवनी समाप्त करते हुए लरेला बोली, "पिता के मरने के समय, माँ ने उनके सभी अपराध क्षमा किए। मगर यह सब देखकर पुरुषों पर मेरी घृणा हो गई है। मेरे ख्याल में सभी इसी तरह के निर्दयी हैं। इसलिए महाराज, मैं किसी पुरुष के पंजे में नहीं जाना चाहती।"

नाव टापू के घाट पर आ गई थी। पुजारी ने नाव पर से उतरते हुए लरेला से कहा, "तुम एक दिन मुझसे मिलना!"

फिर टोनियो से उन्होंने कहा, "मैं आज नहीं लौट सकूँगा। हाँ, लरेला लौट जाएगी। तुम उसके लिए प्रतीक्षा करना।"

टोनियो बोला, "मैं दोपहर तक यहाँ ठहरूँगा। इसके अन्दर तुम आ जाओ तो..."

लरेला टोनियो को कोई जवाब न देकर शहर की ओर जाने लगी।

कुछ दूर पर आकर, एक दूसरी सड़क की ओर मुड़ते हुए उसने क्षण-भर के लिए पीछे देखा। टोनियो उसकी ओर एकटक देख रहा था और उसके मुँह पर एक गहरी वेदना छाई हुई थी।...

लरेला जब समुद्र तट पर लौटकर आई, दोपहर बीत चुका था।

टोनियो शहर में जाकर भोजन कर आया था। लौटते समय सस्ती क़ीमत के कुछ सन्तरे ख़रीद लाया था और नाव की एक तरफ एक छोटे लकड़ी के बक्स में रखकर, लरेला के लिए बैठा-बैठा प्रतीक्षा कर रहा था।

लरेला आकर चुपचाप नाव पर बैठ गई। टोनियो भी मौन भाव से नाव खेने लगा।

लरेला नाव के दूसरी ओर घूम कर ज़रा तिरछी बैठी हुई थी। उसके मुँह का एक भाग टोनियो देख पाता था। दोपहरी की तेज़ धूप ने उसके चेहरे पर गुलाबी रंग ला दिया था।

कुछ देर तक नाव खेने के पश्चात् टोनियो ने डाँड़ चलाना रोक दिया और उठकर सन्तरों का बॉक्स निकाला। फिर लरेला के सामने रखकर बोला, "लो, एक चखो। प्यास रुक जाएगी। बड़ी गर्मी है। हम लोगों को काफ़ी दूर जाना है।"

"तुम खाओ; मुझे ज़रूरत नहीं है।"

कुछ देर तक चुप रहकर टोनियो बोला, "अपनी माँ के लिए कुछ साथ ले जाना। मैंने सुना है, वे बीमार हैं।"

"हमारे घर पर सन्तरे रखे हैं, और बाज़ार भी दूर नहीं...और फिर माँ तुम्हें नहीं पहचानती हैं। मैं कैसे तुम्हारे सन्तरे उन्हें दे सकती हूँ?"

"तुम उनसे मेरे बारे में कहना।" टोनियो बोला।

"मैं...मैं भी तो तुम्हें नहीं जानती!"

टोनियो ने और कुछ नहीं कहा। क्रोध, अपमान और दुख से उसका शरीर जल रहा था।...लरेला उसे नहीं जानती है? कैसे झूठ बोलती है! जब से वह और उसकी माँ यहाँ आकर रहने लगे हैं, तब से टोनियो उसे ख़ुश करने के लिए न जाने कितनी कोशिश कर रहा है, फिर भी लरेला उसे नहीं जानती है! टोनियो चुप बैठकर क्रोध से फूलने लगा।

कुछ देर तक इसी भाव से रह सहसा टोनियो डाँड़ खेना रोककर बोला, "आज मैं तुमसे पूरा-पूरा जवाब लूँगा। लरेला, तुम मुझे क्यों नहीं जानना चाहती हो?...तुम मेरी उपेक्षा क्यों करती हो? तुम मेरे हृदय की बात बहुत दिनों से जानती हो, फिर भी तुम मुझे क्यों अपमानित करती हो?"

लरेला ने स्थिर स्वर में जवाब दिया, "तुम्हें कभी भी मैंने अपमानित नहीं किया है। सिर्फ तुम्हें जता दिया है कि तुम्हें पति का स्थान नहीं दे सकती; किसी को भी नहीं दे सकती।"

"क्यों नहीं दे सकती?"

"तुम्हें यह बात पूछने का अधिकार नहीं है।"

"अधिकार नहीं है?..."

टोनियो का चेहरा देखकर लरेला चौंक पड़ी। उसके चेहरे पर एक भयानक, विषाक्त मुस्कान थी और धीरे-धीरे मुँह अस्वाभाविक रूप से सिकुड़ रहा था।

पागल की तरह टोनियो बोला, "अपने जीवन को मैं किसी तरह व्यर्थ नहीं होने दूँगा। मैं आज, यहीं, इसी क्षण, अपना अधिकार प्रमाणित कर लूँगा। तुम मेरे अधिकार में हो, यह बात तुम्हें याद दिलाने की ज़रूरत है क्या?"

लरेला ने चकित होकर टोनियो के क्रोध से लाल मुँह की ओर देखा। वह समझ गई कि भोले-भाले टोनियो के हृदय में आज सहसा जो पशुत्व जागृत हुआ है उसे वह किसी तरह रोक नहीं सकती। मगर फिर भी उसने साहस के साथ कहा, "हाँ...मैं जानती हूँ, मैं पूरी तरह से अब तुम्हारे पंजे में हूँ। तुम चाहो तो अब मेरी हत्या भी कर सकते हो। मगर फिर भी..."

"हाँ, मैं कर सकता हूँ। कोई काम करते-करते बीच ही में छोड़ देना मेरा सिद्धान्त नहीं है। इस विशाल समुद्र के बीच में अनायास ही हम दोनों रह सकते हैं। हम दोनों की समाधि इसी के अन्दर हो सकती है। आज, इसी क्षण।"

टोनियो ने, पागल पशु की तरह कूद कर, लरेला का एक साथ पकड़ा और उसे ज़ोर से अपनी तरफ खींचा; फिर एक क्षण में वह चीख़ कर, उसे छोड़कर पीछे हट गया। उसके दाहिने हाथ की कलाई में ख़ून बह रहा था। लरेला ने आत्मरक्षा के लिए अपनी

सारी शक्ति लगा कर उसका हाथ काट लिया था।

लरेला बोली, "मैं तुम्हारे पंजे में!--कभी भी नहीं..." कहकर समुद्र में कूद पड़ी।

क्षण-भर के लिए टोनियो का होश ग़ायब हो गया। फिर होश में आकर देखा—लरेला समुद्र-तरंगों पर धीरे-धीरे तैर रही है।

झट डाँड़ उठाकर टोनियो उसकी ओर नाव खेने लगा। उसकी कलाई से ख़ून बहता जा रहा था।

लरेला के पास नाव ले जाकर टोनियो कातर स्वर में बोला—"लरेला, नाव पर आ जाओ! मुझे होश नहीं था, इसलिए तुम्हें बेइज़्ज़त करने जा रहा था।...तुम मुझे क्षमा न करना। सिर्फ नाव पर आकर अपनी जीवन-रक्षा करो। यहाँ से घाट बहुत दूर है; तुम वहाँ तक नहीं पहुँच सकोगी। चली आओ...नहीं आओगी लरेला!"

लरेला ने चारों ओर देखा। फिर नाव पकड़ ली।

दोनों फिर चुपचाप बैठे रहे। लरेला के नाव पर चढ़ने के समय नाव के एक तरफ झुक जाने से, टोनियो का दुशाला जल में गिर पड़ा था। टोनियो की दृष्टि उस पर न पड़ने पर भी लरेला ने देख लिया था।

देह पोंछते-पोंछते सहसा लरेला नाव के फ़र्श की ओर देखकर चौंक पड़ी। ताज़े ख़ून से वह जगह लाल हो गई थी। फिर आँखें उठा कर टोनियो की कलाई देखकर वह मन-ही-मन काँप उठी। सहसा उसके हृदय में एक तीव्र पश्चात्ताप झाँक कर विलीन हो गया।

सिर बाँधने के जिस रूमाल से लरेला अपना शरीर पोंछ रही थी, उसे टोनियो की ओर बढ़ाकर वह बोली, "इसे लो...इससे जख़्म बाँध लो।"

टोनियो ने सिर हिला कर 'नहीं' की और नाव खेने लगा।

थोड़ी देर में लरेला उठकर, उसके पास आकर, रूमाल की पर्त बना कर टोनियो की कलाई में बाँधने लगी। दो-एक बार टोनियो हल्की अनिच्छा, प्रकट करके दूसरी ओर मुँह फेरकर बैठा रहा।

नाव घाट के पास आ गई थी।

## 2

टोनियो अपनी कोठरी की खुली खिड़की के पास बैठा था। रात्रि का समय था। समुद्र की ओर से ठंडी, गीली हवा आकर उसके बालों के साथ खेल रही थी। क्लान्ति, निराशा और वेदना टोनियो के चेहरे की चमक को निष्प्रभ कर रही थी।

वह अँधेरे में आँखें गड़ा कर सुबह की बातें सोच रहा था :

लरेला ने ठीक ही कहा था—मैं एक पशु हूँ; मुझे उचित सज़ा मिल गई। कल उसका रूमाल वापस कर दूँगा। और कभी भी वह मुझको अपने सामने नहीं देख पाएगी।

उसने रूमाल को बड़ी सावधानी से साबुन से धोकर, धूप में सुखा कर रखा था।

सहसा दरवाज़े पर पैरों की आहट सुनकर टोनियो ने मुँह फेर कर देखा। क्षण-भर में लरेला कोठरी के अन्दर आकर खड़ी हो गई।

टोनियो बोला, "क्या रूमाल लेने के लिए आई हो? अगर तुम तकलीफ़ न भी करतीं, तो भी मैं कल सुबह ही किसी के हाथ ज़रूर भेज देता।"

लरेला अधीर स्वर से बोली, "नहीं, नहीं, रूमाल के लिए नहीं। पहाड़ पर के खानाबदोशों से ये पत्ते लाई हूँ। इनसे तुम्हारा घाव जल्द ठीक हो जाएगा। देखो!"

उसने अपने हाथ पर रखी हुई डलिया का ढक्कन खोल कर दिखलाया।

टोनियो ने स्निग्ध स्वर में कहा, "क्यों तुमने इतनी तकलीफ़ उठाई! यह घाव मामूली है, मुझे कोई कष्ट नहीं है। और यह तो मेरी उचित सजा है। इसके लिए ऐसे बेवक्त आने की ज़रूरत नहीं थी। यों तो लोग बिना जाने-सुने ही कितनी बातें कहने लग जाते हैं—"

"कहने दो! मैं उसकी परवाह नहीं करती। मैं तुम्हारा घाव देखने के लिए आई हूँ, और इन पत्तों को कलाई पर बाँधने के लिए आई हूँ। बाएँ हाथ से अच्छी तरह से यह सब नहीं बाँधा जा सकता।"

"कोई ज़रूरत तो नहीं है! घाव बिलकुल मामूली है।"

"दिखाओ तो अपना हाथ। ऐ माई! कह रहे थे ज़रूरत नहीं है! अरे, यह तो बहुत फूल गया है—"

लरेला एक प्याले में पानी भर कर टोनियो के पास आई। फिर उसे खाट पर बैठा कर, उसके सामने एक नीची कुर्सी पर बैठकर बड़े यत्न से उसका घाव धोने लगी। टोनियो आँखें बन्द करके भोले बालक की तरह बैठा रहा।

कलाई पर पट्टी बँध जाने पर टोनियो ने एक सुखदायी साँस फेंक कर, कोमल स्वर में कहा, "तुम्हें हज़ारों धन्यवाद, लरेला! तुम मुझ पर एक और कृपा करो। तुम मुझे क्षमा कर दो। मैंने जो कुछ कहा है, जो कुछ किया है, कृपया सब भूल जाओ। कैसे और किस तरह वह सब हो गया था, मैं अब तक नहीं समझ सका। मगर तुम्हारा कोई क़सूर नहीं था। यह मैं अच्छी तरह से समझ रहा हूँ। ख़ैर, अब कभी तुम मेरी ज़ुबान से खिझानेवाली बात नहीं सुन पाओगी। तुम मुझे क्षमा करो!"

टोनियो के कोमल स्वर की क्षमा-प्रार्थना से लरेला अधीर होकर बोली, "तुम क्यों इस तरह कह रहे हो? अपराध तो मेरा ही था! तुमसे मुझे क्षमा माँगनी चाहिए। तुमसे अगर मैं वैसा कठोर व्यवहार न करती, तो कुछ भी न होता। फिर तुम्हें उस तरह से काट लेना..."

टोनियो बोला, "अपने को बचाने के लिए तुमने जो कुछ किया था, वह ठीक ही था। मेरे पशुत्व का विनाश करने के लिए ठीक उतनी ही ज़रूरत थी। तुम अपनी ज़ुबान पर क्षमा माँगने की बात न लाओ। मेरे लिए तुमने जो तकलीफ़ की है, उसके लिए धन्यवाद! यह लो अपना रूमाल।"

टोनियो उठकर रूमाल की पर्त करके लरेला के हाथ में देने गया, मगर पसोपेश

करता रहा। उसके हृदय में न जाने कैसी हलचल मची हुई थी, जिसे वह किसी तरह से शान्त नहीं कर पाता था।

आख़िर लरेला अपनी ओढ़नी के अन्दर से एक छोटा, सुन्दर फूलदान निकाल कर बोली, "मेरी ही वजह से तुम्हारा दुशाला समुद्र में गिर गया था। उसे तो मैं तुम्हें नहीं दे सकती। उसके बदले में यह फूलदान लो। यह मेरा है। इसे बेच कर..."

उसकी बात ख़त्म होने के पहले ही टोनियो ने कहा, "मैं यह नहीं लूँगा।"

"क्यों नहीं लोगे? मैं तुम्हें उपहार के रूप में यह नहीं दे रही हूँ। मैंने तुम्हें जो हानि पहुँचाई थी, उसका हर्जाना..."

मगर टोनियो के विह्वल-वेदना से भरे मुँह की ओर ताक कर वह अपनी बात नहीं ख़त्म कर सकी। सिर नीचा करके ज़मीन की ओर आँखें गड़ा कर खड़ी रही।

करुण-भरे तथा कोमल स्वर से टोनियो बोला..."लरेला! तुम घर जाओ। तुमने मेरे लिए आज जो तकलीफ़ की है, उसे मैं कृतज्ञता से हमेशा याद रखूँगा। मगर तुम्हारी चीज़ मैं नहीं ले सकता। तुम अब घर जाओ; पर याद रखो, टोनियो और किसी दिन भी तुम्हें दिक़ करने के लिए, तुम्हारे सामने...अरे यह क्या! लरेला, तुम रो रही हो...!"

टोनियो के और कुछ कहने के पहले ही लरेला उसके पैरों के पास बैठकर ज़ोर से रो पड़ी। फिर आँसुओं से दबे हुए स्वर में बोली, "मुझसे और सहा नहीं जाता! तुम क्यों इतने प्यार से बोल रहे हो? तुम क्यों मुझे चले जाने के लिए कह रहे हो? मैंने तुम पर अन्याय किया है...तुम्हें तकलीफ़ दी है। तुम मुझे सज़ा दो...चाहे जैसी निष्ठुर सज़ा हो! और...और..." लरेला का स्वर और भी दब गया, "और अगर तुम अभी तक मुझको प्यार करते हो, तो तुम मुझे स्वीकार करो...मुझ पर जितना अधिकार स्थापित करना चाहो, कर लो...पर यहाँ से इस तरह चले जाने के लिए न कहो।"

आँसुओं के आवेग से उसका स्वर बिलकुल दब गया।

क्षण-भर तक टोनियो चकित होकर खड़ा रहा। फिर लरेला के दोनों हाथ पकड़, उसे उठा कर, हृदय के पास लाकर बोला, "मैं तुम्हें अभी तक प्यार करता हूँ। तुम क्या यह सोच रही हो लरेला कि मेरे इस घाव से हृदय का सब ख़ून निकल गया है? मगर लरेला क्या यह सच है?"

लरेला अपनी भोली आँखें टोनियो के मुँह पर गड़ाकर बोली, "सच है! मैं हमेशा तुमको प्यार करती थी। तुम्हें देखते ही हृदय में दुर्बलता अनुभव करती थी, और इसीलिए मैं तुमसे निर्दय व्यवहार करती थी। मगर अब कभी भी तुम्हें देखकर मुँह नहीं फेरूँगी अब तुम मेरी..."

बात ख़त्म करके लरेला ने अपने दोनों फूल की तरह कोमल हाथों से टोनियो की गर्दन घेर ली...फिर आवेग से उसकी आँखें बन्द हो गईं।

टोनियो की आँखों के सामने से दुनिया लुप्त हो गई। बड़े अर्से से आकांक्षित प्रियतमा को दोनों हाथों से घेरकर उसने उसके होंठों पर अपने होंठ रख दिए।

डलिया उठाकर लरेला बोली, "मैं अब जा रही हूँ। शायद माँ मेरे लिए घबरा रही होंगी। तुम अब सो जाओ—और तुम यह जान लो लरेला अपने पति के सिवा किसी को चुम्बन करने नहीं देती!"

तेज़ी से वह कमरे से निकल गई।

टोनियो खिड़की के पास आकर बहुत देर तक चुपचाप खड़ा रहा। दूर से सागर की अधीर तरंगों की ध्वनि उसके कानों में एक मीठा, हृदय में कँपकँपी लेने वाला गाना सुनाने लगी।

# ट्रेन-संघर्ष

*टॉमस मान*

कहानी सुनना चाहते हो? मगर एक भी तो शायद याद नहीं है।...चाहे कुछ भी हो? अच्छा, तो सुनो—

दो साल पहले की बात है, मैं एक ट्रेन से सफ़र कर रहा था, जो बाद में एक दूसरी ट्रेन से टक्कर खाकर उलट गई। वह घटना मुझे पूरी तरह से याद है।

साहित्यिक मंडली के अनुरोध से मैं ड्रेसडेन जा रहा था। मैं कुछ आराम के साथ सफ़र करना चाहता था, जबकि ख़र्च कोई दूसरा देता है। इसीलिए सोने के साथ एक अव्वल दर्जे का कमरा मैंने रिज़र्व करा लिया था, और एक दिन पहले ही सामान वग़ैरह ठीक-ठाक कर रखा था।

रात को नौ बजे म्यूनिख स्टेशन से ड्रेसडेन की ट्रेन छूटती थी। आठ बजने के पहले ही मैं स्टेशन पर आ गया था।

चारों तरफ बेहद भीड़ थी। यात्री, कुली और सामानों से प्लेटफ़ार्म भरा था। कुली के सिर पर सामान लदवाकर, अपने कमरे के सामने खड़ा होकर मैं भीड़ की ओर देख रहा था।

कुली ने सामानवाली गाड़ी में बॉक्स रखा। फिर मेरे क़ीमती बॉक्स पर न जाने कितने बॉक्स और बिस्तर लद गए।

क़ीमती क्यों? उन बॉक्स के भीतर मेरे नए उपन्यास की पांडुलिपि थी। ख़ैर, कोई घबराहट की बात नहीं थी।

एक टिकट-चेकर एक बूढ़े के पीछे दौड़ा। उसने तीसरे दर्जे का टिकट लेकर ऊँचे दर्जे की गाड़ी के पायदान पर पैर रखा था।

एक सज्जन मेरे सामने चहलक़दमी कर रहे थे। उनके साथ एक छोटा-सा खूबसूरत कुत्ता था; उसके गले में चाँदी की ज़ंजीर थी। वह आदमी चेहरे और चाल-चलन से कोई अमीर ज़मींदार मालूम हो रहा था। टिकट-चेकर बड़े अदब से सलाम करके बातें कर रहा था।

ट्रेन छूटने का समय होते ही वह सज्जन मेरे बगलवाले डिब्बे में चढ़े। मेरे शरीर में उनकी कुहनी से धक्का लगा, मगर उन्होंने सज्जनता के ख्याल से दुख प्रकट करना आवश्यक नहीं समझा। मैं कुछ आश्चर्य से देखने लगा; मगर उन्होंने मुझको और भी

चकित करके, कुत्ते को लेकर सोने के कमरे (sleeping car) में प्रवेश किया। सभी जानते हैं कि कुत्ता लेकर सोने के कमरे में जाना अनुचित है, क़ानून के खिलाफ़ है। मगर उन्होंने परवाह नहीं की।

कमरे में जाकर दरवाज़ा बन्द कर दिया।

सीटी बजी। इंजिन ने उसका जवाब दिया। ट्रेन चलने लगी। मैं रोशनी के नीचे एक किताब लेकर बैठ गया।

टिकट-चेकर आकर खड़ा हो गया। मैंने टिकट निकाल कर उसको दिखलाया।

फिर 'शुभरात्रि' कहकर वह जमींदार के कमरे का दरवाज़ा खटखटाने लगा। कई बार खटखटाने के बाद भीतर से क्रोधभरी आवाज़ आई, "रात को कौन मुझे दिक कर रहा है?"

टिकट, चेकर बहुत विनय के साथ कहने लगा, एक क्षण भर में वह टिकट देख लेगा; यह उसका आवश्यक कर्तव्य है, इत्यादि।

कुछ क्षण के बाद दरवाज़ा ज़रा-सा खुला, और चेकर के मुँह के सामने एक टिकट आ गया। चेकर टिकट लौटाकर, क्षमा-प्रार्थना करके चला गया। मैं विस्मय से अवाक् होकर बैठा था। नहीं तो शायद मैं कह देता कि उनके साथ एक कुत्ता था।

थोड़ी देर के पश्चात् मैंने किताब बन्द करके सोने का इरादा किया और तकिये को ठीक करके सोने जा ही रहा था कि ट्रेन लड़ गई। यह घटना मुझे बिलकुल तस्वीर की भाँति याद है।

सहसा वज्रपात की तरह एक भयानक आवाज़ हुई, और साथ-ही-साथ बड़े ज़ोर का धक्का लगा। मैं उछल कर बेंच पर से दूर जा गिरा। मेरे दाहिने कन्धे में ऐसी चोट लगी, मानो उसे किसी ने पीस दिया हो।

फिर ट्रेन हिलने लगी। ऐसे ज़ोर से हिल रही थी कि कोई खड़ा नहीं रह सकता था। फिर ट्रेन उलट गई, शायद यात्रियों के आर्त्त स्वर ने परमात्मा को जागृत कर दिया था। ट्रेन रुक गई।

इसके बाद बाहर निकलने के लिए दौड़-धूप, हल्ला, धक्का-मुक्की होने लगी।

कब और किस तरह से मैं ट्रेन से निकलकर खुले मैदान में जाकर खड़ा हुआ, यह ठीक याद नहीं। उस समय सिर में बड़े ज़ोर से चक्कर आ रहा था।

कैसे धक्का लगा? कितने आदमी मरे? चारों ओर इसी तरह के सवाल होने लगे।

ट्रेन ग़लत लाइन पर जा रही थी। परमात्मा की कृपा थी कि कोई नहीं मरा, मगर सामानवाली गाड़ी टूट गई थी, बिलकुल चकनाचूर हो गई थी। यह सुनकर मेरे होश-हवास उड़ गए। मेरे होश-हवास इसलिए उड़ गए कि मेरे उपन्यास की पांडुलिपि की कोई नक़ल भी नहीं थी!

मैं मन-ही-मन उपन्यास को आदि से अन्त तक दोहराने लगा। मुझे फिर लिखना होगा। मैंने प्रकाशक से पेशगी रुपया ले रखा था।

इतने में रोशनी लेकर लोग यात्रियों की सहायता के लिए आ गए। चारों तरफ़

रोशनी हो गई। एक विशाल मरे हुए दैत्य की भाँति ट्रेन उलट कर पड़ी हुई थी।

मैं धीरे-धीरे सामानवाली गाड़ी की ओर बढ़ा। देख-सुनकर पता लगा कि सिर्फ़ बाहर का हिस्सा टूट गया है। भीतर का सामान जैसा का तैसा था। परमात्मा को मैंने धन्यवाद दिया।

हम सब के सब सहायता की गाड़ी की प्रतीक्षा में बैठे रहे। साहित्यिक, राजनीतिक, ग़रीब, मज़दूर—अनेक के साथ मेरा परिचय हो गया।

ट्रेन आ गई। जिसने जो डिब्बा पाया उसी में चढ़ गया। मेरे पास अव्वल दर्जे का टिकट था। मैंने जाकर देखा कि सभी अव्वल दर्जे में बैठना चाहते थे। उसी डिब्बे में सबसे ज्यादा भीड़ थी।

किसी तरह डिब्बे में जाकर एक कोने में बहुत कठिनाई के साथ जगह बनाकर बैठ गया। फिर अपने सामने किसको देखा? वही ज़मींदार जो कुत्ता लेकर ट्रेन में सवार हुए थे। अब वह कुत्ता साथ में नहीं था; शायद मालगाड़ी में भेज दिया होगा। उनके बैठने की जगह बहुत तंग थी। अब उनका अव्वल दर्जे का टिकट किसी काम का नहीं था। आकस्मिक परिस्थिति के सामने छोटे-बड़े का विभेद बिलकुल गायब हो गया था।

वे बड़े तीव्र शब्दों में इस तरह के साम्यवाद के विरुद्ध टिप्पणी करने लगे। एक लुहार जो उनके सामने बैठा था, बोला—"जनाब! बैठने के लिए जगह मिली है, यही ग़नीमत समझिए।"

ज़मींदार ने अपना क्रोधित मुँह दूसरी ओर फेर लिया। मैं हँसी रोक कर उस लुहार से बातें करने लगा।

# भार

रडरिगो पैगानीनो

सन्ध्या बीत चुकी थी। कारखाने की छुट्टी हो गई थी। सब अपने-अपने घर चले गए थे।

आन्द्रे कारीगरों का चौधरी है। उसे काम से प्रेम है, कभी किसी काम में मालिक को धोखा नहीं देता। दिन-भर का काम खत्म करके सब के आखिर में वह घर लौटता। राह में लोगों से उसकी भेंट होती। कोई कारखाने में नौकरी की तलाश करता; कोई कहता, 'मेरा लड़का कैसा काम सीख रहा है, भाई साहब!...अब मालिक से सिफ़ारिश करके कुछ तनख्वाह दिलाओ, घर में बड़ी तंगी है!'

आन्द्रे बहुत सच्चा आदमी है। मालिक उससे प्रेम करते हैं। उस पर मालिक का गहरा विश्वास है।

उसके घर में पत्नी और बच्चे हैं। वह जो कुछ कमाता, उससे किसी तरह गुजर होती, पर किसी के बीमार पड़ने पर कठिनाई होती। डॉक्टर की फ़ीस और दवा, तथा पथ्य का मूल्य देने पर गृहस्थी के खर्च में तंगी होती। लेकिन चारा ही क्या था?

घर में कोई बहस नहीं, न कोई झगड़ा।

उस दिन सड़क पर दो-चार मित्रों से उसकी भेंट हुई। बातचीत में वे बोले, "तुम्हारी ही वजह से कारखाना चल रहा है। मालिक की हालत कितनी अच्छी है। कितने चैन से उसके दिन बीत रहे हैं। पर तुम जैसे के तैसे ग़रीब रह गए! मेहनत करते-करते तुम्हारा जीवन बीत गया।"

जब उसे रुपए-पैसे की तंगी होती; जब किसी बहुत ज़रूरी खर्च के लिए उसके पास पैसे न रहते, तब ये सब बातें उसके चित्त में उदय होतीं।

आज मित्रों की बातों से उसके चित्त की वही वेदना जागृत हो उठी। दुख से हृदय भर आया।

उसकी पत्नी मगडलेना बैठकर बच्चों को पढ़ा रही थी। आन्द्रे घर लौटा। उसका सूखा चेहरा देखकर मगडलेना बोली, "तबीयत तो ठीक है? चेहरा सूखा क्यों है?..."

आन्द्रे ने कहा—"नहीं, तबीयत ठीक नहीं है।"

पत्नी बोली, "तब?"

आन्द्रे ने कहा, "दुख और तंगी से कभी भी छुटकारा नहीं मिल सका!"

मगडलेना यह सुनकर चकित हो गई। बोली, "मैं नहीं समझी!"

आन्द्रे ने कहा, "समझने में क्या रखा है! रात के आठ-नौ बजे तक मेहनत करते-करते मैं मर रहा हूँ, पर कोई उसका बदला देता है? मैं क्यों मेहनत करूँगा? मैंने दुनिया से कोई मतलब नहीं रखा, कुछ नहीं देखा, देह का हाड़-मांस देकर दूसरे का कारखाना बना रहा हूँ।"

मगडलेना बोली, "मुँह-हाथ धोकर भोजन कर लो।"

आन्द्रे ने कहा, "नहीं खाऊँगा। खाकर क्या होगा? ताक़त? उस ताक़त का मज़ा जो कुछ है, वह सब मालिक पाएगा!"

मगडलेना हँस पड़ी। बोली, "किसने तुम्हारे दिमाग़ में यह पागलपन की बातें भर दीं? चलो हाथ-मुँह धो लो...मैं भोजन ला रही हूँ।"

× × ×

भोजन के बाद पति-पत्नी एकान्त बरामदे में बैठे हुए थे। मगडलेना बोली, "बच्चे पास नहीं हैं। अब तुम अपने दिल की बातें साफ़-साफ़ कहो।"

आन्द्रे ने कहा, "तुम्हीं कहो, मैं जी तोड़कर इतनी मेहनत करता हूँ, क्यों? किसके लिए?"

मगडलेना पति की ओर देखती रही, कुछ नहीं बोली।

आन्द्रे कहता गया, "मैंने अपनी सारी ज़िन्दगी देकर मालिक का कारखाना बना डाला। मालिक को सोने के पलंग पर बैठा कर रखा है, पर उन्होंने उसका क्या बदला दिया है? किसी तरह रोटी-कपड़ा मिल रहा है। मैं आज अगर मर जाऊँ, तो तुम और बच्चे भूखे मर जाएँगे। हम लोग कुछ पैसा बहा नहीं देते, किसी तरह का शौक भी नहीं करते। पाँच बच्चे हैं, उन्हें तो पालना पड़ेगा, शिक्षित करना होगा। मैं मालिक के लिए जान दे रहा हूँ, पर मालिक तो इन सब की तरफ़ नहीं देख रहे हैं!"

ठंडी साँस लेकर मगडलेना बोली, "चारा ही क्या है? हम लोगों ने ग़रीब होकर जन्म लिया है...सहारे के लिए परमात्मा ने दिए हैं सिर्फ़ हाथ-पैर और मेहनत!"

आन्द्रे ने कहा, "तुम स्त्री हो। ये सब बातें तुम ठीक-ठीक नहीं समझ सकोगी।"

मगडलेना बोली, "मैं तुम्हारी पत्नी हूँ...तुम मुझे समझा दो।"

तब आन्द्रे पत्नी को समझाने लगा, "काम का जो लाभ होगा, उस लाभ पर केवल उन्हीं लोगों का हक हो सकता है जो काम करते हैं। जिसने कारखाना खोला है, वह किस अधिकार से लाभ के पन्द्रह आने अपने घर ले जाता है?"

यह सब कहते-कहते उत्तेजना से आन्द्रे का स्वर ऊँचा चढ़ने लगा। ऐसे ही समय में जाने कब दो कारीगर कारखाने से उसी समय बरखास्त होकर आन्द्रे के पास उससे प्रार्थना करने के लिए आए थे कि वह मालिक से सिफ़ारिश करके उन लोगों को रखवा दे।

आन्द्रे के स्वर में स्वर मिलाकर वे बोल पड़े, "अगर हम लोग मिलकर कारखाने का काम बन्द कर दें तो क्या हो...?"

तब क्या हो, इसका उत्तर सुनने के लिए प्रतीक्षा न करके ही उन दोनों ने छिपे-छिपे जाकर मालिक से आन्द्रे की सब बातें कह सुनाईं।

सुबह उठकर आन्द्रे चुपचाप बैठा रहा। दिन चढ़ने लगा। मगडलेना बोली, "उठो, नाश्ता करके काम पर जाओ। देर हो रही है।"

आन्द्रे ने कहा, "देर होने दो। आज मालिक खुद काम करें। हज़ारों की थैली बक्स में रखें और चैन करें, अब यह नहीं होगा। मैं आज कारखाने में नहीं जाऊँगा..."

मगडलेना सुनकर काँप उठी। बोली, "हाय, ये कैसी बातें कह रहे हो! किसने तुम्हारा दिमाग़ खराब कर दिया है?"

बाहर मालिक की आवाज़ सुनाई दी! मालिक ने पुकारा, "आन्द्रे!"

आन्द्रे बाहर गया। मालिक ने कहा, "मैं एक ज़रूरी काम से तुम्हारे पास आया हूँ।"

आन्द्रे ने कहा, "फरमाइए!"

मालिक़ ने कहा कि शहर के बाहर एक ज़ायदाद खरीदी है। वहाँ जाकर कम से कम दो महीने रहकर वहाँ का सब बन्दोबस्त करना है। यहाँ के सारे कारखाने का भार वे आन्द्रे को सौंप कर जाना चाहते हैं, क्योंकि वह सच्चा आदमी है। इसके सिवाय उसी ने अपना हाड़-मांस देकर कारखाने की तरक्क़ी की है। उनकी गैरहाज़िरी में वह उनका प्रतिनिधि होकर कारखाने का काम देखता रहेगा—इसके लिए वह उसे सब अधिकार दे जाएँगे। आन्द्रे के सिवाय वे और किसी को यह काम नहीं सौंप सकते।

चेहरा गम्भीर बनाकर आन्द्रे सब सुनता रहा। मालिक बोले, "ना न कहो। मैं आज ही जा रहा हूँ। तुम्हारे दफ्तर में आने पर सब काग़ज़ात समझा दूँगा, और वहीं पर तुम्हारी तनख्वाह भी मालूम हो जाएगी।"

मालिक चले गए।

आन्द्रे ने मगडलेना की ओर देखा। मनडलेना बोली, "कोई जाकर कल रात की बातें मालिक को सुना आया है...अब नौकरी चली जाएगी। मैं नहीं समझती, तुम क्यों अंट-संट बका करते हो!"

आन्द्रे ने कहा, "तो क्या कोई अपनी पत्नी से हृदय की बातें नहीं कहेगा! ऐसी नौकरी से भीख माँगना बेहतर है।"

आन्द्रे कारखाने की ओर चला। उसका चेहरा देखने पर ऐसा लगता था, मानो वह फाँसी पर चढ़ने जा रहा है।

कारख़ाने में मालिक से भेंट हुई। मालिक बोले, "तुम्हें एक हज़ार रुपए तनख्वाह मिलेगी। कोई शारीरिक मेहनत नहीं करनी है। तुम्हारा काम केवल यह होगा कि तुम सब लोगों से काम लोगे। तुम अपना मकान छोड़कर अहाते में मेरा जो बँगला है, उसी में आकर रहो। अब शायद तुम्हारे दुखों का अन्त होगा। और देखो, अगर तुम सब काम ठीक-ठीक सँभाल सको, तो इस कारख़ाने का भार तुम्हीं को सौंप कर मैं सदा के लिए छुट्टी ले लूँगा।"

मालिक ने सब आदमियों को बुला कर इस व्यवस्था के बारे में जता दिया। बोले,

"आज से आन्द्रे इस कारख़ाने का मैनेजर है। तुम लोग मेरा हुक्म जैसे मानते रहे, उसी तरह अब से आन्द्रे का हुक्म मानोगे। आज से आन्द्रे चौधरी कारीगर नहीं, कारख़ाने का मैनेजर है।"

मगडलेना और बच्चे सब बहुत ख़ुश हुए। रहने को ऐसा सुन्दर मकान, असबाब, नौकर-चाकर, मोटर। अहा! जीवन कितना चैन और सुख का हो गया!

पर आन्द्रे के चित्त में बेचैनी की सीमा नहीं रही। इतना भारी उत्तरदायित्व! सबसे काम लेना है...सब सँभालना है! इसके सिवाय बाहर से हज़ारों तकाज़े आ रहे हैं...किसी को रुपया चाहिए, कोई शिकायत कर रहा है, किसी को ठीक-ठीक माल नहीं पहुँचा। चारों ओर से मानो हज़ारों भ्रमर डंक मारने की चेष्टा से क्षुब्ध और क्रोधित होकर गुंजन कर रहे हैं।

इतना भारी उत्तरदायित्व! मालिक का इतना विश्वास! यह कारख़ाना स्वच्छन्दता से अनायास चल रहा है। हज़ारों कामों में कोई गड़बड़ी नहीं। अब उसकी ज़िम्मेदारी में कोई गड़बड़ी न हो।

पहले संध्या के बाद घर जाकर उसे फ़ुर्सत मिल जाती थी। अब कारख़ाना बन्द होने पर रात को भी फ़ुर्सत नहीं मिलती! कल क्या काम है, कहाँ से रुपए का तकाज़ा आएगा, किसका माल पड़ा रह गया, कहाँ कौन कारीगर दल बनाकर झगड़ा-फ़साद करने का षड्यन्त्र कर रहा है...

उसके दिमाग़ के भीतर ये सब चिन्ताएँ दिन-रात रहती हैं। कोई सुख नहीं, कोई शान्ति नहीं! ज़रा भी फ़ुर्सत नहीं, चैन नहीं! उसकी पत्नी मगडलेना! अब वह भी बदल गई है, वह पहले की तरह नहीं है। उससे बहुत कम भेंट होती है। साक्षात् होने पर सिर्फ एक ही तरह की बातें होतीं, "अजी, इतनी कंजूसी न करो, इतने में भला, कभी गृहस्थी चल सकती है? ईश्वर की इच्छा से अब हालत कुछ अच्छी हुई है..."

आन्द्रे जवाब देता, "रुपए कहाँ से लाऊँ?"

मगडलेना कहती, "पत्नी और बच्चों का ख्याल नहीं करोगे? तुम जाने कैसे होने लगे हो!"

बच्चों की नित्य नई माँगें रहती हैं। किसी की कुछ चाहिए, किसी को कुछ!

मगडलेना कहती, "मुझे एक हीरे का लाकेट चाहिए, बहुत बड़ा हीरा। बहुत सस्ते दाम में मिल रहा है..."

दो महीने में आन्द्रे की हालत ऐसी हो गई, मानो वह पागल होने लगा है।...

उस दिन सुबह आन्द्रे ने कठिन स्वर से कहा, "यह सब अमीरी अब छोड़नी पड़ेगी। मैं आज ही मालिक के पास जा रहा हूँ...यह मकान छोड़ दूँगा...मैनेजरी छोड़ दूँगा...इतनी घबराहट मैं नहीं सह सकता। इससे मेरा कारीगर का काम अच्छा था, मैं वही कारीगर रहूँगा।"

मगडलेना चिल्ला उठी, "क्या तुम पागल हो गए हो?"

बच्चे कहने लगे, "बाबू जी की बुद्धि हमेशा ऐसी ही रही!"

पर आन्द्रे जाकर मालिक के पैरों पर गिर कर रो पड़ा, "अगर आप सचमुच ही मुझसे प्रेम करते हैं, तो इस बोझ को मेरे कन्धे से उतार लीजिए।"

मालिक ने मुस्करा कर कहा, "क्यों, क्यों?..."

आन्द्रे ने कहा, "कृपा कीजिए...कृपा! यह बोझा लादे रहना मेरे लिए असाध्य है!"

"पर तुम्हारे मरने पर तुम्हारे बाल-बच्चे भूखे मर जाएँगे। तुम्हारे हाड़-मांस से वह कारख़ाना बना है। मैं लाभ के पन्द्रह आने घर ले जाता हूँ।"

आन्द्रे रो पड़ा। उसने कहा, "मुझे क्षमा कीजिए! मैं अन्धा था, अब देख रहा हूँ। बाल-बच्चों के दुख...उनके दुख इतनी दौलत में भी नहीं मिटे, बिलकुल वैसे ही हैं। रोज़ शिकायत, मुझे यह नहीं मिला, न मिलने पर मुँह फुलाए रहेंगे। बहुत है, पर चित्त को उससे शान्ति नहीं मिलती, और ज्यादा पाने के लिए व्याकुल रहता है!..."

मालिक बोले, "पर पहले की हालत में उन लोगों का दुख और बढ़ेगा।"

आन्द्रे अपने बाल-बच्चों को लेकर फिर अपने टूटे-फूटे मकान में चला गया।

अब मालिक उसके सुख-दुख का पता लेने लगे। आन्द्रे की तनख्वाह बढ़ गई। मगडलेना ने संचय करना सीखा।

कारीगर लोग माथे का पसीना पोंछते हुए शिकायत करते, "हम लोग मेहनत करते-करते ख़ून-पसीना एक कर रहे हैं, और मालिक चैन से..."

बात काट कर आन्द्रे कहता, "चुप रहो जी! मुझे सब पता है। तुम लोगों को कुछ भी पता नहीं! धनी सोचता है कि कारीगर लोग सुखी हैं। वे काम करके छुट्टी पा जाते हैं, उन्हें मेरी तरह घबराहट नहीं है! और हम लोग सोचते हैं...! यानी असल में हम लोगों का मेहनत करने पर भी चित्त हल्का रहता है; उन लोगों को शारीरिक मेहनत नहीं करनी पड़ती है, पर उनके सिर पर सदा पहाड़ की तरह भारी बोझ रहता है।"

*पुर्तगाल*

# उसका बेटा

## *फिआलो डी. आल्मेडिया*

एक दिन सुबह-सुबह वह पमपिलहोसा के स्टेशन पर आई। यह बीरा और लिस्बन प्रान्त के बीच एक जंक्शन था। अधेड़ उम्र की होने पर भी काम के बोझ के कारण देखने में वह अपनी उम्र से कहीं अधिक जान पड़ती थी। उसका क़द भी नाटा था। पहनावे से वह ग़रीब तो मालूम पड़ती थी पर उसके कपड़े सुन्दर काले थे। बीरा प्रान्त की किसान की प्रायः सारी स्त्रियाँ ऐसी ही होती थीं। इसलिए स्टेशन पर किसी ने उसकी ओर विशेष ध्यान नहीं दिया।

अपनी बग़ल में वह एक टोकरी लिए हुए थी। वकारीसा से वह पैदल ही यहाँ तक आई थी। स्टेशन लगभग पाँच मील दूर था। रास्तों में केवल खेत और जंगल थे। जब वह स्टेशन के पास पहुँची तो गुमटिया ने पुकारकर उससे लाइन से दूर हट जाने को कहा कि कहीं गाड़ी आ गई तो वह कुचलकर मर जाएगी।

स्त्री ने डरकर कहा कि वह अपने गाँव से आ रही है और लाइन के किनारे चलकर उसका कोई नुक़सान पहुँचाने का कदापि विचार नहीं है। वह स्टेशन जाना चाहती थी क्योंकि उसका बेटा—इकलौता बेटा लिस्बन से आ रहा था। तीस साल हुए जब उसके पति की मृत्यु हुई थी तब उसका बेटा तीन साल का था। वही बेटा तो अब संसार में उसका सब कुछ है। दस साल से वह ब्रेज़ील में था। अब वह लिस्बन वाली गाड़ी से अपनी माँ के पास आ रहा था।

स्त्री की बातों को गुमटिये ने ध्यान से सुना। उसने स्त्री को स्टेशन के अन्दर जाने का रास्ता बता दिया और अपने काम पर चला गया। स्टेशन पहुँचकर उसने चारों ओर एक भय त्रस्त दृष्टि डाली। विश्रामघर, जलपान-गृह, दफ़्तर, आदि को भी उसने ग़ौर से देखा। वह सबसे पूछती, "क्या किसी ने एक लम्बे, कुछ साँवला रंग के युवक को देखा है? उसके दाहिने गाल पर एक तिल है, बाल छोटे और घुँघराले हैं। वह उसका बेटा है जो लिस्बन से आनेवाली किसी गाड़ी से आ सकता है।"

कुछ लोगों ने तो उसकी बात का उत्तर ही न दिया। कुछ उस ग़रीब किसान स्त्री पर हँसे। कुछ ने कहा—लिस्बन की गाड़ी तो अभी आई ही नहीं। एक युवक ने उसके साथ बड़ा अच्छा बर्ताव किया। एक सैनिक कोइम्ब्रा की गाड़ी से लूजो में अपनी सेना में भर्ती होने जा रहा था। इसकी ट्रेन रात को आती थी और उसे सारा दिन वहीं काटना

था। इसलिए उसने बुढ़िया से बातें करके कुछ समय काटने के लिए उसे अपनी ही बेंच पर बिठा लिया।

लिस्बन वाली गाड़ी आ गई। बुढ़िया की आँखें चमक उठीं। बड़ी उत्सुकता से वह गाड़ी से उतरनेवाले यात्रियों को देख रही थी। सभी यात्री गाड़ी से उतर आए पर ब्रेज़ील से आनेवाला वह यात्री न उतरा।

"कोई बात नहीं, माँ!" उस सैनिक युवक ने कहा, "अब तुम घर जाओ और लिस्बन की दूसरी गाड़ी का समय हो तब आना।"

"दूसरी गाड़ी कब आती है?"

"साढ़े पाँच बजे शाम को।"

"ओह, तब मैं घर नहीं जाऊँगी; यहीं, राह देखूँगी। मान लो शाम को मुझे देर हो गई और गाड़ी पहले ही आ गई तो? मेरे बेटे को कितना दुख होगा? तुम नहीं जानते कि वह मेरा इकलौता बेटा है और दस वर्ष से ब्रेज़ील में है।"

वह फिर वहीं बैठ गई और सैनिक ने बुढ़िया की छोटी पर दुखपूर्ण कहानी सुनी। उसके पति की कैसे मृत्यु हुई। वह और उसका बेटा ही बच गए थे। अपने बेटे को उसने बड़ी कठिनाई से पाला है। वह भी तो सेना में है। किस प्रकार वह हर महीने कुछ रुपया बचाकर माँ के पास भेजा करता है। कैसे तेईस वर्ष की अवस्था में वह ब्रेज़ील गया था। लेकिन वहाँ वह आराम से न रह सका। वह अधिक मज़बूत भी तो नहीं है। वह पत्रों में सदा घर आकर माँ को देखने की इच्छा प्रकट किया करता था। वह बीमार हो गया था। उसने रास्ते के ख़र्च के लिए काफ़ी रुपया बचाया है। लेकिन यहाँ आकर वह शीघ्र ही अच्छा हो जाएगा। वह उसकी ख़ूब सेवा करेगी। अपने देश की स्वतन्त्र वायु में साँस लेकर वह शीघ्र ही उस दूषित वायु को भूल जाएगा जिसने उसे बीमार कर दिया है।

सैनिक ने अपने थैले से फल निकालकर बुढ़िया को दिया। पर बुढ़िया ने धन्यवाद के साथ अस्वीकार कर दिया। उसे भूख नहीं लगी थी। और उसकी टोकरी का खाना उसके लिए काफ़ी था। एक भुनी हुई मुर्ग़ी, कुछ पनीर, रोटी का एक टुकड़ा और शराब की एक शीशी। यह सब उसके बेटे के लिए था। बेटे के आने पर यदि वह सैनिक भी चाहेगा तो ये चीज़ें उसके बेटे के साथ खा सकता है। इससे उसे प्रसन्नता ही होगी। और उसे विश्वास है कि वह सैनिक उसके बेटे को अवश्य पसन्द करेगा। वह भी तो एक सैनिक है। लेकिन क्या विश्वास कि उसका बेटा दूसरी ट्रेन से आएगा ही।

सैनिक ने उसे आश्वासन दिया कि अगली ट्रेन से उसका बेटा अवश्य आएगा। सैनिक का सहारा लेकर बुढ़िया प्लेटफ़ार्म पर टहलने लगी। विश्रामगृह में कुछ यात्री बेंच पर सो रहे थे। कुछ बैठे गप्पें लड़ा रहे थे। कुछ बच्चे इधर-उधर उछल-कूद मचा रहे थे। कुछ लड़कियाँ पेड़ के नीचे बैठी गाना गा रही थीं।

कई ट्रेनें आईं और चली गईं। अब बुढ़िया से न रहा गया वह रेल की सीटी सुनकर व्याकुल हो उठती थी। वह स्टेशन मास्टर के पास गई और बोली, "क्षमा करिएगा महाशय! लेकिन वह कब आएगा?"

“कौन कब आएगा?”

“मेरा बेटा। तुम नहीं जानते कि...।”

“मैं नहीं जानता, पर वह कहाँ से आएगा?”

“महाशय! ब्रेज़ील से।”

“लिस्बन की गाड़ी साढ़े पाँच बजे आवेगी।”

“और...अगर आज वह न आया तो कल गाड़ी कब आवेगी?”

“अरे भई! ट्रेन का समय आज और कल एक ही रहेगा।” स्टेशन मास्टर ने हँसकर उत्तर दिया।

“क्षमा करिएगा महाशय! मेरा बेटा आ रहा है—लम्बा युवक, कुछ साँवला, दाहिने गाल पर तिल का...।”

स्टेशन मास्टर को यह सब सुनने का अवकाश कहाँ? वह अपने काम में लग गया। बुढ़िया आकर फिर बेंच पर बैठ गई, अपनी टोकरी उसने जमीन पर रख दी। उसका साथी सैनिक कुछ दूर पर खड़ा किसी से बातें कर रहा था! दिसम्बर का महीना था। कोहरा पड़ना आरम्भ हो चुका था। यह कोहरा अपने क्षितिज को छिपाकर ज़मीन आसमान एक कर रहा था।

एक बजे सैनिक युवक ने कहा, “खाने का समय हो गया।” बुढ़िया ने भी सुना, देखा, बड़े आदमी होटलों में चले गए और ग़रीब बेचारे अपने-अपने झोलों से अपने-अपने खाने के डिब्बे निकालने लगे। कुछ औरतें आग जलाकर कॉफ़ी गर्म करने के लिए स्टेशन के बाहर लकड़ियाँ लेने गईं।

“आओ माँ”, फ़ौजी ने कहा, “मेरे पास दो के लिए पर्याप्त खाना है।”

लेकिन उसने इनकार कर दिया। जब उसका बेटा आवेगा तभी वह खाएगी—बेटे के साथ ही। अभी उसे भूख नहीं थी। बेटे के साथ खाने को वह कितना सामान लाई है। घर पर उसके पास एक सूअर है। लेकिन जब तक उसका बेटा न आवेगा वह उसे न मारेगी। उसका बेटा बीमार है। स्वास्थ्य लाभ के लिए ये चीज़ें अच्छी हैं। अपने बेटे को बिना देखे, जिसे उसने दस बरस से नहीं देखा, वह न खाएगी।

सैनिक युवक ने खाना खाया। उसके पास गेहूँ की रोटियाँ थीं—दूध और टमाटर था। बुढ़िया बैठी शून्य आकाश की ओर देखती रही।

सैनिक ने कहा—“माँ, मेरे पास थोड़ी शराब है अपने बेटे के स्वास्थ्य के लिए आओ पी लो।”

बुढ़िया झिझकी, हँसी फिर उसने निमन्त्रण स्वीकार कर लिया।

“माँ,” सैनिक ने कहा, “तुम्हारा बेटा दस वर्ष बाद आएगा; वह बहुत बदल गया होगा?”

“बदल गया होगा!” माँ ने कहा, “वह कभी बदल नहीं सकता।”

बुढ़िया ने सोचा—तेईस साल का साँवले रंग का युवक नीली आँखें, दुबला-पतला शरीर! उसका बेटा, इकलौता बेटा! वह कैसे बदल सकता है?

अपने बेटे के ब्रेज़ील के जीवन के बारे में जो कुछ वह जानती थी उसने सैनिक को बताना शुरू किया। पहले-पहले वह कैसे गया। कैसे एक टेनेरी में उसने नौकरी की। तब रुपए की लालच में वह और अधिक परिश्रम करने लगा। उसके पत्रों का आना कम होने लगा। साल में केवल तीन या चार पत्र आते। इसके कई कारण थे। दूर इतना था कि चिट्ठी आने में महीनों लगते। फिर उसे काम बहुत अधिक करना पड़ता था, अक्सर वह बीमार भी रहता था। उसके पत्र से कभी प्रसन्नता नहीं प्रकट हुई।

"माँ एक टमाटर खाओ।" फ़ौजी ने कहा।

बुढ़िया ने केवल सिर हिला दिया और अपने बेटे की राम कहानी कहती ही गई। इस समय उसका बेटा मानो उसे सामने खड़ा था। वह लड़का—कोई नहीं कह सकता, भला आदमी नहीं है। वह कमज़ोर है; कारण वह ग़रीब है। अब शायद यहाँ आकर वह तगड़ा हो सके।

"वह तुम्हारे लिए कुछ रुपए भी तो लाएगा।"

"पता नहीं वह क्या-क्या लाएगा। भगवान खुशी से दिन-रात काट दें इससे बड़ा धन क्या होगा। जो हमें भगवान ने दिया है वही बहुत है। बेटा आ जाए उसके लिए बस यही बहुत है। क्योंकि वही उसका इकलौता बेटा है। उसका बाप जब वह तीन साल का था तभी मर गया।"

बिजली की घंटी बज उठी और बुढ़िया ख़ुशी से खिल उठी।

"यह लिम्बन की गाड़ी की घंटी है।"

बच्चे हँसने लगे—सैनिक मुस्करा उठा।

"अरे, यह तो अभी दो बजे की घंटी है; गाड़ी साढ़े पाँच बजे आती है।"

किसी तरह शाम हुई। दिसम्बर का घना अन्धकार पास आने लगा। सैनिक बेंच पर लेट गया और बुढ़िया की आँखें अन्धकार को चीर कर रेल की पटरी को देखती रहीं।

स्टेशन की लैम्प जल गई। शाम की गाड़ियाँ भी आने लगीं। बुढ़िया हर गाड़ी को बड़े ध्यान से देखती थी। पहले एक पैसेंजर गाड़ी आई। फिर अँधेरे में फिग्यूरिया की गाड़ी की सीटी सुनाई पड़ी। अब ओपोर्टो एक्सप्रेस आनेवाली है।

दस मिनट रुककर पानी ले लेने के बाद जगह के यात्री डिब्बों के अन्दर आ जा रहे थे। रेलवे कर्मचारी अपने काम में लगे हुए थे।

बुढ़िया ने एक को रोक कर पूछा—

"महाशय! लिस्बन की गाड़ी?"

"साढ़े पाँच बजे। इसके बाद आएगी। पीछे खिसककर खड़ी हो।"

ओपोर्टो एक्सप्रेस हिली—और थोड़ी देर के बाद अन्धकार में विलीन हो गई। बुढ़िया लाइन की ओर देखती रही। वह गाड़ी आ रही थी—लिस्बन वाली।

सैनिक ने बुढ़िया से कुछ कहा, पर वह सुन न सकी। उसका मस्तिष्क पूर्णतया अपने बेटे के विचार में व्यस्त था। धीरे-धीरे गाड़ी स्पष्ट होती गई। वह लिस्बन वाली गाड़ी थी।

गाड़ी प्लेटफ़ार्म पर आकर रुक गई। एक अवर्णनीय आवाज़ पैदा हुई। कुलियों की चिल्लाहट, यात्रियों की घबराहट, पानी बेचने वाले, रोटी, केक, अख़बार, चॉकलेट, सन्तरे, कॉफ़ी बेचने वाले भी पूरे दम के साथ शोर मचा रहे थे। बुढ़िया सब को हटाती और बचती-बचाती तीसरे दर्जे के मुसाफ़िरों के बीच ग़ौर से देखकर अपने बेटे को ढूँढ़ने लगी। जिसे उसने दस साल से नहीं देखा था। वह बड़ा भूखा होगा। ज्योंही वह गाड़ी से उतरेगा वह उसे सीधे घर ले जाकर पहले खाना खिलाएगी। दोनों साथ ही खाएँगे। घर पर उसने लैम्प साफ़ करके रख दिया है उसे वह जलाएगी। कॉफ़ी गर्म करेगी। अपने बेटे को वह गले से लगाएगी।

तभी एक बूढ़े ने दौड़कर उसका हाथ पकड़ लिया और बोला, "रोज़ा, अरे तुम, रोज़ा!"

बुढ़िया टुकुर-टुकुर देखती रही।

"क्या मुझे तुम भूल गईं, रोज़ा! मेरा नाम क्लेमेंट है। मैं तुम्हारा पड़ोसी था। मैं अपने पुराने घर को देखने ब्रेज़ील से आ रहा हूँ। ओह, मैं अपने पुराने परिचित स्थानों को देखकर कितना ख़ुश हो रहा हूँ।

वह हँसा। और फिर कहने लगा, "लेकिन तुम्हें मेरे आने का कैसे पता लग गया। मैंने तो किसी को भी पत्र नहीं लिखा था। मैं चाहता था कि मुझे देखकर सबों को अचम्भा हो तो अच्छा है। मुझे देखकर लोग ख़ूब ख़ुश होंगे।"

"लेकिन मेरा बेटा? क्या अभी तक वह गाड़ी में ही है? तुम दोनों तो साथ ही आए होंगे?"

क्लेमेंट ने आश्चर्य से मुँह फैला दिया। फिर बोला, "आओ मेरे साथ कुछ खाना खाओ।"

"धन्यवाद! मैं अपने बेटे की राह देख रही हूँ। तुम जानते हो वह कहाँ है? शायद वह नहीं जानता था कि मैं उसका स्वागत करने आई हूँ। जाओ क्लेमेंट, उसे बुला लाओ तो हम सभी साथ ही खाना खाएँगे। मैं अपने साथ खाना लाई हूँ। जल्दी करो, जाओ, उसे कहो कि मैं उसकी राह देख रही हूँ।"

क्लेमेंट हिचका। फिर अपना हैट उसने आँखों तक खींच लिया ताकि कोई उसकी आँखों को देखकर पहचान न ले कि वह दुखी है। बुढ़िया समझ गई। दौड़कर उसने अपनी पतली बाँहों में उसे कस लिया।

"रोज़ा—प्रिय रोज़ा—मेरी पुरानी पड़ोसिन, भली औरत, मैं भूल गया था कि तुम्हें नहीं मालूम है। तुम्हें बताते हुए मेरा दिल टूटा जा रहा है। लेकिन कभी-न-कभी तो जान ही जाओगी। लो मैं ही बताता हूँ कि तुम्हारा बेटा...तुम्हारा बेटा एक दुर्घटना में मर गया।

उसके मुँह से चीख भी न निकली। प्लेटफ़ार्म पर एक बार उसने चारों ओर देखा, फिर सिर झुकाए बाहर की ओर चल पड़ी। खाने की टोकरी उसके हाथ ही में थी। सिर जमीन में गड़ाए वह स्टेशन से बाहर हो गई।

क्लेमेंट ने उसके साथ चलना चाहा। पर उसे अपना असबाब भी तो देखना था। उसने सोचा कोई सवारी करके रास्ते में रोज़ा को भी बैठा लेगा और घर पहुँचा देगा।

रोज़ा चली गई! उसने न कुछ देखा, न सुना। स्टेशन की रोशनी और शोर पीछे छूट गईं। वह तेज़ी से बढ़ती गई।

लिस्बन वाली गाड़ी स्टेशन से जा चुकी थी। उसने सीटी दी। अब वह पूरे वेग से दौड़ने लगी थी। उसकी दो बड़ी-बड़ी आँखें अँधेरे में मानो आग उगल रही थीं।

रोज़ा अन्धकार में चलती गई। रेल की लाइन पर उसने दो मनोहर चमकदार आँखें देखीं। वह उसी ओर बढ़ चली। लिस्बन वाली गाड़ी सीटी बजाती आगे बढ़ी—

दूसरे दिन सुबह-सुबह जब रोशनी हुई, सूरज उगा तो लोगों ने रोज़ा के अवशेष को देखा; उसकी खाने से भरी टोकरी थोड़ी दूर पड़ी थी—जिसमें बेटे के लिए वह खाना लाई थी।

*डेनमार्क*

# दियासलाईवाली

*हैंस क्रिश्चियन एंडरसन*

कड़ाके की सर्दी पड़ रही थी; बर्फ़ गिर रही थी और अँधेरा छा गया था; संध्या का आगमन हो रहा था—वर्ष की यह अन्तिम संध्या थी। सर्दी और अन्धकार में एक लड़की नंगे सिर और नंगे पैर सड़क पर चली जा रही थी। जब वह अपने घर से चली थी तब उसके पैर में जूते थे; परन्तु वे भला किस काम के थे। वे जूते बहुत बड़े थे और अभी तक उन्हें उसकी माँ काम में लाती थी—इतने बड़े थे वे! दो गाड़ियाँ बड़ी तेज़ी से आ रही थीं; लड़की सड़क पार करने लगी तभी वे जूते उसके पैर से छूट गए। एक जूते का तो पता ही न लगा और दूसरे को एक लड़का छीनकर भाग गया। उसने सोचा कि जब वह बड़ा होगा और उसके बच्चे होंगे तब वह उनके लिए उस जूते का झूला बना लेगा। फलतः बेचारी छोटी लड़की नंगे पैर सड़क पर जा रही थी; उसके पैर सर्दी के कारण लाल-नीले हो रहे थे। अपने पुराने कपड़े में वह दियासलाई छिपाए हुए थी, उसके हाथ में भी दो दियासलाइयों का एक बंडल था। किसी ने दिन-भर में उससे एक भी दियासलाई नहीं ख़रीदी थी और उसे एक पैसा भी नहीं मिला था।

सर्दी और भूख से काँपती हुई वह रेंगती हुई आगे बढ़ रही थी! बेचारी ग़रीब लड़की इस समय दुख की तस्वीर बनी हुई थी। उसके सुन्दर लम्बे बालों पर बर्फ़ जम गई थी और उसके घुँघराले बालों से गिर कर वह उसके गले तक आ रही थी। परन्तु उसे इस सब की ओर देखने का अभी अवकाश नहीं था। मकानों की खिड़कियों से रोशनी जगमगा उठी और सुस्वादु भोजन की सुगन्ध उसके नासपुटों तक पहुँचने लगी क्योंकि आज बड़े दिन की अन्तिम संध्या थी। हाँ, इस समय यही विचार उसके मस्तिष्क में चक्कर काट रहा था।

दो मकानों के मिलने से एक कोना बन गया था; वह वहीं काँपती हुई बैठ गई। उसने अपने पैरों को समेट लिया पर अब भी उसे सर्दी लग रही थी। उसे घर लौटने का साहस नहीं हो रहा था, क्योंकि उसकी दियासलाइयाँ नहीं बिकी थीं और एक पैसा भी वह पैदा नहीं कर सकी थी। उसका पिता उसे अवश्य ही पीटेगा। इसके अतिरिक्त घर में बड़ी सर्दी है क्योंकि उनके घर में साये के लिए एक छत को छोड़कर और कुछ तो है नहीं और उसमें से हवा सन्-सन् करके आया करती है।

सर्दी के मारे उसके हाथ सुन्न पड़ गए थे। ओह! यदि वह इस बंडल में से एक

दियासलाई निकालकर जला ले तो वह कुछ गर्म हो सकती है। दीवाल से रगड़कर जलाकर वह अपने हाथों को सेंक सकती है। एक सींक उसने खींच ली। खिर-र-र! एक आवाज़ के साथ वह जल उठी। बड़ी गर्म तथा चमकदार रोशनी थी जैसे मोमबत्ती हो। उसने अपने हाथ रोशनी के ऊपर फैला दिए। बड़ी आश्चर्यजनक रोशनी थी। लड़की को ऐसा जान पड़ा जैसे वह किसी चमकदार बड़े से स्टोव के सामने बैठी हुई हो जिसके पैर पीतल के बने हों और उस पर पीतल का एक ढकना लगा हो। आग कैसी जल रही थी! कितना आनन्ददायक था! किन्तु वह छोटी लौ तुरन्त ही बुझ गई और स्टोव ग़ायब हो गया। और उसके हाथ में केवल जली हुई दियासलाई की सींक का अवशिष्ट रह गया था।

एक दूसरी सींक को दीवार से रगड़ दिया; वह जल उठी और जब उसकी रोशनी दीवार पर पड़ी तो वह पर्दे की भाँति पारदर्शी हो गई। वह दीवार के भीतर कमरे की हर चीज़ को देख सकती थी। मेज़ पर एक सफ़ेद कपड़ा बिछा था। मेज़ पर सुगन्धित खाने के सामान रखे हुए थे। भुना हुआ हंस एक तश्तरी में रखा था जिसकी सुगन्ध उसको मालूम हो रही थी और सबसे बड़े आश्चर्य की बात तो यह थी कि वह हंस उछला और कमरे में फ़र्श को पार करता हुआ अपने हृदय में छुरी-काँटा खोंसे हुए लड़की के निकट आया। दियासलाई बुझ गई और उसके सामने मोटी नर्म और सर्द दीवार ही शेष रह गई। उसने दूसरी सींक निकाली। अब वह सुन्दर से एक क्रिसमस पेड़ के नीचे बैठी हुई थी। यह पेड़ उससे कहीं बड़ा और सज़ा हुआ था जिसे उसने उस सौदागर के घर की खिड़की से झाँक कर देखा था। इसकी हरी-हरी शाखाओं पर हज़ारों मोमबत्तियाँ जल रही थीं, उन पर बाज़ार की दुकानों सी रंग-बिरंगी तस्वीरें लगी हुई थीं। छोटी लड़की ने अपने हाथ फैलाए; तभी दियासलाई बुझ गई। क्रिसमस का प्रकाश ऊपर की ओर उठने लगा; अब वह आकाश के तारों की भाँति दिखाई पड़ रही थी उनमें से एक नीचे गिर पड़ी और आग की एक लम्बी रेखा-सी खिंच गई।

"ज़रूर कोई मर रहा है।" छोटी लड़की ने सोचा क्योंकि उसकी दादी ने, अकेली वही उसे प्यार करती थी, पर अब वह मर चुकी थी—उसे बताया था कि जब तारा टूटता है तक कोई-न-कोई आत्मा भगवान के पास पहुँचने के लिए ऊपर की ओर उठती है। उसने एक और सींक दीवार से रगड़ कर जलाई; फिर रोशनी चमक उठी और उस रोशनी में उसकी सुन्दर कोमल दादी का मुख चमकने लगा—

'दादी!' लड़की चीख़ उठी, 'मुझे भी अपने साथ ले चलो। मैं जानती हूँ कि जैसे ही दियासलाई बुझेगी तुम भी ग़ायब हो जाओगी। तुम भी गर्म आग, सुस्वादु भोजन या क्रिसमस पेड़ की भाँति विलीन हो जाओगी।'

और उसने जल्दी से दियासलाइयों का पूरा बंडल रगड़ कर जला दिया। क्योंकि वह अपनी दादी को रोके रखना चाहती थी और दियासलाइयाँ इतनी तीव्रता के साथ जल उठीं कि दिन के दोपहर की भाँति चारों ओर रोशनी हो उठी। दादी को उसने इतनी सुन्दर और इतनी बड़ी पहले भी न देखा था। दादी ने उसको अंक में भर लिया

और दोनों प्रकाश और आनन्द में पृथ्वी के ऊपर उड़ चलीं—ऊपर, बहुत ऊपर—जहाँ न तो सर्दी थी, न भूख लगती थी न चिन्ता थी—वे ईश्वर के पास पहुँच गईं।

किन्तु कोने में दीवाल की टेक लगाए हुए छोटी लड़की बैठी थी; उसके लाल अधरों पर मुस्कान खेल रही थी। वर्ष की अन्तिम संध्या को वह सर्दी से जम कर मर चुकी थी। नव वर्ष की प्रथम प्रभात-किरण उसके शव पर चमकने लगी। लड़की अब भी वहाँ बैठी थी, सर्दी से अकड़ी हुई। उसके हाथ में अब भी दियासलाइयों का बंडल था जिनमें से एक जल चुका था। लोगों ने कहा—वह अपने को गर्म करने का प्रयत्न कर रही थी। परन्तु यह किसी को पता नहीं था कि उसने कितने सुन्दर दृश्य देखे और कितनी खुशी के साथ वह अपनी दादी के संग नववर्ष दिवस के पास चली गई।

# माँ

### *हैंस क्रिश्चियन एंडरसन*

माँ अपने बीमार बच्चे के पास बैठी थी। वह बहुत उदास थी, क्योंकि उसे यह विश्वास हो गया था कि उसका बच्चा अब मृत्यु के मुँह में पहुँच गया है। बच्चे का छोटा पर सुन्दर-सा मुँह पीला पड़ गया था, आँखें बन्द थीं। वह बड़ी कठिनाई से साँस ले पा रहा था। कभी-कभी तो ऐसा लगता कि बच्चे की यह अन्तिम साँस होगी। और माँ और भी सतर्कता से इस छोटे से प्राणी पर मृत्यु और जीवन के संघर्ष का दृश्य देखने लगती।

तभी दरवाज़े पर थपकियों की ध्वनि सुनाई दी। एक बूढ़ा आदमी अन्दर आया। वह शरीर पर जो कुछ भी पहने था वह एक बड़े घोड़े की खाल-सा जान पड़ता था। शायद जाड़े से बचने के लिए उसने ऐसा किया था। उसे आवश्यकता भी तो थी इसकी क्योंकि सर्दी बहुत अधिक थी। बाहर की हर वस्तु बर्फ़ में छिप चुकी थी। हवा के सर्द झोंके भी इतने कंटीले थे कि शरीर में लगते तो जान पड़ता जैसे कोई शरीर का माँस काट रहा है।

ज्यों ही बूढ़े आदमी ने अन्दर क़दम रखा और बीमार बच्चे के बग़ल में बैठी माँ ने उसे देखा कि वह उठ खड़ी हुई और रसोईघर की ओर चली गई शायद जाड़े से काँपते हुए इस बूढ़े के पीने के लिए चाय का इन्तज़ाम करने। और वह बूढ़ा वहीं पर पड़ी हुई एक कुर्सी पर बैठ गया। बच्चे की माँ भी लौटी और आकर बच्चे की बग़ल में बैठ गई। फिर लम्बी साँस लेकर बोली—

"मैं समझती हूँ, शायद मैं बच्चे को बचा लूँ। शायद भगवान इसे हम लोगों से अलग न करें!"

वह बूढ़ा 'मृत्यु' था। उसने इस विचित्र प्रकार से अपना सिर हिलाया कि 'हाँ' या 'न' में कोई अन्तर ही नहीं मालूम हुआ। माँ ने अपनी आँखें झुका लीं। आँसू की कुछ बूँदें उसके गालों से लुढ़क गईं। उसका सिर भारी हो गया था क्योंकि तीन दिन और तीन रात तक लगातार उसने आँखें नहीं मूँदी थीं। अब वह शायद आँखें बन्द करके क्षणिक निन्द्रा में सो रही थी। ठंडी हवा का झोंका आया और वह जाग गई।

"अरे!" वह चौंक उठी। उसने अपने चारों ओर देखा। वह बूढ़ा आदमी जा चुका था और जा चुका था उसके साथ ही उस बेचारी का बीमार बच्चा भी। कोने में उसकी

पुरानी घड़ी खट्-खट् करती चल रही थी। शीशे का वह बोझ लिए पृथ्वी पर गिर पड़ी और उसकी खट्-खट् भी बन्द हो गई।

असहाय माँ अपने बच्चे के लिए चिल्लाती हुई बाहर को दौड़ी।

एक औरत काले कपड़े पहने बाहर बर्फ़ के फ़र्श पर बैठी थी—उसे देखकर उस स्त्री ने कहा—"मृत्यु दूत अभी तुम्हारे कमरे में था। मैंने देखा है अभी-अभी वह तुम्हारे बच्चे को लिए बाहर आया और हवा की सी तेज़ी से उस ओर भाग गया। वह जिस किसी को भी ले जाता है कभी लौटाता नहीं।"

"मुझे केवल यह बता दो कि वह किस ओर गया है" माँ ने कहा, "किस रास्ते से वह गया है। मैं ढूँढ़ लूँगी।"

"मैं उसे जानती हूँ।" उस स्त्री ने कहा, "लेकिन तुम पहले हमें वह गीत सुनाओ जो तुम अपने बच्चे को सुनाती थीं। मुझे वे गीत बड़े प्रिय हैं। मैंने उन्हें पहले भी सुना है। मैं 'रात्रि' हूँ। मैंने तुम्हारी आँखों में गीत गाते समय आँसू भी देखे हैं।"

"मैं सुना दूँगी," माँ ने कहा, "पर अभी मुझे रास्ता बता दो ताकि मैं शीघ्र ही उस बूढ़े को पकड़ सकूँ और अपने बच्चे को उससे वापस पा सकूँ।"

पर रात्रि चुपचाप बैठी रही जैसे वह बहरी हो और माँ के शब्द उसके कानों में न पड़े हों। तब माँ ने रात्रि का हाथ पकड़कर उसे झकझोरा फिर गीत भी गाया; रोई भी। कई बार उसने अपने गीत दोहराए। और जब आँसुओं और दुख के कारण उसका गला रुँध गया तब रात्रि ने कहा, "इस सामनेवाले जंगल के दाहिनी ओर जानेवाले रास्ते पर जाओ क्योंकि मृत्यु को तुम्हारे बालक के साथ मैंने उधर ही जाते देखा है।"

पर बीच जंगल में आकर माँ रास्ता भूल गई। वहाँ उसने एक काली झाड़ी देखी। उस झाड़ी में एक भी पत्ती नहीं बची थी। उसने झाड़ी से पूछा, "क्या तुमने इधर से मृत्यु को मेरे बच्चे के साथ जाते देखा है?"

'हाँ!' झाड़ी ने कहा, "पर मैं तुम्हें तब तक रास्ता न बताऊँगी जब तक तुम मुझे अपने हृदय के स्पर्श से गर्म न कर दोगी, क्योंकि इतनी सर्दी पड़ी है कि मैं अब बर्फ़ हुई जा रही हूँ।"

तब माँ झाड़ी को गर्म करने के लिए उसकी ओर बढ़ी। झाड़ी के काँटे उसके समस्त शरीर में चुभ गए। उसका शरीर लहूलुहान हो गया। पर उस दुखिया माँ के गर्म हृदय के स्पर्श से जाड़े की इस अँधेरी काली रात में भी झाड़ी का जाड़ा जाता रहा और उसमें नई पत्तियाँ निकल आईं।

तब झाड़ी ने उसे रास्ता बता दिया।

माँ उस मार्ग पर आगे बढ़ी। वह एक झील के निकट आई। उस झील में न तो कोई नाव थी, न डोंगी। न तो झील का पानी इतना जमा ही था कि वह उस पर से चलकर पार हो सकती। पर अपने बच्चे के लिए वह सभी कुछ कर सकती थी। बैठकर उसने झील का पानी पीना शुरू किया। किसी अन्य के लिए यह कितना असम्भव था! पर उस दुखिया माँ ने सभी कुछ किया।

"नहीं! तुम मुझे नहीं पी सकती!" झील ने कहा, "पहले मुझे राज़ी करो। मुझे मोती इकट्ठे करने का शौक़ है। तुम्हारी आँखें बहुत सफ़ेद हैं। अगर तुम रोओ तो तुम्हारे आँसू मुझमें गिरकर मोती बन जाएँगे। फिर मैं तुम्हें उस हरे बाग़ में पहुँचा दूँगी जहाँ मृत्यु रहता है और पेड़-पौधों का व्यापार किया करता है। यही पेड़-पौधे संसार के मृतक प्राणी हैं।"

"ओह, मैं अपने बेटे को पाने के लिए सब कुछ कर सकती हूँ।" माँ ने कहा, और वह ख़ूब रोई। उसकी आँखें सूज कर दूनी हो गईं। झील में गिर कर उसके आँसुओं से बड़े क़ीमती मोती बन गए। तब झील ऊपर उठ गई। माँ उस पर बैठ गई। और दूसरे ही क्षण झील ने उसे दूसरे किनारे पर पहुँचा दिया। वहाँ एक अत्यन्त आश्चर्यजनक महल खड़ा था। वह मीलों लम्बा और चौड़ा था। कोई नहीं कह सकता था कि वह गुफ़ाओं का पहाड़ है या बनाया हुआ महल। पर माँ को कुछ सोचने-देखने का अवकाश कहाँ था। उसकी आँखें भी रोते-रोते ख़राब हो चुकी थीं।

"मृत्यु कहाँ है, जो मेरे बच्चे को लेकर भाग आया है।" माँ ने पूछा।

"वह अभी तक यहाँ नहीं आया।" एक सफ़ेद बालों वाली बुढ़िया ने उत्तर दिया। वह भी मृत्यु को ही ढूँढ़ रही थी। उसने माँ से पूछा, "पर तुम्हें यह रास्ता कैसे मालूम हो सका। यहाँ आने में किसने तुम्हें सहायता दी।"

"भगवान ने।" माँ ने उत्तर दिया, "वह बड़ा दयालु है और दयालु तुम भी तो हो। अच्छा बताओ मेरा बच्चा कहाँ है।"

"मैं नहीं जानती।" बूढ़ी औरत ने कहा, "और तुम अपने बच्चे को देख भी तो नहीं सकोगी। आते ही मृत्यु उसे पौधा बना कर पृथ्वी में गाड़ देगा। तुम जानती हो, हर पेड़ के हृदय में धड़कन होती है। तुम अपने बच्चे के हृदय की धड़कन को पहचान सकती हो, पर यदि मैं बता भी दूँ तो तुम मुझे दोगी क्या?"

"मेरे पास अब देने को कुछ नहीं बचा है।" माँ ने निराश होकर कहा, "पर मैं तुम्हारे लिए सब कुछ कर सकती हूँ।"

"तुमसे मुझे कुछ नहीं लेना है", बुढ़िया ने कहा, "केवल तुम मुझे अपने लम्बे काले केश दे दो। ये मुझे अच्छे लगते हैं। तुम बदले में मेरे उज्ज्वल और स्वच्छ बाल ले सकती हो।"

"तो तुम केवल यही माँगती हो?" माँ ने कहा, "मैं ख़ुशी से अपने केश तुमको दे दूँगी।" और उसने अपने सुन्दर बाल देकर बदले में बुढ़िया के सफ़ेद बाल ले लिए।

तब दोनों मृत्यु के भयानक बाग़ में घुसीं। वहाँ सचमुच बड़े अच्छे-अच्छे पेड़-पौधे लगे हुए थे। वहाँ बहुत से साँप थे जो पेड़ों की रखवाली करते थे। वहाँ ताड़, ओक, केले आदि के भी अनेक पेड़ थे। हर वृक्ष और फूल के अलग-अलग नाम थे। वास्तव में वे सभी मृतक मनुष्य थे। वे अब भी जीवित थे—एक चीन में, दूसरा ग्रीनलैंड में; इस प्रकार सारे संसार में कहीं-न-कहीं। वहाँ कुछ बड़े पेड़ छोटे गमलों में थे। कुछ छोटे पौधे अच्छी ज़मीन में लगे थे। माँ ने हर छोटे पौधों को देखा और उनके हृदय की धड़कन को सुना। अन्त में उसने अपने बच्चे को पहचान लिया।

"यह रहा!" वह चिल्ला पड़ी। उसने दोनों हाथों से पौधे को पकड़ लिया। वह बिलकुल कमज़ोर और पीला था।

"फूलों को मत छुओ!" बुढ़िया ने चिल्लाकर कहा, "बल्कि यहीं रुकी रहो, मृत्यु को आने दो, अब वह आने ही वाला है, उसको पौधा उखाड़ने मत देना। उसे डरवाना कि अगर वह उसे उखाड़ेगा तो वह भी अन्य पौधों को उखाड़ डालेगी और तब वह डर जाएगा। क्योंकि स्वर्ग से आज्ञा आने पर ही वह इन्हें छू सकता है।"

तभी आँधी-तूफ़ान का एक झोंका-सा आया। अन्धी माँ ने समझ लिया कि मृत्यु आ गई।

"तुम्हें यहाँ का रास्ता कैसे मालूम हो सका?" मृत्यु ने पूछा, "और तुम मुझसे भी जल्दी कैसे आ गईं?"

"मैं माँ हूँ न!" माँ ने कहा।

मृत्यु ने पौधा उखाड़ने को हाथ बढ़ाया ही था कि माँ ने उसका हाथ पकड़ लिया—मृत्यु की साँसें माँ के हाथ को छूने लगीं। माँ ने अनुभव किया कि मृत्यु की साँसें बर्फ़ के तूफ़ान से भी अधिक ठंडी थीं। उसके हाथ निर्बल पड़ गए।

"तुम मेरे विरुद्ध कुछ नहीं कर सकतीं।" मृत्यु ने कहा।

"लेकिन दयालु भगवान तो कर सकता है—" माँ ने उत्तर दिया।

"मैं भी वही करता हूँ जो भगवान आज्ञा देता है।" मृत्यु ने कहा।

"मैं उसके बाग़ का माली हूँ। मैं उसके पेड़-पौधों को स्वर्ग के इस बाग़ से उखाड़ अज्ञात स्थानों में लगा आता हूँ जिसे कोई नहीं जान सकता।"

"मेरा बच्चा तुम लौटा दो।" माँ ने कहा और रोने लगी। उसने दो फूलों को पकड़ लिया और बोली, "मृत्यु मैं तुम्हारे समस्त फूलों को नष्ट कर दूँगी। मैं निराशा की मारी हूँ।"

"उन्हें मत छुओ।" मृत्यु ने कहा, "तुमने कहा, तुम एक दुखी माँ हो—अब दूसरे किसी माँ को दुखी क्यों बनाती हो?"

"दूसरी माँ!"

माँ ने चौंककर कहा—और फूल को छोड़ दिया।

"जाओ, तुम अपनी आँखें झील से माँग लेना।" मृत्यु ने कहा, "मैं नहीं जानता था कि वे तुम्हारी ही आँखें हैं। उन्हें लौटा लेना, वे पहले से अधिक ज्योति वाली हो गई हैं। मैं तुम्हें दोनों फूलों के नाम बताऊँगा जिन्हें तुम तोड़ रही थीं—नष्ट कर रही थीं।"

माँ ने मृत्यु की ओर देखा—

"वे दोनों भगवान की इच्छाएँ थीं।" मृत्यु ने कहा।

"इनमें से कौन भाग्य की और कौन अभाग्य की है।" माँ ने पूछा।

"यह तुम नहीं जान सकतीं।" मृत्यु ने कहा, "पर तुम केवल इतना ही जान लो कि इन फूलों में से एक तुम्हारा बच्चा भी था जो भाग्यवश नष्ट होने से बच गया।"

‘‘इसमें कौन मेरे बच्चे का फूल है?’’ माँ ने कहा, ‘‘बता दो मुझे! या उस अबोध बच्चे को ही इस रहस्य से छुटकारा दे दो या तुम्हीं इसे यहाँ से भगवान के यहाँ ले जाओ। मेरे आँसुओं को भूल जाओ।’’

‘‘मैं तुम्हारी बात नहीं समझ सका।’’ मृत्यु ने कहा, ‘‘इसे कहाँ ले जाएँ? तुम्हें लौटा दें या किसी अनजान देश को।’’

‘‘भगवान के यहा, या जहाँ तुम्हारी इच्छा हो।’’ कहकर माँ वहीं गिर पड़ी।

और मृत्यु उसके बच्चे को लिए हुए अज्ञात देश की ओर चला गया।

*बेल्जियम*

# लकड़ी का घर

*ब्लैंच रॉसीन*

गोटे और ननेटी लकड़ी के छोटे से मकान में रहती थीं। गोटे युवती थी और ननेटी वृद्धा।

"हाय, हाय!" ननेटी ने कहा, "जब मैं मर जाऊँगी तो गोटे का क्या होगा?"

"मैं उसे अपने यहाँ रख लूँगा।" पीरे ने कहा। और इसीलिए एक दिन जब लोगों ने ननेटी को क़ब्रिस्तान तक पहुँचा दिया तो पीरे गोटे के पास गया। और उससे बोला, "क्या तुम मेरी पत्नी बनोगी?"

"थोड़े दिन ठहरो।" गोटे ने कहा, "जब तक मैं तैयार हो लूँ। पहले काले कपड़े पहनूँगी फिर सफ़ेद। दूसरे बसन्त तक हमें ठहरना पड़ेगा।" और वह शीघ्रता से काले कपड़े पहनने लगी।

गोटे के मकान की हर वस्तु अच्छी और साफ़ थी। ननेटी का स्टूल, रोटी रखने का बर्तन, चारपाई और छोटा चाय का सेट पर्दे के पीछे रखा था। छत पर शीशा जड़ा हुआ एक चित्र, एक शीशा और दो फूल भी टँगे थे और वहाँ एक कोने में उसके काम की टोकरी थी। उसमें कैंची, सूइयाँ, रुई आदि रहती थीं—कारण, गोटे अपना जीवन सीने-परोने से ही चलाती है।

उसके दो मित्र हैं। पीरे जो उसे प्यार करता था और उसकी बिल्ली जूड जो उसकी मित्र है—सहेली है। पीरे नवजवान और मज़बूत था। उसके प्रहार से ओक का पेड़ गिर जाता था। वह गोटे को एक हाथ से उठा लेता था।

जूड बूढ़ी थी। उसकी आँखें समुद्र की तरह हरी थीं। रात को वह गोटे के पाँवों तले सोती है।

एक दिन गोटे खिड़की पर बैठी सीना-पिरोना कर रही थी। नीचे से एक राजा गुज़रा। वह बहुत सुन्दर था। उसके पीछे बहुत से आदमी थे। उसने गोटे की ओर देखा। उसकी सुन्दरता से मुग्ध होकर उसने गोटे का नाम पूछा।

"मुझे गोटे कहते हैं।" गोटे ने उत्तर दिया।

"गोटे," राजा ने कहा, "क्या तुम जानती हो, तुम बड़ी सुन्दर हो।"

"मेरे पास शीशा तो नहीं है।" गोटे ने कहा।

"मेरा ले लो।" राजा ने कहा और अपना शीशा गोटे को दिया। गोटे ने देखा—सचमुच वह बहुत सुन्दर थी।

दूसरे दिन राजा फिर आया।

"गोटे!" राजा ने कहा, "क्या तुम रानी होना पसन्द करोगी?"

"तुम मेरा मज़ाक उड़ा रहे हो?" गोटे ने कहा।

लेकिन रात उसने अपने आपसे कहा–

"क्या मैं रानी नहीं हो सकती?"

और दूसरे दिन गोटे राजा के साथ चली गई। जब पीरे लौट कर आया तो देखा, घर में कोई न था; आग बुझ चुकी थी, जूडे को किसी ने रोटी के बर्तन में बन्द कर दिया था।

और गोटे अब शान से राजधानी के राजमहल में रहती थी। वह गहने और क़ीमती वस्त्र पहनती थी। लेकिन रात को वह सो न पाती क्योंकि बगलवाले पार्क से एक आवाज़ आया करती थी। 'मैं उस आवाज़ को पहचानती हूँ।' गोटे ने सोचा उसने सोने की कोशिश की पर उसे नींद न आई।

थकी-सी वह उठी। लैम्प उसने हाथ में ले लिया और पर्दे से झाँक कर देखा–

पीरे पार्क में चक्कर लगा रहा है।

दूसरे दिन उसने अपने पति को बुलाया और कहा, "एक आदमी रात को पार्क में शोर मचाया करता है, मुझे नींद नहीं आती। आज्ञा देकर उसे देश के बाहर निकलवा दो।"

पीरे को देश से बाहर निकाल दिया गया।

पर दूसरे दिन एक दूसरी आवाज़ आ रही थी। यह जूडे थी जो पार्क में चक्कर लगा रही थी। गोटे ने पति से कहा, "एक बिल्ली रात को तंग करती है उसे मरवा दो।"

जूडे को कुएँ में डाल दिया गया।

लेकिन दूसरी रात को स्वप्न में गोटे ने सुना–"सुई हूँ। मैं सुई हूँ।"

दूसरी आवाज़ ने कहा, "मैं कैंची हूँ–मैं कैंची हूँ।" "मैं ननेटी का स्टूल हूँ।"–"मैं खिड़की हूँ–" "गोटे! गोटे, मेरी आवाज़ सुनो!"

तब गोटे चुपचाप उठी। अँधेरी रात में जाकर उसने अपने लकड़ी के पुराने मकान में आग लगा दी। लेकिन घर के साथ-साथ चिड़ियों का एक घोंसला भी जल गया, जो उसके घर की छत पर लटक रहा था।

उसके रात के न सोने का यही कारण था। एक गौरैया जो बचकर निकल भागी थी उसकी खिड़की के चारों ओर अब भी गाती उड़ा करती है।

"मुझे भी मारने की कोशिश करो, पर तुम्हारा तीर मुझ तक नहीं पहुँच सकेगा।"

"मेरे लिए कोई इस गौरैया को मार डाले।" गोटे ने कहा। लेकिन व्यर्थ। उसे कोई भी मार न सका। यही कारण था कि गोटे महल में सोने की कोशिश करके भी कभी न सो सकी।

*बेल्जियम*

# ख़बरें

*लुईस डीलॉल्ट्रे*

अप्रैल के प्रारम्भ में मौसम परिवर्तित हो गया और एक ही रात में बसन्त ऋतु जंगल में फूल की भाँति विकसित हो गई।

मॉशिया क्वाट को इससे बड़ी प्रसन्नता हुई। उसने अपनी नौक़रानी से बाग़ के सिरे पर दीवार के पास के बड़े पत्थर पर चढ़कर यह देखने को कहा कि क्या सचमुच बसन्त की सुन्दर ऋतु आ गई।

"बसन्त आ गया!" नौकरानी ने स्पष्ट स्वर में दृढ़तापूर्वक कहा। उसकी आँखें और बाल जैसे कह रहे थे कि हवा आसमान के साफ़ भाग में अब बहेगी। और उसने अपने होंठों को जीभ से नम कर लिया।

मॉशिया क्वाट नौकरानी पर विश्वास करता था, इसलिए उसे उसकी बात सुनकर बड़ी प्रसन्नता हुई। उसे केवल इशारा भर करना था। नौकरानी पहले से ही उसकी आशा कर रही थी। वह अपने लाल-लाल हाथों में ऐसे सुन्दर दिन में पहनने के उपयुक्त कपड़े ले आई। पतलून का रंग सफ़ेद था। जहाँ-जहाँ कीड़े खा गए वहाँ उसने रफ़ू करके ठीक कर दिया था। काले रंग का कोट था और हैट को तेल लगा कर उसने चमका दिया था। छड़ी में हाथी दाँत की मूठ लगी थी।

मॉशिया क्वाट इस प्रकार चमक उठे। नौकरानी ने उनका हाथ पकड़कर सीढ़ी के नीचे उतरने में सहायता दी और सड़क पर पहुँचा दिया। नौकरानी ने सड़क पर पड़े एक कंकड़ को अपने पैर से ठुकरा कर राह से हटा दिया। क्वाट ने पैर ज़मीन पर रखे। नौकरानी ने कहा, "यह देखिए, यह रहा बसन्त!"

तनिक आगे को झुककर क्वाट ने कहा, "अच्छा, तो चल दिया।' और उसके क़दम बढ़ गए।

वह छोटे-छोटे पग उठा रहा था; अपने पंजों से वह धरती को जैसे ठुकराता हुआ चल रहा था। उसकी सीधी खड़ी गर्दन के कारण उसकी लम्बाई और बढ़ गई थी। उसका सिर इस तरह हिल रहा था जैसे 'हाँ' कहता हो। मॉशिया क्वाट 'नहीं' कहने के लिए सिर हिलाना चाहता था पर बहुत परिश्रम के बाद ही उसे सफलता मिल पाती थी।

आज उसके सर की यह 'हाँ, हाँ' और भी बढ़ गई थी। आँखें झुर्रियों और बालों

के गहरे गढ़े में चमक रही थीं। हवा उन्हें सर्द आँसुओं से नम कर देती जिससे वे कोई पुराने रत्न सी दिखाई पड़ रही थीं।

'हाँ, हाँ, हाँ!' और उसने नीले आसमान की ओर देखा जैसे उसे आसमान से कोई चीज़ प्राप्त हो रही हो जिसे दूसरे देख भी नहीं पाते खासकर ब्लशेमेसन की पहाड़ियों और रॉडचिने पर जहाँ पर रेशमी हवा अत्यधिक प्रसन्नता के साथ खेला करती है। उसकी छड़ी धरती पर खट-खट करती रही और वह आगे बढ़ता रहा।

उसकी नाक की नोंक पर एक बड़ी-सी बूँद थरथरा रही थी। पीस-ड्-ट्र्यू पर पहुँच कर बूढ़े क्वाट का बचपन जैसे लौट आया। बिना संकोच या लाज के वह प्रकृति से आनन्द प्राप्त करने लगा।

"कहो क्वाट बाबा।" सड़क के किनारे काम करते हुए बढ़ई ने कहा। एक हाथ में वह अपना पाइप पकड़े हुए था और दूसरे में लकड़ी छीलने का औज़ार। वह खुली हवा में काम करने के कारण खुश था।

"सो आप आ गए। बसन्त ऋतु आ गई?"

"मॉशिया क्वाट ने कहा–"अप्रैल है अप्रैल, मेरे बच्चे!"

"नमस्कार, नमस्कार" उसने पूरे उत्साह से कहा और वह आगे बढ़ गया। अब वह लुहार की दुकान के सामने आ गया। धौंकन चल रही है। हथौड़ा लाल लोहे पर चोट कर रहा है। लुहार अपना काम रोक नहीं सकता फिर भी मॉशिया क्वाट को देख मुस्करा कर अपने को तनिक झटका दिया।

"नमस्कार क्वाट पिता। जाड़ा समाप्त हो गया, मैं मानता हूँ। अच्छी ऋतु तुम्हें किधर लिए जा रही है?"

'हाँ, हाँ, हाँ,' बूढ़े ने कहा, 'हाँ, हाँ, हाँ,'

गाँव के दूसरे सिरे पर एक छोटी-सी सराय है। क्वाट वहीं पहुँचता है, वहीं वह रहती है। क्वाट अस्सी वर्ष का है पर वह अभी 20 की भी नहीं है। अपने कमरे की खिड़की से, जहाँ वह बैठी थी, उसने क्वाट को आते देखा। वह सीढ़ियाँ चढ़ने लगता है तो वह दरवाज़ा खोल देती है। उसके दाँतों के बीच दबी थोड़ी-सी डोरी इस तरह हिल रही है जैसे मकड़ी का छाजा दीवार से लगा हुआ हवा से हिलता है। उसका चेहरा गम्भीर और सुन्दर है। जाड़े के बाद मॉशिया क्वाट को देखकर उसका चेहरा खुशी से चमक उठा। वह उसे अँगीठी के पास एक नीची कुर्सी पर बैठाती है। और एक शीशे के गिलास में लबालब शराब ढाल कर देती है। फिर वह अपनी सिलाई करने लगती है।

धीरे-धीरे वह उसे गाँव के उन समाचारों को सुनाती है जो मॉशिया क्वाट के पास तक नहीं पहुँच सके। वह इस बीच मरे और पैदा हुए लोगों की चर्चा करती है।

"ओहो...यही तो मेरे भी समय में होता था..."

पर मॉशिया क्वाट अपना वाक्य पूरा नहीं करता क्योंकि इतने शब्दों को एक साथ बोलने के कारण वह थक गया है। वह कितना प्रसन्न है।

समय बीत चला। जब सूर्य की पीली किरणें दीवारों पर चढ़ गईं तब पके भोजन की सुगन्ध फैल गई। 'आप जा रहे हैं' सराय के मालिक ने पूछा।

वह उठकर पर्दे के पास जाती है। एक पुराना मैला अखबार उठा लेती हैं। अख़बार के कोने मुड़ गए हैं।

"लो, अख़बार लेते जाना, अवकाश में पढ़ना।"

"धन्यवाद", मॉशिया ने कहा, "पढ़कर अगले सप्ताह मैं इसे लौटा दूँगा।"

वह फिर चल पड़ा। छोटे-छोटे पग धरते हुए छड़ी से धरती को ठुकराते और सिर से 'हाँ-हाँ' करते वह घर पहुँच गया। उसने भोजन किया और बेंत की आरामकुर्सी पर बैठकर, अपने आतशी शीशे को लेकर जो इतना खरोंचा हुआ है कि मकड़ी का जाला-सा दिखाई पड़ता है, वह ख़बरें पढ़ने बैठ जाता है। बहुत-सी ख़बरें हैं, क्या-क्या चीज़ें। पर शीघ्र रोशनी धीमी पड़ जाती है। मॉशिया क्वाट अख़बार को उसी प्रकार तह करके रख देता है। शेष कल पढ़ेगा।

वह कह उठता है, "यह जो बातें होती हैं (उसके होंठ हिलने लगते हैं) उनसे भला क्या लाभ?"

फिर भी वह अख़बार को शुरू से आख़िर तक पढ़ जाएगा। समाप्त करने के बाद वह उसे सावधानी से लेकर बाज़ार होता हुआ सराय को जाएगा। अख़बार को फिर उसे लौटा देगा जिससे कि इस वर्ष या अगले वर्ष कोई दूसरा भी इस विस्तृत संसार के समाचारों को पढ़ सके।

*He who has nuts cracks them*
*He who has none lacks them*

# भाग्यवान

*रैमन डेल्वैले-इन्कॉन*

गाँव की सबसे बूढ़ी स्त्री अपने पौत्र का हाथ पकड़े हुए हरे गोटेदार रास्ते पर टहल रही है जो कि उषा के धूमिल प्रकाश में सुन्न-सा दिखाई पड़ता है। उसकी कमर झुक गई है। और हर क़दम उठाने में उसे ज़ोर-ज़ोर से साँस लेना पड़ता है। बच्चे को वह उपदेश देती जा रही है जो मूक रुदन कर रहा है।

"अब तुम पैसा पैदा करने लगे इसलिए तुम्हें विनीत होना चाहिए क्योंकि भगवान का यही नियम है।"

"हाँ, दादी।"

"तुम्हें अपने हितैषियों तथा दिवंगत आत्माओं के लिए भगवान से प्रार्थना करनी चाहिए।"

"हाँ।"

"यदि तुमने कुछ बचाया हो तो एक छाता खरीद लो क्योंकि पानी अक्सर बरसता है।"

"बहुत अच्छा।"

"राह चलते समय लकड़ी के जूते उतार लिया करो।"

"अच्छी बात है।"

दादी और पोता दोनों टहलते हुए चले जा रहे हैं। सड़क का सूनापन लड़के के मुख को और भी मलीन बनाए दे रहा है। ऐसा मालूम होता है जैसे वह जीवन के प्रारम्भ में ही अपमान उदासीनता और ग़रीबी की प्रतिमा हो। बुढ़िया के जूते सड़क पर पड़े कंकड़ों से लड़कर बोल उठते हैं और सिर पर ढके हुए शॉल के भीतर वह काँप उठती है। लड़का सर्दी के मारे काँपता हुआ सिसक रहा है। उसके कपड़े फट कर चिथड़े हो गए हैं। उसका मुँह धूप से काला और झुर्रियोंदार हो गया है। पुराने ज़माने के गुलामों की भाँति माथे पर उसके बाल कटे हुए हैं।

उषा के धुँधले आसमान में अब भी चाँद तारे टिमटिमा रहे हैं। गाँव से भागती हुई एक लोमड़ी रास्ते से निकल गई। दूर पर कुत्तों के भौंकने और कौवों के काँव-काँव करने की आवाज़ सुनाई पड़ रही है।...धीरे-धीरे सूर्य पहाड़ियों के ऊपर तैरता हुआ निकल आया। ओस घास पर चमक उठी, पहली बार घोंसला छोड़नेवाली चिड़िया पेड़

के चारों ओर डरती हुई उड़ रही हैं। झरने हँस से रहे हैं, पेड़ों की शाखाएँ मर्मर कर रही हैं। और हरे पट्टेवाली सड़क जो कि दुखी और उदास-सी लगती थी जाग-सी उठी है। मेड़ों के ग़ल्ले पहाड़ियों पर चढ़ रहे हैं। औरतें जल-स्रोत से गाती हुई लौट रही हैं। एक सफ़ेद बालों वाला ग्रामीण अपने बैलों को आगे चलने के लिए उकसा रहा है जो सड़क के किनारे घास चरने को ठहर गए हैं। बड़ी दूर से उसकी आवाज़ सुनाई पड़ रही है।

"आप मेले जा रही हैं क्या?"

"इस लड़के के लिए नौकरी खोजने सैनअमेडियो जा रही हूँ।"

"कितना बड़ा है।"

"कमाने के लिए काफ़ी है। पिछली जुलाई में नौ वर्ष का हो गया।"

और दादी और लड़का दोनों चले जा रहे हैं...सूर्य के प्रकाश में गाँव के लोग उनके पास से गुज़र रहे हैं। एक घोड़ों का व्यापारी खुशी-खुशी घोड़े के टापों की खटपट करता चला जा रहा है। बूढ़ी स्त्रियाँ मुर्ग़ी के बच्चे, राई इत्यादि लेकर मेले जा रही हैं। पेड़ों के बीच एक देहाती चट्टानों में उछलती-कूदती बकरियों को डराने के लिए हाथ फैलाकर चिल्ला रहा है। गाँव के पादड़ी को निकल जाने देने के लिए बूढ़ी लड़के के साथ सड़क के एक किनारे खड़ी हो जाती है। पादड़ी गाँव के एक उत्सव में भाषण देने जा रहा है।

"नमस्कार।"

पादरी ने अपने घोड़े की लगाम खींची।

"मेले जा रही हो।"

"भला हम ग़रीब मेले जाकर क्या करेंगे। हम तो सैनअमेडियो जा रहे हैं, इस लड़के के लिए कोई नौकरी खोजने।"

"इसे अपना धर्म मालूम है न?"

"हाँ अवश्य! ग़रीबी किसी को ईसाई होने से नहीं रोकती।"

और दादी और लड़का टहलते हुए आगे बढ़े। दूर पर सैनअमेडियो के गिरजेघर के चारों ओर लगे साइप्रस के पेड़ झलकने लगे थे उनके सिरों पर सुनहली धूप का जैसे मरहम लग रहा हो। गाँव के हर घर का दरवाज़ा खुला है और उसकी चिमनियों से निकलनेवाला धुआँ आसमान में जाकर इस तरह विलीन हो रहा है जैसे शान्ति का अभिवादन हो। दादी और लड़का बरसाती में पहुँच गए। दरवाज़े पर बैठा हुआ एक अन्धा आदमी भीख माँग रहा है। अपनी आँखें वह आसमान की ओर लगाए हुए है।

"सेंट लूसी तुम्हारे स्वास्थ्य और नेत्र-ज्योति को बनाए रहे जिससे तुम अपनी जीविका प्राप्त कर सको।...भगवान तुम्हें खाने-पहनने और दान करने के लिए देता रहे...स्वास्थ्य और सौभाग्य मिले...भगवान के बन्दे बिना दिए नहीं जाएँगे...।"

अन्धा अपने भूखे हाथों को सड़क की ओर बढ़ाए हुए था। अपने पोते के साथ निकट आकर दुख के साथ बूढ़ी ने कहा–

“भाई हम भी बहुत ग़रीब आदमी हैं...हमने सुना कि एक नौकर की तुम्हें ज़रूरत है।”

“है ज़रूर! मेरे पिछले नौकर का एक यात्रा में सिर टूट गया। अब वह बिलकुल बेवकूफ़ है...।”

“मैं अपने पोते को अपने साथ लाई हूँ।”

“बहुत अच्छा किया।”

अन्धे ने अपना हाथ फैलाया जैसे हवा पकड़ने का प्रयत्न कर रहा हो।

“पास चले जाओ बेटे।”

दादी ने उसे ढकेल कर आगे बढ़ाया। लड़का भेड़ के बच्चे की तरह काँप रहा था। अन्धे ने अपना पीला हाथ लड़के के ऊपर रखा और सिर से नीचे तक देख लिया।

“सामान लेकर पहाड़ पर चढ़ने में तुम थकते तो नहीं?”

“नहीं, मुझे इसका अभ्यास है।”

“गाँव के रास्ते तुम्हें मालूम हैं?”

“जहाँ न मालूम होगा वहाँ पूछ लेंगे।”

“यात्रा में जब मैं एक गीत गा चुकूँगा तब तुम्हें दूसरा गीत गाना होगा। कर लोगे।”

“अभ्यास से करने लगूँगा।”

“अन्धे का नौकर होना बहुत से लोग पसन्द करते हैं।”

“हाँ।”

“अच्छा अब आ गए तो चलो, पाजोसेला चलें। वहाँ के लोग दयालु हैं, यहाँ तो कौड़ी भी नहीं मिलती।”

अन्धा उठा और लड़के के कन्धे पर हाथ रखकर चल पड़ा। लड़का सामने पड़ी लम्बी सड़क को देखकर उदास हो गया। दूर पर एक मज़दूर कमर झुकाए हुए घास काट रहा था। अन्धा लड़के के साथ आगे बढ़ा और बूढ़ी अपनी आँखों को पोछते हुए मन में सोच रही थी—

‘कितना भाग्यवान लड़का है। अभी नौ वर्ष का ही हुआ है और अपने खाने को पैदा कर लेता है।...भगवान, सब तेरी कृपा है।’

# एक नवयुवक और उसके मित्र

*जुआन मैनल*

एक बूढ़े भले आदमी का लड़का था। अन्य उपदेशों के साथ-ही-साथ उसने उससे अधिक-से-अधिक मित्र पैदा करने के लिए कहा। लड़के ने भी पिता की आज्ञा के अनुसार ही काम किया। लड़के ने मित्रता बढ़ानी शुरू की, और जो गुज़ारा उसको मिलता था उसमें वह अपने कथित मित्रों के साथ गुज़र करता। वे भी उसको प्रसन्न रखने की यथाशक्ति कोशिश करते; यही नहीं वे आवश्यकता पड़ने पर उसके लिए अपनी जान भी दे सकते थे।

एक दिन जब वह नवयुवक अपने पिता के साथ बातें कर रहा था तो उसके पिता ने उससे पूछा कि जैसा मैंने तुमसे कहा था वैसा तुमने किया या नहीं। तुमने अपने मित्रों की संख्या बढ़ाई।

लड़के ने कहा, 'हाँ'। उसने कहा कि औरों के अतिरिक्त उसे अपने दस मित्रों पर अधिक विश्वास है। वे कितना ही दुख या विपत्ति क्यों न पड़े वे उसे कदापि नहीं छोड़ सकते।

यह सुनकर पिता ने आश्चर्य से कहा कि इतने थोड़े समय में तुमने इतने मित्र बना लिए इस पर मुझे आश्चर्य है। और वह अपनी सारी उम्र में डेढ़ से अधिक मित्र नहीं बना सका। लड़का अपने पिता के साथ विवाद करने लगा कि जो कुछ उसने अपने मित्रों के सम्बन्ध में कहा है वह सही है।

जब पिता ने देखा कि उसका लड़का अपने मित्रों के सम्बन्ध में इस तरह कह रहा है तो उसने कहा कि तुम इस प्रकार अपनी बात का प्रमाण दो। पहले तुम एक सूअर मार डालो और तब उसको एक बोरे में भर कर अपने किसी मित्र के घर जाओ, और उससे चुपचाप कहो कि तुमने अभाग्यवश एक आदमी की हत्या कर डाली है। और यदि यह बात फैल जाती है तो उसकी जान के लाले पड़ जाएँगे और साथ ही जिनकी इसके सम्बन्ध में कुछ भी जानकारी होगी उनकी भी जान ख़तरे में पड़ जाएगी। इसलिए चूँकि वे मित्र हैं, उसके लड़के को भी सब बात बता दी जाए और मौक़ा पड़ने पर हम सब अपने को बचाने का प्रयत्न करें।

नवयुवक ने ऐसा ही किया। अपने मित्रों के घर जाकर उसने उस दुर्घटना के सम्बन्ध में बताया। उन सबने एक के बाद एक कहा कि अन्य सभी मामलों में वे उसके

लिए सब कुछ करने को तैयार हैं, किन्तु ऐसे अवसर पर जिसमें उनकी सम्पत्ति और जीवन दोनों ख़तरे में पड़ जाएँगे वे उसकी सहायता नहीं कर सकते। साथ ही उन्होंने उससे प्रार्थना की कि भगवान के नाम पर किसी से यह न कहना कि तुम हम लोगों के पास आए थे। कुछ ने कहा कि वे उसके लिए मुक़दमे की पैरवी करेंगे। दूसरों ने कहा कि वे उसको फाँसी लगते दम तक भी नहीं छोड़ेंगे।

जब नवयुवक उन सभी मित्रों की मित्रता की परीक्षा ले चुका और कोई भी उसे अपने यहाँ रखने को तैयार नहीं हुआ तब वह अपने पिता के पास पहुँचा और उससे सब हाल कह सुनाया। सब बातें सुनकर पिता ने उससे कहा कि बड़े-बूढ़े जिन्होंने जीवन में अनेक तरह के अनुभव किए हैं किस तरह अपने लड़कों की अपेक्षा अधिक जानते हैं। उसने कहा कि उसके तो केवल डेढ़ मित्र हैं और वह उनके पास जाकर परीक्षा कर सकता है।

पहले लड़का अपने पिता के उस मित्र के पास गया जिसे पिता ने अपना आधा मित्र कहा था। अपने साथ वह सूअर की लाश को भी लेता गया। उसने अपने पिता के आधे मित्र के दरवाज़े पर पहुँचकर पुकारा। पहले उसने उसे सारी घटना सुनाई और कहा कि उसने अपने सभी मित्रों से प्रार्थना की परन्तु कोई लाभ नहीं हुआ। अब वह उसके पास आया है और आशा करता है कि उसके पिता की मित्रता का ख़्याल करके वह उसके लिए जो कुछ हो सकेगा करेगा।

यह सब सुनकर उसके पिता के आधे मित्र ने कहा कि उसके हृदय में उसके पिता के लिए श्रद्धा है, परन्तु उनके लड़के के लिए उसके हृदय में कोई प्रेम नहीं है। फिर भी उसके पिता के कारण वह उसकी सहायता करने को तैयार है और लाश को छिपाकर रखेगा। तब वह लाश के बोरे को लेकर अपने बाग़ में गया और उसने उसे ज़मीन में बहुत नीचे गाड़ कर ऊपर से पेड़-पौधे लगा कर ज़मीन को ढक दिया।

तब नवयुवक ने आकर सब बात अपने पिता को बताई। तब पिता ने कहा कि एक निश्चित दिन को वे आपस में राय करेंगे और अपने इसी मित्र के साथ वह किसी बात को लेकर विवाद करने लगेगा और अन्त में वह उस पर गहरी चोट करेगा। अवसर आने पर यह सब हुआ।

पर उस भले आदमी ने कहा, ‘‘मेरे नौजवान बच्चे, तुमने यह ठीक नहीं किया। लेकिन याद रखो कि इस अपराध के लिए या अन्य किसी भी तुम्हारे अपराध के लिए मैं बाग़ वाली बात को किसी से नहीं कहूँगा।’’

लड़के ने यह बात भी अपने पिता को सुनाई। पिता ने उससे अपने दूसरे मित्र के घर जाने को कहा। लड़के ने वही किया।

लड़के ने उसे सारी घटना सुना दी। उसके पिता के मित्र ने कहा कि उसके सम्मान और प्राण दोनों की रक्षा करने के लिए उससे जो भी बन पड़ेगा वह अवश्य ही करेगा। दुर्भाग्यवश उस शहर में एक आदमी की हत्या हो गई थी; हत्यारे को कोई नहीं जानता था। परन्तु बहुत से लोगों ने उस नवयुवक को रात में अपने कन्धे पर बोरा

रखकर जाते देखा था इसलिए उन्होंने अनुमान किया कि अवश्य ही यही हत्यारा है।

सारांश यह कि उन्होंने उसकी सूचना पुलिस को दे दी। वह गिरफ़्तार कर लिया गया और उसे हत्यारा घोषित कर दिया गया। परन्तु उसके पिता का मित्र उसे छुड़ाने का बराबर प्रयत्न करता रहा। जब उसने देखा कि उसको बचाने का कोई उपाय नहीं है तब उसने जाकर न्यायाधीश से कह दिया कि वह हत्या का अपराध अपनी आत्मा पर वहन नहीं करना चाहता, क्योंकि वास्तव में हत्या करनेवाला उसका पुत्र है—उसका एकमात्र पुत्र! और इस प्रकार अपने एकमात्र पुत्र की बलि देकर उसने अपने मित्र के पुत्र की जान बचाई।

# पहाड़ी नदी

डॉ. जॉन चैम्मर्स

1868 की हेमन्त में जब दिन ढल रहा था, पर धूप भी काफ़ी तेज़ थी, मैं दक्षिणी टाइरल में अपनी छुट्टी बिता रहा था। एक पुल पार करते हुए मैंने देखा कि पास वाली पहाड़ी से रोवेरेडो को सड़क जाती है। आज सुबह ही तो मैं ट्रेंट से रवाना हुआ था। ट्रेंट शहर इटली के शहरों में अपनी सुन्दरता के लिए प्रसिद्ध है। इसके चारों ओर आल्प के जंगल हैं। रोवेरेडो से यह लगभग बारह मील दूर है। मौसम आज सुबह से ही सूना-सूना हो रहा था। सुबह से चलते-चलते इस समय मैं इसी पुल पर विश्राम की साँस लेने को ठहर गया था। यहाँ से आगेवाली घाटी का सुहावना दृश्य साफ़ दिखाई पड़ रहा था। रेपीडलेना के हर ओर से कुछ-न-कुछ नहरें एडिज़ नदी में मिलती थीं। उन सभी के किनारे पथरीले थे। सूर्य की किरणें उन पर पड़ कर अपूर्व सौन्दर्य उत्पन्न कर रही थीं। पुल पर से उतरते समय प्रकृति की इस सुन्दर शोभा को देखकर हृदय नाच उठता था। इस स्थान की सुन्दरता, हेमन्त के फूलों को छू कर बहती हुई सुगन्धित वायु, चिड़ियों का चहकना दक्षिणी टाइरल की खास चीज़ थी। नदी के पानी के प्रवाह से उत्पन्न होनेवाला मधुर संगीत किनारे के घास के मैदानों के कीड़ों को मस्त बनाने को काफ़ी था। इन दृश्यों को देखकर मैं अपने आप से जैसे खोया-सा जा रहा था कि तभी एक बूढ़े को देखकर मैं जैसे जाग सा पड़ा। बूढ़ा मेरे बिलकुल पास आ गया था। उसके बाल बिलकुल सफ़ेद थे।

उसे देखकर मैंने अपना हाथ उठाकर उसे नमस्कार किया। उत्तर में मुझे एक विनीत नमस्कार मिला। मुझ पर उस बूढ़े का कुछ प्रभाव-सा पड़ा और मैंने उससे पूछा कि वह कितने दिनों से इस शान्त और सुखदायी घाटी में रह रहा है।

"मैं महाशय, यहाँ तब से रह रहा हूँ," उस बूढ़े ने उत्तर दिया, "रेवेरेडी को छोड़ने के लिए फ्रांसीसी वाध्य हो गए थे। उसे अब सत्तर साल हो गए हैं। यह स्थान रहने के लिए तो बड़ा अच्छा है, लेकिन सदा ही यह ऐसा शान्त और सुखदाई नहीं रहा है। अपने इस छोटे से जीवन में कई बार हम लोग अपने पड़ोसी प्रदेशों के रहनेवालों द्वारा लड़ाई में घसीटे जा चुके हैं। आपने भी शायद 1809 की लड़ाई का हाल पढ़ा होगा। टाइरोलेसे ने यूरोप के शासन की बागडोर अपने हाथों में कर ली थी। वह बड़ा बहादुर था?"

"और यह नदी भी" उसने एक क्षण रुककर आगे कहा। उसकी आँखें नीचे नदी

के चमकीले जल पर गड़ी थीं, "तो अब बहुत बदल गई है। पहले से यह अब कुछ कम चौड़ी दिखाई पड़ती है। पहले इसमें बर्फ़ अब से दुगना गला और बहा करता था। तब इसमें आवाज़ भी तो ख़ूब होती थी। जानवर तो डर के मारे निकट फटकते भी नहीं थे। यही नहीं, इसकी बाढ़ में न जाने कितने प्राणियों ने अपने प्राण गँवाए हैं।"

यह कहते-कहते उसके चेहरे पर एक वेदनापूर्ण रेखा खिंच गई जैसे उसे कुछ भूली बातें याद आ गई हों। मैंने पूछा, "क्या आपने कभी किसी को इस नदी की बाढ़ में मरते देखा है?"

"हाँ महाशय!" उसने कहा और वेदना के भार से सिर हिला दिया, "और इसी स्थान पर। पर वह एक बहुत पुरानी कहानी है। शायद आपको अच्छी न लगे।"

"नहीं, नहीं," मैंने कहा, "यहाँ बैठकर और आपकी कहानी सुनकर मुझे बड़ी ख़ुशी होगी। आइए उस साये में हम लोग बैठें।"

हम लोग साये में बैठ गए। बूढ़े ने सिर से हैट उतार कर नीचे रख दिया, ताकि दिमाग़ में ठंडी हवा लग सके। फिर उसने कहना शुरू किया—

"1813 के अटूबर के अन्त में जब यह ख़बर हम लोगों को मिली कि फ्रांसीसियों का ख़ून फिर लड़ाई के लिए गर्म हो गया है और नेपोलियन उनका सरदार है तो हम लोगों को यह डर लगा कि अवश्य ही फ्रांस का दूसरा हमला होने जा रहा है। दूसरे दिन सुबह-सुबह रोवेरेडो में हम सब इकट्ठे हुए। यह सभा रोवेरेडो के क़िले में हुई थी। हम सभी ख़ुश थे। केवल एक आदमी बरटोलो अनुपस्थित था। वह अपने कैबिन में बैठा था। इस समय वह उदास था, पाइडमाउंट का वह निवासी फ्रांसीसी सेना में भर्ती हो गया था। और हमारे छोटे से शहर पर फ्रांसीसी अधिकार होने में उनका बड़ा हाथ था। रोवेरेडो में आने के बाद वह यहाँ की एक किसान कन्या को अपना हृदय दे बैठा। वह किसान कन्या अपने शहर में सबसे सुन्दर थी। उनकी शादी हो गई। वे एक झोपड़ी बना कर रहने लगे। उस झोपड़ी को तुम अब भी उस सोते के किनारे ठीक क़िले के सामने थोड़ी दूर पर देख सकते हो...।

"शादी के बाद वह युद्ध से अलग हो गया। अपनी स्त्री के लिए, प्रेम के लिए। यही कारण था कि उसे अपने पड़ोसियों से भी अलग ही रहना पड़ा था। तब वह केवल मछलियाँ पकड़कर या जंगली जानवरों का शिकार करके अपने परिवार की आवश्यकताओं की पूर्ति करता था। वह अब पूर्णतया किसान का जीवन व्यतीत कर रहा था। पहले तो उसने बड़ी-बड़ी लड़ाइयाँ लड़ी थीं और कितनी ही बार पड़ोसियों के गृहयुद्ध में भी भाग ले चुका था पर अब उसने यह सब पूर्णतया छोड़ दिया था। एक बार उसने काउंट के बेटे को जंगल में एक भयानक भालू के पंजे से भी छुड़ाया था।

"ओह! उसकी स्त्री बेचारी कितनी असन्तुष्ट और दुखपूर्ण जीवन बिता रही होगी?" मेरे मुँह से निकला। बूढ़ा एक क्षण के लिए चुप हो गया।

"नहीं, असन्तुष्ट क्यों?" उसने शीघ्रता से उत्तर दिया, "बरटोलो अपनी स्त्री को प्यार करता था, उसके लिए हर कष्ट सहने को तैयार था। वह अपनी स्त्री और

चमकीली आँखोंवाले अपने इकलौते बच्चे को बहुत प्यार करता था। इन्हीं दोनों प्राणियों के मोह ने उसे ऐसा बना दिया था। कायर हो गया था अब वह, यही कारण था कि उस क़िलेवाली सभा में वह उपस्थित नहीं हुआ। मुँह पर उदासी लादे हुए अपने कैबिन में ही बैठा रह गया था।

'लेकिन', बूढ़ा कहता ही गया, "पिता की कायरता बेटे को न रोक सकी। उसने बेटे से बड़ी नम्रता से कहा। छोटा-सा पेडरो उस क़िले की सभा में जाना चाहता था। वह समझता था कि वहाँ नाच, तमाशे होंगे। पिता ने उसे जाने से रोका। उसका बेटा वहाँ जाकर क्या करेगा? पर जब पेडरो ने अपना सिर पिता के कन्धे पर रखकर कहा कि वह अवश्य जाएगा तब माँ बोल उठी–

"काउंट तो सदा से ही हम लोगों पर दयालु रहा है। अपने भाई के स्थान पर उसने तुम्हें नौकरी भी तो दी थी। वह यह सब बातें भी तो जानता है कि तुम..."

"बरटोलो अपने पैरों पर उछल पड़ा। इतने दिनों से जो बात उसके हृदय में भीतर-ही-भीतर कुरेद रही थी वह उभर कर ऊपर आ गई और उस पर भूत सा सवार हो गया। उसने अपनी स्त्री को पकड़कर पृथ्वी पर ढकेल दिया। लेकिन उसके सुन्दर मुख से निकली हुई एक चीख़ ने ही उसे शान्त कर दिया। उसका सारा गुस्सा विलीन हो गया। उसे शर्म मालूम होने लगी। निर्बल सा वह धम् से कुर्सी पर बैठ गया और अपना चेहरा अपने हाथों में छिपा लिया।

"वह औरत उठी–पति से उसने कुछ भी नहीं कहा और दरवाज़ा खोलकर बाहर चली गई। पर यहाँ दूसरी मुसीबत उसकी प्रतीक्षा कर रही थी। उसका लड़का वहाँ नहीं था, न बाग़ में, न उस सड़क पर जो पुल पर जाती थी। उसने चारों ओर देखा पर व्यर्थ। उसने देखा, नाले में बाढ़ आ गई थी। बाढ़ पुल की ओर तेज़ी से बढ़ रही थी। पीछे की पहाड़ी पर धुँधले बादल मँडरा रहे थे। क़िले की ओर काले-काले बादलों का जनसमूह-सा बढ़ रहा था। उसे लगा जैसे उसी की घाटी में एक बड़ा तूफ़ान आ रहा है।

"महाशय, यह आप जान लें," बूढ़ा कहता गया, "कि एक घंटे के भीतर ही मैंने इस पहाड़ी पर तूफ़ान आते और साफ़ होते देखा है। लीना नदी में भी बाढ़ आई और नदी गरजने लगी शेर की तरह। यह भी बरटोलो की स्त्री ने देखा। उसने समझा कि उसका बेटा क़िले में ही बन्द हो गया होगा। वह खड़ी देखती रही। छोटे-छोटे न जाने कितने पत्थर बाढ़ के साथ बहना चाहते पर शीघ्र ही लहरों के थपेड़े खाकर लौट आते।

"उसका लड़का अपने घर की ओर तेज़ी से बढ़ रहा था–पर इस तूफ़ान में उसके पाँव बेकार हो गए थे। बाढ़ से उसके पाँव ठंडे पड़ गए थे। बेटा भी तो अपने बाप ही जैसा बहादुर था। वह आगे बढ़ा पर गिर पड़ा। माँ ने बेटे की आवाज़ सुनी। ख़ुशी और डर से वह काँप उठी।"

जल्दी ही डरावनी आवाज़ में उसने अपने पति को पुकार कर कहा, "पेडरो! पानी में है।"

"बरटोलो अब तक बैठा था। उसकी स्त्री ने बाँह पकड़कर झकझोरा। पूरी शक्ति

लगाकर उसे नदी किनारे ले गई, उस समय उसका बेटा तेज़ी से पानी में बह रहा था।"

"एक झलक ही काफ़ी थी। बरटोलो का मस्तिष्क साफ़ हो चुका था। लहरों के बीच वह कूद ही तो पड़ा। शीघ्र ही वह बच्चे के निकट पहुँच गया। और उसे पकड़ने को हाथ बढ़ाया। एक हाथ से उसने पेडरो को पकड़ लिया और दूसरे हाथ से क्रुद्ध लहरों से लड़ने लगा। उसने देखा सामने का पुल लगभग सौ गज़ दूर है और दाहिना किनारा काफ़ी दूर था।"

"बच्चे का डूबना सुनकर सभा से सब लोग बाहर आ गए। काउंट भी अपने घोड़े पर था। दौड़ता हुआ वह घटना-स्थल पर आया।"

"एक सौ मोहरे," काउंट ने चिल्लाकर कहा, "जो इन्हें बचा ले। बढ़े चलो—बहादुर बरटोलो। बचा लो बच्चे को बहादुर!"

"लेकिन बारटोलो ने अनुभव किया कि लहरें उसे दबाती ही जा रही हैं। उसने देखा कि उसकी हिम्मत टूट रही है। जब तक रस्सी और जाल क़िले से लाए गए तब तक वे पिता-पुत्र नदी के गर्भ में विलीन हो चुके थे। उन्हें कोई न बचा सका।"

"डूबते हुए मनुष्य ने एक क्षण की आशा की एक झलक देखी।"

"बाएँ किनारे के पास पुल की लकड़ियाँ लटक रही थीं। उसके पास ही वहाँ एक जनसमूह भी इकट्ठा था। कुछ तैराक कूदे।

"काउंट ने सन्तोष की साँस ली। माँ की आँखें चमकीं, लेकिन एक क्षण भी खोने के लिए न था। माँ ने तेज़ी से पैर बढ़ाया। वह पागल-सी हो रही थी। सामने क्या है यह वह न देख सकी और पानी में कूद पड़ी। बच्चे को उसने दोनों हाथ बढ़ाकर पकड़कर छाती से लगा लिया। उसे देख बरटोलो ने भी आगे आने की कोशिश की। बच्चे को लेकर वह घुटने के बल बैठ गई। उसने दोनों हाथ ऊपर उठाए और आँख बन्द करके भगवान से प्रार्थना करने लगी। तभी अररा कर पुल की कुछ लकड़ियाँ गिर पड़ीं। बच्चा माँ से अलग हो गया। फिर बरटोलो और उसकी पत्नी को किसी ने न देखा।"

उस बूढ़े की आँखों में आँसू भर आए। उसका गला भर आया। फिर भी साहस करके वह कहता गया।

"सामनेवाले गिरजाघर में आप एक पत्थर लगा देखेंगे। उस पर लिखा है—"बहादुर बरटोलो—" उसकी बग़ल ही में उसकी पत्नी भी दफ़न की गई थी।" इतना कहकर वह उठा और आँसू पोंछते हुए एक ओर को चल दिया।

"रुको!" मैंने कहा और उसका हाथ पकड़ लिया, "एक पिता के बारे में जो इतना जानता है—अवश्य ही पुत्र के बारे में भी कुछ बातएगा।"

"आपने ठीक ही समझा," उसने कहा, "क़िले में रहकर पेडरो ने बड़े आनन्द का जीवन व्यतीत किया। अब वह उस दिन की राह देख रहा है जब अपने माता-पिता के बग़ल में ही वह भी दफ़नाया जाएगा। यह जगह जहाँ यह घटना हुई थी देखकर उसे बड़ा दुख होता है, क्योंकि उसके पिता ने उसे पवित्र मृत्यु के हाथ से बचा लिया। और वह पेडरो मैं हूँ।"

# बैंगनी फूलदान

*मॉरिया एज़वर्थ*

सात वर्ष की रोज़मंड अपनी माँ के साथ लंदन की सड़क पर टहल रही थी। जाते-जाते ही उसकी दृष्टि दुकान की खिड़कियों पर पड़ी; उसने विभिन्न प्रकार की वस्तुएँ उनमें सजी हुई देखीं; बहुतों का तो वह नाम और प्रयोग भी नहीं जानती थी, क्षण-भर रुककर वह उन्हें देखना चाहती थी परन्तु सड़क पर बहुत से लोग आ जा रहे थे, बहुत-सी गाड़ियाँ आदि जा रही थीं और उसे भय था कि कहीं उसकी माँ का साथ न छूट जाए।

जब वह खिलौने की दुकान के सामने पहुँची तो उसने अपनी माँ से कहा, "माँ, यदि यह सब खिलौने मुझे मिल जाते तो कितना अच्छा होता।"

"क्या, सब! रोज़मंड तुम यह सब खिलौने लेना चाहती हो?"

"हाँ माँ, सभी।"

बात करते वे एक और दुकान के सामने पहुँच गई। दुकान में फ़ीते लैस और बनावटी फूल सजे थे।

"कितने सुन्दर गुलाब के फूल हैं माँ, कुछ ले दो।"

"नहीं बेटी?"

"क्यों।"

"इसलिए कि मैं उन्हें पसन्द नहीं करती।"

वे आगे बढ़ीं, रोज़मंड का ध्यान एक दूसरी दुकान की ओर आकर्षित हुआ। यह जौहरी की दुकान थी और शीशे की आल्मारियों में बहुत-सी सुन्दर चीज़ें लगी हुई थीं।

"माँ, इनमें से कुछ खरीद दो।"

"कौन से रोज़मंड?"

"कौन! मैं कौन नहीं जानती। सभी सुन्दर हैं, कोई सा ख़रीद दो।"

"हाँ, वे सब सुन्दर हैं पर वे मेरे किस काम आएँगे।"

"पहले तुम ख़रीद लो; उनको कोई-न-कोई काम तो तुम लाओगी ही।"

"परन्तु पहले वे किस काम आएँगे इसका पता लगा लेना चाहिए।"

"तो माँ देखो यह बक्सुये हैं। तुम तो जानती हो कि वे कितने दाम के हैं।"

"मेरे पास बक्सुओं की एक जोड़ी है। दूसरा लेकर क्या होगा।" माँ ने कहा और आगे बढ़ गई।

रोज़मंड को बहुत दुख था कि उसकी माँ कुछ भी लेना नहीं चाहती। उसी समय वे एक दूसरी दुकान के सामने पहुँच गईं; यह सबसे अधिक सुन्दर दिखाई पड़ी। यह एक दवा बेचनेवाले की दुकान थी पर रोज़मंड को इसका पता नहीं था।

माँ का हाथ खींचते हुए उसने कहा—''माँ, देखो तो! नीला, हरा, लाल, बैंगनी! कैसे सुन्दर हैं। तुम इनमें से कुछ नहीं ख़रीदोगी?''

फिर भी उसकी माँ ने उत्तर दिया, ''पर रोज़मंड यह हमारे किस काम आएँगे।''

''माँ इनमें तुम फूल सजाना। कितने सुन्दर वे दिखाई पड़ेंगे। मैं चाहती हूँ कि इनमें से एक मुझे मिल जाता।''

''तुम्हारे पास एक फूलदान तो है और फिर यह तो फूलदान हैं नहीं।' उसकी माँ ने कहा।

''पर माँ मैं उससे फूलदान का काम लूँगी।''

''यदि इन्हें नज़दीक से देखो तो तुम निराश हो जाओगी।''

''नहीं, यह नहीं हो सकता माँ, मैं तो बैंगनीवाले को पसन्द करूँगी।''

रोज़मंड बैंगनी बर्तन को देखने के लिए तब तक मुड़-मुड़कर देखती रही जब तक वह बर्तन दिखाई देता रहा।

तब थोड़ा रुककर उसने कहा, ''तो माँ, शायद तुम्हारे पास पैसे नहीं हैं।''

''मेरे पास हैं।''

''यदि मेरे पास पैसा होता तो मैं गुलाब के फूल, बक्सुये, फूलदान सभी ख़रीद लेती।'' कहते-कहते रोज़मंड बीच में रुक गई।

''माँ मेरे लिए एक क्षण रुक जाओ। मेरे जूते में एक कंकड़ पड़ गया है, गड़ता है।''

''तुम्हारे जूते में कंकड़ कैसे पड़ गया?''

''यह जो बड़ा सा छेद है इसी से आ गया। मेरे जूते बिलकुल पुराने हो गए हैं। दूसरे जूते ख़रीद दो, माँ।''

''नहीं, रोज़मंड! मेरे पास तुम्हारे लिए जूते, फूल, बक्सुये और फूलदान सभी लेने के लिए तो पैसा है नहीं।''

रोज़मंड ने सोचा यह तो दुख की बात है। लेकिन जिस जूते में कंकड़ पड़ गया था अब वह पैर इतना दर्द करने लगा कि उसे हर क़दम पर उछल-उछल कर चलने को बाध्य होना पड़ा। उसे किसी और बात को सोचने का अवसर ही न रह गया। थोड़ी देर बाद वह एक जूता बनानेवाले की दुकान पर पहुँचीं।

''माँ वह देखो जूते! कितने छोटे-छोटे जूते हैं, मेरे पैर में ठीक होंगे। और तुम जानती हो कि जूते हैं, भी मेरे काम के।''

''हाँ, रोज़मंड, आओ देखें।''

अपनी माँ के साथ वह दुकान में गई।

दुकान में बहुत से ग्राहक बैठे थे, इसलिए उन्हें बाध्य होकर थोड़ी देर तक प्रतीक्षा करनी पड़ी।

''रोज़मंड, यह दुकान और दुकानों से तो अच्छी नहीं है।'' माँ ने पूछा।

''नहीं, यह तो अँधेरी और काली है। यहाँ केवल जूते ही जूते हैं और इसके अतिरिक्त यहाँ कितनी दुर्गन्ध है।''

''यह नए चमड़े की दुर्गन्ध है।''

''अच्छा!'' रोज़मंड ने चारों ओर दृष्टि घुमाते हुए देखकर कहा, ''यह छोटे जूतों की जोड़ी मेरे पैर में ठीक होगी।''

''शायद ठीक हो पर जब तक तुम पहन कर न देखो तब तक कैसे कहा जा सकता है; जैसे तुम जब तक उस बैंगनी बर्तन को अच्छी तरह नहीं देखतीं तब तक उसके सौन्दर्य के सम्बन्ध में निश्चयपूर्वक नहीं कह सकतीं।''

''माँ, जूतों के सम्बन्ध में बिना पहने मैं नहीं कह सकती पर मुझे विश्वास है कि वह बर्तन मुझे अवश्य पसन्द आएगा।''

''अच्छा, दो में से तुम कौन-सी चीज़ लोगी—जूते या वह बैंगनी फूलदान? दो में से मैं तुम्हें कोई एक चीज़ ख़रीद दे सकती हूँ।''

''धन्यवाद, पर माँ यदि तुम दोनों ख़रीद दो?''

''नहीं, दोनों नहीं।''

''तो फिर वह फूलदान।''

''पर समझ लेना कि इस महीने में मैं तुम्हारे लिए दूसरा जूता नहीं ख़रीद दूँगी।''

''महीने भर! महीने में तो अभी बहुत दिन शेष हैं। यह जूते बहुत कष्ट देने लगे हैं। तो फिर मैं समझती हूँ जूते ही ले लूँ। पर वह बैंगनी फूलदान! ओह, माँ, यह जूते अभी इतने ख़राब नहीं हैं। मैं अभी इन्हें थोड़े दिनों तक पहन सकती हूँ और महीना भी जल्द ख़त्म हो जाएगा। मैं इन्हें महीने भर चलाऊँगी। है न माँ?''

''तुम स्वयं ही सोच लो। तब तक मैं दुकानदार से अपने जूते के सम्बन्ध में बातें कर रही हूँ।''

दुकानदार अब ख़ाली हो गया था और जब माँ उससे बातें कर रही थीं तो एक जूता एक हाथ में और दूसरा दूसरे हाथ में लिए हुए रोज़मंड खड़ी सोच रही थी।

''कहो, तुमने निश्चय किया।''

''हाँ माँ, कर लिया! मैं फूलदान ख़रीदना पसन्द करूँगी पर यदि तुम मुझे बेवकूफ़ न समझो तो!''

''यह तो मैं नहीं कह सकती, रोज़मंड। पर जब तुम्हें चुनने का अवसर है तो तुम स्वयं सोच लो कि तुम्हें क्या पसन्द है। फिर कोई तुम्हारे सम्बन्ध में क्या सोचता है इसकी चिन्ता न करो।''

''यदि ऐसा है तो मैं फूलदान ही लूँगी।'' जूते एक ओर रखते हुए उसने कहा, ''मैंने फूलदान चुन लिया।''

''अच्छी बात है, अपने जूते पहन लो। और मेरे साथ आओ।''

जूते पहनकर रोज़मंड अपनी माँ के पीछे हो ली। कई बार जूते के भीतर कंकड़

चले गए और उसे रुककर उन्हें निकालना पड़ा। दर्द के मारे वह लँगड़ाने लगती। लेकिन फिर भी बैंगनी फूलदान का ख़्याल उसे बना रहा और वह अपने चुनाव पर अटल रही।

जब वे बड़ी खिड़कियोंवाली दुकान के सामने पहुँचे तो माँ ने नौकर से पीले फूलदान को ख़रीद कर घर लाने को कह दिया। रोज़मंड यह सुनकर बहुत प्रसन्न हुई। नौकर को और भी काम करने थे इसलिए वह उनके साथ घर नहीं लौटा। जब रोज़मंड घर पहुँची तो वह बाग़ के एक कोने में रखे सब फूलों को इकट्ठा करने के लिए दौड़ी गई।

"रोज़मंड, फूलदान के आने के पहले यह फूल मुरझा न जाएँ।" माँ ने उसे फूल लिए आते देखकर कहा।

"नहीं माँ, आता ही होगा। उसमें इन फूलों को सजा कर मुझे कितनी ख़ुशी होगी।"

"मैं भी यही आशा करती हूँ।"

नौकर बहुत देर से लौटा, अपने हाथ में वह बैंगनी फूलदान भी लाया। रोज़मंड मारे ख़ुशी के निकट दौड़ी गई, "मैं इसे अभी ले लूँ माँ!"

"हाँ, यह तुम्हारा ही है।"

रोज़मंड ने अपनी गोद से फूलों को गिरा दिया और फूलदान को लपककर ले लिया।

ढक्कन उठाते ही उसने कहा, "अरे माँ, पर इसमें तो कुछ काला-काला-सा है जो बुरी तरह बदबू करता है। यह क्या है? यह मुझे नहीं चाहिए।"

"और मुझे भी नहीं चाहिए।" माँ ने उत्तर दिया।

"तब इसको क्या करूँ, माँ?"

"यह मैं नहीं कह सकती।"

"यह मेरे किसी काम का नहीं है।"

"तो मैं क्या करूँ?"

"तो मैं इसे गिरा दूँ और फूलदान को पानी से भर दूँ।"

"जैसी तुम्हारी इच्छा हो। मैंने तुमसे प्रतिज्ञा नहीं की थी पर मैं तुम्हें उसे रखने के लिए एक बर्तन दे दूँगी।"

जब प्याला आ गया तो रोज़मंड फूलदान को ख़ाली करने लगी पर उसे यह देखकर बहुत आश्चर्य हुआ कि जब वह उसे ख़ाली कर चुकी तब फूलदान भी बैंगनी न रह गया। यह केवल सफ़ेद बोतल था जो उसमें भरे बैंगनी रंग के तरल पदार्थ के कारण इतना सुन्दर दिखाई पड़ता था।

रोज़मंड रोने लगी।

माँ ने पूछा, "रो क्यों रही हो। अब भी तुम इसे उसी तरह फूलदान बना सकती हो जैसे पहले बना सकती थीं।"

"पर अब यह उतना सुन्दर तो नहीं रहा। यदि मैं जानती कि यह बैंगनी नहीं है तो मैं न ख़रीदती।"

"पर मैंने तो कहा था कि तुमने कभी उनको निकट से नहीं देखा। शायद तुम्हें निराश होना पड़े।"

"और मुझे निराशा हुई भी। काश, मैं तुम्हारा उसी समय विश्वास कर लेती। कहीं अच्छा होता, यदि मैंने जूते ही लिए होते क्योंकि इन जूतों से तो मैं महीना-भर नहीं काट सकती। वहाँ से घर तक आने में ही मुझे बहुत कष्ट हुआ। माँ मैं तुम्हें यह फूलदान और वह काला तरल पदार्थ दे दूँगी, तुम मुझे जूते ले दो।"

"नहीं रोज़मंड, तुम्हें अपने चुनाव पर ही अटल रहना चाहिए। और चूँकि अब तुम्हें निराशा हो गई है इसलिए इस निराशा को साहस के साथ सहन करना चाहिए।"

अपनी आँखें पोंछते हुए रोज़मंड ने कहा, "मैं जहाँ तक होगा इसे साहस के साथ सहन करूँगी।" और वह फूलदान में फूल सजाने लगी।

परन्तु उसकी निराशाओं और तकलीफ़ों का यहीं अन्त नहीं हो गया। अपने ग़लत चुनाव के लिए उसे महीना-भर बहुत अधिक कष्ट उठाना पड़ा।

उसके जूते हर रोज़ ख़राब होते गए और वह उन्हें पहन कर चलने-फिरने योग्य भी न रही। जब रोज़मंड को कुछ देखने के लिए बुलाया जाता तो अपने जूतों के कारण उसे देर हो जाती। माँ बाहर जाने लगती तो रोज़मंड को न ले जा सकतीं क्योंकि रोज़मंड के जूतों में तल्ले नहीं रह गए थे। महीने के अन्त में उसके पिता ने उसको उसके भाई के साथ 'शीशे का घर' दिखाने ले जाने का प्रस्ताव किया। इसके लिए वह बहुत दिन से इच्छुक थी। वह बहुत ख़ुश हुई लेकिन जब वह बिलकुल तैयार हो गई, अपनी टोपी और दस्ताने पहन लिए और अपने भाई और पिता के पास नीचे जाने की जल्दी कर रही थी तो उसके जूते बिलकुल अलग हो गए। उसने उन्हें जल्दी से फिर पहना परन्तु जब वह कमरा पार कर रही थी तो उसके पिता ने घूमकर देखा।

"तुम लड़खड़ाती हुई क्यों चल रही हो। मैं अपने साथ लँगड़ाते हुए व्यक्ति को नहीं रख सकता। क्यों रोज़मंड?" पिता ने उसके जूतों की ओर खिझलाहट के साथ देखते हुए कहा, "मैं समझता था कि तुम हमेशा बहुत साफ़-सुथरी रहती हो। जाओ मैं तुम्हें अपने साथ नहीं ले जा सकता।"

रोज़मंड के चेहरे का रंग उतर गया और वह लौट गई।

अपना हैट उतार कर रखते हुए उसने कहा, "ओह माँ, काश, मैंने जूते ही चुने होते। उस फूलदान की अपेक्षा जूते मेरे लिए कहीं अधिक काम के होते। पर अब मुझे पूरा विश्वास है—नहीं-नहीं विश्वास नहीं आशा है कि मैं भविष्य में समझदारी से काम करूँगी।"

# मुर्ग़ी

लॉर्ड इनसैनी

समस्त मैदान की गौरेया छत पर बैठी एक-दूसरे को देख रही थीं। चूँ-चूँ करती हुई वे पंक्तियों में बैठी थीं। वे बहुत-सी बातें कह-सुन रही थीं पर सोच केवल ग्रीष्म और दक्षिण के सम्बन्ध में ही रही थीं क्योंकि हेमन्त आनेवाला था और उत्तरी हवा, उनका इन्तज़ार कर रही थी।

और एक दिन सहसा वे चली गईं। लोग गौरेया और दक्षिण के सम्बन्ध में बातें करने लगे।

"अगले साल मैं भी दक्षिण जाऊँगी।" एक मुर्ग़ी ने कहा।

समय बीता और गौरेया फिर आ गईं, समय बीता और वे फिर छत पर जा बैठीं और पूरा मुर्ग़ीख़ाना उस मुर्ग़ी के प्रस्थान के सम्बन्ध में बात करने लगा।

एक दिन प्रातःकाल हवा उत्तर से चल रही थी। गौरेया आकाश में उड़ गईं। उन्होंने हवा को अपने पंखों से महसूस किया; जैसे किसी ने उनमें एक शक्ति फूँक दी हो, पुराने अनुभव के बल पर वे आसमान में उड़ गईं और हमारे शहरों के धुएँ के बहुत ऊपर जा पहुँचीं। अन्त में उन्हें विस्तृत और निराश्रय समुद्र दिखाई पड़ा और वे समुद्र की धारा के सहारे दक्षिण की ओर उड़ गईं। दक्षिण जाते समय उन्हें फेनिल किनारेवाले द्वीप दिखाई पड़े जिन्हें वे पिछले वर्ष देख चुकी थीं। उन्हें धीरे-धीरे चलते हुए अन्वेषक जहाज़, मोती खोजते हुए पनडुब्बे, युद्धग्रस्त देश मिले। अन्त में उन्हें वह पहाड़ दिखाई पड़ा जिसे वह खोज रही थीं और जिसकी चोटियाँ उनकी पहचानी हुई थीं। वे एक घाटी में उतर पड़ीं जहाँ ग्रीष्म ऋतु कभी तो सोता और कभी गाने गाता था।

"मेरे विचार से हवा इस समय ठीक है।" मुर्ग़ी ने कहा। उसने अपने पंख फैलाए और मुर्ग़ीखाने से निकल पड़ी, दक्षिण। वहीं, जहाँ पहाड़ी सड़क है। मुर्ग़ी ने वहाँ बहुत-सी सवारियाँ जाती हुई देखीं, वहाँ से उस स्थान पर पहुँची जहाँ आलू उगते हैं, जहाँ आदमी छोटे-छोटे कमरों में रहते हैं और सड़क के अन्त में उसे एक बाग़ मिला। उसमें गुलाब लगे हुए थे—सुन्दर गुलाब! माली भी वहाँ मौजूद था।

"कितना आकर्षक है यह सब। कितना सुन्दर?" मुर्ग़ी ने सोचा।

जाड़ा समाप्त हो गया और बुरे महीने बीत गए। बसन्त ऋतु आ गई और गौरेया फिर आ गईं।

"हम लोग दक्षिण में समुद्र पार की घाटियों को गई थीं।" उन्होंने कहा।

परन्तु मुर्ग़ियाँ इस बात से सहमत नहीं थीं कि दक्षिण में समुद्र भी है। उन्होंने कहा, "हमारी मुर्ग़ी से पूछो।"

*आयरलैंड*

# पहली उड़ान

*लायम ओ' फ्लैर्टी*

नौजवान समुद्री पक्षी अपने चट्टानी ताक़ में बैठा था। उसके दोनों भाई और बहन पहले ही उड़ चुके थे। उनके साथ उड़ने में उसे भय लगता था। अपने ताक़ के द्वार तक किसी प्रकार जाकर जब उसने उड़ने के लिए अपने पंख फड़फड़ाए तो उसे बहुत भय लगा। सामने विस्तृत समुद्र था। कितना नीचे? मीलों नीचे। उसे लगा कि उसके पंख उसे सँभालने के लिए काफ़ी मज़बूत नहीं हैं और वह फिर लौट कर ताक़ के कोने में जा छिपा जहाँ वह रात को सोया करता था। उसके भाइयों और बहन के पंख उससे छोटे थे परन्तु जब ताक़ के किनारे पहुँच कर आकाश में उड़ने के लिए उन्होंने अपने पंख फड़फड़ाए तब भी उन्हें देखकर वह उड़ने का साहस न संचित कर सका। उसे अपनी यह प्रथम उड़ान बड़ी निराशाजनक प्रतीत हुई। उसके माँ-बाप उसे पुकारते हुए, डाँटते हुए और यह कहते हुए आए कि यदि वह अपने ताक़ से बाहर नहीं उड़ेगा तो उसे खाने बिना मरना होगा। परन्तु उसके लिए उड़ना असम्भव था।

यह बात चौबीस घंटे पहले की है। तब से उसके पास कोई नहीं आया। दिन-भर वह अपने माँ-बाप को अपने बहन-भाइयों के साथ आसमान में उड़ते हुए देखता रहा; वे उन्हें उड़ना, पानी में फिसलना और मछली के लिए गोता लगाना सिखा रहे थे। उसने अपने भाई को पहली मछली पकड़कर खाते देखा। वह एक चट्टान पर खड़ा था और उसके माँ-बाप ख़ुशी से चिल्ला रहे थे। तमाम दिन वे लोग पठार के ऊपर चोटी के दूसरी ओर उड़ते हुए उसकी कायरता के लिए उस पर व्यंग्य करते रहे।

सूरज ऊपर चढ़ आया था; द्वार दक्षिण की ओर होने के कारण उसका ताक़ धूप से तपने लगा था। पिछली शाम से खाना न मिलने के कारण उसे और भी गर्मी महसूस हो रही थी। तभी उसे अपने ताक़ के एक कोने में मछली की दुम का एक टुकड़ा मिल गया। खाने के लिए अब वहाँ कुछ भी नहीं बचा था। तिनकों के घोंसले का, जिसमें वह और उसके भाई-बहन पोषित हुए थे, कोना-कोना उसने छान डाला। सूखे हुए अंडे के छिलकों को भी उसने अपनी चोंच से काट-काटकर खाना चाहा। उसे ऐसा जान पड़ा जैसे वह अपने को ही खा रहा हो। चट्टान के रंग के अपने भूरे शरीर को हिलाता हुआ और भूरे पैरों को सफ़ाई के साथ इधर-उधर रखता हुआ वह ताक़ में बिना उड़े हुए अपने माँ-बाप के पास पहुँचने का उपाय खोजने के लिए टहलता रहा। परन्तु हर तरफ़

उसका ताक़ एक ढालू चोटी के रूप में समाप्त हो जाता था, जिसके नीचे विस्तृत समुद्र था। उसके और उसके माँ-बाप के बीच एक खड्ड था। यदि वह चोटी के सामने उत्तर की ओर चले तो वह उन तक ज़रूर पहुँच सकता है। पर वह चले किस वस्तु पर? कोई चट्टानी फर्श था नहीं और वह उड़ सकता नहीं था। ऊपर कुछ दिखाई नहीं पड़ता था। चट्टान बहुत ढालू थी और उसकी चोटी शायद समुद्र की निचाई से भी कहीं अधिक ऊँची थी।

अपने चट्टानी ताक़ के सिरे पर आकर उसने अपने एक पैर को पंखों में छिपा कर दूसरे पैर पर खड़े होकर एक आँख बन्द कर ली, फिर दूसरी बन्द की, जैसे वह सोने का बहाना कर रहा हो। फिर भी उन्होंने उसकी ओर ध्यान नहीं दिया। उसने देखा कि उसके भाई-बहन पठार पर अपने सिर को गर्दन में छिपाए हुए ऊँघ रहे थे। उसका पिता अपनी सफ़ेद पीठ पर अपने पंखों को चोंच से सँवार रहा था। केवल उसकी माँ उसकी ओर देख रही थी। वह पठार पर एक ऊँची जगह पर खड़ी थी; उसका सफ़ेद वक्षस्थल आगे की ओर निकला था। पैरों के पास पड़ी हुई मछली को वह बीच-बीच में चोंच से नोंच लेती और फिर अपनी चोंच के दोनों सिरों को चट्टानों में पोंछ लेती। भोजन को देखकर वह पागल हो उठा। इस तरह भोजन को नोंच लेना और फिर चोंच साफ़ करने के लिए चट्टान से पोंछ लेना कितना सुखद होगा! उसके मुख से एक धीमी चीख़ निकल गई; उसकी माँ भी बोली और उसकी ओर देखा।

''गा, गा, गा,'' उसने माँ से कुछ खाने को लाने के लिए प्रार्थना की। 'गाव-ऊल-अह' माँ उत्तर में बोली। पर वह पुकारता रहा। फिर कुछ क्षण बाद उसने ख़ुशी के साथ आवाज़ की। उसकी माँ ने एक मछली पकड़ी और उसे लिए उसकी ओर उड़ी आ रही थी। आगे की ओर झुक कर अपने पैर को चट्टान पर पटकते हुए वह माँ के निकट पहुँचने का प्रयत्न कर रहा था। पर जब माँ ठीक उसके सामने घोंसले के पास आ गई तो वह रुक गई; उसके पैर नीचे को झूल रहे थे; पंख स्थिर थे। मछली उसके बिलकुल निकट थी। क्षण-भर वह आश्चर्य के साथ सोचता रहा कि माँ उसके निकट क्यों नहीं आती। फिर भूख से पागल होकर वह मछली पर झपट पड़ा। एक चीख़ के साथ वह शून्य में नीचे की ओर गिरने लगा। उसकी माँ ऊपर की ओर उड़ गई। उसने नीचे से अपनी माँ के पंखों की सरसराहट सुनी। सहसा उसे इतना भय लगा कि उसका रक्त जम-सा गया। उसे कुछ भी सुनाई नहीं पड़ रहा था। पर वह स्थिति क्षण-भर ही रही। दूसरे ही क्षण उसने अनुभव किया कि उसके पंख फैल गए। उसके पंख उसके सीने की ओर पेट तक पहुँचे। उसने अनुभव किया कि उसके पंख हवा को काट रहे हैं। वह नीचे की ओर पर आगे को उड़ रहा था। उसका भय जाता रहा। उसे चक्कर-सा आता जान पड़ा। फिर उसने अपने पंख फड़फड़ाये और आसमान की ओर उड़ चला। ख़ुशी की आवाज़ करते हुए अपने पंख फिर फड़फड़ाये। और भी ऊपर वह उड़ गया। सीना उठा कर वह हवा के विरुद्ध उड़ रहा था। 'गा, गा, गा'; 'गाव-ऊल-अह' उसकी माँ उसके निकट आई; उसके पंख उसको छू गए। उसके पंखों से ज़ोर की आवाज़ हो रही थी;

ख़ुशी में वह फिर चिल्लाया तब उसका पिता बोलता हुआ उसके ऊपर उड़ने लगा। उसने देखा, उसके दोनों भाई और बहन उसके चारों ओर उड़ते हुए कभी ऊपर, कभी नीचे जाते; कभी ठहर जाते हैं।

सहसा वह यह भूल गया कि इसके पहले वह उड़ना नहीं जानता था। ख़ुशी से चीख़ते हुए वह भी ऊपर-नीचे उड़ने लगा।

अब वह समुद्र के निकट था, समुद्र के ठीक सामने वह उड़ रहा था। नीचे विस्तृत नीला समुद्र था; जिसमें लहरें नहीं उठ रही थीं। उसने अपनी चोंच इधर-उधर घुमाई और चीख़ा। उसके भाई-बहन इस नीले फ़र्श पर उतर चुके थे। चिल्लाते हुए वे उसे आने का इशारा कर रहे थे। समुद्र पर खड़े होने के लिए उसने अपने पैर गिरा दिए। उसके पैर पानी में डूब गए। डर से चीख़कर उसने ऊपर उड़ने का प्रयत्न किया। पर भूख और थकान के मारे वह कमज़ोर हो गया था। उससे ऊपर न उड़ा गया। इस विचित्र परिश्रम ने उसे थका दिया था। उसके पैर पानी में डूब गए और उसका पेट पानी से छू गया; फिर आगे वह न डूबा। वह पानी पर तैर रहा था। उसके चारों ओर उसके परिवार वाले उसकी प्रशंसा करते हुए चीख़ रहे थे। उनकी चोंचें उसे मछली के टुकड़े दे रही थीं।

उसने अपनी पहली उड़ान पूरी की।

# हिरन और रस्टी

*सर चार्ल्स जी.डी. राब्ट्र्स*

पुराने निवासियों की याद में भी कभी इतनी सर्दी नहीं पड़ी। ओटेनूसिस और क्वाहडेविस के आसपास के देश बर्फ़ से ढक गए थे। कहते हैं, इतनी सर्दी पहले कभी नहीं हुई। तूफ़ान के बाद तूफ़ानों ने सीमा-चिह्नों को मिटा दिया और लकड़ी के केबिन मिट्टी में मिल गए। आधा जाड़ा समाप्त होने के पहले ही बिखरे हुए निवासियों ने सड़क को खुली रखने की आशा त्याग दी। जो आवश्यक यात्राएँ उन्हें करनी पड़ती थीं वह वे बर्फ़ पर ही करते थे। जिस रास्ते पर वे चला करते थे अब वह बर्फ़ सात, आठ, नौ और दस फ़ुट नीचे था। छोटे-छोटे पेड़ छिप गए थे। ऊँचे-ऊँचे पेड़ जैसे देवदार आदि बर्फ़ की झाड़ियों की तरह बन गए थे। केवल जहाँ पर हवा ने उनकी शाखाओं को हिला झिझोंड़ कर मुक्त कर दिया वहाँ वे विस्तृत श्वेत बर्फ़ में काले धब्बे से खड़े थे।

जंगल के जानवरों के लिए यह चिरकालीन विपत्ति थी। केवल वही जानवर मज़े में थे जो इस कठिन समय में बर्फ़ के नीचे अपनी कंदराओं में छिपे सोते रहते हैं, जहाँ कठिन शीत की पहुँच नहीं हो पाती। सबसे अधिक कष्ट हिरनों को था। यह लोग जाड़े के लिए वन में कोई छायादार स्थान चुन कर अपने पैरों से उसके चारों ओर कुचलकर एक रास्ता बना लेते हैं जिससे वे झाड़ियों तक जाते हैं। यही झाड़ियाँ उनका भोजन हैं। परन्तु उन्हें अपना रास्ता साफ़ बनाए रखना कठिन था। ज्यों-ज्यों जाड़ा बढ़ा उन्होंने अपने आसपास की झाड़ियों की टहनियाँ खा लीं, यहाँ तक की अधिक कड़ी टहनियाँ भी उन्होंने न छोड़ीं। इनके समाप्त होने पर वे बर्फ़ का दुखद मार्ग तय करने के बाद ही दूसरी झाड़ियों तक पहुँच सकते थे और वह भी काफ़ी नहीं थीं। हिरन के इन कुछ बन्दी परिवारों को जीवित रहने के लिए काफ़ी चारा मिल गया। शेष भूखों मर गए।

इस प्रकार जाड़ा धीरे-धीरे बसन्त की ओर बढ़ रहा था।

स्थिम स्टोर के बाहर ब्रिन्स कॉर्नर्स, जहाँ यहाँ का डाकख़ाना भी था, में रस्टी जोन्स (यह नाम उसके बालों के कारण पड़ा था ) ओट बैग, पत्थर का एक घड़ा और मिट्टी के तेल की एक टीन का पारसल बना रहा था। यह कर चुकने के बाद उसने घर का बुना हुआ बिना उँगुलियों वाला दस्ताना पहना और हिरन क़े चमड़े के बने बर्फ़ से ढके खेतों में चार मील की यात्रा के लिए रवाना हो गया। सूरज डूबने को था। उसकी आशा के विपरीत एक घंटे की देरी हो गई थी। उसे डाक की प्रतीक्षा थी क्योंकि पिछले सप्ताह

के पत्र में एक धारावाहिक कहानी प्रकाशित हुई थी जिसका आगे का अंश वह नए अंक में पढ़ना चाहता था। उसे ध्यान आया कि घर पहुँच कर खाना खाने के बाद उसे क्या-क्या काम करना होगा तब कहीं उसे पढ़ने का अवकाश मिलेगा।

सड़क पर आधा मील चल चुकने के बाद उसे एक बात सूझी। सड़क छोड़कर घाटी से जाने से उसे एक मील कम चलना पड़ेगा। साधारण मौसम में इस मार्ग से जाने में कोई बचत न होती, क्योंकि रास्ते में दलदल, खड्डे और स्थान-स्थान पर फैली हुई झाड़ियों से राह नहीं रहती थी। पर उसने सोचा आजकल तो जैसे सड़क से जाना वैसे इधर से। वह कितना मूर्ख है कि यह बात उसे पहले न सूझी। अपने बोझ को खींचते हुए वह जंगल की ओर मुड़ चला। यद्यपि वह अभी लड़का था पर आसपास के स्थानों के ज्ञान और लकड़हारे के सहज-ज्ञान के कारण उसे विश्वास था कि वह ठीक स्थान पर पहुँच जाएगा।

ऊँचे-ऊँचे पेड़ों के बीच से, सफ़ेद बर्फ़ के ढेरों के बीच रास्ता बनाए हुए और फूली तथा ढेर बनी बर्फ़ को बचाते हुए, जिन्हें वह जानता था कि बर्फ़ पर चलने वाले उसके जूतों के लिए जाल थी, वह आगे बढ़ रहा था। अपने पिता के एकाकी फ़ार्म से वह एक मील से कम दूर रह गया था। तब ठंडी नीली, भूरी गोधूलि में वह बर्फ़ के एक गढ़े के किनारे रुक गया। आधे भाग पर पेड़ की छाया पड़ रही थी। उसने देखा हिरणों का एक झुंड नीचे गढ़े में है। उसे कभी यह आशा भी नहीं थी कि यहाँ से बारह मील के भीतर कहीं यह हिरन होंगे। परन्तु घाटी के इस स्थान में एक हिरन परिवार ने जाड़े के लिए अपना बसेरा किया था।

गढ़े के अन्धकार में उसने उनके आकार-प्रकार का अनुमान किया, एक विशालकाय भूरा नर, एक गहरे रंग की छोटे क़द की मादा और दो बच्चे थे। वे लेटे थे। परन्तु एक बच्चा एक करवट किए, विचित्र प्रकार से लेटा था। अवश्य ही वह मर कर अकड़ गया था। शेष उसकी ओर करुणा की दृष्टि से देख रहे थे, जैसे निराशा के कारण उन्हें भय न रह गया हो। परन्तु सहसा नर उठकर खड़ा हो गया, उसकी आकृति धमकाने वाली थी जैसे वह अपने सबसे बड़े शत्रु मनुष्य से अपने परिवार को बचाने के लिए लड़ने को तैयार हो। रस्टी ने देखा कि वह बहुत दुर्बल हो गया; उसके पुट्ठे की चर्बी सूख गई है। रस्टी की आँखों में दया आ गई और उसने कहा, "बेचारो, तुम भूखों मर रहे हो।"

अपना बोझा उसने वहीं डाल दिया और चढ़ाई की ओर भागा। कुछ गज़ पीछे ही उसे एक टहनी दिखाई पड़ी थी। अपने कमर में बँधी छुरी की सहायता से उसने अंकवार भर मुलायम डालें काटीं। हिरनों को यह टहनियाँ बहुत प्रिय हैं।

उसने टहनियों को गड्ढ़े में डाल दिया; नर हिरन प्रसन्नता से चिल्लाया और मादा और बच्चा हिरन उठकर खड़े हो गए। जैसे उनकी नसों में नए जीवन का संचार हो गया हो। तीनों ज़ोर कर टूट पड़े। रस्टी उनके लिए और पत्तियाँ लेने के लिए भागा।

पत्तियाँ गड्ढ़े में डाल कर अपना बोझा उठाते हुए उसने कहा, "आज रात-भर के

लिए यह तुम्हें पर्याप्त होगा। कल सुबह मैं तुम्हारे लिए अच्छी घास लाऊँगा।''

लड़के को घर पहुँचने में देर हो गई। पर जब उसने अपनी कहानी उन्हें सुनाई तो उन्हें भी देर होने के कारण से सहानुभूति हुई, परन्तु उन्होंने घास पहुँचाने की उसकी प्रतिज्ञा को पसन्द न किया।

माँ ने निश्चय के साथ कहा, ''हमारे पास अपने जानवर के लिए ही काफ़ी चारा नहीं है पर हो सकता है पिता तुम्हें कुछ चारा दे दें। उनके लिए बहुत अच्छा होगा।''

बाब जोन्स हट्टा-कट्टा क़द्दावर आदमी था, बस्ती भर में उसे लोग विशेष कारणवश 'लाल बाब' कहते थे। वह हँसा। उसने कहा, ''तुम्हें बर्च और पापलर पेड़ों की टहनियाँ काटनी होंगी। वही उनका स्वाभाविक भोजन है। पर यदि तुम्हें सभी भूखे हिरनों को खिलाना है तो तुम्हें अपने काम कम करने होंगे।''

रस्टी ने अपने सामने रखे भोजन को खाते हुए प्रसन्नतापूर्वक कहा—''यह ठीक रहा। सुबह मैं उनके लिए एक गट्ठर ले जाऊँगा। और उसके बाद मैं काट लिया करूँगा। चिन्ता न करें। मैं उनको जीवित रखने का ध्यान रखूँगा। यदि आप दोनों ने उनकी करुणा मूर्ति देखी होती तो आपको भी वैसा ही लगता जैसा मुझे लग रहा है। पर घर के सम्बन्ध में आपकी राय ठीक है। हमारे पास अपने जानवरों के लिए काफ़ी नहीं है।''

उसके बाद कुछ सप्ताह तक रस्टी कुल्हाड़ी लेकर अपने बोझ को खींचता हुआ उस गढ़े तक जाता और उनके लिए दो दिन का चारा डाल आता। उसने देखा कि वे इस नीचे दर्जे के चारे को अच्छी घास से अधिक पसन्द करते हैं जिसे उसने उनके सहारे के लिए दिया था। तीन बार चारा देने के बाद हिरन के छोटे बच्चे उसे इतना परच गए कि जब वह वहाँ पहुँचता तो वे उसके पास आ जाते और उसके हाथ से चारा छीन लेते थे। मादा संदेही ईर्ष्यालु प्रकृति की थी, उस पर विजय देर में मिल सकी। परन्तु परच जाने के बाद वह औरों से अधिक लोभी दिखाई दी। वह सब को बुरी तरह धकेलती हुई आगे बढ़ती और रस्टी द्वारा लाए चारे का अधिक भाग अपना लेने की कोशिश करती रहती। रस्टी प्रकृति-निरीक्षक था, उसे प्राकृतिक कहानियों की जो भी पुस्तक मिल जाती उसे वह अवश्य पढ़ता। उसने हिरनों की रुचि पर प्रयोग करने का निश्चय किया। उसने देखा कि वह सूखी, बासी और कड़ी रोटियाँ अधिक पसन्द करते हैं। उन्हें गेहूँ की ठंडी रोटियाँ भी पसन्द थीं। चीनी उन्हें पसन्द नहीं थी, पर नमक को तो वे बड़े शौक़ के साथ चाटते थे। और अधिक नमक के लिए वह उसके पीछे लगे रहते थे। उन्हें दाना खिलाने का निश्चय किया। एक टीन के बर्तन में ओट रखकर उसने उनके सामने रखा परन्तु उनके साँस की हवा में दाने चारों ओर उड़ गए। ओट महँगा था और कम मिलता था। इसलिए उसने उनका प्रयोग दुबारा नहीं किया। परन्तु दाने बेकार नहीं गए क्योंकि एक पक्षी, जो हिरनों के आसपास अधिक रहता है, ने दाने चुग लिए। उनकी छोटी किन्तु चमकदार आँखों से एक भी दाना बचना असम्भव था।

इस बीच मरे हुए हिरन का शव गढ़े के बीच में अकड़ा हुआ बिना देखभाल के पड़ा था। अन्त में रस्टी ने निश्चय किया कि दयालुता के लिए यह दृश्य एक कलंक

है। उसने उससे छुटकारा पाने का निश्चय किया। उसके पिछले पैर पकड़कर उस शव को गढ़े के बाहर निकालने का प्रयत्न करने लगा। परन्तु यह स्मरण करके कि यह उसका बच्चा था हिरनी उसकी ओर क्रोध के साथ दौड़ी। घृणा के साथ रस्टी ने उसकी नाक पर चोट की और उसे ठीक उसी तरह ललकार कर डाँटा जिस तरह वह अपने खेत में बैलों को ललकारता था। हिरनी प्रहार और चिल्लाहट से घबड़ा कर पीछे हट गई। सबसे अधिक आश्चर्य की बात यह हुई कि हिरन जो कि रस्टी को कुत्ते की भाँति परच गया था। हिरनी पर अपने सिर को झुका कर झपटा और उसने इतनी ज़ोर से धक्का दिया कि वह गढ़े में गिर गई। वहाँ वह विचित्र परेशानी में अपने कान हिलाती रही। इस बीच रस्टी ने शव को खींच कर गढ़े के बाहर बर्फ़ पर डाला और फिर उसे खींच कर थोड़ी दूर पर एक घनी झाड़ी की आड़ में डाल दिया जहाँ उस शव पर किसी की दृष्टि पड़ने की सम्भावना नहीं थी। तब फिर वह गढ़े में गया; हिरन की नाक पर उसने थपथपाया और कान खुजलाया। अन्त में उसकी वफ़ादारी के पुरस्कारस्वरूप रस्टी ने उसे थोड़ा-सा नमक दिया। बछड़ा रस्टी के निकट आग्रहपूर्वक आ गया तो उसने उसे भी थोड़ा नमक दे दिया। हिरनी भी क्रोध भूल कर उसके पास अपना भाग लेने के लिए आ गई। परन्तु रस्टी को हिरनी के प्रति अब भी घृणा थी इसलिए उसने उसे केवल अपनी हथेली चाटने दिया।

"इससे तुझे शिक्षा मिल जाएगी कि जल्दी क्रोधित न होना चाहिए।" उसने कहा।

दूसरी बार जब वह वहाँ गया तो उसे बर्फ़ पर जानवरों के चलने के चारों ओर निशान दिखाई पड़े। उनमें लोमड़ियों के पैर के निशान प्रमुख थे, चिड़ियों के पंख वहाँ थे। परन्तु बीच में बनबिलाव के बड़े पदचिह्न भी थे। रस्टी ने ध्यानपूर्वक उन चिह्नों को देखा फिर झाड़ी के पीछे रखी हिरन के बच्चे की लाश को देखने को गया। भूखी लोमड़ियों को जैसे दावत का समाचार मिल गया हो। लाश आधी खाई जा चुकी थी। उसने मत्थे को हाथ से सहलाते हुए यह देखने के लिए दृष्टि दौड़ाई कि शायद दावत खाने वालों में कोई दिखाई पड़ जाए। तीस-चालीस क़दम पर ढके हुए पेड़ के ऊपर के बर्फ़ को खोद कर साफ़ कर दिया गया था। रस्टी सोचने लगा, तभी एक लाल लोमड़ी उसमें से निकली और चुपके-चुपके आगे की ओर बढ़ने लगी।

शीघ्र ही जब लोमड़ी ने देखा कि वह पकड़ी गई तो वह खड़ी हो गई और उसने रस्टी की ओर इस प्रकार देखा जैसे उसका इस सबसे कोई सम्बन्ध ही न हो। जम्हाई लेकर अपने पिछले पैरों से उसने अपने कान खुजलाए, अपनी बालदार दुम हिलाई और फिर भाग गई जैसे कह रही हो, शेष तुम्हारे लिए है।

अपने मन में उसने सोचा, 'इसकी पीठ पर एक अच्छा दाग़ है। कितने डॉलर का भला यह होगा।' उसने बनविलावों के पदचिह्नों पर भी ध्यान दिया कि उसके दागों का कितना मूल्य होगा। उसने मृत हिरन के बच्चों की लाश के चारों ओर जाल लगाने को सोचा। लेकिन इस योजना को उसने अरुचिपूर्वक त्याग दिया। जाल में फँसाने के विचार को उसने सदैव नापसन्द किया है। तब उसे अपनी बन्दूक का ख़्याल आया,

जिसका प्रयोग वह अपनी मुर्ग़ियों के निकट आनेवाले बाज़ों के लिए करता है। उसने सोचा, 'इस लोमड़ी पर निशाना लगाना बहुत आसान होगा। वह बड़ी ही हिम्मती है।' उसका ध्यान अब भी लोमड़ी के दाग़ की ओर था। उस लोमड़ी की हिम्मत और चालाकी पर भी ध्यान गया, शत्रु की आँखों पर लोमड़ी का ऐसा पर्दा डालना कितना आश्चर्यजनक है।

अपने में ही बुदबुदा कर उसने कहा, 'मैं समझता हूँ मुझे व्यर्थ ही परेशान न होना चाहिए। यह ठीक नही जँचता कि जब वे बेचारी इतनी भूखी हैं तब यह शव यहाँ रखकर मैं उनको फँसाने का प्रयत्न करूँ। जब तक यह रहे तब तक तो उन्हें आनन्द मना लेने देना चाहिए और फिर यदि मैं यह बन्दूक चलाऊँगा तो मेरे हिरन भी बेचारे डर जाएँगे।'

यह निश्चय करके वह हिरनों के गढ़े की ओर जाते हुए सोचने लगा, 'पर यदि नर हिरन को पता लगा तो वह मुझे कितना दोषी समझेगा। हो सकता है यह ठीक भी हो।'

अन्त में जाड़ा समाप्त हुआ। वर्षा में बर्फ़ सिकुड़ कर बह गई। सूरज रहस्यपूर्ण रूप से बाहर निकला। बर्फ़ में ढके हुए पेड़-पौधे फिर निकलने लगे। अब घाटी में चलना और भी कठिन हो गया। हिरन अपने खाने के लिए स्वयं पत्तियाँ काट लेते और रस्टी का वहाँ आना-जाना भी अब कम होने लगा। अब उन्हें उसकी आवश्यकता नहीं रह गई थी परन्तु उसे उनसे इतना प्रेम हो गया था और विशेषकर नर हिरन से उसे इतना प्रेम था कि उनको अपने जीवन से एकाएक लुप्त हो जाने देना उसे पसन्द नहीं था। पर यह तो होना ही था और वह यों हुआ!

एक दिन बहुत कठिनाई उठाने के बाद वह गढ़े के पास पहुँचा तो देखा कि हिरनी और बच्चा चले गए हैं। वफ़ादार हिरन अब भी वहीं था; वह जानता था कि रस्टी इसी समय आता है। रस्टी अपनी जेबों में दाने की रोटी और नमक ले आया था। इसे हिरन ने बड़े स्वाद से खाया। बीच-बीच में वह लड़के को प्यार के साथ अपने ऊपरी होंठ से चाट लेता। अन्त में रस्टी ने हिरन के गले में बाँहें डालकर कहा, "विदा, मेरे मित्र, अब तुम अपनी फिक्र स्वयं करना और शिकारियों की आँख से बचे रहना! ओह, तुम्हारे सिर में कैसी अच्छी सींगें हैं!"

वह तुरन्त ही मुड़ा और घर की ओर शीघ्रता के साथ पर लम्बे मार्ग से चल पड़ा। वह अधिक दूर नहीं गया होगा कि कन्धे पर थूथन का स्पर्श अनुभव किया। बिल्ली की भाँति हिरन चुपचाप उसके पीछे-पीछे आ रहा था। रस्टी ने प्रेम के साथ उसे पुचकारा पर वह उसको क्या करता यह निश्चय न कर पाकर आगे चलता रहा। हिरन उसके साथ-साथ खुले स्थान के सिरे तक आया जहाँ से रस्टी के खेत दिखाई पड़ रहे थे। मज़दूर बाल्टी को लटका रहे थे, और उनकी खनखनाहट बसन्त की हवा में सुनाई पड़ रही थी। खेत का बड़ा काला कुत्ता भौंकता हुआ रस्टी से मिलने के लिए दौड़ा आया। हिरन अपने लम्बे कानों को हिलाता हुआ खड़ा रहा। रस्टी ने कहा, "अब अच्छा है कि तुम चले जाओ और अपनी फिक्र रखना।"

बिना पीछे की ओर देखे हुए वह कुत्ते से मिलने के लिए आगे बढ़ा और हिरन का गहरा भूरा आकार निःशब्द पेड़ों के बीच धुँधला होता गया।

# अलक्ष्य संग्रह

*स्टीफन ज्वीग*

ड्रेस्डन से आगे चलकर एक वयस्क भले मानस ने हमारे डिब्बे में प्रवेश किया। सब लोगों की ओर देखकर मुस्कराते हुए उसने मेरे प्रति इस तरह सिर हिलाया जैसे हमारी वर्षों की पहचान हो। यह देखकर भी मुझे उसके नाम का स्मरण न आ रहा था। मैं उसे पहचानता अवश्य था। वह बर्लिन का प्रसिद्ध जौहरी और कला की वस्तुओं का विक्रेता था। युद्ध के पहले मैं उसकी दुकान से हस्ताक्षर किए चित्र और अलभ्य पुस्तकें ख़रीदा करता था। वह मेरे सामने की सीट पर बैठ गया। थोड़ी देर तक अनेक विषयों पर बातें करते रहे जिनका यहाँ उल्लेख करना व्यर्थ है। तब विषय को बदलते हुए जिस यात्रा से वह लौट रहा था उसका उद्देश्य उसने वर्णन किया। उसने कहा कि कला की वस्तुओं की व्यापारी के 37 वर्षीय जीवन में उसे यह अनोखा अनुभव हुआ है। इतनी भूमिका काफ़ी है। मैं उसके मुख से ही उसकी कहानी का वर्णन कर रहा हूँ।

उसने कहा—आप जानते हैं कि जब से रुपए का मूल्य गैस की तरह उड़ने लगा है तब से मेरे व्यवसाय की क्या दशा हो गई है। युद्ध में धन पैदा करनेवालों में पुराने कलाकारों की कृतियों (मैडोनाज़ आदि) और पुरातन वस्तुओं को अधिक पसन्द करने लगे हैं। उनकी इच्छा की पूर्ति करना कठिन है और मेरे ऐसा आदमी, जिसे अपने प्रयोग के लिए अच्छी-अच्छी चीज़ें रखने का शौक़ हो, के लिए यह काम कठिन ही है। यदि मैं उन्हें अवसर दूँ तो वे मेरे हाथ के बटन और लिखने की मेज़ का लैम्प भी मुझसे ख़रीद लें। बेचने के लिए पुरातत्त्व सम्बन्धी वस्तुओं को प्राप्त करना दिन पर दिन कठिन होता जा रहा है। इसी सिलसिले में मुझे पुराने वेनेसियन प्रेस की छपी हुई एक बहुत पुरानी किताब मिली, जिसे मैंने उसी प्रकार देखा जैसे कि कोई फिलिस्टाइन क़ीमती ओवरकोट को देखता है।

इन रुपया फेंकनेवालों की लालच भी असम्भव ही होती है। अभी उस दिन जो मैंने अपने यहाँ देखा तो मुझे पता लगा कि पास इतने कम मूल्य का सामान रह गया है कि दुकान के किवाड़ें बन्द कर रखना ही अच्छा है। मेरे बाप-दादों के समय से यह मज़ेदार व्यवसाय होता चला आ रहा है। परन्तु 1914 के पहले दुकान में इतना सामान भरा था कि कोई व्यापारी ठेले पर ले जाने का साहस न करता।

इस परेशानी में मैंने पुराने बहीखातों के पेज उलटने शुरू किए। हो सकता है कि

पुराने ग्राहकों ने जो ख़रीदा था उसे वे अब बेचना चाहते हों। यह सच है कि इस प्रकार की सूची बहुधा मृतकों से पटे हुए युद्ध-क्षेत्र की भाँति होती है। मैंने देखा कि अधिकांश ख़रीदार या तो मर गए होंगे या इतनी बुरी स्थिति में होंगे कि उन्होंने मूल्यवान चीज़ें बहुत पहले बेच डाली होंगी। ख़ैर, मुझे एक बहुत ही पुराने जीवित, यदि वह जीवित हो, व्यक्ति के पत्रों का एक बंडल मिला। परन्तु वह इतना पुराना था कि मैं उसे भूल चुका था क्योंकि सन् 1914 के प्रथम विस्फोट के बाद उसने कुछ नहीं खरीदा था। हाँ, बहुत पुराना। पुराने पत्र लगभग पचास वर्ष पुराने थे जबकि मेरे पिता इस दुकान के मालिक थे। पिछले 37 वर्ष से मैं दुकान का काम कर रहा था; इस बीच मेरा उससे परिचय नहीं था।

यह सब देखने से यही अनुमान होता था कि जर्मन नगरों का वह कोई प्रसिद्ध सनकी रहा होगा। उसकी लिखावट साफ़ थी और आर्डर की हर चीज़ के नीचे लाल स्याही का निशान था। शब्द और अंक इतने स्पष्ट थे कि ग़लती होने की सम्भावना नहीं थी। उसकी विचित्रताएँ, फाड़े हुए काग़ज़ पर की लिखावट, फटे हुए लिफ़ाफ़ों में बन्द पत्र इन सभी को देखने से उसके लकड़हारे होने का अनुमान होता था। हस्ताक्षर करने की उसकी अपनी शैली थी और वह अपना पूरा पद भी साथ ही लिखता था "फ़ारेस्ट रैंजर और कौंसलर (अवकाश प्राप्त), लेफ़्टिनेंट (अवकाश प्राप्त), आयरन क्रास प्रथम श्रेणी प्राप्त।" इससे प्रगट था कि वह 1870-1871 के युद्ध का कोई अफ़सर था। अब वह 80 के लगभग होगा।

अपनी समझ के बावजूद भी छापे और नक्काशी के संग्रहकर्ता के रूप में वह बड़ा ही चतुर था। उसके आर्डर जो पहले बहुत थोड़े दामों के थे, को ध्यान के साथ देखने से प्रगट था कि जब कोई ग़रीब आदमी भी जर्मन नक्काशी के एक बड़े ढेर का मूल्य दे सकता था तब उसके पास ऐसी वस्तुओं का बहुत बड़ा संग्रह था जिसके स्वामी होने का प्रचार युद्ध में मुनाफ़ाखोर ढोल पीटकर करते हैं। जिसे उसने उस समय हमारे यहाँ से कौड़ियों के मोल ख़रीदा था वही आज बहुत अधिक मूल्य का था। और मुझे विश्वास था कि उसने और स्थानों से भी ऐसी ही चीज़ें ख़रीदी होंगी। तो क्या उसका संग्रह बिक गया होगा? युद्ध के बाद इस व्यवसाय में जो कुछ घट रहा था उसका पूरा ज्ञान था और मुझे विश्वास था कि इतना बड़ा संग्रह यदि बिकता तो उसका पता मुझे अवश्य लग गया होता। यदि वह मर गया तो उसका संग्रह उसके उत्तराधिकारियों के पास सुरक्षित है।

यह बात मुझे इतनी दिलचस्प मालूम हुई कि मैं दूसरे ही दिन (कल शाम को) सैक्सनी के एक सुदूर नगर के लिए रवाना हो गया। जब मैं उस छोटे से स्टेशन से सड़क पर जा रहा था तो मुझे आश्चर्य हो रहा था कि इन घरों में रहनेवाले किसी व्यक्ति के पास रोब्रेंड की सुन्दर नक्काशी, बहुसंख्यक डूरर उडकट और मैनटेगनस का पूरा संग्रह होगा। जब मैंने डाकख़ाने में जाकर पूछा तो ज्ञात हुआ कि पूर्व फ़ारेस्ट रैंजर और कौंसलर महोदय अब भी जीवित थे। उन्होंने मुझे उसके घर का रास्ता बता दिया और

जब मैं चला तो मेरा हृदय ज़ोरों से धड़क रहा था। दोपहर के पहले की यह बात है।

कला का वह पारखी उन मकानों में से एक की दूसरी मंज़िल में रहता था, जिन्हें गत शताब्दि के प्रथम 60 वर्षों के बीच धनी सट्टेबाज़ों ने बनवाया था। पहली मंज़िल में एक दरज़ी रहता था। दूसरी मंज़िल के बाएँ भाग के द्वार पर स्थानीय पोस्ट-ऑफिस के मैनेज़र के नाम की तख्ती थी और दाहिनी ओर पोर्सलेन की ढाल पर उस व्यक्ति का नाम था जिसकी मैं तलाश में था। मैंने घंटी बजाई तो तुरन्त ही एक अत्यन्त बूढ़ी स्त्री एक काली टोपी पहने हुए निकली। मैंने उसे अपना कार्ड देते हुए पूछा कि क्या मकान के मालिक हैं। सन्देहपूर्ण दृष्टि से उसने मुझे और फिर मेरे कार्ड की ओर देखा; फिर उसने मेरे मुँह की ओर देखा। उसके इस सुदूर शहर में राजधानी से किसी व्यक्ति का आना उसके लिए आश्चर्यजनक था। नम्रता के साथ मुझे हाल में दो-चार मिनट ठहरने को कहकर वह भीतर चली गई। कुछ फुसफुसाहट के बाद मुझे किसी पुरुष के खुल कर बोलने की आवाज़ सुनाई दी; "बर्लिन के हर रेकनर, तुम्हारा मतलब पुरातन वस्तुओं के प्रसिद्ध व्यापारी से है। मुझे उनसे मिलकर प्रसन्नता होगी।" वह स्त्री फिर बाहर आई और मुझे अन्दर चलने को कहा।

मैंने ओवरकोट उतार दिया और उसके पीछे-पीछे चला। सीधे-सादे सामानों से सजे कमरे के बीच में एक व्यक्ति मेरा स्वागत करने के लिए खड़ा था। बूढ़ा होते हुए भी वह स्वस्थ था और उसने अर्ध-सैनिक कोट पहन रखा था। बड़ी सहृदयता के साथ उसने दोनों हाथ मेरी ओर बढ़ा दिए। यद्यपि यह काम उसने तत्काल किया, परन्तु उसके रुख की कड़ाई से इसमें बहुत असमानता थी। वह आगे नहीं बढ़ा इसलिए मुझे उससे हाथ मिलाने के लिए आगे बढ़ने को बाध्य होना पड़ा। तब मैंने देखा कि उनके हाथ भी मेरे हाथ के लिए नहीं बढ़े; और तब मुझे पता लगा कि क्या बात है। वह अन्धा था।

बचपन से ही किसी अन्धे व्यक्ति के सामने मुझे बड़ी परेशानी महसूस होती है। यह देखकर कि कोई व्यक्ति जीवित होते हुए भी अपनी इन्द्रियों का पूरा उपयोग नहीं कर पाता मुझे बड़ी परेशानी मालूम होती है। मुझे ऐसा जान पड़ता है जैसे मैं उससे बेजा लाभ उठा रहा हूँ, और जब मैंने उसकी सफ़ेद भृकुटियों के नीचे गढ़े में धँसी हुई स्थिर आँखों को देखा तब भी मेरे हृदय में यही भावना विद्यमान थी। अन्धे व्यक्ति ने मुझे अधिक देर इस परेशानी में नहीं रहने दिया। प्रसन्नता के साथ हँसते हुए उसने कहा–

"वास्तव में यह अहोभाग्य का दिन है। यह आश्चर्य ही है कि बर्लिन से आप ऐसे महान व्यक्ति पधारे हैं। हम प्रान्तीयों को जब आप ऐसे प्रसिद्ध व्यापारी युद्ध-पथ पर रवाना हों तो सावधान रहना चाहिए। हमारे यहाँ एक कहावत है कि यदि आसपास जिप्सी हों तो अपने दरवाज़े और जेब की बटन बन्द रखा। आपके आने का कारण मैं अनुमान कर सकता हूँ। जान पड़ता है आजकल व्यापार मन्दा है। शायद ख़रीदार बहुत कम या हैं ही नहीं इसलिए आप लोग पुराने ग्राहकों की खोज कर रहे हैं। मुझे

खेद है कि आपको बैरंग वापस जाना पड़ेगा। हम पेंशन पानेवालों को सूखी रोटी मिल जाना ही बहुत है। अपने समय में मैं संग्रह करता था पर अब वह बात नहीं रही। मेरी ख़रीदारी के दिन अब चले गए।"

मैंने शीघ्रता से उत्तर दिया कि मैं बिक्री के उद्देश्य से कदापि नहीं आया हूँ। मैं इधर आया था तो सोचा कि मैं अपने पुराने ग्राहक आप से भी मिलता चलूँ जो कि अपने समय में प्रसिद्ध जर्मन संग्रहकर्ता थे। मैंने जैसे यह कहा कि बूढ़े के चेहरे का भाव बदल गया। वह कमरे के बीच में खड़ा हो गया; उसका सारा मुख-मंडल गर्व से चमक उठा। जिस ओर उसे अपनी पत्नी के होने की आशा थी उधर मुड़कर उसने सिर हिलाया मानो कह रहा हो—सुना तुमने! फिर मेरी ओर मुड़कर वह ड्रिल सर्जन की सी पहली आवाज़ को छोड़कर कोमल स्वर में कहने लगा—

"आपकी कितनी कृपा है पर यदि आपको केवल हमारे व्यक्तिगत परिचय के सिवा यहाँ आने से कोई लाभ न हो सका तो मुझे अत्यन्त खेद होगा। खैर, मेरे पास आपके देखने योग्य कुछ वस्तुएँ हैं। शायद ऐसी चीज़ें आपको बर्लिन, अल्बर्टिना, वियना या लाब्रे में भी न होंगी, जो व्यक्ति पचास वर्ष से सुरुचि के साथ संग्रह करता रहा हो उसके पास ऐसी चीज़ें होंगी ही जो हर जगह नहीं मिल सकतीं। लिस्बेथ, ज़रा अल्मारी की चाभी तो मुझे देना।"

इसी समय एक विचित्र बात हुई। उसकी स्त्री जो प्रसन्न मुस्कान के साथ हमारी बातचीत सुन रही थी सहसा चौंक पड़ी। उसने मेरी ओर अपने हाथ उठाकर प्रार्थनापूर्वक जोड़े और अपना सिर हिलाया। उसके इस इशारे का क्या अभिप्राय था यह मैं समझ न सका। फिर वह अपने पति के पास जाकर उसके कन्धे पर हाथ रखकर बोली, "प्रिय फ्रैंज, तुमने अपने अभ्यागत से यह तो पूछा ही नहीं कि उसे और कहीं तो नहीं जाना है। और फिर अब तो खाने का समय है।" मेरी ओर देखते हुए वह कहती गई, "मुझे खेद है कि अप्रत्याशित अतिथि के लिए हमारे पास पर्याप्त कुछ नहीं है। पर आप होटल में भोजन करेंगे। यदि आप उसके बाद हमारे कहवा का एक प्याला पी सकें तो मेरी लड़की अन्ना मेरिया भी हमारे साथ रहेगी और उसे अलमारी की उन चीज़ों का ज्ञान मेरी अपेक्षा अधिक है।"

एक बार फिर उसने मेरी ओर करुण दृष्टि से देखा। यह स्पष्ट था कि वह मुझे उस समय संग्रह देखने नहीं देना चाहती थी। मैंने उत्तर दिया, "वास्तव में मैंने गोल्डेन स्टैग में खाने को कह दिया है पर तीन बजे आने में मुझे प्रसन्नता होगी। तब हर क्रानफ़ेल्ड की हर वस्तु को ध्यानपूर्वक देखने के लिए काफ़ी समय रहेगा। मैं छह बजे के पहले यहाँ से नहीं जा रहा हूँ।"

उस समय सैनिक अफ़सर का मुँह इतना छोटा हो गया जैसे किसी लड़के के हाथ से उसका प्रिय खिलौना छीन लिया गया है। उसने कहा, "मैं जानता हूँ आप बर्लिन वालों को समय का बड़ा ध्यान रहता है पर मुझे आशा है कि आप कुछ घंटे का समय देंगे। मैं आपको दो-तीन छापे नहीं दिखाना चाहता, बल्कि मुझे 27 आल्मारियाँ दिखानी

हैं। प्रत्येक एक-एक आचार्य की चीज़ों से भरी है। पर यदि आप तीन बजे आ जाएँ तो हम छह बजे काम समाप्त कर सकते हैं।"

उसकी स्त्री मुझे शहर पहुँचाने आई। हॉल में बाहर का दरवाज़ा खोलने के पहले उसने धीरे से कहा, "यदि अन्ना-मेरिया आपके वापस आने के पहले होटल में मिले तो आपको कष्ट तो न होगा। कई कारणों से, जिन्हें मैं इस समय नहीं कह सकती, यह आवश्यक है।"

"अवश्य-अवश्य! प्रसन्नतापूर्वक! मैं अकेले भोजन करूँगा और आपकी लड़की भोजन कर चुकने के बाद तत्काल आ सकती हैं।"

एक घंटे बाद जब मैं भोजन करने के कमरे से निकलकर 'गोल्डेन स्टैग' के बरामदे में आया तो अन्ना मेरिया क्रानफ़ेल्ड आ गई। एक बूढ़ी महिला थी, सादे कपड़े पहने उसने मुझे बड़ी परेशानी के साथ देखा।

मैंने उसे आराम से बैठाया और कहा कि यद्यपि अभी निश्चित समय में देर है पर यदि उसके पिता अधिक उत्सुक हैं तो मैं तत्काल उसके साथ चलने के लिए तैयार हूँ। इस पर वह व्याकुल हो उठी और हकलाते हुए चलने से पहले दो-चार मिनट बातें करने की प्रार्थना की।

मैंने कहा, "कृपया बैठ जाइए, मैं सेवा में उद्यत हूँ।"

उसे बात शुरू करने में कठिनाई हो रही थी। उसके हाथ और होंठ काँपने लगे। अन्त में उसने कहा, "मेरी माँ ने मुझे भेजा है। हम आपसे एक प्रार्थना करते हैं। आप तुरन्त वापस चले जाएँ। पिता अपना संग्रह आपको दिखाना चाहते हैं और उनका संग्रह...उनका संग्रह! बहुत थोड़ा बच रहा है।"

वह हाँफने लगी और सिसकती हुई बोली, "मुझे आपसे स्पष्ट कह देना चाहिए। आप जानते हैं हम कितने कठिन समय का सामना कर रहे हैं। आप समझते तो हैं ही। युद्ध शुरू होने के बाद ही मेरे पिता अन्धे हो गए। उनकी आँखें पहले से ही बेकाम हो रही थीं। परेशानी शायद इसका कारण थी। यद्यपि उनकी उम्र लगभग 70 वर्ष के थी। पर अपने पुराने जीवन का स्मरण करके वे युद्ध में जाना चाहते थे। जब उनकी सेवाओं की आवश्यकता नहीं थी। अब हमारी सेनाओं का बढ़ना रुक गया तब उनके हृदय को बहुत चोट पहुँची। डॉक्टरों का कहना है कि उनके अन्धे होने का कारण यही है। दूसरे शब्दों में, आपने देखा ही है कि वे बड़े उत्साही हैं। 1914 के अन्त तक वे दूर तक टहल लेते थे। और शिकार को भी जाते थे। आँखों के बेकाम होने के बाद उनका कुल सुख उनके संग्रह में ही रह गया। वे उसे रोज़ देखते थे।" "रोज़ देखते हैं।" मैंने कहा, "यद्यपि वे देख नहीं पाते। रोज़ दोपहर के बाद वे अपने संग्रह को निकाल वर्षों के परिचित छापों को एक के बाद एक अपनी उँगुलियों से देखते हैं। उन्हें किसी और चीज़ से दिलचस्पी नहीं है। वे मुझसे नीलामों की रिपोर्टें पढ़वाते हैं। जितना ही मूल्य बढ़ता है उतना उनका उत्साह भी बढ़ता जाता है।

"परिस्थिति की भयानकता अब यहाँ है। पिता को मुद्रावृद्धि का कुछ पता नहीं

है कि हम बर्बाद हो चुके हैं कि उनकी पेंशन से हमारा एक दिन का भी खाना नहीं चल सकता। औरों का भी भरण-पोषण हमें करना पड़ता है। मेरी बहन के पति वर्डून में मारे गए और उसके चार बच्चे हैं। रुपए के अभाव को उनसे छिपा कर रखा गया है। हमने ख़र्चों को यथासम्भव कम कर दिया पर काम चलना मुश्किल ही रहा। हमने उनके संग्रह को छोड़कर घर का सामान बेचना शुरू किया। घर में बेचने के लिए अधिक था ही क्या, क्योंकि पिता ने अपनी अधिक आय उडकट, ताँबे के छापे तथा ऐसी चीज़ें ख़रीदने में ख़र्च की थी। संग्रहकर्ता की सनक ही तो ठहरी। तब प्रश्न यह हुआ कि हम उनके संग्रह पर हाथ लगाएँ या उन्हें भूखों मरने दें। हमने उनसे आज्ञा नहीं ली। उससे लाभ ही क्या था? उन्हें इसका अनुमान भी नहीं है कि इस समय उनका खाना मिलना कितना कठिन हो रहा है! उन्हें यह भी पता नहीं है कि जर्मनी हार गया और उसे अलसेस लोरेन दे देना पड़ा है। हम समाचार पत्रों की ऐसी बातें उन्हें नहीं सुनाते।

''पहली चीज़ जो हमने बेची वह बहुत बहुमूल्य थी—रेम्ब्रैंड की नक्काशी। ख़रीदार ने हमें बहुत मूल्य दिया, कई फ्रैंक। हमने समझा था इससे हमारा वर्षों तक निर्वाह हो सकेगा। पर आप जानते हैं कि सन् 1922 और '23 में रुपया किस तरह पिघल रहा था। अपनी तात्कालिक ज़रूरतों को पूरा करने के बाद शेष रुपया हमने बैंक में रख दिया। दो महीने में वह भी समाप्त हो गया। फिर हमें दूसरी नक्काशी बेचनी पड़ी, फिर तीसरी। यह बात मुद्रावृद्धि के बुरे दिनों की है। और हर बार दुकानदार हमको तब तक दाम न देता जब तक कि उस वस्तु का मूल्य दसवाँ या सौवाँ भाग ही न रह जाता। हमने नीलाम वालों का भी आश्रय लिया परन्तु हमें वहाँ भी धोखा खाना पड़ा, यद्यपि चीज़ों के दाम लाखों तक गए। दस लाख के नोट हमारे पास पहुँचते-पहुँचते रद्दी काग़ज़ हो जाते। संग्रह हमें रोज़ाना का खाना देने में तितर-बितर हो गया और वह भी पूरा खाना नहीं।

''इसीलिए जब आज आप आए तो माँ चौंक उठी। जहाँ पोर्टफ़ोलियो खोली गई तहाँ हमारा यह धोखा प्रकट हो जाएगा। हर चीज़ को छूकर पिता पहचान जाते हैं। आप समझते हैं जितने छापे हमने बेचे हैं उनके स्थान पर उतना ही बड़ा और उतना ही मोटा काग़ज़ रख दिया गया है जिससे जब वे छूते हैं तब वे उसके अन्तर को नहीं जान पाते। छूकर और गिनकर उन्हें उतना ही सुख मिलता है जितना कि उन्हें देखने से मिलता था। वे उन्हें यहाँ किसी को नहीं दिखाते क्योंकि यहाँ उनके देखने योग्य कोई है ही नहीं। पर उनमें हरएक उन्हें इतना प्रिय है कि यदि उन्हें इसका पता लग जाए कि वे बिक गए हैं तो उनका दिल टूट जाएगा। अन्तिम बार उन्होंने ड्रेस्डन के ताम्रपत्रों को क्यूटेटर को दिखाने के लिए कहा। वे वर्षों हुए मर गए।''

टूटी हुई आवाज़ में उसने कहा, ''मैं आपसे प्रार्थना करती हूँ कि आप उनके भ्रम का निवारण न करें, उनके विश्वास को नष्ट न करें। उनको गँवा जाने का दुख वे सहन न कर सकेंगे। शायद हमने उनके साथ अन्याय किया है पर हम करते ही क्या? हर

व्यक्ति को जीना तो होता ही है। अनाथ बच्चे प्राचीन छापों से कहीं अधिक मूल्यवान होते हैं। इसके अतिरिक्त दोपहर के तीन घंटे तक अपने संग्रह को देखना ही उनका जीवन है। हर एक वस्तु से वे इस प्रकार बातें करते हैं जैसे वह उनका पुराना मित्र हो। आज का अनुभव शायद अन्धे होने के बाद उनके लिए सबसे अधिक प्रसन्नता का होगा। किसी विशेषज्ञ को अपना संग्रह दिखाने का उन्हें कितना शौक़ है? यदि आप इस धोखे में साथ दे सकें..."

अपने इस नीरस वर्णन द्वारा मैं नहीं बता सकता कि उनकी प्रार्थना कितनी करुण थी। अपने व्यवसायी जीवन में मैंने बहुत से घृणित सौदे देखें हैं। मैंने मुद्रा-वृद्धि के कारण बरबाद हुए लोगों को रोटी के लिए अपनी जायजाद गँवाते देखा है। परन्तु मेरे हृदय को इतनी वेदना नहीं पहुँची जितनी कि इस कहानी से पहुँची है। आपसे यह कहना व्यर्थ है कि मैंने अपना पार्ट अदा करने का वादा कर दिया।

हम दोनों साथ-ही-साथ चल पड़े। मार्ग में मुझे यह जानकर दुख हुआ कि इन अनजान स्त्रियों ने उन छापों को बहुत ही कम दामों में बेचा था। कुछ तो उनमें बहुत बहुमूल्य और अद्वितीय थे। मैंने अपनी सारी शक्ति भर उनकी सहायता करने का निश्चय किया। जैसे ही हम सीढ़ी चढ़ रहे थे हमने प्रसन्नतापूर्वक चिल्लाते हुए सुना, 'आइए, आइए।' अन्धे व्यक्ति की तीव्र श्रवण-शक्ति द्वारा उसने उस पगध्वनि को तुरन्त पहचान लिया जिसकी प्रतीक्षा वह इतनी देर से कर रहा था।

हमें भीतर करते हुए बूढ़ी स्त्री ने मुस्कराकर कहा—"खाना खाने के बाद फ्रैंज सदैव थोड़ी देर तक सोते हैं पर आज उत्कंठा के कारण सो नहीं सके। लड़की के चेहरे को देखकर वह समझ गई कि सब ठीक है। मेज़ पर बस्ते रखे हुए थे। अन्धे संग्रहकर्ता ने मेरी बाँह पकड़कर कुर्सी पर बिठा दिया जो कि मेरे लिए पहले से ही रखी हुई थी।

"हम अभी से ही शुरू कर दें। क्योंकि देखना बहुत है और समय कम है। पहले बस्ते में डूरर हैं। पूरा एक सेट है। आप देखेंगे कि एक दूसरे से अच्छा है। बड़े सुन्दर हैं। आप ही देखिए?" यह कहते हुए उसने बस्ता खोला।

"हम लोग अपोकेलिप्स सिरीज़ से शुरू करेंगे?"

तब उसने बड़ी कोमलता के साथ अपने सादे काग़ज़ के टुकड़े को उठाकर मेरी देखती आँखों और अपनी अन्धी आँखों के सामने रखा। उन्हें इतने ग़ौर से देख रहा था कि यह विश्वास करना कठिन था कि वह अन्धा है। यद्यपि मैं जानता था कि यह उसकी कल्पना-मात्र थी परन्तु उसके चेहरे पर पहचानने की चमक दमदमा रही थी।

"कभी आपने इससे अच्छा छापा देखा है। कितनी गहरी छाप है। हर बात बिलकुल स्पष्ट है। मैंने इसको ड्रेस्डन में रखे हुए एक-दूसरे छापे से मिलाया। वह भी अच्छा है पर यह जो आप देखते हैं इससे कहीं साधारण। और फिर मेरे पास तो इसका पूरा संग्रह है।"

उसने काग़ज़ की दूसरी तरफ़ उलट कर मुझे इस तरह दिखाया कि मैं वास्तव में अलक्ष्य लिखावट को पढ़ने के लिए झुक गया।

"इसमें नगलर संग्रह की मुहर है और फिर रेमे और इस्डेले की। इसके पूर्व अधिकारी ने कभी यह न सोचा होगा कि उसका ख़ज़ाना इस छोटे कमरे में बन्द रहेगा।"

जब विश्वास के साथ उसने काग़ज़ को खोला तो मेरा शरीर काँप उठा। उसने ठीक उसी स्थान पर उँगली रखी जहाँ कथित छापा होने का उसे विश्वास था। मुझे यह भूलना भयपूर्ण प्रतीत हो रहा था, जैसे जिन गत आत्माओं का वह नाम ले रहा था वे क़ब्र से निकलकर बाहर मेरी आँखों के सामने खड़े हों। मेरी जुबान तालू से लग गई थी। तभी मेरी दृष्टि क्रानफ़ेल्ड की पत्नी तथा लड़की की विकृत आकृति पर पड़ी। मैंने फिर अपनी आँखें नीची कर लीं और अपना पार्ट अदा करने लगा। बनावटी प्रसन्नता के साथ मैंने कहा, "आप ठीक कहते हैं, यह छापा बहुत अच्छा है।"

ख़ुशी से वह फूल गया। बोला, "अरे यह तो कुछ नहीं है। इन दोनों को देखिए, 'मेलंकोलिया' है और चमकदार छापा 'पैशन' है। ज़रा इसकी ताज़गी तो देखिए। बर्लिन के आपके सहयोगी और सार्वजनिक गैलरियों के संरक्षक इसे देखकर ईर्ष्या से तिलमिला उठेंगे।

"मैं आपको विस्तार द्वारा नहीं परेशान करूँगा।" इसी प्रकार दो घंटे तक होता रहा। एक के बाद दूसरा बस्ता खोलना, दो घंटे तक सफ़ेद काग़ज़ों को देखना और समय-समय पर उनके कथित छापे की प्रशंसा करना यह एक श्रमसाध्य कार्य था परन्तु अन्धे संग्रहकर्ता को इससे इतनी प्रसन्नता होती थी कि मैं भी जैसे उस अलक्ष्य-संग्रह में विश्वास सा करने लगा था।

एक बार एक कुअवसर आ गया। वह मुझे रैमब्रैंड्ड के एक 'एंटिपोप' का प्रथम प्रूफ़ दिखा रहा था जिसका मूल्य बहुत अधिक रहा होगा पर जो कौड़ियों के मोल बिका होगा। उसने उसके अच्छे छापे की प्रशंसा करते हुए जब उस पर अपनी उँगुलियाँ फेरीं तो सहसा उसकी उँगुलियों को कोई परिचित चिह्न न मिला। उसके चेहरे पर हवाइयाँ उड़ने लगीं, होंठ काँपने लगे; उसने कहा, "ज़रूर ही यह 'एंटिपोप' है। मेरे सिवा इन उडकटो और छापों को कोई नहीं छूता। यह दूसरे स्थान पर कैसे आ गया।"

"हर क्रानफ़ेल्ड यह 'एंटिपोप' ही है।" मैंने शीघ्रतापूर्वक छापे को उसके हाथ से लेते हुए कहा। और अपनी स्मृति के आधार पर मैंने उसकी विशेषता पर प्रकाश डालना शुरू किया।

उसकी परेशानी दूर हो गई। जितना ही मैं प्रशंसा करता उसे उतनी ही प्रसन्नता होती। अन्त में उसने दोनों स्त्रियों से कहा, "देखो, यह हैं जिन्हें यह पता है कि कौन-सी चीज़ क्या है। तुम लोग इन पर रुपया ख़र्च होते देखकर कुड़मुड़ाती थी। यह सत्य है कि लगभग पचास वर्ष से मैंने शराब, तम्बाकू, यात्रा, थियेटर, किताबें सभी कुछ छोड़कर इसी में रुपया ख़र्च किया है। देखो, हर रेकनर क्या कहते हैं। मेरे मरने के बाद तुम इतनी धनी हो जाओगी कि शहर में तुम्हारे समान कोई न रहेगा। ड्रेस्डन के धनी लोगों की तरह हो जाओगी। तब तुम मेरी सनक की प्रशंसा करोगी। पर जब तक मैं जीवित

हूँ यह संग्रह मेरे पास सुरक्षित रहेगा। मेरे मरने के बाद यह या अन्य कोई उसे बेचने में तुम्हारी सहायता कर देगा। जब तक मेरी पेंशन मेरे बाद बन्द नहीं हो जाती तब तक तुम्हें इसी प्रकार रहना होगा।"

वह कहते हुए पोर्टफ़ोलियो पर अपनी उँगलियाँ फेर रहा था। यह बहुत ही करुण दृश्य था। 1914 के बाद किसी जर्मन के चेहरे पर इतनी अधिक प्रसन्नता की झलक मैंने नहीं देखी थी। आँखों में आँसू भरे उसकी पत्नी और उसकी लड़की उसे देख रही थीं। उस समय ठीक वे उसी प्रकार दीख रही थीं जैसे जेरूसलम की दीवार के बाहर पत्थर लुढ़क गया था और समाधि ख़ाली हो गया था। परन्तु मैंने उसकी काफ़ी प्रशंसा नहीं की थी। एक के बाद दूसरे पोर्टफ़ोलियो को देखता हुआ वह मेरी प्रशंसा की घूँटें पीता रहा जब तक कि वह थक नहीं गया। जब सफ़ेद काग़ज़ के टुकड़ों को फिर डिब्बों में रख दिया गया और कमरा कहवा पीने के लिए खाली किया गया तो मुझे ख़ुशी हुई।

मेरे आतिथेय थकने के बजाय स्फूर्तिपूर्ण दिखाई पड़ रहे थे। किस प्रकार उन्होंने इस ख़ज़ाने को प्राप्त किया इसके सम्बन्ध में वह कहानी पर कहानी सुनाता रहा। हर बार वह उस कहानी से सम्बन्ध रखने वाले छापे को एक बार फिर निकालने को इच्छुक हो उठता था। जब मैंने और उसकी स्त्री तथा पुत्री ने कहा कि अधिक देर करने से मेरी ट्रेन छूट जाएगी तो वह दुखी हो उठा। काँपती हुई आवाज़ से उसने कहा, "आपके आने से मुझे बहुत ही प्रसन्नता हुई। एक योग्य व्यक्ति को अपना संग्रह दिखाकर आज मुझे बड़ी प्रसन्नता हुई। अपनी कृतज्ञता प्रगट करने के लिए मैं कुछ कर सकता हूँ? अपनी वसीयत में मैं लिख जाऊँगा कि आपकी दुकान जिसकी ईमानदारी से सभी परिचित हैं, मेरे संग्रह के नीलाम का प्रबन्ध करे।"

प्रेम के साथ उसने पोर्टफ़ोलियो पर अपना हाथ रखा।

"मुझे वचन दीजिए कि इनका एक सुन्दर केटलाग बनवा देंगे। मैं दूसरा स्मारक चिह्न नहीं चाहता।"

मैंने उन दोनों स्त्रियों को देखा। वे अपने काँपने की आहट को उसके कानों तक न पहुँचने देने के लिए अत्यधिक प्रयत्न कर रही थीं। मैंने इस असम्भव कार्य के लिए प्रतिज्ञा की। उसने उत्तर में मेरे हाथ को अपनी हथेली के बीच दबाया।

उसकी पत्नी और पुत्री दरवाज़े तक मुझे पहुँचाने आईं। वे बोल न सकीं, पर उनकी आँखों से आँसू गिर रहे थे। मेरी हालत भी उस समय उनसे कुछ ही अच्छी थी। वास्तव में जिस धोखे के कारण वह अन्धा वृद्ध व्यक्ति आनन्द प्राप्त करता रहा था। उसमें सहायता करने के लिए मैं देवदूत की भाँति पहुँच गया। मुझे झूठ बोलने में लज्जा आती है पर आज मुझे झूठ बोलने में खुशी हो रही थी। कम-से-कम मैंने उसके हृदय में उस आनन्द को उत्पन्न कर दिया जो कि इस उम्र में अप्राप्य होता है।

जैसे ही मैंने सड़क पर क़दम रखा मुझे खिड़की खुलने की आवाज़ सुनाई दी। यद्यपि बूढ़ा मुझे देख नहीं सकता था पर वह जानता था कि मैं किस तरफ़ जाऊँगा।

उसकी अन्धी आँखें उधर ही लगी थीं। वह बाहर की ओर इतना झुका हुआ था कि उसकी पत्नी तथा लड़की ने कन्धे पर हाथ रख लिए थे कि कहीं वह बाहर गिर न जाए। रूमाल हिलाते हुए उसने चिल्लाकर कहा, "हर रेकनर, यात्रा आपके लिए सुखदाई हो।"

उसकी आवाज़ जैसे बच्चों की हो। आसपास के आने-जाने वालों के गिरे हुए चेहरे के विपरीत उसी प्रसन्न आकृति मुझे कभी न भूलेगी। जिस भ्रम को बनाए रखने में मैंने सहायता की वह उसके शेष जीवन को सुखमय बनाए रहेगा। गेटे ने कहा है, "संग्रहकर्ता सुखी जीव हैं।"

# बन्दर

*अलेक्जेंडर कीलैंड*

एक बन्दर की कृपा से वकालत की परीक्षा में मुझे प्रथम श्रेणी मिलने वाली थी परन्तु द्वितीय श्रेणी मिली और यह न्यायसंगत भी था।

मेरे एक मित्र थे। उनको एक मिश्रित भावना के साथ मेरी परीक्षा की कापियाँ देखनी पड़ीं। क़ानूनी समस्याओं को हल करने के मेरे तरीके का उन पर इतना असर पड़ा कि उन्हें ख़्याल था कि उनके कारण मुझे प्रथम श्रेणी मिल जाएगी। उन्होंने मेरी मौखिक परीक्षा ली जाने का विरोध किया क्योंकि वे मेरे मित्र थे और मुझे ख़ूब अच्छी तरह जानते थे।

बन्दर वास्तव में एक क़ानूनी पुस्तक के पृष्ठ 496 पर पड़ा हुआ कहवे का धब्बा मात्र था। यह पुस्तक मैंने अपने एक मित्र से पढ़ने के लिए उधार ली थी।

जाड़े की शीत और अन्धकार में क़ानून की परीक्षा देने जाने से बढ़कर और कोई निराशाजनक बात सोचना कठिन है। गर्मी में शायद हालत और भी बदतर हो जाती हो पर मैं कह नहीं सकता। क्योंकि गर्मी में परीक्षा देने का मुझे कभी अवसर नहीं प्राप्त हुआ।

परीक्षार्थी को ग्यारह या तेरह (जितनी भी भयानक संख्या की आप कल्पना कर सकें) प्रश्नों के साथ लोहा लेना पड़ता है। उसकी दशा सर्कस के उस अभिनेता की भाँति होती है जो पहले-पहल जनता के सामने आता है।

अपनी जान को हथेलियों पर लेकर वह घोड़े को दौड़ाता है, उसके अधरों पर सर्कस की एक विचित्र मुस्कान रहती है और उसे बदसूरत पर्चे से ढके ग्यारह या तेरह छल्लों के बीच से निकलना पड़ता है।

वकालत की परीक्षा के अभागे परीक्षार्थी की भी ठीक यही स्थिति होती है जो सर्कस के अभिनेता की होती है। केवल वह संगीत की लय पर प्रकाश से झिलमिलाती हुई इमारत में छलाँगें नहीं भरता। अर्ध अन्धकार में उसे काठ की कुर्सी पर बैठना पड़ता है; उसका मुँह दीवार की ओर होता है; उसे केवल निरीक्षक के जूतों की चर-मर ही सुनाई पड़ती है, क्योंकि दुनिया में शायद क़ानून के परीक्षा-भवन के निरीक्षक के जूतों से अधिक दूसरे के जूते नहीं चरमराते।

और तब वह भयानक क्षण आता है जब कॉलेज का अध्यक्ष प्रश्नों की सूची लेकर उपस्थित होता है। वह दरवाज़े पर बैठ जाता है और ठंडे दिल से, निर्लिप्त भाव से,

परीक्षा से भय के प्रति घृणा प्रकट करते हुए वह प्रश्नों को एक-एक करके पढ़ता है। उसके हाथ में मैले काग़ज़ में ढके हुए वे छल्ले होते हैं जिनके बीच से प्रत्येक विद्यार्थी को निकलना रहता है और असफल होने पर उन्हें परीक्षा का घोड़ा छोड़कर पैदल चलने के लिए अलग हट जाना पड़ता है।

आप जीन पर बैठ जाइए; कितनों को तो इसमें सफलता नहीं मिलती, वे बेचारे इधर-उधर झूलते रहते हैं।

कुछ तो बेचारे इसे छोड़कर हट जाते हैं। जब वह कमरे से बाहर जाने लगते हैं तो परीक्षा-भवन में बैठे शेष विद्यार्थी उसे एक निश्वास छोड़कर उस पर अपनी आँखें गड़ा देते हैं। 'आज तुम, कल हम।' इस बीच कुछ आवाज़ सुनाई पड़ने लगती है जिसका अभिप्राय यह है कि परीक्षा के छल्लों को लाँघने के लिए प्रयत्न शुरू हो गया है।

कुछ तो सधे हुए, तेज़ी से फाँदते हैं और दिल में प्रथम श्रेणी की आशा लेकर पार उतर जाते हैं; दूसरे जो छल्ले को सीध में फाँदना ठीक समझते हैं वे जब हवा में रहते हैं तो एक लुढ़कनियाँ लेकर पीछे की ओर से फाँदते हैं। कहा जाता है कि उनकी यह पंगुलता प्रशंसनीय नहीं है।

इसके बाद दूसरे छलाँगें भरते हैं पर बेचारे छल्ले को गँवा बैठते हैं; वे या तो इसी पार रह जाते हैं या अगल-बगल गिरते हैं। कुछ इनसे भी ऊँचे कूदते हैं और उनके लिए यह काम प्रकट रूप से आसान होता है। उसके बाद वे तेज़ी से दौड़ने लगते हैं।

पर जब किसी को न तो घुड़दौड़ का शौक हो और न छल्ला लाँघने का ही अनुभव हो तो यदि उसे पेज 496 पर बन्दर न मिल जाए तो वह दया का पात्र होता है।

उन दिनों हमारा जीवन बहुत बुरा था—दिन भर परीक्षा के छल्ले फाँदते, और रात में छल्ले फाँदने का अभ्यास करने के लिए अध्ययन करते।

एक रात को मैं 'क़ानूनी समस्या' नामक पुस्तक आधा ही पार कर पाया था कि बहुत देर हो गई। जब मुझे अधिक हवा की आवश्यकता होती तो मैं आग में और अधिक लकड़ी लगा देता और गर्मी की ज़रूरत होती तो खिड़कियाँ खोल देता। हर क्षण पर मैं पुस्तक के पन्ने इस तेज़ी से पलट रहा था जैसे तूफ़ान!

पर आख़िर तूफ़ान भी तो कभी शान्त होता ही है! और जब मैं भी उसी स्थिति में पहुँच गया तब मैंने सीधे बैठकर उसे ग्यारहवीं बार पढ़ा।

'इसलिए...यह निष्कर्ष निकाला जा सकता है...इसलिए...यह निष्कर्ष...कि आराम और लाभ दोनों का सामंजस्य स्थापित किया जा सकता है...कुर्सी पर पीठ टेक कर थोड़ा आराम किया जा सकता है...मैं पढ़ भी सकता हूँ...रोशनी आड़ में नहीं पड़ती...इसलिए यह निष्कर्ष निकाला जा सकता है...।'

परन्तु क़ानून की किताब पर ग़ैरक़ानूनी तस्वीरें तैरने लगीं जिन्होंने लैम्प को घेर लिया और मेरी क़ानूनी नज़र को भी धुँध कर देने की धमकी देने लगीं।

अब भी मैं धुँधले तौर पर सफ़ेद और छपे क़ाग़ज़ का फ़र्क़ जान सकता था : 'इसलिए...यह...निष्कर्ष', शेष सब एक के ऊपर दूसरे काले अक्षरों के चढ़ जाने में ही

लुप्त हो गया। मेरी आँखें थकान पूर्ण निराशा के साथ उनके पीछे दौड़ती रहीं। तब मैंने पेज के दाहिने और नीचे देखा...एक आकृति। किसी ने हाशिए पर एक बन्दर का चित्र खींच दिया था। बहुत ही सुन्दर बना था, विशेषकर उसका भूरा मुँह।

मुझे कहते हुए लज्जा तो अवश्य लगती है पर कला की इस कृति के प्रति मेरी दिलचस्पी क़ानून की पुस्तक की अपेक्षा बढ़ गई। उठकर मैं झुककर उसे ध्यान से देखने लगा।

बहुत ध्यान से देखने के बाद मुझे मालूम हुआ कि बन्दर का भूरा मुँह और कुछ नहीं कहवे के धब्बे से बना है। और बाद में मुझे समझ पड़ा कि पूरा बन्दर ही कहवे का धब्बा मात्र है।

कलाकार ने उसमें केवल आँखें और थोड़े से बाल भर बना दिए हैं। परन्तु वास्तव में प्रतिभाशाली तो वह था जिसने कहवे की बूँद इस पर डाली होगी।

तब मेरी समझ में आया; क्योंकि मैं जानता था कि मेरे मित्र को एक लाइन तो खींचना नहीं आता पर क़ानून उसे खूब आता है। और तब मैं उसके सम्बन्ध में सोचने लगा, उसकी सफलताओं के सम्बन्ध में विचार करने लगा।उसने आनर्स में प्रथम श्रेणी प्राप्त की और अपने घर लौट गया। भला उसे इस सफलता के लिए किस तरह प्रयत्न करना पड़ा होगा। और जब मैं यह सोच रहा था तब मेरी नींद में भी मेरी जागृति उठ बैठी और मेरा अज्ञान अपने सबसे अधिक बुरे रूप में मेरे सामने आकर उपस्थित हो गया।

मैं सोचने लगा कि यदि मुझे इस घुड़दौड़ में घोड़े की पीठ पर से उतरना पड़ा तो मेरे लिए यह कितने शर्म की बात होगी। यदि कहीं इससे भी बुरा हुआ और मैं उनमें से हुआ जिनका नाम ही नहीं होता बल्कि कहा जाता है कि उसे 'Non contemneuds' मिला तो—

जैसा कि कभी होता है कि बहुत अधिक पढ़ने से लोग पागल हो जाते हैं, उसी तरह जब मुझे अपने अज्ञान का अनुभव हुआ तो मैं पागल सा हो गया।

कूद कर मैंने अपने सिर को पानी की बाल्टी में डुबो दिया और बालों को सूखने का भी अवसर न देकर मैं इतने दृढ़ निश्चय के साथ पढ़ने बैठ गया कि एक-एक शब्द मेरी स्मृति पर अंकित हो गया; 'इसलिए यह निष्कर्ष निकाला जा सकता है...' इत्यादि-इत्यादि।

जल्दी-जल्दी बाएँ पेज को भी उसी अदम्य उत्साह से पढ़ने लगा, उसके बाद दाहिना पेज आया, बन्दर के चित्र तक पहुँचा, चित्र पार किया, पेज उलट दिया और वीरतापूर्वक आगे पढ़ने लगा।

मुझे यह पता नहीं लगा कि मेरी शक्ति खत्म हो चुकी है। दूसरा अध्याय दिखाई पड़ने लगा और साधारण रूप से लोग ऐसे स्थान पर क्षण भर के लिए रुक जाते हैं, पर मैं अध्याय के प्रथम वाक्य में उलझ गया।

मुक्ति का कोई उपाय खोजने का मैंने प्रयत्न किया परन्तु वहाँ कोई उपाय नहीं था।

सिर चक्कर खाने लगा, 'बन्दर कहाँ है? कहवे का धब्बा है। दो पेज़ों पर कोई अपनी उस प्रतिभा का प्रदर्शन नहीं कर सकता...जीवन में हर चीज़ का एक सही और दूसरा ग़लत पहलू होता है। उदाहरण के लिए, विश्वविद्यालय की घड़ी...पर जब मैं तैर नहीं सकता तो मुझे पानी निकल ही आना चाहिए।...मैं जा रहा हूँ सर्कस...मैं जानता हूँ मेरे किताबवाले मित्र, कि तुम मुझ पर हँस रहे हो। पर मैं कहता हूँ कि मैं छल्ले लाँघ सकता हूँ और यदि मेरे लैम्प से प्रगट हुए प्रोफ़ेसर ने 'Corpus Juris' का अच्छी तरह विश्लेषण किया तो मैं यहाँ कार्लजोन्स स्ट्रीट में न पड़ा रहूँगा बल्कि...'

इसी समय मुझे वह सपनोंवाली गहरी नींद आ गई जैसी कि केवल उन्हीं लोगों को आती है जवानी में जिनको असद्विवेक का मर्ज़ होता है।

दूसरे दिन प्रातः मैं परीक्षा के घोड़े पर सवार था।

पता नहीं उस दिन शैतान ने भी जूते पहन रखे थे या नहीं पर उसके यह निरीक्षक अवश्य ही पहने थे। जब वे मेरे पास से गुज़रते उनकी चर-मर सुनाई पड़ती। और वहाँ मैं अपनी वेदनाओं के साथ दीवार की ओर मुँह किए बैठा था।

एक प्रोफ़ेसर साहब परीक्षा के शिकारों को देखते हुए घूम रहे थे। कभी-कभी जब उनकी दृष्टि उन कट्टर विद्यार्थियों पर पड़ती जो दर्जे में हाज़िर रहते थे तो वे एक बार सिर हिला देते और उन्हें उत्साहित करने को तनिक मुस्करा देते। पर जब उनकी आँख मुझ पर पड़ी तो मुस्कान उनके अधरों से लुप्त हो गई। मुझे ऐसा जान पड़ा जैसे वे अपनी बर्फ़ीली दृष्टि से मेरे सामने दीवार पर लिख रहे थे, 'अरे कमबख़्त, मैं तुझे नहीं जानता!'

दो-एक निरीक्षक प्रेज़ीडेंट के पास पहुँचे और उससे बातें करने लगे। मैं उन्हें अपनी कुर्सी के पीछे धीरे-धीरे बातें करते सुन सकता था और मुझे क्रोध आ रहा था कि इन नामाक़ूलों को भी तनख़्वाह दी जाती है जो कि वास्तव में मुझे और मेरे अच्छे मित्रों को सता कर अपनी जीविका प्राप्त करते हैं।

दरवाज़ा खुला और पीली रोशनी की किरणें पीले चेहरों पर बिखर गईं। उन्हें देखकर मुझे लक्सेमबर्ग के अजायबघर में रखे 'भय के मारे' की याद हो आई। इसके बाद फिर अन्धकार हो गया और वह कलंकपूर्ण भेड़िया कमरे में चमगादड़ की भाँति बढ़ा। उसके पंजों में सफ़ेद काग़ज़ थे।

उसने पढ़ना शुरू किया।

मुझे उस समय जितनी निराशा महसूस हुई उतनी शायद कभी नहीं हुई किन्तु फिर भी पहला शब्द सुनते ही मैं उछल पड़ा।

'बन्दर!'

मैं लगभग चीख पड़ा। क्योंकि इस सम्बन्ध में अब आश्चर्य नहीं रह गया था। 'क़ानूनी समस्या' का यह पृष्ठ 496 ही था जहाँ मुझे बन्दर मिला था। जो समस्या वह पढ़ रहा था वह वही थी जिसे मैंने पिछली रात बड़ी स्फूर्ति के साथ पढ़ा था।

और भूमिका के चन्द सुन्दर वाक्यों के पश्चात मैंने प्रारम्भ किया—'इसलिए यह

निष्कर्ष निकाला जा सकता है कि...' और उसके बाद बाएँ पेज की ओर बढ़ा और फिर उसी अदम्य उत्साह के साथ दाहिने पेज पर आया, बन्दर के पास पहुँचा, उसे भी पार किया, फिर टटोलने लगा...और फिर सहसा ठप्प हो गया।

मुझे तो यह जान पड़ रहा था कि कुछ कमी रह गई है पर यह भी जानता था कि अब उसके सम्बन्ध में कुछ सोचना बेकार है। जो नहीं मालूम है वह नहीं ही मालूम है। बस यही है। इसलिए मैंने विराम चिह्न बना दिया और जब शेष लड़के आधा पर्चा भी नहीं समाप्त कर पाए थे मैं कॉपी परीक्षक को देकर बाहर चला आया।

मेरे अभागे साथियों ने सोचा कि मैंने घोड़े की पीठ छोड़ दी या छल्ले से अलग कूद गया क्योंकि पर्चे की वह 'समस्या' बड़ी मुश्किल थी।

मेरी कॉपी पढ़ने के बाद वकील ने कहा, "भई, यह तो मेरी आशा से भी अच्छा है। यह, यह तो एक प्रकार से 'क़ानूनी समस्या' के लेखक के तर्कों का समादृत है। तुमने आख़िर वाला तर्क छोड़ दिया है पर वह अधिक महत्त्वपूर्ण नहीं है। तुम्हारा उत्तर देखकर जान पड़ता है कि तुम्हें इस विषय में ज्ञान है। पर कल तुम परीक्षा से इतना डर क्यों रहे थे?"

"मैं कुछ भी नहीं जानता था।"

उसने मुस्कराकर कहा, "तो क्या तुमने रात को उस 'समस्या' को खूब पक्का किया था?"

"हाँ!"

"किसी ने तुम्हारी सहायता की थी क्या?"

"हाँ!"

"एक रात में इतना क़ानून तुम्हारे दिमाग़ में जिसने ठूँस दिया वह गज़ब का अध्यापक रहा होगा। क्या मैं पूछ सकता हूँ कि वह कौन-सा जादूगर था?"

"एक बन्दर।" मैंने उत्तर दिया।

## नार्वे

# भाई

### *बीजॉरस्टीन बीजरसाँन*

स्कूलमास्टर का नाम बार्ड था। उसके एंडर्स नाम का एक भाई था। वे एक-दूसरे का बहुत ध्यान रखते थे; शहर में एक साथ रहते थे, एक साथ युद्ध में गए, एक ही सेना में काम किया और दोनों कारपोरल के पद पर पहुँच गए। जब वे युद्ध से वापस आए तो लोग उन्हें देखकर कहते कि दोनों हट्टे-कट्टे व्यक्ति हैं।

उनके पिता की मृत्यु हो गई। उनके पास बहुत अधिक सम्पत्ति थी जिसे दोनों भाइयों के बीच बाँटना कठिन था। इसलिए उन्होंने कहा कि इससे हम लोगों के बीच मतभेद न पैदा होना चाहिए। सब चीज़ों को वे नीलाम पर चढ़ा देंगे ताकि जिसको जो पसन्द हो वह ख़रीद ले। इस तरह जो रुपया आए उसे वह आपस में बाँट लेंगे। उन्होंने किया भी यही।

परन्तु पिता के पास एक सोने की घड़ी थी जो दूर-दूर तक प्रसिद्ध थी क्योंकि उस प्रदेश में केवल यही सोने की घड़ी थी जिसे लोगों ने देखा था। जब उसे नीलाम पर चढ़ाया गया तो उसे ख़रीदने के लिए बहुत से धनी व्यक्ति उत्सुक हुए, परन्तु जब दोनों भाइयों ने बोली चढ़ानी शुरू की तो वे हट गए। बार्ड समझता था कि एंडर्स घड़ी उसे ले लेने देगा और एंडर्स भी बार्ड से यही आशा करता था। एक के बाद दूसरा बोली चढ़ता और हर बार वे दूसरे की ओर ग़ौर से देखते। जब बोली बीस डॉलर पर पहुँच गई तो बार्ड ने सोचा कि उसके भाई का यह काम अच्छा नही हैं। उसने बोली बढ़ाई और तीस डॉलर तक पहुँच गया। परन्तु जब एंडर्स फिर भी न हटा तो बार्ड ने सोचा कि शायद अब एंडर्स को यह ध्यान नहीं रह गया कि उसने उसके साथ कितनी भलाई की है। और फिर वह उससे बड़ा भी तो है। और घड़ी का दाम तीस डॉलर से भी ऊपर बढ़ने लगा। एंडर्स फिर भी डटा रहा। तब बार्ड ने एक ही बोली में घड़ी का दाम चालीस डॉलर पहुँचा दिया। उसने अब भाई की ओर देखना भी बन्द कर दिया। नीलाम के कमरे में स्तब्धता छा गई। केवल नीलाम करनेवाला ही बोली की संख्या को दुहराता था। एंडर्स ने सोचा कि जब बार्ड 40 डॉलर बोल सकता है तो मैं भी ऐसा कर सकता हूँ और यदि बार्ड उसके घड़ी लेने से ईर्ष्या करता है तो वह उसे अवश्य ही लेगा और उसे हराकर मानेगा। बार्ड के लिए यह अत्यन्त अपमानजनक था। उसने धीरे से पचास डॉलर लगा दिया। बहुत से लोग मौजूद थे; एंडर्स ने सोचा कि वह सब के सामने भाई द्वारा

अपना उपहास नहीं होने देगा। उसने फिर बोली बढ़ाई। बार्ड ज़ोर से हँस पड़ा।

"सौ डॉलर और साथ ही हमारा भाई-भाई का नाता।" कहकर वह कमरे से बाहर जाने के लिए मुड़ गया।

बाहर वह नीलाम में ख़रीदे हुए घोड़े को कस रहा था कि एक व्यक्ति ने आकर कहा कि घड़ी तुम्हें मिल गई।

यह समाचार सुनते ही उसके हृदय में पश्चाताप के भाव उभर आए। उसे घड़ी के बजाय अपने भाई का ध्यान बार-बार सताने लगा। ज़ीन कसी जा चुकी थी। पर घोड़े पर हाथ रखे हुए वह क्षण भर रुका। वह रिकाब पर क़दम रखे या नहीं। बहुत से लोग बाहर निकल आए; एंडर्स भी था। जब उसने देखा कि उसका घोड़ा कसकर जाने को है तब वह यह नहीं सोच सका कि उस समय बार्ड के मस्तिष्क में क्या बात घूम रही है।

"बार्ड; घड़ी के लिए धन्यवाद! तुम अपने भाई को अपने साथ अब कभी न देखोगे।" उसने उसे पुकारकर कहा।

"और न तुम मुझे कभी अपने दरवाज़े पर!" बार्ड ने उत्तर दिया। घोड़े पर चढ़ते समय उसकी आकृति सफ़ेद पड़ गई थी।

उस दिन के बाद उन दोनों में से किसी ने उस घर में क़दम नहीं रखा जिसमें वे अपने पिता के साथ रहते थे।

कुछ ही दिन बाद एंडर्स ने विवाह कर लिया। पर उसने अपने विवाह में बार्ड को आमंत्रित नहीं किया। विवाह के पहले ही साल एंडर्स की एकमात्र गाय मर गई। एक दिन वह घर के उत्तर में मरी पाई गई। वहीं वह बँधी हुई थी। कोई उसके मरने का कारण न बता सका। उस पर विपत्ति पर विपत्ति आने लगी और उसकी दशा और भी बुरी हो गई। पर जब जाड़ों में एक दिन रात को उसका घास का ढेर तथा और जो कुछ भी था आग की भेंट हो गया तो उस पर विपत्ति का पहाड़ टूट पड़ा। किसी को यह पता न लग सका कि आग कैसे लगी।

एंडर्स ने कहा, "किसी मेरा बुरा चाहने वाले का ही यह काम है।"

सारी रात वह रोता रहा। वह बिलकुल निर्धन हो गया और काम करने की उसको इच्छा भी न होती।

आग लगनेवाले दिन की दूसरी शाम को बार्ड अपने भाई के घर पर आया। एंडर्स लेटा हुआ था पर बार्ड को देखते ही उछल कर खड़ा हो गया।

उसने पूछा, "क्या चाहते हो।" पर वह रुक गया और अपने भाई को अनिमेष देखता रहा।

बार्ड क्षण-भर चुप रहा, फिर बोला, "एंडर्स तुम कष्ट में हो; मैं तुम्हारी सहायता करना चाहता हूँ।"

"जितना दुखी तुम मुझे देखना चाहते हो उतना दुखी में नहीं हूँ। जाओ, नहीं शायद मैं अपने को रोक न सकूँ।"

एंडर्स तुम भूल में हो। मुझे दुख है...''

''बार्ड, चले जाओ, नहीं भगवान ही हमारा मालिक है।''

बार्ड एक पग पीछे हट गया। काँपते हुए स्वर में उसने कहा, ''यदि तुम घड़ी चाहते हो तो उसे ले सकते हो।''

''बार्ड चले जाओ।'' उसके भाई ने चिल्लाकर कहा और बार्ड चुपचाप लौट आया।

इस बीच बार्ड पर जो बीती वह इस प्रकार है। जब बार्ड ने अपने भाई पर आई विपत्ति को सुना तो उसका हृदय बदल गया परन्तु आत्माभिमान ने उसे रोक रखा। उसे गिरजे जाने की प्रेरणा होती; वहाँ जाकर वह अनेक प्रण कराता परन्तु उन्हें पूरा करने की शक्ति उसमें नहीं थी। कई बार वह एंडर्स के घर के निकट तक गया परन्तु या तो उसके यहाँ से कोई निकल रहा होता या अपरिचित लोग बैठे रहते होते, या एंडर्स ही बाहर लकड़ी काटता होता। कोई-न-कोई बाधा अवश्य ही होती।

जाड़ा बीत रहा था। रविवार को वह गिरजाघर गया। उस दिन एंडर्स भी वहाँ था। बार्ड ने उसे देखा। वह दुर्बल और पीला पड़ गया था। वह अब भी वही कपड़े पहने था  जो वह तब पहननता था जब दोनों साथ-साथ थे। हाँ, अब वे कपड़े पुराने हो गए थे, उनमें पैबन्द लगे थे। जब तक प्रार्थना होती रही वह बराबर पादरी की ओर देखता रहा। बार्ड ने देखा कि उसका मुख कितना शान्त और कोमल था। उसे अपने बचपन का स्मरण हो आया। उस दिन उसने प्रण किया कि वह आज अपने भाई के पास जाकर उससे अवश्य ही मेल कर लेगा चाहे कुछ भी क्यों न हो। जब वह शराब पी रहा था तो यह निश्चय जैसे उसके आत्मा में समा गया। जब वह उठा तो कोई बीच में आ गया और एंडर्स ने उसकी ओर देखा भी नहीं। एंडर्स की पत्नी उसके साथ थी पर बार्ड उसे नहीं जानता था। उसने सोचा कि एंडर्स के घर चलना ठीक होगा, वहाँ एकान्त में बात हो सकेगी।

शाम होते ही चल पड़ा। वह दरवाज़े तक गया। वह रुक गया और सुनने लगा। उसने बातों में अपने नाम का उल्लेख सुना। एंडर्स की पत्नी कह रही थी, ''वह कम्पूनियम में आज गए थे। मैं समझती हूँ तुम्हारे ही सम्बन्ध में सोच रहे थे।''

एंडर्स ने कहा, ''वह मेरे सम्बन्ध में नहीं सोच रहा था। मैं उसे जानता हूँ वह केवल अपने सम्बन्ध में ही सोच सकता है।''

थोड़ी देर तक कोई कुछ न बोला। वहाँ खड़े-खड़े ही बार्ड के मस्तक पर पसीने की बूँदें छलछला आईं यद्यपि जाड़े की शाम थी। एंडर्स की पत्नी खाना बनाने में  व्यस्त थी। चूल्हे में जलती हुई आग से साँय-साँय की ध्वनि निकल रही थी। बच्चा बीच-बीच में चिल्ला उठता था और एंडर्स उसे चुप करा देता। अन्त में पत्नी ने फिर कहा—''मैं समझती हूँ तुम दोनों ही एक-दूसरे के सम्बन्ध में सोचते रहते हो, पर स्वीकार दोनों ही नहीं करते।''

''और कोई बात करो।'' एंडर्स ने कहा।

थोड़ी देर बाद वह बाहर जाने को उठा। बार्ड लकड़ी के सायबान में छिप गया।

पर एंडर्स भी सायबान में लकड़ी लेने आया। जहाँ बार्ड खड़ा था वहाँ से वह एंडर्स को साफ देख सकता था। उसने रविवार के पहनने के कपड़े को उतार रखा और बार्ड की सी ही अपनी वर्दी पहन रखी थी। उन्होंने इसे कभी न पहनने का प्रण किया था। उन्होंने उसे अपने बच्चों को पैतृक सम्पत्ति की तरह देने का निश्चय किया था। एंडर्स अब दुर्बल और कमज़ोर हो गया था। इसलिए उसका शरीर चिथड़ों से ढका हुआ एक बंडल-सा प्रतीत होता था। सोने की घड़ी उस समय भी बार्ड की जेब में टिकटिक कर रही थी। एंडर्स लकड़ी के पास जाकर बजाय लकड़ी का बोझ उठाने के लिए झुकने के सीधा खड़ा हो गया और आकाश में टिमटिमाते तारों को देखने लगा। फिर एक निःश्वास खींचते हुए बोला—'हे भगवान, हे मेरे भगवान!'

बार्ड जीवन-भर उसके इन शब्दों को नहीं भूल सका। बार्ड उसी समय उसके पास जाना चाहता था पर उसी समय एंडर्स ने खाँसा और बार्ड के लिए ऐसा करना कठिन प्रतीत होने लगा। उसे रोकने के लिए इतना ही काफ़ी था। एंडर्स ने लकड़ी उठाई और बार्ड के इतने निकट से निकलकर गया कि लकड़ियाँ बार्ड के मुँह में छू गईं।

दस मिनट तक वह उसी प्रकार वहाँ खड़ा रहा और यदि कहीं ठंड के मारे उसका शरीर काँपने न लगता तो और न जाने कितनी देर वह वहाँ उसी तरह खड़ा रहता। तब वह वहाँ से चल पड़ा। उसने अपने मन में स्वीकार कर लिया कि अपने भाई के निकट जाने की अब वह शायद हिम्मत न कर सकेगा। तब उसने दूसरा उपाय सोचा। उसने पास के राख के एक ढेर से कुछ कोयले चुने। एक लम्बी लकड़ी ली और घास रखने के कमरे में गया। दरवाज़ा बन्द कर लिया। वहाँ उसने लकड़ी को जला कर रोशनी की और लालटेन टाँगने की खूँटी का पता लगाकर जेब से उसने घड़ी निकाली और उस पर टाँग दी। रोशनी बुझा कर वह चला आया। उसे इतनी शान्ति मिली कि वह लड़कों की भाँति वहाँ से भाग खड़ा हुआ। दूसरे दिन उसने सुना कि घास का ढेर रात में जल गया। शायद घड़ी टाँगते समय लकड़ी की दो-चार चिनगारी नीचे गिर पड़ी होंगी।

बार्ड को इससे इतना दुख हुआ कि सारा दिन वह बीमार-सा पड़ा रहा। प्रार्थना की पुस्तक लेकर वह सारा दिन गाता रहा। लोगों ने सोचा कि कोई विशेष बात अवश्य है। शाम को वह बाहर निकला। चाँदनी खिल रही थी। अपने भाई के घर जाकर उसने राख को खोदा। राख लगा सोने का एक लोंदा उसके हाथ में आ गया। घड़ी का यही अवशेष था।

उसे लेकर वह अपने भाई के पास सब कुछ सच-सच कहने और मेल करने के लिए गया। पर उस दिन शाम को उस पर क्या बीती यह पहले ही बताया जा चुका है।

एक छोटी लड़की ने उसे राख खोदते हुए देखा था। कुछ लड़के नाच से लौट रहे थे उस दिन रविवार को उन्होंने बार्ड को एंडर्स के घर की ओर जाते देखा था। बार्ड के पड़ोसियों ने बताया कि दूसरे दिन सोमवार को बार्ड किस प्रकार विचित्र रूप से व्यवहार कर रहा था। सभी का कहना था कि दोनों भाई एक-दूसरे से शत्रुता रखते हैं।

इसकी खबर अधिकारियों को लगी और जाँच-पड़ताल शुरू हो गई। उसके विरुद्ध कोई प्रमाण नहीं; किन्तु सन्देह प्रबल था। अब तो वह अपने भाई के निकट और भी नहीं जा सकता था। जब घास के ढेर में आग लगी थी तो एंडर्स को बार्ड पर सन्देह हुआ था परन्तु उसने कुछ कहा नहीं। दूसरे दिन शाम को जब उसने अपने घर में प्रविष्ट होते हुए बार्ड के पीले चेहरे को देखा तो उसने सोचा शायद बार्ड पश्चाताप की आग में जल रहा है। परन्तु इतने भीषण कार्य के लिए क्षमा नहीं दी जा सकती। उसके बाद उसने लोगों के मुख से सुना कि दुर्घटनावाली शाम को बार्ड उसके घर के पास से गुज़रा था और यद्यपि जाँच में बार्ड के विरुद्ध कोई प्रमाण न मिला किन्तु एंडर्स को पूर्ण विश्वास था कि यह बार्ड का ही काम है।

मुक़दमे की सुनवाई के दिन दोनों अदालत में थे। बार्ड अच्छे कपड़े पहने हुए था और एंडर्स चीथड़े लपेटे था। प्रवेश करते समय उसने एंडर्स की ओर देखा। एंडर्स को अपने भाई की आँखों में क्षमा-याचना छलकती दिखाई दी। एंडर्स ने सोचा, 'शायद यह चाहता है कि मैं कुछ न कहूँ।' और जब उससे पूछा गया कि क्या उसे अपने भाई पर सन्देह है तब उसने तुरन्त दृढ़ निश्चय के साथ उत्तर दिया, "नहीं!"

उस दिन के बाद एंडर्स ने बहुत अधिक शराब पीना शुरू कर दिया। थोड़े ही दिनों में उसका स्वास्थ्य ख़राब हो गया। यद्यपि बार्ड शराब नहीं पीता था किन्तु उसका स्वास्थ्य एंडर्स से भी अधिक खराब हो गया। वह इतना बदल गया कि आसानी से पहचाना नहीं जाता था।

एक दिन शाम को बार्ड के कमरे में एक स्त्री ने प्रवेश किया और उसे अपने साथ चलने को कहा। बार्ड ने पहचान लिया, यह उसके भाई की पत्नी थी। बार्ड ने तुरन्त समझ लिया, उसका चेहरा पीला पड़ गया। तुरन्त ही उसने कपड़े पहने और बिना कुछ कहे उसके पीछे हो लिया। एंडर्स की खिड़की से फीकी रोशनी चमक रही थी—कभी वह भभक उठती, कभी वह बुझ जाती। बर्फ़ के ऊपर कोई मार्ग था नहीं सो वे इसी रोशनी के सहारे घर की ओर चल रहे थे। द्वार पर पहुँचने पर बार्ड को जो विचित्र गन्ध प्राप्त हुई उससे उसका जी और भी ख़राब हो गया। वे भीतर गए। एक छोटा लड़का चूल्हे के निकट बैठा हुआ कोयला खा रहा था। उसका चेहरा काला हो गया था। बालक ने सिर उठाकर उसकी ओर देखा और हँस पड़ा। उसके दूध से सफ़ेद दाँत दिखाई पड़ने लगे। यह उसके भाई का लड़का था।

बिछौने पर हर तरह के कपड़ों से ढका एंडर्स पड़ा था। वह पीला और दुर्बल हो गया था, माथा ऊँचा और चिकना था। अपने भाई को वह धँसी हुई आँखों से देखता रहा। बार्ड के पैर काँपने लगे। बिछौने के पायताने वह बैठ गया और फूट-फूटकर रोने लगा। रुग्ण एंडर्स उसे अनिमेष देखता रहा पर बोला कुछ नहीं। अन्त में उसने अपनी स्त्री को जाने को कहा पर बार्ड ने उसे न जाने का इशारा किया। तब दोनों भाई परस्पर बातचीत करने लगे। जिस दिन नीलाम के कमरे में उन्होंने घड़ी के लिए बोली लगाई थी तब से लेकर आज वे फिर एक हुए; तब तक कि सभी घटनाओं को एक-एक करके

उन्होंने कहा। बार्ड ने अपनी जेब से सोने का लोंदा निकाल कर दिखाया। इसे वह सदैव ही अपने पास रखता था। उनकी बातों में यह प्रत्यक्ष हो गया कि इस बीच एक दिन भी उनका सुख से नहीं कटा।

एंडर्स ने अधिक कुछ नहीं कहा क्योंकि उसमें बोलने की शक्ति नहीं थी। पर बार्ड जब तक एंडर्स बीमार रहा बराबर बिछौने के पास बैठा रहता।

एक दिन प्रातःकाल जागते ही एंडर्स ने कहा, "अब मैं बिलकुल अच्छा हो गया हूँ। भाई, अब हम पहले की भाँति एक साथ रहेंगे और कभी भी एक-दूसरे से अलग न होंगे।"

परन्तु उसी दिन उसकी मृत्यु हो गई।

एंडर्स की विधवा पत्नी तथा बच्चे को बार्ड अपने घर ले गया। वह उनके आराम का बहुत ध्यान रखता था। परन्तु दोनों भाइयों ने जो बातें की थीं वह जैसे दीवार फोड़ कर बाहर घाटी के सभी निवासियों के कानों तक पहुँच गईं। सभी बार्ड का अत्यधिक सम्मान करने लगे। उसका लोग उसी प्रकार सम्मान करते थे जैसे किसी अत्यन्त दुखी व्यक्ति को पुनः शान्ति प्राप्त हो गई हो; या जैसे कोई बहुत दिनों बाद लौटा हो। बार्ड के मस्तिष्क और मन का विकास होने लगा। वह बड़ा साधु समझा जाने लगा और जैसा कि वह स्वयं कहता था वह कार्पोरल से स्कूल मास्टर बन गया। बच्चों को पहली बात जो वह सिखाता था वह था प्रेम करना। उसने स्वयं ही इसका प्रयोग किया।

# सेवाना की आत्माएँ

*मिर्ज़ा अज़ीम चुग़ताई*

सेवाना* की रहस्यमयी पहाड़ियों की भयानक गुफाओं और ऊँची चोटियों के ऊपर-नीचे लोगों को बहुधा सफ़ेद बिल्लियाँ दिखाई पड़ती हैं, जो किसी अशुभ घटना की प्रतीक होती हैं। यदि वहाँ कोई उनको घूमता हुआ देख लेता है, तो भयभीत होकर भाग जाता है। पर अनजबी उनकी ओर ध्यान से देखता है और उसे मालूम भी नहीं होता कि उनकी ओर देखना ख़तरे से ख़ाली नहीं होता। वह जानता भी नहीं कि वह उनके पीछे स्वयं नहीं जाता, बल्कि विवश होकर उसे आना पड़ता है। संयोगवश मैंने भी एक ऐसी ही बिल्ली देखी; लेकिन बस, यह समझिए कि सस्ते और बहुत सस्ते छूटे!

इसी महीने की नौ तारीख की बात है कि मैं कार्यवश सेवाना गया था। कार्य से निवृत्त होकर सेवाना के प्रसिद्ध क़िले के पीछे की ओर पहाड़ी के अंचल में दूर तक चला गया। लाल रंग की निस्तब्ध और भयानक चट्टानों का एक महान् सिलसिला है, जो दूर तक चला गया है और क़िले के चारों ओर कोसों तक भूतकाल की सैनिक और शाही इमारतों के खंडहर चले गए हैं। यह वही स्थान है जहाँ अलाउद्दीन खिलजी की सेनाएँ राजपूतों से टकराई थीं, और यहाँ क़िले के आस-पास न जाने किस-किस समय में कैसे-कैसे क़िले और महल थे।

ये पहाड़ियाँ भी विचित्र हैं। इनकी अजीबोग़रीब भयानक और अन्धकारपूर्ण सुंरगों तथा गुफ़ाओं की भाँति-भाँति की कहानियाँ प्रसिद्ध हैं। चौड़े मुहाने की एक सुंरग में यदि आप प्रवेश करें, तो दो-तीन फ़र्लाङ्ग तक सीधे चले जाइए, तब कहीं एक बड़ा-सा हॉल मिलेगा, जिसको प्रकृति के हाथों ने पहाड़ी के अन्दर-ही-अन्दर काट कर बनाया है, और ईसा से हज़ारों वर्ष पूर्व यहाँ के निवासियों ने अपने भद्दे यन्त्रों से इस हॉल को अपने रहने के लिए ठीक किया था। किसी निकली हुई चट्टान को काटकर तख़्त का काम लिया है, तो दीवार के किसी गड्ढे को बराबर करके आलमारी या ताक का काम लिया है। अब इस हॉल में देखिए तो चार-पाँच सुंरगों के मुहाने हैं। जो विभिन्न दिशाओं में चली गई हैं। उसमें से किसी में जाइए, आगे चलकर आपको फिर तरह-तरह के हॉल

* रियासत जोधपुर का प्रसिद्ध क़स्बा, जिसकी गुफ़ाओं में दुर्गादास राठौर ने औरंगज़ेब के पौत्र और पौत्री को छिपा दिया था, और चौदह वर्ष तक वहीं उन्हें पाला-पोसा था।

या कमरे इसी प्रकार मिलेंगे। उनमें से किसी में आप देखेंगे कि हौज़ बना है, जो पानी से भरा है। यह पानी अपने प्राचीन मार्ग से वर्षाकाल में पहाड़ की चोटी से बहकर आ जाता है। पानी अधिक हो तो हौज़ से बह निकलता है। वर्षा के बाद अधिक जल सूख जाता है। फिर उस हॉल में से भी इधर-उधर रास्ते चलेंगे। कोई मार्ग तो अँधेरे और भयानक गर्त्त में जाकर समाप्त हो गया है और कोई मार्ग इतना छोटा हो गया है कि उसमें जाने की हिम्मत नहीं पड़ती; पर बहुत से मार्ग ऐसे हैं कि उनमें घोड़े दौड़ाए चले जाइए। किसी-किसी स्थान से पहाड़ी के पूर्व से प्रवेश कर पश्चिम की ओर निकल जाइए। ये समस्त सुरंगें प्राकृतिक हैं, सिर्फ़ कहीं-कहीं मनुष्य के कारीगर हाथों ने उनको सुधार लिया है।

मैं टहलता-टहलता दूर तक चला गया। कोई दो मील पर जाकर मुझे इमारत का टूटा हुआ भाग ऊँचाई पर दिखाई पड़ा—ऐसा कि मेरा मन हुआ कि देखूँ तो इस भग्न दीवार के उस ओर क्या है?

बड़े-बड़े पत्थरों तथा चट्टानों पर होता हुआ मैं ऊपर चला गया। कोई आधी दूर गया था कि एक बड़ी विचित्र घटना घटी—ऐसी कि मैं जीवन पर्यन्त कभी न भूलूँगा।

जाते समय दाहिने हाथ की ओर एक थूहड़ का वृक्ष मिलता था। उसके पास ही एक सफ़ेद रंग की बिल्ली खड़ी थी, और जैसे ही मैं पहुँचा हूँ कि वह बोली। मैंने सहसा उसकी ओर देखा कि ऐसी बिल्ली भला, यहाँ कहाँ से आई? मेरे देखते ही वह धीरे से घूमकर चली। न जाने क्यों, मैं भी उसी ओर बढ़ा—यह देखने के लिए कि किधर जाती है। एक चट्टान का पूरा खम्भा खड़ा था, जिसमें कोई दो फ़ुट की कगार निकली हुई थी। बिल्ली उस पर गई। मैं निकट ही था, अतः मैं उस कगार पर होकर दूसरी ओर घूमकर निकला, तो टूटी हुई चट्टानों की एक सँकरी गली-सी मिली, जो आगे ही जाकर समाप्त होती जान पड़ी। बिल्ली उसमें गई, तो मैं भी आगे बढ़ा। दस क़दम आगे जाकर क्या देखता हूँ कि बिल्ली एक गुफ़ा में घुस गई। सामने ही गुफ़ा थी और मैंने आगे जाकर उसमें झाँककर देखा, तो काँप गया।

अन्धकार में कुछ हरकत-सी हुई, और एक अत्यधिक क्षीण स्वर अन्धकार का पट चीरता हुआ निकला—ऐसा स्वर कि सुनकर मेरे शरीर के रोएँ खड़े हो गए।

'जय श्री माता री!' राजपूती सलाम था। यहाँ चलन है कि राजपूतों से बहुधा यह सलाम भी हो जाता है। अतः मेरे मुँह से भी तुरन्त निकला—'जय श्री माता री!' और ध्यान देकर जो देखा, तो एक विचित्र मूर्ति उस छोटे-से कगार में दीवार से पीठ लगाए बैठी दिखाई पड़ी।

गेहुएँ रंग का नग्न शरीर, जो सब का सब सफ़ेद रंग के मैले बालों के झाड़-झंखाड़ में उलझा-सा पड़ा था। चेहरे का पता लगाना कठिन था। बालों की उलझी हुई लटों के बीच से दो आँखें चमक रही थीं, जिनमें से एक का आधा भाग भौंहों और सिर के उलझे हुए बालों से छिपा हुआ था।

## 2

मैं ध्यान से उसकी ओर देख रहा था कि उसने अपना लकड़ी की भाँति सूखा हुआ शून्य-सा हाथ उठाया और मुझे आने के लिए संकेत किया। मैंने यह सोचकर कि कोई तपस्वी साधु हैं और उचित होगा कि उनके चरण छुए जाएँ और बुलाते भी हैं, अतः मैं झुककर गुफ़ा में घुसा। दोनों हाथ जोड़कर, जिस प्रकार मारवाड़ में बड़ों को नमस्कार किया जाता है, मैंने झुककर उन्हें प्रणाम किया।

उन्होंने प्रेम से सिर हिलाया और पास बैठने को कहा। मैं बैठ गया। मैंने ग़ौर से उन साधु को देखा। उनकी आँखों में ग़ज़ब की चमक थी। मैं वास्तव में उनके बालों को देखकर आश्चर्यचकित था। बालों का एक जंगल-सा बना था। सिर की जटाएँ लटकी हुई दूर तक ज़मीन पर फैली हुई थीं, और उनको समेट कर वे उनसे अपने शरीर को छिपाने का भी काम ले रहे थे।

साधु ने शुद्ध मेड़तिया लहजे में मुझसे बातें शुरू कीं और मेरे लिए आश्चर्य का पट खोल दिया। उन्होंने मुझसे कहा, "मैं तुम्हारा बड़ा कृतज्ञ रहूँगा, यदि तुम एक शव का क्रिया-कर्म करने में सहायता कर सको।"

मैंने घबराकर पूछा, "किसका शव?"

"एक दुखी आत्मा का।"

मैंने साधु की ओर देखा। वास्तव में मैं किसी शव से कोई मतलब न रखना चाहता था। मैंने स्वीकृति में 'हूँ-हाँ' करने के बजाय उनसे कहा, "आप यहाँ अकेले हैं?"

"हाँ, मैं अकेला हूँ।"

"कब से?"

सूखे मुँह से साधु महाराज ने कहा, "अब कौन सम्वत् है? मैं यहाँ सम्वत् 1815 में आया था।"

"सम्वत् 1818 में!" मैंने घबराकर कहा और यह समझा कि अवश्य इसका दिमाग़ खराब हो गया है। "सम्वत् 1815 में आप यहाँ आए थे—पौने दो सौ वर्ष पूर्व। अब तो सम्वत् 1992 है।"

साधु ने कहा, "हाँ, सम्वत् 1815 के चैत्र मास में मैंने यहाँ आसन जमाया था। मेरा जन्म सम्वत् 1791 का है और उस समय मैं 23 वर्ष का था।"

मैं मन में भाग निकलने के उपाय सोच रहा था। मैंने फिर वही प्रश्न किया, "आप कौन हैं?"

"मैं साधु हूँ अब तो।"

"अब तो..."

"हाँ अब तो साधु हूँ। पहले जवानी में कुछ और था।"

"क्या थे?"

"सिपाही।"

"फिर साधु कैसे हो गए?"

साधु ने एक ठंडी साँस ली, ऐसी कि उनकी सब पसलियाँ चमकने लगीं। और उन्होंने मुझसे कहा, "क्या करोगे पूछकर! परन्तु नहीं, अच्छा होगा कि मैं तुम्हें बता दूँ, बल्कि शायद आवश्यक है। पर यह बताओ, तुम्हें इस समय थोड़ा-बहुत अवकाश तो है न?"

मैंने कहा, "महाराज, आप अवश्य सुनाइए, और यह भी बताइए कि अब तक आप जीवित कैसे हैं?"

साधु ने चकित होकर कहा, "जीवित! मैं जीवित हूँ। ओहो, अब तुम ज़रा इत्मीनान से बैठो और सुनो। सब मालूम हो जाएगा कि मैं कैसे जीवित हूँ।"

साधु ने अपनी कहानी शुद्ध मेतड़िया लहजे में शुरू की, जिसका मतलब या अनुवाद आपके सम्मुख प्रस्तुत करता हूँ :

## *बाई श्री जाड़ीची जी**

मेरा नाम मेड़तिया अमरसिंह है। मेरे पिता राघव जी सोजत के क़िलेदार दलीपसिंह जाड़ीचा की नौकरी में थे। दलीपसिंह की और मेरे पिता की गहरी और पुरानी दोस्ती थी, बल्कि भाईचारा था, और दोनों पगड़ीबल भाई थे। मेरे पिता ग़रीब थे, पर दलीपसिंह जागीरदार तथा क़िलेदार थे।

सोजत के क़िले के पीछे की पहाड़ियों में एक ऊँची चोटी पर दलीपसिंह का महल है। दलीपसिंह के बाल-बच्चे उसी महल में रहते थे। वह महल भी एक अच्छा खासा क़िला है, तुमने तो देखा होगा?

मैंने कहा, "महाराज, सोजत का विशाल क़िला मिट्टी में मिल गया। मैं सोजत में बहुत रहा हूँ, और क़िले में खेती होती है। महलों और खंडहरों में गीदड़ों की बस्ती बस गई है। उसके पीछे भी मुझे खंडहर-ही-खंडहर दिखाई देते हैं। हाँ, क़िले के निकट श्री चूड़ा जी का स्थान (जोधपुर राज्य का एक कस्बा) अब भी स्थित है।"

साधु ने श्री चूड़ा जी के नाम पर दोनों हाथ जोड़ कर श्रद्धा से ऊपर उठाए, और फिर मुझसे पूछा, "तुमने उनके दर्शन किए हैं?"

मैंने कहा, "जी हाँ, मैं तो सुबह को दूसरे-तीसरे दिन जाता था उधर, तब दर्शन भी करता था।"

साधु ने कहा, "आह! सच है राम का नाम ही बाक़ी रहेगा। हाँ, मैं उसी महल की बात कर रहा हूँ, जिसको तुम बतलाते हो कि मिट्टी में मिल गया है। मैं उसी महल में बढ़ा, पला और जवान हुआ हूँ, जिसके भयानक खंडहरों को देखकर तुम डर गए हो। ज़रा विस्तार के साथ बताओ कि अब उस राजमहल का क्या हाल है?"

मैंने विस्तारपूर्वक सोजत के क़िले और उसके आस-पास के समस्त खंडहरों का पूरा विवरण सुनाया, जिसको दोहराने की यहाँ विशेष आवश्यकता नहीं। इतना ही कह

---

* 'जाड़ीचा' राजपूतों की प्रसिद्ध जाति है। हर जाड़ीचा की लड़की जाड़ीची कहलाती है। प्रसिद्ध क्रिकेट खिलाड़ी रंजी नावानगर के राजा जाड़ीचा थे।

देना पर्याप्त है कि उन्होंने मेरी आँखों के सामने महलों का चित्र खींच दिया, और मैंने उस चमकते चित्र को बिगाड़ कर वर्तमान खंडहरों के चित्र उपस्थित कर दिए। अब मैं फिर उनकी कहानी को लेता हूँ। साधु ने अपनी कहानी फिर आरम्भ की–

"...दलीपसिंह जी रात को सोजत क़िले में रहते थे, और केवल दिन को अपने महल में थोड़ी देर के लिए आते थे।

दलीपसिंह की ठकुरानी हाडी जी* थीं। मैंने सोजत ही में होश सँभाला। मेरे पिताजी महल की ड्योढ़ी के सरदार थे, और महल के ऊपर उनका पूरा अधिकार था। ठाकुर दलीप सिंह के एक लड़की के अतिरिक्त कोई और सन्तान नहीं हुई। उस लड़की का नाम फूलकुँवर था, और महल में सब उसको 'श्री बाई जी' भी कहते थे। मैं भी चूँकि एक नौकर का लड़का था, अतः मैं भी उनको बाई जी कहता था।

बाई श्री जाड़ीची जी छोटी उम्र में मेरे साथ ही खेली हुई थीं। उनको घोड़े की सवारी का बहुत शौक था, और महल में उनके लिए घोड़े दौड़ाने का मैदान बनवाया गया था। अभी दस ही या बारह वर्ष की आयु थी कि बाई श्री जाड़ीची जी सिपाहियों की भाँति नेज़ाबाज़ी करने लगीं।

बाईजी उम्र में मुझसे छह या सात वर्ष छोटी थीं। जब वे बारह वर्ष की हुईं, तो मैं अट्ठारह वर्ष का हो गया। अब मैं उनके साथ नहीं खेलता था। अब भगवान की लीला कहिए या मेरा दुर्भाग्य कि यही वे दिन थे जब कि बाई जी मेरे मन में बस कर रह गईं। भला, सोचिए तो कि कहाँ एक बड़े ज़ागीदार की सुन्दर और सुशिक्षित कन्या और कहाँ मैं?

बाई जी मुझसे पर्दा नहीं करती थीं। इसके अतिरिक्त मैं यह भी जानता था कि वे मेरा विशेष ध्यान रखती थीं। मुझे सब लोग अमरा कहते थे और बाई जी कभी पुकारतीं तो अमरा जी कहकर पुकारतीं। मैं सदा उनको बड़े आदर के साथ झुक कर दोनों हाथों से अभिवादन करता था। और मैं देखता था कि वे मेरे इस ढंग को पसन्द भी करती थीं।

समय बीतता गया और बाई जी का सुन्दर चित्र मेरे मन में और भी गहरा अंकित होता गया; यहाँ तक कि वे सचमुच आँखों और मन में बस गईं। पर उनको तनिक भी पता न चल सका कि मैं उनसे प्रेम करता हूँ।

## 3

बाई जी को तैरने का भी बड़ा शौक़ था। चूड़ा जी के दर्शन के लिए तो बहुधा जाया करती थीं, पर कभी-कभी चूड़ा जी के स्थान के नीचे जो पक्की झील है, उसमें स्नान करती थीं। चारों ओर पहरा लगा दिया जाता था, और महल की दो-चार स्त्रियाँ तथा दासियाँ साथ होती थीं। इस अवसर पर बाई जी अपना तैरने का शौक़ भी पूरा करती थीं।

एक दिन की बात है कि सुबह कोई दो घड़ी दिन चढ़ा होगा कि मैं सोजत के क़िले

---

* राजपूतों की एक जाति हाडा

से महल की ओर रवाना हुआ। मन में आया कि लाओ चूड़ा जी के दर्शन करता चलूँ। अतः पहाड़ी पर से जो मार्ग चूड़ाजी की ओर जाता था, उसकी तरफ़ चला। असल मार्ग तुमको मालूम ही होगा कि झील की ओर से है। परन्तु मैंने यह सोचा कि चक्कर काट कर उधर कौन जाए; लाओ इसी ओर से पहाड़ी पर चढ़ जाऊँ। तुमने यह भी देखा होगा कि वह मार्ग केवल यही नहीं कि समतल नहीं है, बल्कि बड़ा ऊबड़-खाबड़ है। लेकिन मैं जवान था, मज़े से चढ़ता चला गया। गन्तव्य स्थान पर पहुँचकर मैंने चूड़ा जी के दर्शन किए और लौट कर अपने असली मार्ग पर जाने लगा, तो मुझे एक खवास ने रोका और कहा कि उधर न जाओ। बाई जी स्नान कर रही हैं और पहरा लगा हुआ है। तुम किधर से चढ़ आए हो? उसके मुँह से यह वाक्य खत्म ही हुआ था कि झील की ओर से स्त्रियों के चिल्लाने की आवाज़ आने लगी। बाई श्री जाड़ीची डूब रही थीं और सब स्त्रियाँ चिल्ला रही थीं, 'बाई जी डूबे हैं, बाई जी डूबे हैं!' किसी के डूबने की खबर सुनकर वैसे ही होश-हवास ठिकाने नहीं रहते, और फिर बाई जी के विषय में यह ख़बर मेरे लिए मृत्यु से कम नहीं थी। अतः बदहवास होकर मैं रास्ते की ओर दौड़ा, पर थोड़ी ही दूर जाने पाया था कि मुझे पहरे के सिपाही ने रोक दिया, और मेरे बहुत कहने पर भी उसने मुझे न जाने दिया। विवश होकर मैं पलटा और ऊपर आकर स्थान की दीवार पर चढ़ गया और दीवार से कूद पड़ा। दीवार चार-पाँच गज़ ऊँची थी, और यहाँ से बिलकुल ऊबड़-खाबड़ ढाल पर से पत्थरों में से होता हुआ, सामने चट्टान पर पहुँचा। और यहाँ से जो दृश्य मैंने देखा उसने मुझे पागल बना दिया। बाई जी वास्तव में डूब रही थीं और किनारे की स्त्रियों की पहुँच से बहुत दूर थीं। मैं पागलों की भाँति उस चट्टान पर से आगे बढ़कर नीचे वाली चट्टान पर पहुँचा। यहाँ तुमने दूर तक देखा होगा कि रास्ता खुला हुआ चला गया है। पहाड़ी के सहारे-सहारे उस रास्ते पर मैं दौड़ा-दौड़ा चला गया और फुर्ती से उस कगार पर पहुँच गया, जो ऐसी थी कि उस पर से कूदकर मैं उस झील में गिर सकता था। अतः स्त्रियों के व्यर्थ शोरगुल के बीच मैंने साहस करके एक छलाँग मारी और कोई पच्चीस गज़ की ऊँचाई पर से सीधा झील में कूद पड़ा। गिरने के ज़ोर में नीचे तक डूबता चला गया, लेकिन फिर मुझे पानी ने ऊपर फेंका, तो मैंने देखा कि दूर पर बाई जी पानी से अन्तिम संघर्ष कर रही हैं, और सहायता के लिए चिल्ला रही हैं।

झील में मेरे गिरने से स्त्रियों का शोरगुल एकदम बन्द हो गया था, और मैंने वहीं से आवाज़ लगाई–"बाई जी घबराना मत, मैं आता हूँ!" और यह कह मैं जितनी फ़ुर्ती से हो सका, पानी को चीरता हुआ बाई जी के पास पहुँचा। बाई जी का बुरा हाल था, वे अत्यधिक घबराई हुई थीं। मेरे पहुँचते ही वह मुझसे बुरी तरह लिपट गईं–ऐसी कि मुझे बड़ा संकोच हुआ, क्योंकि वस्त्र आवश्यकता से अधिक उनको नग्न किए थे। मैंने बाई जी को बाएँ हाथ से अपनी गोद में सम्भाला और उन्होंने लिपटकर मेरी गर्दन में अपने हाथ डाल दिए। मैं एक हाथ और पाँव से पानी काटकर किनारे पर पहुँचा, और बाई जी को उनकी दासियों को सौंपकर झील में पानी आने की पक्की मोरियों में से

घुस गया और जाकर क़िले की मोरियों के पास निकला। वहाँ पहुँचकर मैंने अपने कपड़े निचोड़े और महल में चला आया। बाई जी को जिस समय मैं पानी में से जल को चीरता हुआ ला रहा था, उस समय मैंने उनके साथ एक धृष्टता भी की थी, यानी कपोलों का चुम्बन ले लिया था। यह अपराध मुझ से एक विवशता की हालत में हो गया था। पर बाई जी ने मुझ से कुछ भी न कहा। बुरा भी न माना, बल्कि लजाकर अपना मुख मेरी गर्दन में छिपा लिया था। पर तुरन्त ही मुझे अपनी भूल का अनुभव हुआ, तो मैंने लज्जित होकर उनसे क्षमा प्रार्थना करते हुए कहा, "यदि आपने बुरा माना हो और आप इस धृष्टता पर क्षमा न कर सकती हों, तो मैं यही उचित समझूँगा कि आपको किनारे पर पहुँचा कर दंड के रूप में इसी पानी में डूब मरूँ।"

बाई जी ने मुँह से तो इसका कोई उत्तर न दिया, लेकिन मैं सच कहता हूँ कि उनकी आँखों ने मुझसे केवल यही नहीं कह दिया कि पहले तो यह कोई अपराध ही नहीं था और यदि था भी तो मेरा, न कि तेरा। और जब मैंने उन्हें किनारे पर पहुँचाया है, तो फिर उनकी आँखों ने दोबारा मेरी इस धारणा की पुष्टि की कि मैं निरपराध हूँ, और वह भी इस ढंग से कि मुझे अनुभव हुआ कि अपराध का कोई प्रश्न ही नहीं था।

## 4

कहानी को इस प्रकार संक्षेप में कहता हूँ कि किसी दूसरे को कानोकान खबर न हुई और हम दोनों, यानी मैं और बाई जी, एक-दूसरे के होकर रह गए।

मैं चूँकि महल में रहता था और मुझ से पर्दा भी नहीं था, अतः प्रेम की कहानी और भी शीघ्रता के साथ पूर्ण होने लगी। परिणाम यह हुआ कि बाई जी स्वयं मेरे प्रेम में चूर होकर रह गईं। स्त्री का प्रेम केवल एक अमूल्य सम्पत्ति ही नहीं, बल्कि एक ऐसी नियामत है और एक ऐसी सुन्दर वस्तु है जिसकी न केवल रंगीनी, बल्कि प्रबल शक्ति और अनुभव मनुष्य को कुछ से कुछ बना देता है। पर यहाँ यह स्थिति थी कि मैं एक निकृष्ट चाकर और वह एक बड़े क़िलेदार और जागीदार की इकलौती पुत्री। अतः इन सब बातों को ध्यान में रखते हुए मुझे आंशका थी कि अवश्य किसी न किसी दिन यह प्रेम बुरे दिन दिखाएगा।

× × ×

जालौर* के क़िलेदार का एक नवयुवक पुत्र था। उसका नाम दिलावर सिंह था। वह बड़ा वीर और मनचला युवक था। साधारणतया लोग उसको दल जी कोंबावत** के नाम से सम्बोधित करते थे। जब श्री बाई जी की आयु चौदह-पन्द्रह वर्ष की हुई, और जब वे मेरे ऊपर और मैं उनके ऊपर मिट रहे थे, तो बाई जी के पिता बीमार पड़ गए। जब

---

* जोधपुर का क़िला और क़स्बा है। क़िला बड़ा मज़बूत है। अलाउद्दीन ख़िलजी ने इस क़िले पर युद्ध किया था।

** राठौरों में कोंबा जी के वंशवालों को कोंबावत कहते हैं। कोंबा जी भाई थे, जिन्होंने जोधपुर बसाया है।

बचने की कोई आशा न रही, तो उन्होंने यह वसीयत की कि मेरा क़िला अर्थात महल आस-पास की भूमि सहित दलजी कोंबावत को दे दिया जाए, और मेरी लड़की भी उसी के साथ ब्याह दी जाए। अतः इस सम्बन्ध में उन्होंने दलजी के पिता को, जो उनके बड़े मित्र थे, एक पत्र भी लिख दिया। बाई जी के पिता वसीयत करने के पन्द्रह दिन के भीतर ही मृत्यु को प्राप्त हो गए। उनकी केवल एक ही ठकुरानी हाडी जी थीं, जो उनकी चिता में बैठकर सती हो गईं। अब केवल बाई जी रह गईं। जालौर वालों ने आकर क़िले की कुंजियाँ अपने कब्ज़े में कर लीं, और शोक के दिन बीतने के पश्चात श्री बाई जी से विवाह की बात-चीत आरम्भ की।

मेरे लिए यह समय बड़ा ही कठिन था। एक दिन की बात है कि मैं चुपके से रात के समय एक ऐसे स्थान पर जा पहुँचा, जहाँ बाई जी मुझे अकेली मिल गईं और मैंने अपने दिल का हाल सुनाकर प्रार्थना की, तो उन्होंने कहा, "तुम पुरुष हो, मैं स्त्री हूँ, तुम्हारी अपेक्षा मैं अधिक विवश हूँ।"

मैं यह सुनकर और उनको अपने प्रेम में विचलित समझ कर लौट आया लेकिन नहीं, मेरा विचार ग़लत था। दूसरे दिन महल में एक तहलका-सा मच गया, क्योंकि बाई जी ने कोंबावत से विवाह करने से इनकार कर दिया था। इस बात ने इतना ज़ोर पकड़ा कि सारा महल हिल गया। बाई जी का कहना था कि मैं किसी से भी विवाह नहीं करूँगी। मैं तो पुष्कर के ताल पर जाकर संन्यास ले लूँगी। स्त्रियों ने लाख समझाया-बुझाया, पर वे न मानीं, और इसी बीच में कोंबावतों ने जो यह समाचार सुना तो जालौर से एक सेना लेकर सीधे महल की ओर दौड़ पड़े, और क़िले के प्रत्येक भाग पर क़ब्जा करके बाई जी के रंग महल के चारों ओर घेरा डाल दिया। मतलब यह कि यों राज़ी-खुशी नहीं तो बलपूर्वक विवाह कर लेंगे। अतः स्वयं युवक कोंबावत भी आ गया और बाहर उसने डेरे डाल दिए। इसके बाद कोंबावतों ने महल की समस्त प्रभावशालिनी स्त्रियों को अपनी ओर मिलाकर बाई जी पर उचित तथा अनुचित दबाव डालकर उनको अपने पिता की वसीयत के अनुसार कार्य करने के लिए बाध्य करना शुरू किया। मुझे कोंबावतों से घृणा हो गई, क्योंकि प्रतिद्वन्द्वी होने के अतिरिक्त कोंबावत ने सबसे पहले मेरे पिता को ही निकाला था। अतः मेरे पिता तो गाँव में जाकर रहने लगे; पर मैं न गया, और जा भी कैसे सकता था? बड़ी कठिनाई से बाई जी को छह महीने की मोहलत मिली थी कि इस बीच में जो कुछ भी सोच-विचार करना है, कर लें। इस मोहलत मिलने के पश्चात् ही सोजत छोड़कर, मैं अपने गाँव आ गया था और इस फेर में था कि यार-दोस्तों को जमा करके किसी प्रकार सोजत ले चलूँ और जैसे भी बन पड़े, बाई जी को निकाल लाऊँ। लेकिन मुझे घर आए हुए अभी कोई बीस-पच्चीस दिन हुए होंगे कि मैंने एक विचित्र स्वप्न देखा। क्या देखता हूँ कि बाई श्री जाड़ीची जी सोलह शृंगार किए, बाल-बाल मोती पिरोए, सौन्दर्य और प्रेम की साक्षात् मूर्ति रंगमहल की सीढ़ियों पर खड़ी हैं। उनका दाहिना हाथ उनके सामने उठा हुआ है, जिसकी अँगुली मशाल की तरह जल रही है और जिसका तीव्र प्रकाश उनके सुन्दर मुख पर पड़कर उसे और भी सुन्दर बना

रहा है। मैं उनके अद्वितीय सौन्दर्य को देखता ही रह गया, पर तुरन्त ही झुककर उनको सलाम किया और दोनों हाथ जोड़कर पूछा कि 'बाई जी यह मशाल...'

एकदम से उनके होंठों पर एक मनोहर मुस्कान खेली और वे बोलीं, 'अमरा जी, यह तुम्हारे प्रेम की आग है।'

मेरे मुँह से एकदम चीख निकली और मैं सोते हुए जाग पड़ा, ऐसा घबराया कि उसी दिन सोजत का मार्ग पकड़ा। बाई जी ने वास्तव में मुझे व्याकुल कर दिया था।

जब मैं सोजत पहुँचा, तो पता चला कि कोंबावतों ने क़िले में अपनी सेना दुगुनी कर दी है और महल के चप्पे-चप्पे पर उनका अधिकार है। अतः मैं जब वहाँ गया, तो मुझे महल में किसी ने घुसने भी न दिया। लाचार हो, मैं सोजत ही में ठहर गया।

महल के खास आदमियों से, जो निकाले जा रहे थे, मिला तो पता चला कि कोंबावत और बाई जी के बीच बाई जी की एक रिश्ते की दादी पड़ी हैं और उन्होंने बाई जी को राज़ी कर लिया है, अतः बहुत जल्द बाई जी का विवाह कोंबावत से हो जाएगा। मेरे लिए यह समाचार असह्य था, और अब मैंने यह सोचा कि जान पर खेला जाना चाहिए। मैंने स्वयं कोंबावत से मिलने का निश्चय किया; पर मैं चाहता था किसी ऐसी जगह मिलूँ, जहाँ के वातावरण पर यहाँ का प्रभाव न हो। और अवसर पन्द्रह दिन के भीतर-ही-भीतर मिल गया। कोंबावत को किसी आवश्यकता से जालौर जाना पड़ा और जालौर में मुझे अवसर मिला कि मैं कोंबावत से अकेले में बातचीत कर सकूँ।

एक पेड़ के नीचे हम दोनों खड़े थे। कोंबावत अपने घोड़े की बागडोर थाम कर खड़ा था, और हम दोनों में बातें हो रही थीं। मेरा विचार था कि कोंबावत को मेरे और बाई जी के प्रेम के बारे में न मालूम होगा; परन्तु यह धारणा ग़लत थी। कारण कि भेंट होते ही पहली बात जो कोंबावत ने मुझसे कही, वह थी, "तुम हाथी से गन्ना छीनना चाहते हो! परिणाम जानते हो?"

मैंने कहा, "आप बड़े जागीदार के कुँवर हैं। आपको क़िला चाहिए; महल चाहिए; पर आप तो क़िले के लालच में बाईजी को चाहते हैं। मैं छोटा आदमी हूँ और अच्छा हो, यदि आप कोई ऊँचा घर देखें, क्योंकि आप जैसे बाँके कोंबावत को यह शोभा नहीं देता कि आप अपने रुपए-पैसे के ज़ोर से जाड़ीची को जीतने की इच्छा करें।"

कोंबावत का मुख क्रोध से तमतमा उठा और उसने घृणापूर्वक मुझे झिड़ककर कहा, "बिलकुल झूठ है!"

मैंने कहा, फिर आओ, हम तुम तलवार से फ़ैसला कर लें।"

कोंबावत ने उत्तर दिया, "मुझे कोई आवश्यकता नहीं कि मैं तुम्हारे जैसे साधारण सैनिकों से लड़ता फिरूँ।"

मैंने जल कर कहा, "कुँवर साहब, अच्छी तरह समझ लीजिए। यदि आप यह चाहते हों कि जाड़ीची आपकी हो जाए, तो उसको मुझसे जीतना पड़ेगा। यदि मेरा सामना करने का साहस न हो, तो अच्छा हो यदि इस विचार को आप त्याग ही दें।"

कोंबावत बोला, "मेरी तलवार तुम जैसे लोगों से अच्छे लोगों का ख़ून पीने के लिए

बनी है। अतएव अच्छा हो यदि तुम यहाँ से दूर रहो। मैं व्यर्थ बकवास नहीं सुनना चाहता, और याद रखो कि यदि मैंने तुम्हें वहाँ आस-पास देख लिया, तो तुम्हारा सिर धड़ से अलग कर दिया जाएगा।"

अन्तिम शब्द कोंबावत के मुँह से निकले ही हैं कि उसने अपने सामने मेरी पीठ की ओर इस प्रकार देखा कि मुझे सन्देह हुआ कि कोई मेरे पीछे से आ रहा है, जिसे उसने देखा है। सामने कुछ दूर पर कोंबावत के दो आदमी खड़े थे। उधर आँख उठाई तो वह लापता। अतः कोंबावत ने मेरे पीछे दृष्टि डाली ही है कि मैंने पीछे घूमकर देखा। मेरा देखना था कि एकदम से कोंबावत के वही दोनों आदमी मेरे ऊपर नंगी तलवारें लेकर झपट पड़े, और कोंबावत ने कहा, "लेना!"

पर इसके पूर्व कि मेरे ऊपर आक्रमण हो, मैं उछल चुका था। मेरी ढाल मेरे बाएँ हाथ में थी और सिरोही दाहिने हाथ में। दोनों ने एक झपट के साथ मेरे ऊपर वार किए। एक के वार को मैंने ढाल कर लिया और दूसरे के वार को मुझे विवश हो अपनी तलवार से रोकना पड़ा। वे दोनों आदमी न जाने किस जाति के थे; परन्तु यह निश्चय था कि वे राजपूत नहीं थे। मार डालना जानते होंगे, पर लड़ना नहीं जानते थे। अतएव देखते ही देखते मैंने एक का पैर काट दिया और दूसरा स्वयं भाग निकला। अब मैं कोंबावत की ओर लपका, किन्तु कोंबावत घोड़े पर सवार हो चुका था। उसके हाथ में बर्छा था एकदम से उसने मेरे ऊपर घोड़ा रेल दिया। मैंने बड़ी कठिनाई से अपने को बचाया, नहीं तो उसने भाले में पिरो लिया होता। मैंने सिरोही का हाथ तिरछा लगा कर भाला रोका। कोंबावत ठहाका लगाता निकला चला गया। सम्भवतः वह जानता था कि मुझसे भिड़ना आसान नहीं है। उसका साथी दूर तक मेरे पीछे-पीछे आया; पर निकट न आया। जितनी भी जल्दी मुझसे हो सका, मैं जालौर से भाग कर सोजत आया, और यहाँ मुझे पता लगा कि बाई जी अब चारों ओर से दबाव डालकर राज़ी कर ली गई हैं, और विवाह की तिथि निश्चित होनी बाक़ी है।

## 5

बाई जी तक पत्र भेजने या उनका सच्चा हाल जानने की मेरी प्रत्येक चेष्टा विफल सिद्ध हुई। अन्त में वह दिन आया कि क़िला तोपों की गरज़ से गूँजने लगा। कोंबावत का विवाह बाई जी से हो गया। मैं तड़पता रह गया और उसने जाड़ीची को बिना लड़े-भिड़े जीत लिया। परन्तु नहीं, यह कैसे सम्भव था? मैं तो अभी जीवित था।

× × ×

सुबह तीन बजे विवाह हुआ था, जिसकी घोषणा तोपों ने की थी। मैंने पाँच मिनट से अधिक प्रतीक्षा न की। रात को ही चल पड़ा। महल क्या था, एक भारी क़िला था। मुझे वह क़िला जीतना था।

मैं क़िले के पीछे पहुँचा। चट्टान छीलकर दीवार की तरह कर दी गई थी, और मुझे उस पर चढ़ना था। लोहे की कीलें गाड़-गाड़कर बड़ी मेहनत से मैं चट्टान के सबसे ख़राब भाग पर चढ़ने में सफल हो गया। इसके बाद फिर मार्ग दुर्गम था। सभी चट्टानों की चौड़ी कगारें छील दी गई थीं, और तीन ऐसे स्थान आए, जहाँ मैं दीवार से लिपटकर गिलहरी की तरह चढ़ा। सुबह हुई। सूर्य उदय हो रहा था, और मैं शायद अपनी यात्रा का एक-चौथाई भाग भी तय न कर सका था। दो गज़ की ऊँचाई तक पहुँचने में मुझे पूरे तीन घंटे लग गए थे। मुझे मालूम था कि घंटे भर के बाद ही सामने खेतों में आदमी आ जाएँगे, अतः जल्दी से जल्दी मुझे एक तल्ला और चढ़ जाना चाहिए, जहाँ मैं छिपकर रह सकता था। अतएव घंटे भर के कठिन परिश्रम के बाद, मैं उस क़िले की पीछे की चट्टान की एक और मंज़िल तक चढ़ चुका था। यहाँ से मैं बड़ी तेज़ी के साथ दीवार से लगा दूर तक चला गया और ऐसे स्थान पर पहुँच गया, जहाँ से क़िले की दीवार शुरू हुई थी। उस जगह छोटी-मोटी दो-चार झाड़ियाँ थीं। उन्हीं में संध्या तक मैं आराम से सोता रहा। मैं अपने साथ थोड़ा पानी और खाना भी लाया था। जब एक घड़ी रात बीती, तो मैंने कमर से कमंद का लच्छा निकालकर बुर्जी पर मारा। दूसरी कोशिश में सफलता मिली और क्षण भर में मैं दीवार पर पहुँचा, और कमंद ही के द्वारा धीरे से लटककर भीतर पहुँच गया। मैं जिस स्थान पर पहुँचा, वह महल के बाग़ का सबसे उजाड़ भाग था और जहाँ मैं खड़ा था, उस स्थान से सामने ऊँचाई पर रंगमहल चमक रहा था। रास्ते में पत्थर और मिट्टी के बड़े-बड़े टीले थे, जो महल की कुर्सी तक ऊँचे होते चले गए थे।

मैं थोड़ा ही आगे गया था कि मुझे पता चला कि रंगमहल के चारों ओर कोंबावत का कड़ा पहरा है। कोई आधे घंटे तक इधर-उधर फिरता रहा, पर किसी ओर से मुझे रास्ता न मिला और मैं लाचार होकर रंगमहल के पीछे की ओर जाकर बैठ गया और वहाँ से रंगमहल के फाटक पर दृष्टि जमा दी, ताकि जब भी कोंबावत अन्दर प्रवेश करें, मैं भी महल में घुस जाऊँ।

आधी रात के समय महल के सदर फाटक पर सैकड़ों मशालों की रोशनी दिखाई पड़ी। मैं जानता था कि जिस समय सब पहरेदार उस रोशनी को देखते हों, उसी समय मुझे निकल जाना चाहिए, क्योंकि मुझे आशा थी कि यदि अँधेरे में मेरे चलने की आहट भी किसी ने सुन ली और रोशनी की ओर से आँख उठाकर देखना चाहा, तो चकाचौंध के कारण मैं उसे दिखाई न पड़ूँगा।

मशालचियों के जुलूस के साथ कोंबावत पूरी राठौरी आन-बान के साथ अपने सशस्त्र सिपाहियों सहित प्रविष्ट हुआ। स्वभावतः हर पहरेदार तमाशा देखने के लिए अपने स्थान से कुछ आगे ही नहीं बढ़ गया, बल्कि अपने पासवाले साथी के पास पहुँच गया, जिसमें कि अपने सरदार के बारे में वह अपनी राय प्रकट कर सके। इस सुअवसर से मैंने लाभ उठाया और बड़ी ही सफ़ाई से महल में दाखिल हो गया। सब मार्ग मेरे देखे हुए थे। उस ओर एक तो वैसे भी रोशनी कम थी, और जो दो-चार बत्तियाँ जल

रही थीं, उनको मैं बुझाता हुआ पीछे की सीढ़ी से महल की पहली मंज़िल पर पहुँचा, और वहाँ से खिड़की में से निकलकर छज्जे पर पहुँचा। आगे रास्ता साफ़ था। जालियों में पैर रखता और छज्जों को पकड़ता हुआ, मैं महल के सबसे ऊँचे भाग अर्थात् तीसरे तल्ले की छत पर जा पहुँचा। उस छत के बीचोबीच एक बड़ा-सा रोशनदान था, जिसके ऊपर एक छतरी सी बनी हुई थी। मैं उस छतरी में घुस गया और चुपचाप भीतर झुककर देखा।

शरद् ऋतु का आरम्भ था। कमरा दुल्हन की तरह सजा हुआ था, और जिस समय मैंने झाँककर देखा, उस समय सब दासियाँ आपस में हँसती और चुहल करती हुई कमरा छोड़कर जा रही थीं, क्योंकि कोंबावत आ रहा था। पलक मारते ही वह कमरा बिलकुल खाली हो गया, बल्कि चारों ओर सामने छत पर से भी स्त्रियाँ नीचे चली गईं; और सन्नाटा छा गया। काफ़ी देर हो गई, पर सन्नाटा वैसा ही रहा। इतने में एक सरसराहट के साथ जाड़ीची जी मुझे दिखाई पड़ीं।

सारा कमरा झाड़ों और कँवल के प्रकाश से जगमगा रहा था, ऊद, अगर और लोभान की सुगन्ध से पूरा कमरा महक उठा था, और जाड़ीची जी अपने पूरे सौन्दर्य के साथ सोलह शृंगार किए, बाल-बाल मोती पिरोये कोंबावत की प्रतीक्षा कर रही थीं। मैंने उनके सुन्दर मुख को ध्यान से झाड़ और कँवल की रोशनी में देखा। सौन्दर्य की ज्योति से चेहरा जगमग-जगमग कर रहा था और एक मनोहर गम्भीरता उनके चेहरे पर इस प्रकार छाई थी कि यह जान पड़ता था, मानो उनके मनोभाव कुचलकर रह गए हों। तबीयत के भारी होने का प्रभाव सौन्दर्य और शृंगार के होते हुए भी चेहरे पर दिखाई पड़ रहा था। आँखें जल्दी-जल्दी झपक कर आन्तरिक व्याकुलता को प्रकट कर रही थीं कि इतने में खटका हुआ। जाड़ीची जी के चेहरे पर एक बिजली-सी चमक गई। कोंबावत आ गया। बड़ी आन-बान के साथ प्रवेश किया। शानदार साफ़ा बाँधे, हीरे की कलगी लगाए, बड़ी शान से दूल्हा बना हुआ था। जाड़ीची जी ने लजाकर सिर झुका लिया और थोड़ा-सा घूम गईं। कोंबावत धीरे से और आदर के साथ जाड़ीची की ओर बढ़ा और जाड़ीची जी के कन्धे पर हाथ रखकर सिर झुकाया ही था, कि मैं कमरे के बीचोबीच नर्म-नर्म ग़लीचों पर एकदम से कूद पड़ा, और उठते-उठते मैंने कहा—"ख़बरदार!"

कोंबावत और जाड़ीची जी पर मानो एक बिजली-सी गिर पड़ी। जाड़ीची जी के मुँह से एक दबा हुआ चीत्कार निकला, और कोंबावत भौंचक्का-सा रह गया। मैंने आगे बढ़कर धीमे, किन्तु बड़े कड़े स्वर में कोंबावत से कहा, "ख़बरदार! अभी मैं जीवित हूँ। मैं निहत्था तेरे सामने खड़ा हूँ, पहले मेरे रक्त से हाथ रंग ले!"

और जाड़ीची जी से मैं बोला, "देखो, यह तुम्हारे सामने खड़ा है, जिसने मुझसे लड़ने से इनकार किया था। यह कायर है जिसने अपने नौकरों से मेरे ऊपर पीछे से आक्रमण कराया और फिर मेरे सामने से भाग गया।"

फिर कोंबावत की ओर देखकर मैं बोला, "कुँवर साहब! मैं इस समय निहत्था खड़ा

हूँ। जो कुछ करना है कर लीजिए, और मैं आपके मुँह पर कहता हूँ कि इनको तुमने पैसे और आदमियों के बल पर लेना चाहा है; किन्तु देख लिया कि मैं मौजूद हूँ।''

जाड़ीची जी ने कोंबावत की ओर देखा! चूँकि मैंने सत्य कहा था और वे सम्भवतः कोंबावत द्वारा मेरी बातों के खंडन की आशा कर रही थीं, अतः मैंने मौक़ा देखते हुए कोंबावत से कहा—''कोंबावत! तुम राजपूत हो, झूठ नहीं बोलेगे; किन्तु यदि झूठ बोलकर तुम अपनी बात ऊँची रखना चाहते हो, तो तुम्हें अधिकार है। मैंने जो आरोप किए हैं, उन्हें स्वीकार करो या अस्वीकार। यदि अस्वीकार कर दो तो मैं अभी चला जाऊँगा। दूसरी बात यह कि मैं अब फिर तुमको अभी लड़ने के लिए चुनौती देता हूँ। तुम मेरा सामना करते हुए डरते हो, अतः या तो मुझसे लड़ो अथवा कह दो कि मुझसे नहीं लड़ सकते, और मैं चुपचाप यहाँ से चला जाऊँगा। तीसरी सूरत यह है कि तुम तलवार निकालकर अभी मेरा काम तमाम कर दो अथवा नीच नौकरों के हाथों से मुझे मरवा डालो। तुम जानते हो कि इन तीनों बातों में से राजपूत किसको पसन्द करता है, मुझे जल्दी उत्तर देकर झगड़ा समाप्त करो!''

कोंबावत भी आखिर राजपूत था। उसका अपमान उसकी नववधू के सामने हो रहा था। आवेश में आकर उसने अपनी सिरोही और तलवार निकालकर फ़र्श पर फेंक दी, और मुझसे कहा, ''इन दोनों में से चाहे सिरोही ले ले, चाहे तलवार और आ जा मेरे सामने।''

मैंने सिरोही उठा ली और उसने तलवार। ढाल दोनों में से किसी के पास नहीं थी। मैंने प्रस्ताव किया कि मसहरी के गोल तकियों से ढाल का काम लिया जाए। अतः एक तकिया उसने ले लिया और एक मैंने। हम दोनों आमने-सामने आए और उस समय मेरी दृष्टि जाड़ीची जी पर पड़ी। दोनों की आँखें मिलीं। मेरे दिल में एक बर्छी-सी लगी, क्योंकि मैंने अनुभव किया कि मेरे कार्य से जाड़ीची जी असन्तुष्ट हैं, और आँखों ही आँखों में यह शिकायत भी कर रही हैं कि मैंने उनके रंगमहल को युद्ध-स्थल बना दिया। एकदम से मेरा मन डूब गया और मैंने सिरोही और तकिया फेंक दिया, और जाड़ीची जी से नम्रता के साथ कहा, ''जाड़ीची जी, मुझे क्षमा कर देना! मैं बड़ा स्वार्थी निकला। यदि कोंबावत मेरा मुक़ाबला नहीं कर सकता और मुझसे डरता है, तो इसका यह अर्थ नहीं कि मैं तुम्हारा जीवन नष्ट करने के लिए यह कुचेष्टा करूँ। मैं जाता हूँ।'' और यह कहकर मैं पलटा ही था कि एकदम से लपककर कोंबावत ने मेरा हाथ पकड़ा और कहा, ''ओ मेड़तिया! जाता कहाँ है? तू यह चाहता है कि मेरे मुँह पर कालिख लगाकर भाग जाए? उठा सिरोही!''

यह कहकर मुझे आगे को खींच लिया। मैंने फिर इनकार किया और चुपचाप खड़ा जाड़ीची की ओर देखने लगा। कोंबावत ने मुझे चुप देखकर फिर मुझे झिड़की दी और सिरोही उठाकर मेरे हाथ में दी। तकिया मैंने स्वयं झुककर उठा लिया, और हम दोनों अपनी-अपनी तलवार की मूठ चूमकर और ज़वानी के जोश में झूमकर आगे बढ़े, और 'जय श्री जाड़ीची जी' मेरे मुँह से निकला और देखते ही देखते दो तलवारें खनकने लगीं।

जाड़ीची जी के चेहरे का रंग उड़ गया और वे परेशान होकर मसहरी पर बैठ गईं, और हमारी लड़ाई देखने लगीं।

कोंबावत कायर नहीं था, राजपूत था, और तलवार का धनी भी था। अधिकतर वार हम दोनों के खाली जा रहे थे, क्योंकि ढाल न होने के कारण हम दोनों एक-दूसरे से दूर-दूर रहने के लिए लाचार थे। लेकिन थोड़ी ही देर में हम दोनों ने एक-दूसरे पर हल्के-हल्के घाव लगाए। मेरे मुँह पर तलवार की नोंक उचटती हुई लगी, और कोंबावत के कन्धे पर लगी। कभी मैं पीछे हटता चला जाता, कभी वह हटता चला जाता था। एक बार वह मुझे हटाता चला और एकदम से उछलकर मेरे सिर पर एक गहरी चोट कर दी। मैंने तलवार वाले और तकियेवाले दोनों हाथ मिलाकर तकिये से वार को रोका। पर तकियेवाले हाथ की मेरी छिंगरी उड़ गई और हथेली कट गई। मुझे दाहिनी ओर उछलकर आना पड़ा। कोंबावत ने भी पैंतरा बदला, और अब हम दोनों इस तरह आमने-सामने थे कि जाड़ीची जी की मसहरी कोंबावत की पीठ की ओर थी और मेरा सामना पड़ता था। किन्तु इस पैंतरे पर भी आते ही कोंबावत ने फिर एक भरपूर हाथ मारा। मैंने वह हाथ तलवार से रोका और रोकते ही मैंने छूट के हाथ शुरू कर दिए—इस फुर्ती के साथ कि कोंबावत को पीछे हटना पड़ा और सिर बचाकर जो मैंने कोंबावत की छाती में सिरोही का हूला दिया है, तो उसने तकिये से रोका। सिरोही तकिये को छेदकर पसली को तोड़ती हुई छाती के पार निकल गई और कोंबावत मेरे हूले के ज़ोर से जाड़ीची जी के पास ही मसहरी पर गिरा। जाड़ीची के मुँह से एक चीख निकली। मैंने सिरोही हाथ से छोड़ दी थी, जो कोंबावत के हृदय में भुँकी की भुँकी रह गई थी। कोंबावत ने बड़ी कठिनाई से दो-चार हिचकियाँ लीं और समाप्त हो गया। कमरे में रक्त-ही-रक्त था, और मसहरी के रेशमी बिस्तर पर रक्त की नदी बह रही थी। जाड़ीची जी तथा मैं दोनों स्तब्ध खड़े थे। वे ऐसी लगती थीं मानो निर्जीव मूर्ति खड़ी हो। हमारी आँखें चार हुईं और उन्होंने भर्राये हुए स्वर में कहा, ''अमरा जी, तुमने मुझे विधवा कर दिया!''

''कदापि नहीं।'' मैंने कहा, ''कदापि नहीं, मैं तुम्हारे सामने खड़ा हूँ, तुम मेरी हो और मैं तुम्हारा हूँ। ज़बर्दस्ती विवाह नहीं हुआ करता। तुम विधवा नहीं हो।''

जाड़ीची जी ने कहा, ''नहीं, तुम झूठ कहते हो। मुझे कोंबावत से न कभी प्रेम था और न हो सकता था। और यह भी सत्य है कि मेरा विवाह ज़बर्दस्ती किया गया। किन्तु यह मैं कभी नहीं कह सकती कि कोंबावत मर गया और मैं विधवा नहीं हुई है। मैं तुम से प्रेम करती थी और चूँकि वह प्रेम अमर था, अतः अब भी मुझे तुमसे प्रेम है। किन्तु इसका अर्थ यह नहीं कि मैं कोंबावत की विधवा पत्नी नहीं हूँ और उसके शव के साथ सती न हो जाऊँ।''

मैंने घबराकर कहा, ''यह नहीं हो सकता।''

उसने कहा, ''अमरा जी, यही होगा और मैं तुम्हें अपने अमर प्रेम की दुहाई देकर कहती हूँ कि तुम यहाँ से चले जाओ, और मुझे एक सच्ची राजपूत स्त्री की तरह

कोंबावत के शव के साथ जल मरने दो। तुम जाओ, यहाँ से जल्दी जाओ, नहीं तो मुझे भय है कि तुम्हारी जान खतरे में पड़ जाएगी।''

मैंने कहा, ''क्या तुम समझती हो कि मैं तुम्हारे बाद भी जीवित रह सकूँगा।''

जाड़ीची जी ने कहा, '' मैं जानती हूँ कि संसार में इस समय मुझसे प्रेम करनेवाला तुमसे बढ़कर कोई नहीं, और मेरी यह इच्छा है कि मेरे बाद मेरे प्रेम से तुम व्याकुल होकर मछली की भाँति तड़पते रहो, जिससे कि मेरी आत्मा को शान्ति मिलती रहे, क्योंकि मेरे विचार में मेरे लिए अब केवल यही बात सन्तोषप्रद हो सकती है कि मेरे प्रेम में तुम जीवन-पर्यन्त जलते रहो। अतः अब तुम यहाँ से जाओ और मुझे वचन दो कि मुझे कभी न भूलोगे और मुझे याद करने के लिए दीर्घ काल तक जीवित रहोगे। बस जाओ, अब जाओ...जाओ, जल्दी जाओ...जाओ!'' जाड़ीची जी का स्वर भर्रा गया, पर मैं कैसे जाता।

''तुम जाओ।'' उन्होंने फिर कहा, ''तुम जाओ...जाओ...'' और यह कहते-कहते उनके चेहरे का रंग बदल गया। उन्होंने अपने दाहिने हाथ की कलाई से अपनी आँखें छिपा लीं और रोती हुई, झटके खाते हुए स्वर में कहा, ''जा...ओ।''

क्षण भर के पश्चात् मैं भी रो रहा था, वे भी रो रही थीं और बाएँ हाथ से मुझे धकेल रही थीं। मैं बलपूर्वक निकाला जा रहा था। रुकना चाहता था, पर रुक न सकता था। वे मुझे ढकेलती चली गईं और पीछे की ओर जो खिड़की थी, उसके पास ले जाकर मुझे खड़ा कर दिया। अपने आँसू पोंछे और कहा, ''अमरा जी, तुम जाओ!''

इन शब्दों में एक ज़ोर था जिसके कारण मैं उनकी आज्ञा मानने के लिए बाध्य हो गया और उन पर अन्तिम दृष्टि डालकर कहा, ''जाता हूँ।'' उन्होंने फिर हाथ से झटककर संकेत किया, और मैं सीढ़ी के अन्धकार में विलीन हो गया।

दूसरे ही दिन जाड़ीची जी कोंबावत के शव के साथ सती हो गईं। जब वे सती होने जा रही थीं, तो मैंने दूर से छिपकर देखा। बड़ा करुण दृश्य था। मैंने वास्तव में उनकी चाल के साथ राजपूती सौन्दर्य और प्रताप को चलता हुआ देखा, फिर न देख सका और सिर पकड़कर बैठ गया; पर मन न माना और व्याकुल होकर दौड़ा।

अन्तिम दृश्य अत्यधिक करुण था। एक झमकते हुए तारे के समान ब्राह्मणों के श्लोकों तथा शंख-ध्वनि के बीच जाड़ीची चिता पर पहुँचीं। आग ऐसी सुन्दर वस्तु को जलाने से मानो इनकार कर रही थी। चिता भीतर-ही-भीतर सुलग रही थी और जाड़ीची जी धुएँ से घुटी जाती थीं। धुएँ को वह हाथ से दूर कर रही थीं।

धुएँ के बादल उन्हें कितना कष्ट दे रहे होंगे, इसका हम अनुमान कर सकते हैं। धुएँ के गुब्बारे उनके सुन्दर मुख की ओर बढ़कर उनकी आँखें फोड़ रहे थे। एकदम से धुएँ की कालिख में उनका चेहरा इस प्रकार छिप गया, जैसे चन्द्रमा अँधेरी बदली में छिपता है। और फिर तुरन्त ही एक भयानक भभक के साथ आग भड़क उठी। धुआँ ग़ायब हो गया और उनका चाँद-सा मुखड़ा चमका ही था कि निर्दयी लपटों ने एक भयानक झपट के साथ उसको सदा के लिए छिपा लिया। ऐसा लगा मानो दहकते हुए

अँगारों पर किसी ने एक सुन्दर तितली डाल दी हो। वे थर-थराकर काँप कर रह गईं। क्षणभर पश्चात् जाड़ीची का कोमल शरीर एक सुलगता हुआ भयानक शव था। मेरी आँखें एकदम चढ़ गईं और मैं बावलों की भाँति एक ओर दौड़ा चला गया।

× × ×

जाड़ीची जी मर गईं, पर उन्होंने न तो यह बताया कि कोंबावत का हत्यारा कौन था और न यह बताया कि हत्या किस प्रकार हुई।

## 6

दो दिन तक मैंने न कुछ खाया, न पिया। जाड़ीची के प्रेम के अथाह समुद्र में मैं डूबकर रह गया। किन्तु शोक! धिक्कार है मुझ पर कि जाड़ीची जी के प्रेम की मैंने तनिक भी परवाह न की, और थोड़े ही दिनों में उनके सच्चे प्रेम और अपूर्व त्याग की पवित्र स्मृति को केवल हृदय से मिटा ही नहीं दिया, बल्कि सचमुच 'प्रेम' शब्द को मैंने जूतों से रौंद डाला।

मैंने प्रभावित होकर आश्चर्य के साथ पूछा—''वह कैसे? यद्यपि मैंने आपके मुँह से ही उस अभागिन के प्रेम की कहानी सुनी है; किन्तु मैं सच कहता हूँ कि जाड़ीची जी के अद्‌भुत प्रेम की कहानी मैं कभी न भूलूँगा। फिर यह कैसे सम्भव है कि आपने उनको भुला दिया...।''

''नहीं-नहीं, भुला नहीं दिया, बल्कि उनके प्रेम को पाँव से रौंद डाला और फिर उनकी...''

साधु कुछ कहते-कहते रुक गया और फिर बोला, ''लो, अब सुनो कि मैंने किस प्रकार जाड़ीची जी के प्रेम की हत्या की।''

## 7

### *बाई श्री भटियानी जी*

''मैंने तुम्हें यह नहीं बताया कि मैं कहाँ का रहनेवाला हूँ। ठिकाना बुटसू के गाँवड़ी ग्राम का मेड़तिया अमरसिंह राठौर तुम्हारे सामने बैठा है; न जाने अब वह गाँव है भी या मिट गया।''

मैंने कहा, ''हाँ, मैं जानता हूँ।''

''अच्छा, तो मैं उसी गाँव का निवासी हूँ। वहाँ से कुछ दूर पर सुजानगढ़ नामक गाँव है।''

मैंने कहा, ''मैं सुजानगढ़ को भी जानता हूँ, बल्कि वहाँ तो कई बार गया भी हूँ।''

साधु ने कहा, ''वहाँ मेरा एक बड़ा गहरा मित्र मेड़तिया जुंजारसिंह था। सोजत

से मैं पागलों की भाँति अपने गाँव भागा, और वहाँ जुंजारसिंह के साथ ने बहुत कुछ मेरा दुख कम कर दिया। जुंजारसिंह बड़ा हँस-मुख और मनचला मेड़तिया था, और बहुत शीघ्र मेरा उसका साथ रहने लगा। यद्यपि मेरा मन किसी भी सांसारिक वस्तु में नहीं लगता था और हर समय जाड़ीची की सुन्दर मूर्ति आँखों के सामने नाचती रहती थी; किन्तु जुंजारसिंह की हास्यपूर्ण बातें कम-से-कम एक क्षणिक शान्ति प्रदान कर दिया करती थीं।

जाड़ीची जी को सती हुए चौथा महीना चल रहा था कि एक दिन हम दोनों शिकार के लिए चले। हम दोनों घोड़ों पर थे और हमारा दारोग़ा (गुलाम) ऊँट पर था।

शिकार-विकार तो मिला नहीं, और हम लौटने ही वाले थे कि क्या देखते हैं कि दो ऊँट चले आ रहे हैं। आगे के ऊँट पर एक राजपूत बैठा था। पीछे के ऊँट पर दो पर्दानशीन स्त्रियाँ बैठी थीं और उनके साथ एक आदमी था, जो दारोगा जान पड़ता था।

आह! वे भी क्या दिन थे। राजपूतों को इसमें आनन्द आता था कि राह चलते अनायास किसी से झगड़ पड़े अथवा उसे हराकर उसका माल छीन लिया। यह डाका नहीं था, बल्कि ख़ुशी का सौदा था। जिसका जी चाहे, हमारी सवाई* मान ले और हाथ जोड़कर मज़े से चला जाए, नहीं तो हम से लड़े; मारे या मरे।

जुंजारसिंह ने उन ऊँटों को देखते ही कहा, "अहा-हा-हा! चलो, इनसे सवाई मनवावें।" कहने की देर थी कि हमने घोड़ों की लगाम खींची और तलवार सौंत कर ऊँटों का रास्ता काट कर खड़े हो गए।

यह देखते ही आगे वाले ऊँट से तड़प कर राजपूत नीचे कूद पड़ा, और कड़क कर उसने हमारी धृष्टता का कारण पूछा। हमने बता दिया कि हम सवाई मनवाने आए हैं।

यह सुनकर उसने पूछा, "तुम कौन हो?"

मैंने कहा, "मेड़तिया?"

जुंजारसिंह ने उसको छेड़ने के लिए कहा, "मेड़तियों की सवाई मान लेने में अपमान नहीं होता।"

राजपूत ने व्यंग्य के साथ सिर हिलाकर कहा, "मथानिया के चौहान तूने देखे नहीं होंगे!" स्त्रियों वाले ऊँटों की ओर उसने अँगुली उठाकर कहा, "यह राजल्देश्वर की ठकुरानी मेरी बहन चौहानी जी और उनकी बेटी हैं। और क्या यह अच्छा न होगा कि एक चौहानी तुम्हें जूते मारकर भगा दे। कल के लौंडे सवाई मनवाने आएँ हैं!" यह कहकर वह हम दोनों की ओर घृणापूर्वक देखकर अपना खाँडा म्यान में रखने लगा।

मैंने कहा, "ठाकुर! यह खाँडा क्या कहेगा? इसको क्या बिना ख़ून चटाये ही म्यान में रखोगे? मेड़तियों का ख़ून भाग्यवान खाँडे को ही मिलता है। जान पड़ता है, तुम्हारे खाँडे ने अभी तक भील का बाँबियों ही का रक्त चखा है। अब निकालो सीधे से अपना खाँडा, नहीं तो हम लिए जाते हैं तुम्हारी चौहानी को।"

---

* अर्थात् तुम सेर हो और हम सवा सेर हैं और तुमसे भारी है।

यह सुनते ही भाई तो भाई, स्वयं बहन अर्थात् चौहानी ऊँट पर से ललकार उठीं, "ठाकुर...मुझे तो दे सिरोही!" और अपने दारोग़ा से ललकार कर कहा, "झुका दे ऊँट... ।"

और ऊँट के झुकते-झुकते चौहानी ने दारोग़ा के कमर-पटके से सिरोही सौंत ली और पूरी राजपूती आन-बान के साथ पर्दे को विदा किया। चादर से सुन्दर-सा चेहरा निकला, और एक ओर कन्धे से चादर सरक कर नीचे आई और ऊँट पर से बैठे ही बैठे उसने दोनों पैर एक ओर किए और हम दोनों को चुनौती दी तथा अपने भाई को डपटकर मना किया, जो खाँडे से हमारे ऊपर आक्रमण करने को तैयार था।

परन्तु मैं तो अब किसी और ही तरफ़ आकर्षित था। ठकुरानी की युवती पुत्री जो उनके आगे बैठी थी, एक मनोहर भोलेपन के साथ अपनी माँ के कन्धे की ओर से मुँह पर से चादर हटाए देखने लगी, और मैं उसकी अद्भुत सुन्दरता से प्रभावित हो उधर देखने लगा।

हमने ठकुरानी को हाथ जोड़कर कहा, "माता जी, हम आप से नहीं लड़ते, न हम आप से सवाई मनवाते हैं।"

यह कहकर मैंने अपनी तलवार म्यान से खींची और चौहान की ओर बढ़कर डपटकर कहा, "छोड़ दे खाँडा...सवाई मेरी है।"

चौहान ने फुर्ती से अपना खाँडा खींचा और दोहत्तड़ तान कर पैंतरा बदलकर खड़ा हो गया। स्पष्ट है कि उस भयानक खाँडे की सीध में मैं क्या, कोई भी आता तो दो टुकड़े हो जाता। अतः मैंने बाएँ हाथ से ज़मीन पर से रेत उठाई और दाहिने हाथ में तलवार सँभालते हुए चौहान के मुँह पर फेंकने लगा—यह कहते हुए, कि "बोल मेरी सवाई...मान, मेरी सवाई।"

चौहान आग-बबूला हो गया और उसने एकदम से मानो उड़कर एक ज़ोर की झपट के साथ इस ज़ोर से खाँडे का दोहत्तड़ दिया कि अगर बचा न जाऊँ, तो दो टुकड़े हो जाता। मैंने तड़प कर खाँडा खाली दिया और इस सफ़ाई से तलवार चमका दी कि भरपूर हाथ चौहान के दाहिने कन्धे पर पड़ा और रक्त का फ़व्वारा निकल पड़ा। चौहान के हाथ से खाँडा छूट गया। मैंने तलवार ऊँची करके नारा लगाया—"राणा बाँका राठौर...बोल सवाई मेड़तिया री।" यह कहकर मैं चौहानी के दारोग़ा की ओर लपका।

चौहानी जी का दारोग़ा सहम गया और मेरी तलवार की चमक देख वह बोल उठा—"सवाई है मेड़तिया...सरदाराँ री।"

एक तो भाई का घायल होकर गिरना और दूसरे दारोग़ा का हमारी सवाई मान लेना, चौहानी ने क्रुद्ध सिंहनी की भाँति पराजय की चोट से व्याकुल होकर, एक चीख़ के साथ स्वयं अपने दारोग़ा पर सिरोही का वार कर दिया कि उसने क्यों हमारी सवाई मान ली और चादर समेटती हुई, सिरोही हाथ में लेकर लाल आँखों से हमें देखती हुई अपने भाई की ओर चली, जो घाव के कारण मूर्च्छित पड़ा था। चौहानी की सुन्दर पुत्री भी माँ के साथ मामा को देखने के लिए चली। मैं उसके अद्वितीय सौन्दर्य को देखकर

अवाक्-सा रह गया। माँ-बेटी निकट पहुँचीं और चौहानी ने भाई का घाव देखते हुए अपने दारोग़ा से कहा कि पानी की छागल लाए। उस बेचारे की पीठ में सिरोही का ओछा-सा घाव लगा था, वह उसी की देखभाल में लगा था। मैंने दौड़कर ऊँट पर से छागल खोली और लाकर चौहानी जी को दी।

अभिमानी ठकुरानी ने तेवर बदलकर छागल ले ली; किन्तु जलकर कहा, "ठाकुराँ, तुम यहाँ से जाओ दूर हटो।"

हम दोनों तनिक हट आए और हमने देखा कि माँ-बेटियों ने कपड़े हटाकर घाव को खोला। दोनों के गोरे हाथ रक्त में लाल हो गए। अब भी हम दोनों उस सुन्दरी को देखने में मग्न थे। स्पष्ट है कि ठकुरानी को यह दृश्य पसन्द न था और उसने अब झिड़ककर हमसे जाने को कहा। हमने अब ठहरना उचित न समझा और हाथ जोड़कर 'जय श्री माता!' कहकर कहा, "सीक करते हैं।" (अर्थात् आज्ञा दीजिए) और यह कहकर मैं अपने पराजित शत्रु का खाँडा लेने को झुका। विजय का चिह्न शत्रु की तलवार ही होती है। ठकुरानी अपने भाई को छोड़कर चीख़कर उठी और खाँडा अपने क़ब्जे में करके हमें एक डपट दी कि भागो।

हमने कहा कि जाने दो खाँडा और 'सीक' फिर से करके घोड़ों की ओर चले ही हैं कि एकदम सामने से गर्द-गुबार का तूफ़ान दिखाई पड़ा और साथ ही 'जोधों' (जोधानी वंश के राजपूत) का नाम सुनाई पड़ा। सिर उठाकर देखा, तो छह सवार आते दिखाई पड़े। ठकुरानी के चेहरे का रंग उड़ गया। भाई की देखभाल छोड़कर उसने अपना माथा पीट लिया। अपनी सुन्दर पुत्री का हाथ पकड़कर झपटकर अपने ऊँट के पास आई कि इतने में सवार बिलकुल निकट आ गए। उनका सरदार भारी-भरकम आदमी कोई पैंतीस वर्ष की आयु का हृष्ट-पुष्ट और काले रंग का, सिर पर बाँकी पगड़ी और कानों में मुँदरे लटके हुए। उसने सम्भवतः हमें चौहानी जी का आदमी समझा और कड़क कर वह बोला, "मान सवाई जोधों की...लाओ मेरी भटियानी।" यह कहकर उसने युवती की ओर इस प्रकार घूर कर देखा कि मेरे सारे शरीर में आग लग गई। आँखों ने कह दिया कि क्या मामला है। लड़की को वह लेना चाहता था। यह प्रकट हो गया कि यह इन लोगों को जानता है तथा चौहानी जी के ठाकुर भाटी हैं।"

ठकुरानी ने भर्राये हुए स्वर में कहा, "कुशल चाहता है तो लौट जा!" फिर अपनी पुत्री के कन्धों पर हाथ रखकर कहा, "तुझे यह जीवित नहीं मिल सकती।"

मैंने कड़ककर कहा, "तुम कौन हो?"

भयानक जोधे ने कहा, "अबे छोकरे, लावनोन के जोधों को नहीं जानता? (युवती की ओर अँगुली उठाकर) यह मेरी है, तू कौन है? दारोग़ा है चौहानी जी का?"

बस, यह कहना था कि ग़ज़ब हो गया। जुंजारसिंह का और मेरा इस व्यंग्य पर राजपूती रक्त खौल उठा। मैंने अपने दारोग़ा को गाली देकर कहा, "ला तो मेरा खाँडा!" और फिर हम दोनों ने उस दैत्य की ओर लाल-लाल आँखों से दाँत पीसते हुए कहा, "जोधों के दारोग़ा ज़रा ठहर तो जा!"

चौहानी का दारोग़ा हमारा उत्साह बढ़ाने को बोला, "जब सवाई श्री मेड़तियाँ री।"

उधर उस ख़ूनी जोधे ने बढ़ना ही चाहा था कि ठकुरानी ने झट अपनी सुन्दर पुत्री के हाथ से कंगन उतार कर सामने रेत पर फेंक दिया और हमारी ओर देखकर जोश के साथ पुकारा, "ले मेड़तिया, भाटियों का कंगन। देखूँ तो सही, भाटियों का कंगन जोधों से कैसे जीतता है? इस कंगन की और मेड़तियों के खाँडे की लाज आज तो तेरे हाथ है। (लड़की का नंगा हाथ ऊँचा करके) यह भटियानी तेरी है। देखता क्या है, सामने कंगन पड़ा है, उठाकर पहना दे।"

मेरा क्या हाल हुआ होगा, इसका तुम स्वयं अनुमान लगा सकते हो? युवती भटियानी से जो मेरी आँखें मिली हैं, तो उसके नेत्रों ने स्पष्ट कह दिया कि मैं तेरी दासी हूँ, मेरा नंगा हाथ है, इसमें कंगन पहना दे।

मैं तेज़ी से कंगन की ओर बढ़ा।

जोधा ललकार कर बोला, "ख़बरदार बे दारोग़े, कंगन मेरा है!" यह कहकर अपने घोड़े पर से कूद पड़ा और खाँडा लेकर आगे बढ़ा। मैंने अपना खाँडा पीछे फेंका और अपने दारोग़ा से ढाल ले ली और राठौरी ओना (हल्की और टेढ़ी तलवार) चमकाकर आगे बढ़ा।

कद्दावर जोधा ने पैंतरा बदलकर अपना खाँडा तौला और आगे सरकना शुरू किया! पलक मारते ही गदा की तरह उसने मेरे सिर पर खाँडे का वार किया। मैंने खाँडा ढाल पर लिया और उलझावे से हाथ निकालकर बड़ी फ़ुर्ती से अपना ओना चमकाया; किन्तु जोधा सिर बचा गया। दोनों पीछे हटे। जोधा समझ गया कि इस फ़ुर्तीले राजपूत के विरुद्ध खाँडा काम न देगा। अतः उसने खाँडा फेंककर अपनी तलवार सौंती। उसके दारोग़ा ने लपककर खाँडा सम्भाला और ढाल हाथ में दे दी और अब जोधा ने मेरे ऊपर वार करना शुरू किए। मोहलत न दी, हर पैंतरे पर जोधा का क़दम आगे था, और मैं पीछे सरकने के लिए विवश था। जोधा की तलवार तड़प-तड़पकर मेरी ढाल पर गिर रही थी। प्रत्येक वार पर बस, ऐसा लगता था, मानो मेरे दो टुकड़े हो जाएँगे, किन्तु ढाल मौक़े पर पहुँच जाती थी।

उस समय उस सुन्दरी रमणी की विचित्र दशा थी। पतले होंठ आश्चर्य से तनिक खुले हुए थे। उसको पता भी नहीं कि चादर सरक कर कन्धे से गिर चुकी है और चाँद-सा मुखड़ा खुला हुआ है। वह तो युद्ध के उलट-फेर देख रही थी, तलवार के प्रत्येक वार के साथ उसके चेहरे पर एक रंग आता था और चला जाता था।

जोधा ने मेरे सिर पर हाथ चलाना शुरू किए, खनाखन, खनाखन जोधा की तलवार मेरी ढाल पर तड़प-तड़पकर गिर रही थी।

देखते-ही-देखते जोधा के पहले आक्रमण का ज़ोर कम होता दिखाई पड़ा। उसकी मार की फुर्ती में कुछ शिथिलता आ गई। मेरा पीछे हटना कुछ कम हुआ। जोधा ने कमर बता कर एक वार जो किया है, तो यद्यपि ओछा पड़ा; किन्तु तलवार पगड़ी

काटकर मेरे सिर में घाव कर गई, और मेरे सिर से रक्त बहकर चेहरे पर आने लगा। मैंने देखा कि युवती भटियानी का चेहरा भय और दुख से काँप कर रह गया। परन्तु नहीं, मेरे शरीर में काफी रक्त था और फिर मैं जवान और मज़बूत भी था, अतः मेरे साहस और शक्ति में कुछ अन्तर न आया, यद्यपि मैं बराबर अपने बचाव में लगा हुआ था। मुँह पर आता हुआ रक्त कन्धे से पोंछता जाता था; पर जोधा की भारी तलवार पूर्ववत् तड़प-तड़पकर मेरे सिर पर गिर रही थी। इतने में जोधा का दूसरा वार मेरे कन्धे पर लगा; लेकिन ढाल पर से उचट कर लगा, अतः ओछा पड़ा; किन्तु तलवार मांस में अवश्य धँस गई। अब मुझे डर लगा कि कहीं मर न जाऊँ। युवती और उसकी माँ की दशा बड़ी दयनीय थी।

किन्तु भयानक जोधा भी शिथिल हो गया था। निरन्तर तलवार चलाना सरल नहीं है। उसके हाथों को क्षण-भर के लिए भी विश्राम नहीं मिला था। वह नहीं समझता था कि मैं उसको थका दूँगा। वास्तव में वह अब हाँफ रहा था। इधर मैं इतना घायल होने पर भी थका नहीं था।

जोधा के हाथ में सुस्ती आ गई। उसके वार अब हल्के और सुस्ती से पड़ रहे थे, और उसने अब देख लिया कि यदि कुछ देर और यही हाल रहा, तो हाथ इतना शिथिल हो जाएगा कि उठाना कठिन होगा। सम्भवतः यही सोच कर और अपनी पराजय से डर कर अब उसने और चाल चली।

मैंने अब हटना बन्द कर दिया था और चट्टान की भाँति डटा खड़ा था। जोधा ने एकदम नारा मारकर एक भरपूर वार किया और साथ ही उछलकर ढाल की ओझड़ मेरे मुँह पर मारी। जोधा की ढाल के बीचोबीच में एक बीते भर का बर्छा लगा हुआ था, जिसमें कि ढाल से बचाने के साथ-साथ मारने का काम भी लिया जा सके।

मैंने तलवार को तो ढाल पर रोका और ढाल की ओझड़ से बचने को पीछे उड़ा और उड़ते ही मैंने जोधा के बाएँ कन्धे पर ऐसा जनेव का हाथ दिया कि ओना जोधा की पसली पर जाकर रुका। जोधा के हाथ से ढाल और तलवार गिरी और गिरते-गिरते मैंने ओने से एक तमाचे का हाथ जो दिया है, तो गाल काटते हुए ओना जोधा के दूसरे गाल की हड्डी पर बोला।

एकदम से दोनों माँ-बेटियों के मुँह से निकला—'जय सवाई श्री मेड़तिया खाँडा री!'

मैंने नारा लगाया—'राणा बाँका राठौर।' और पागलों की तरह झपटकर ओना फेंककर अपना खाँडा लिया और उसमें कंगन पिरोकर नाचने लगा। जोधों में से किसी का साहस न हुआ कि आगे बढ़े।

"जय श्री मेड़तियाँ रे खाँडा री!" जुंजारसिंह ने नारा लगाया।

मैंने अपना खाँडा ऊँचा किया, जो कंगन पहने हुए था! जुंजारसिंह दौड़कर चौहानी जी के पास आया और युवती का दाहिना हाथ पकड़कर उसने खींचा और मुझे आवाज़ दी। युवती लजाई हुई निगाहों से मेरी ओर देखने लगी। मैं अकड़ता, मुस्कराता भटियानी

के पास पहुँचा। उसने मेरी ओर प्रेमपूर्ण दृष्टि से देखा, और मैंने फुर्ती से अपने खाँडे में से कंगन निकालकर अपनी प्रेमिका के कोमल तथा सुन्दर हाथ में पहना दिया और उसका हाथ उठाकर आदरपूर्वक अपनी आँखों से लगाकर धीरे से छोड़ दिया, और छोड़ते ही खाँडा लेकर हम दोनों घूमकर उस ओर आकर्षित हुए और ललकार कर हमने शत्रु सवारों से कहा, ''बोल सवाई श्री मेड़तियाँ री।''

हम चार आदमी थे। दोनों हम, और दो हमारे दारोग़े। और पाँचवीं ठकुरानी चौहानी जी जिनके हाथ में सिरोही थी।

शत्रु ने हमारी सवाई न मानी, और हम दोनों लपके अपने घोड़ों की ओर, और दारोग़ा को आवाज़ दी कि लाओ बर्छी!

किन्तु जोधों की हिम्मत पस्त थी। सम्भवतः उसमें सब सिपाही और दारोग़ा ही रह गए थे। सबके सब दुम दबाकर भागे और हमने अपने जयकारों से रेगिस्तान सिर पर उठा लिया!

''जय सवाई श्री मेड़तियाँ रे खाँडा री।''

× × ×

''उस युवती भटियानी ने देखते-ही-देखते मुझे पागल कर दिया—स्तंभित कर दिया। कहाँ की जाड़ीची जी और कैसी जाड़ीची जी! मोहिनी मूर्ति चमकते हुए 'ओने' की भाँति हृदय में छिपकर रह गई। जाड़ीची जी के प्रेम को मैंने पैरों से रौंद डाला। आह! राजपूत भी कैसा ज़ालिम होता है...''

इतना कहकर साधु तनिक देर के लिए चुप हो गया। उसकी दशा दयनीय थी। मैंने भी चुप रहना उचित समझा। वह स्वयं फिर कहने लगा, ''जाड़ीची जी निस्सन्देह राजपूती सौन्दर्य की अद्वितीय मूर्ति थीं; किन्तु भटियानी और ही चीज़ थी। मैं क्या बतलाऊँ, वैसी सूरत शायद एक हज़ार वर्ष में भी राजपूताना पैदा न कर सकेगा। सारांश यह कि उसका सौन्दर्य अद्वितीय था। उसके नयन-बाण मेरे हृदय को छेदे जा रहे थे। जोधा ने अपनी बर्छी का जो हूला दिया, वह मेरी ठोढ़ी के नीचे लगा। बहुत छोटा-सा घाव था। सिर का घाव भी कुछ अधिक गहरा नहीं था। अब सबसे पहले तो ठकुरानी ने अपने भाई की मरहम पट्टी की। उनका नाम रामसिंह चौहान था। चौहानी के रेशमी दुपट्टे और रूमालों को जलाकर घाव में रखा गया। रामसिंह जी को होश आया था; पर कमज़ोरी बहुत थी। मेरे सिर में भी रेशम भर दिया गया और कन्धे पर पनकपड़ा बाँध दिया गया।

ठकुरानी ने मुझसे कहा, ''आज मेड़तियों के खाँडों ने भाटियों का कंगन जीत लिया है, राठौर? यह (भटियानी की ओर संकेत करके) भटियानी अब तेरी और तेरे खाँडे की चेरी है, तू जान और तेर खाँडे की कमाई। जी चाहे, अभी अपनी जीती हुई कमाई अपने घोड़े पर बैठाकर घर ले जा और जी चाहे, मेरे घर चल और देख कि राजल्देश्वर की ठकुरानी अपनी बेटी को क्या दहेज़ देती है।''

यह सुनते ही मैं प्रसन्नता से खिल उठा। हृदय में प्रेम की पीड़ा-सी होने लगी, और मैं हर्ष से विह्वल हो बोला, "मुझे दहेज़-वहेज़ कुछ नहीं चाहिए। मुझे तो मेरी भटियानी दे दो।" यह कहकर मैंने युवती भटियानी का हाथ पकड़कर खींचा। युवती ने लजाकर अपनी माँ की चादर को पकड़ा और जगह से न हिली। लज्जा के कारण वह गिरी जा रही थी।

मैंने हँसकर कहा, "मैं लिए जाता हूँ अपनी भटियानी रानी?" और यह कहकर मैंने गोद में लेकर फूल की भाँति अपनी भटियानी को उठाकर अपने घोड़े पर बैठा लिया। वह मुँह छिपाकर रोने लगी और ठकुरानी की आँखें भीत हो गईं। जुंजारसिंह ने घोड़ा ठकुरानी के निकट कर दिया। माँ बेटी को चूमकर समझाने और सान्त्वना देने लगी।

मेरी तो यही इच्छा है कि अपनी वधू को लेकर अभी लौट जाऊँ, किन्तु ठकुरानी कुछ चिन्तित-सी हो गईं और आशंका प्रकट की कि राजल्देश्वर तक घायल भाई को ले जाना न केवल कठिन होगा, बल्कि जोधों के आक्रमण का भी डर होगा। यह जोधा जो मारा गया है, ठकुरानी का बड़ा भारी शत्रु था। अतएव यह निश्चय हुआ कि हम दोनों राजल्देश्वर चलें। ठकुरानी और भी प्रसन्न थीं कि वे अपनी बेटी को धूमधाम के साथ विदा कर सकेंगी।

मैंने मृत जोधे का खाँडा अपने दारोग़ा को और ढाल और गहने आदि जो कुछ भी थे, ठकुरानी के दारोग़ा को इनाम में दे दिए।

## 8

चौथे दिन हम राजल्देश्वर पहुँचे और तुरन्त निश्चय किया कि मेरी पत्नी को विदा कर दिया जाए।

सारांश यह कि विवाहोत्सव मनाया जाने लगा। भाटियों के चारण और भाट चंग लेकर आ गए। भाटियों तथा मेड़तियों की तलवारों की कथाएँ चंग पर उड़ने लगीं। भाटी मदिरा के प्याले पी-पीकर झूमने लगे। उत्सव पूरे यौवन पर आया। मैं दूल्हा बना बैठा था, और फेरे पड़ने ही वाले थे कि मेड़त से दारोग़ा मेरी बहन का एक ऐसा संवाद लाया कि बस, प्रलय ही तो आ गया!

वह कुसंवाद यह था कि जयपुर के कछवाहों और मराठों के दल ने मेड़त लूट लिया; क़स्बे में आग लगा दी और राठौरनियों को चुन-चुनकर टके-टके में बेच डाला और स्वयं मेरी बहन एक टके में बिक गई। अब शायद यह न होता हो, अतः टके में बिकने का अर्थ भी सुन लो। टके में बिकने का यह मतलब था कि क़स्बा जीतकर एक घोषणा द्वारा सब राठौरनियों को नगर के बाहर बुलवा लिया जाता था। किसी की लाज नहीं ली जाती थी। बस, नाम को अपने अधिकार में कर लेते थे और नगर में ढिंढोरा पिटवा देते थे कि राठौरनियाँ टके-टके में नीलाम हो रही हैं, चलो लेने। अतः स्वयं स्त्रियों के

सम्बन्धी जाकर प्रति स्त्री एक टका देकर उन्हें छुड़ा लाते थे। यह नहीं होता था कि किसी की स्त्री को कोई दूसरा ले जाए। केवल घर के पुरुष अपनी स्त्रियों को छुड़ा लाते थे। यह कार्यवाही केवल पुरुषों को अपमानित करने के लिए की जाती थी।

हाँ, तो यह समाचार सुनते ही क्रोध से मेरा मुँह लाल हो गया। भाटियों की भरी महफ़िल में मेरी नाक कट गई। क्रोध से पागल हो मैं उठ खड़ा हुआ। बदला लेने की क़सम खाई, और तुरन्त मैंने और जुंजारसिंह ने अपने-अपने खाँडों के म्यान तोड़ डाले कि अब ये कछवाहों और मराठों के शरीर में रहेंगे। मैंने अपना खाँडा मसनद पर तकिये से लगाकर अपने स्थान पर रख दिया। गले से माला और सिर से सेहरा उतार कर अपने खाँडे को पहना दिया और कह दिया कि मैं अपनी बहन की सहायता को जाता हूँ, मेरी जगह मेरा खाँडा है। वधू इसके साथ फेरे लगाएगी, और अपने ससुर और सास से मैंने आज्ञा माँगी।

सारांश यह कि मैं और जुंजारसिंह दोनों के दोनों तुरन्त अपनी बहनों की लाज का बदला लेने की शपथ खाकर विवाह के उत्सव से जाने के लिए तैयार हो गए।

परन्तु एक महान् शक्ति थी जिसने मुझे चलते-चलते क्षण-भर के लिए रोक लिया। रण पर जा रहा हूँ, न जाने लौटूँ या न लौटूँ। कम-से-कम अपनी भटियानी को तो एक बार और देख लूँ। यह सोचकर मैंने जुंजारसिंह के द्वारा गुप्त रूप से अपनी यह इच्छा चौहानी जी पर प्रकट कर दी। चौहानी जी ने मेरी प्रार्थना स्वीकार कर ली। और न कैसे करतीं; उन्होंने तो मुझे मेरे खाँडे की कमाई तुरन्त ही सौंप दी थी न!"

× × ×

धीरे से मैं कमरे के द्वार पर पहुँचा। पर्दे को हाथ से हटाया ही था कि क्या देखता हूँ कि कमरा रोशनी से चमक रहा है और एक सुन्दर पलंग पर भटियानी नगीने की भाँति चमक रही थी। पर्दा उठाते ही उसने मेरी ओर देखा और उसके चेहरे पर एक मुस्कराहट-सी आई। फिर मेरे हृदय पर एक बिजली-सी कौंध कर गिरी। आत्मविस्मृति की दशा में व्याकुल होकर मैं लपका और अपनी प्रिय भटियानी जी को सचमुच कलेजे से लगा लिया!

वास्तव में स्त्री एक जादूभरी, किन्तु मौन और मनोहर रागिनी है, जिसकी हर अदा एक सुरीली तान है। भटियानी ने असीम प्रेम के साथ मेरी आँखों में आँखें डालकर देखा ही नहीं, बल्कि मेरे हृदय में उतर गई। आह! मेरे हृदय में प्रेम की पीड़ा-सी उठी, मेरी साँस तीव्र गति से चलने लगी, और मैंने प्रेम की टीस से विह्वल होकर धीरे से भटियानी को अपने कलेजे से तनिक अलग किया।

भटियानी ने लजाकर अपनी मदभरी आँखें नीची कर लीं, और मैंने उसी अदा से व्याकुल हो, फिर उसे लिपटा कर उसके अधरों पर अपने अधर रख दिए।

भटियानी ने अपने प्रिय सरदार पर फिर एक दृष्टि डाली और फिर धीरे से आँखें नीची कर लीं। मैंने संक्षेप में बातें कीं। भटियानी ने थोड़े-से शब्दों में उनका उत्तर दिया।

उसका हर उत्तर एक लम्बी प्रेम-कहानी थी। वास्तव में यदि भटियानी ने अपने प्रेम के जादू से मुझे पागल कर दिया था, तो मैंने भी उसके तन-बदन में आग फूँक दी थी।

समय कम था, अतः हम दोनों जल्दी ही विदा हुए। मैंने फिर भटियानी को गले से लगा लिया और सचमुच उसे बेपानी की मछली की भाँति तड़पा छोड़ा।

बाहर निकला तो मेरी विचित्र दशा थी। जुंजारसिंह मेरी प्रतीक्षा कर रहा था। हम दोनों ने तुरन्त अपने घोड़े लिए और चल पड़े।

जो दारोग़ा सन्देश लाया था, उससे मालूम हुआ कि वह मेड़तियों के धौंसे (सेना) को खाटो (एक गाँव) के काँकड़ की ओर गरजता छोड़ आया है। अतएव हम दोनों ने भी खाटो का रुख किया।

जब हम हीरावती के काँकड़ (जंगल या मैदान) में पहुँचे, तो हमें अपनी जंगी धौंसे की पहली गरज सुनाई दी। उस गरज को सुनते ही हम दोनों के मुँह से आप ही आप अपना जंगी नारा निकला—"रण बाँका राठौर।"

धौंसे की पहली ही गरज पर यह प्रसिद्ध है कि मेड़तिया अपनी प्रेमिका को छोड़कर धौंसे की ओर दौड़ता है।

तीसरे ही दिन हम अपनी सेना से खाटो से आगे जा मिले। हमारी सेना सीधी डिगाने की ओर जा रही थी, जहाँ दूसरे दिन शत्रुओं से हमारी पहली टक्कर हुई।

दुश्मन की सेना को हमने देखते-ही-देखते तितर-बितर कर दिया, और अब हमारा धौंसा गरजता हुआ, मेड़तियों को चारों ओर से अपने साथ लेता हुआ मेड़ता की ओर जा रहा था।

मेड़ता के काँकड़ पर हमारा धौंसा मराठों और कछवाहों की भारी सेना से टकराया, और ढाई घंटे के अत्यधिक घमासान और भयानक निरन्तर युद्ध के बाद, हमने दुश्मनों को कड़ी पराजय दी और खीरा-ककड़ी की भाँति काट कर धर दिया। ख़ूनी मैदान पर हम और हमारे भाई मेड़तिये दुश्मनों के ख़ून में नहाए, अपने ख़ून से लाल खाँडों को ऊँचा किए दुश्मनों की लाशों को घृणा से रौंद रहे थे, और हमारा जंगी धौंसा एक विजयी दानव की भाँति उस ख़ूनी युद्ध-स्थल में गरज रहा था।

## 9

लड़ाई के बाद हम दोनों, केवल दो दिन मेड़ता में ठहरे। अपनी भटियानी से मिलने की उत्सुकता इस विजय से और बढ़ गई। अतएव जल्दी पहुँचने के लिए हमने अपने घोड़े यहीं छोड़े और एक तेज़ साँडनी को लेकर हम दोनों वायु की गति से मेड़ता से निकल गए।

भटियानी से मिलने के लिए मैं बेहद व्याकुल था। दिन-रात दौड़ते हुए हम राजल्देश्वर की ओर उड़े चले जा रहे थे। एक अज्ञात शक्ति थी, जो मुझे राजल्देश्वर की ओर तेज़ी से लिए जा रही थी। जब मैं सुजानगढ़ पहुँचा हूँ, तो रात के दो बजे होंगे।

हमने यहाँ थोड़ा आराम करने का निश्चय किया। एक जान-पहचानवाले के यहाँ हम सो गए। और यहाँ मैंने फिर स्वप्न देखा।

क्या देखता हूँ कि चकाचौंध करनेवाला प्रकाश है, उसमें से भटियानी का सुन्दर मुखड़ा प्रकट होता है। पहले उस मुखड़े पर मुस्कान खेलती रहती है, फिर एकदम से एक दैवी गम्भीरता आ जाती है। एक विचित्र तेज-सा दिखाई पड़ता है, ऐसा कि आँख नहीं ठहरती। मुझसे निगाहें चार हो जाती हैं। मेरे मुँह से निकलता है, 'भटियानी!' और उस सुन्दरी का दाहिना हाथ उठता है, उसकी अँगुली उठती है एकदम से अँगुली मोमबत्ती की भाँति जलने लगती है। अँगुली के अद्‌भुत प्रकाश से भटियानी का चेहरा तमतमा उठता है, बल्कि भड़क उठता है। मैं पूछता हूँ, ''यह क्या?'' एक अजीब अन्दाज़ से भटियानी उत्तर देती है, ''हे मेरे सूरमा! यह तुम्हारे ही प्रेम का आरम्भ है...।'' एक चीत्कार के साथ मेरी आँख खुल गई। जुंजारसिंह भी जाग उठा। हम तुरन्त रवाना हो गए। पौ फट रही थी और हमारी साँड़नी विस्तृत मैदान की रेत में वायुयान की भाँति उड़ी चली जा रही थी।

× × ×

हम जल्दी से जल्दी राजल्देश्वर पहुँचे। मैंने अपने स्वप्न का हाल जुंजारसिंह से भी नहीं कहा था।

हमारी साँड़नी ठीक मेरी ससुराल के फाटक पर रुकी, और अब तुम से क्या बताऊँ कि मैंने वहाँ क्या देखा। जिस समय हम पहुँचे हैं, उस समय दोपहर था, और जो कुछ भी वहाँ पहुँच कर हमने देखा अथवा सुना, वह कह नहीं सकता। घर में रोना-पीटना मचा हुआ था। हम जब पहुँचे हैं, तो वहाँ जिसने देखा, उस पर मानो बिजली गिर पड़ी। आह! क्या यह सब कुछ सम्भव था? हाँ, सत्य फिर सत्य था। आह!''

यहाँ पहुँचकर वृद्ध साधु का स्वर भर्रा गया। उसकी शुष्क आँखें सजल-सी हो गईं और वह रुक गया। उसने मुझसे पानी के लिए संकेत किया। सामने की दीवार की ओर उसने संकेत करके मुझसे एक पत्थर के हटाने का इशारा किया। मैं समझ गया। मैंने पानी लेने का कलश लिया और पत्थर को यह समझकर हटाया कि वहाँ कोई घड़ा रखा होगा; किन्तु मेरे आश्चर्य की सीमा न रही, जब मैंने पत्थर हटाया, तो उजाला हुआ और भीतर जंगल-सा दिखाई पड़ा। सामने कोई डेढ़ फुट चौड़ा पहाड़ी झरना था, जो वेग के साथ बह रहा था। मैं अन्दर घुसा तो मेरे अचरज की सीमा न रही। कोई सौ गज़ का लम्बा-चौड़ा छोटा-सा जंगल था, जो चारों ओर ऊँची-ऊँची पहाड़ियों से घिरा हुआ था। उसकी भूमि में ही नहीं, बल्कि चारों ओर दीवारों और टीलों में सैकड़ों पेड़ थे। अमरूद, शरीफ़े और बेर के पेड़ों का जंगल का जंगल था। मैंने जल्दी से झरने से कलश में पानी भरा और लाकर साधु को दिया। साधु ने आशीर्वाद देते हुए पानी ले लिया। एक दो-घूँट पीकर प्याला रख दिया और फिर अपनी कथा कहने लगा :

''हमारी मेड़ता की शानदार विजय का समाचार पहुँच चुका था; किन्तु उसी दिन

—

एक दारोग़ा और नाई यह समाचार लाया कि मैं लड़ाई में काम आया और युवती भटियानी विधवा हो गई। अतएव इस संवाद के आते ही युवती भटियानी ने वह पगड़ी ली, जो दारोग़ा और नाई लाया था और वह कब की सती होने के लिए श्मशान पर जा पहुँची थी, बल्कि कोई ठीक नहीं यदि अब तक सती हो भी चुकी हो।

यह सुनते ही मैं सचमुच पागल हो गया, अब हम पागलों की तरह श्मशान की ओर दौड़े, जो नगर से अधिक दूर न था! ऐसे ज़ोरो से दौड़े कि कभी न दौड़े होंगे। अभी लोग उसी ओर जा ही रहे थे, कोई आ नहीं रहा था, अतः यह आशा हुई कि हम समय पर पहुँच जाएँगे। यह सोचकर और भी वेग के साथ दौड़े और पलक मारते ही श्मशान पहुँच गए। भारी भीड़ एकत्रित थी। गगनभेदी जयकारों के कारण हमें मालूम हो गया कि भटियानी चिता पर चढ़ चुकी है, अर्थात् चिता में उसको बैठा कर आग लगाई जा चुकी है। आकाश पर धुएँ के बादल इसकी पुष्टि कर रहे थे; किन्तु जलने वाली तक आग कुछ देर में पहुँचती है।

तोप के गोले की तरह हम दोनों समूह को चीर कर अन्दर घुसे, तो क्या देखते हैं कि सुन्दर भटियानी आग के बीचोंबीच बैठी है और हमारे देखते-ही-देखते एकदम से वह आग की पलटों में समा गई।

मैंने भटियानी को देखा और उसने मुझको। कैसे हम दोनों की आँखें चार हुईं। मैंने अपनी छाती पीट ली और मेरे हृदय से एक चीत्कार निकला, और उधर भटियानी के प्रेमपूर्ण सीने से एक हृदय-विदारक चीख़ निकली। एक झन्नाटा-सा हुआ और सृष्टि मानो कटकर दो हो गई! भटियानी ने तड़प कर शोलों से निकलने का यत्न किया; किन्तु असफल रही। उसका आधा शरीर जल रहा था। वहीं तड़पकर वह मेरी ओर देखती रह गई और भय तथा दारुण दुख के कारण उसका चेहरा एकदम से भयानक हो गया। मुझे सहायता के लिए उसने घबराई हुई आँखें फाड़ कर और तड़प कर एक चीख़ लगानी चाही थी कि लपटों ने इस ज़ोर से उसके भोले और कोमल गालों पर आग के भयानक थप्पड़ लगाए कि गालों की चमड़ी उधड़ कर गिर पड़ी, और उसका शरीर वहीं थरथरा कर रह गया। पलक मारते ही आग भड़क उठी और उसमें मैंने जितनी बार भी कूदने की चेष्टा की, लोगों ने मुझे पकड़ लिया। मेरी आँखें बन्द हो गईं और मूर्च्छित होकर गिर पड़ा।

इसके बाद मैं कितने ही दिनों पागलों के समान इधर-उधर घूमता रहा, और अन्त में कोई शक्ति मुझे इस स्थान पर खींच लाई। मुझे चेत हुआ। सम्वत् 1815 की तिथि चैत्र कृष्णाष्टमी थी। मैं सचेत था और यहीं मैंने आग को कोसा और शपथ खाई—

*तू राँदया नहीं खाओ, साँ रे वासदेव सड़ु,*
*माडीठाँ तू बालियाँ भटियानी जी रो हड्ड।*

अर्थात है निर्दय वासुदेव (अग्नि), मैं अब कभी तेरा पकाया हुआ नहीं खाऊँगा! तूने मेरे देखते-ही-देखते भटियानी की हड्डियाँ जला दीं!

आज पौने दो सौ वर्ष होने को आए जब से मैंने कोई आग की पकी हुई चीज़

नहीं खाई; किन्तु आज तक भटियानी के प्रेम की आग में जल रहा हूँ; और जाड़ीची जी तथा भटियानी जी की पवित्र आत्माएँ आज पौने दो सौ वर्ष से सेवाना की निस्तब्ध और अन्धकारपूर्ण गुफ़ाओं में घूमती रहती हैं, और जब रात आती है, तो दोनों की दोनों मेरे सामने अपनी-अपनी चिताओं पर बैठकर आ जाती हैं और यह भीषण नाटक निरन्तर रात को मेरे सामने होता आ रहा है। यही रहस्य है मेरे इस मृत जीवन की दीर्घता का, परन्तु अब शायद मेरे पापों का प्रायश्चित हो चुका है। हे मेरे अपरिचित मित्र, वह मिट्टी और वह लाश मैं ही हूँ। मुझे जलाना मत और जिस झरने से पानी लाए थे, उसी में मुझे लिटा देना!

*जय हो श्री जाड़ीची जी री!*
*जय हो श्री भटियानी जी री!"*

साधु की गर्दन एक ओर ढलक गई। अब वह मुर्दा था। मैं जल्दी से साधु की वसीयत के अनुसार जितनी भी जल्दी हो सका, गुफ़ा से निकलकर नीचे पहुँचा।

सूर्य अस्त हो रहा था। मैंने मुड़ कर देखा तो क्या देखता हूँ कि सफ़ेद बिल्ली मेरी ओर देख रही है। मैंने क़दम बढ़ाए और सूर्यास्त के पश्चात् अपने निवास-स्थान पर पहुँच गया।

## 10

अब जिससे कहता हूँ, वह यही कहता है कि भूलकर भी सेवाना की गुफ़ाओं की ओर न जाना, नहीं तो जीवित लौटना असम्भव हो जाएगा। कोई कहता है कि यह सब कल्पना थी, और कोई कहता है कि अवश्य ही तुमने कोई स्वप्न देखा है।

# लाला

## *एम. असलम*

एक मुद्दत से मेरी इच्छा थी कि भू-स्वर्ग कश्मीर की सैर करूँ। आख़िर यह इच्छा पूर्ण हुई, और मैं जम्मू के रास्ते से उस सुन्दर पर्वत की ओर रवाना हुआ। चूँकि मेरा उद्देश्य केवल घूमना था, इसलिए मैं बीच में रुकता हुआ यात्रा करता था। जम्मू से कुछ रास्ते तक गर्मी ने पीछा न छोड़ा। हाँ, कभी-कभी पर्वतीय वायु दिमाग़ ताज़ा कर देती थी।

एक स्थान पर पहुँचकर चिनाब नदी और सड़क एक-दूसरे से बिलकुल मिल जाती हैं। अन्तर केवल इतना है, कि सड़क ऊँचाई पर है, और चिनाब नदी गहराई में।

नदी और सड़क के दोनों ओर पहाड़ हैं, और गहराइयों में पानी इस प्रकार तिलमिलाता हुआ नज़र आता है, मानो कोई सुन्दरी हथेली पर पारा रखे खड़ी हो। चूँकि पाट कम है, इसलिए किसी-किसी स्थान पर नदी का शोर किसी पागल प्रेमी के चीत्कारों से मिलता-जुलता लगता है, और किसी स्थान पर पानी का हल्का बहाव और पर्वत की शान्ति मिलकर एक उदास-सा वातावरण उत्पन्न कर देता है।

सन्ध्या होते-होते मैं 'बानिहाल' पहुँच गया। सड़क के किनारे चन्द दुकानें हैं और चारों ओर पहाड़ी दृश्य अत्यन्त मनोहर हैं। इस स्थान पर एक बूढ़ा चाय की दुकान करता है। वह मुझे देखते ही बोला, "आइए हज़रत आइए! सब चीज़ उम्दा है।" फिर ज़रा ऊँचे स्वर से पुकारा, "अरे रहमाना...भागो, पकड़ो घोड़ा।"

एक छोकरा भागता हुआ आया और आते ही रकाब थामकर बोला, "उतरो, हज़रत!"

"कुछ खाने को भी मिलेगा?" मैंने घोड़े से उतरकर पूछा।

"हाँ, हज़रत!" रहमाना बोला।

मेरा बिस्तर एक साफ़-सुथरी कोठरी में जमा दिया गया। सड़क के किनारे चिनार का एक बड़ा भारी वृक्ष था। उसकी डालियों पर पक्षी गा रहे थे।

'पीरपंजाल' की हिमाच्छादित चोटियों पर उषा की लाली बढ़ रही थी, और पहाड़ के आँचल में नदी कलकल नाद करती मैदानों की ओर चली जा रही थी। वायु बहुत शीतल थी, पर इस शीतलता में एक मधुरता थी। मैं अपनी कोठरी में बैठा चाय की प्रतीक्षा कर रहा था। अकस्मात् मेरी दृष्टि सड़क पर पड़ी।

एक नवयुवती चिनार के नीचे खड़ी मुर्ग़ियों को दाना डाल रही थी! पहली ही दृष्टि में मुझे उस पहाड़ी सुन्दरी के सुडौल शरीर और सुन्दर रूप ने अचरज में डाल दिया।

वह सुन्दरी चिनार के नीचे सायंकाल की हल्की-हल्की कालिमा के बीच इस प्रकार खड़ी प्रतीत होती थी, मानो कीचड़ में कमल। बूढ़े ने दुकान पर से बैठे-बैठे आवाज़ दी, "ऐ लाला, चाय ले जा!"

वह बूढ़े की आवाज़ पर लपककर दुकान पर गई और एक थाल उठाए कोठरी के द्वार पर आकर खड़ी हो गई।

"क्या चाय लाई हो?" मैंने पूछा।

"चाय, हज़रत!" यह कहकर उसने अल्हड़ता के साथ थाल पलंग पर रख दिया।

"बैठ जाओ।" मैंने प्याली में चाय डालते हुए कहा।

"खड़ी हूँ, हज़रत।" उसने सिर झुकाकर जवाब दिया।

"तुम बूढ़े दुकानवाले की बेटी हो?"

"हाँ! हज़रत!"

"तुम्हारा नाम?"

"लाला, हज़रत!" लड़की ने मुस्करा कर कहा।

और मैंने हँसकर पूछा, "गुल लाला या लालए सहराई?"

यह सुनकर वह मुस्कराई, लेकिन चुप रही। यों तो मैं चाय पी रहा था; लेकिन आँखें उसी के ऊपर जमी हुई थीं। यद्यपि उसका उत्तर बहुत ही संक्षिप्त होता, लेकिन उसके स्वर का माधुर्य मन में चुटकियाँ ले रहा था। मैं जब चाय पी चुका तो वह बर्तन उठा कर ले गई। लाला के जाने के साथ ही कोठरी में उदासी छा गई। दीपक जो कोने में जल रहा था, उसका प्रकाश उस प्रकाश के द्वीप की भाँति उदास-सा लगने लगा, जो किसी के मज़ार पर जल रहा हो। चिनार पर बसेरा करनेवाले पक्षी शान्त हो चुके थे, और पहाड़ी पर एक आश्चर्यजनक सन्नाटा छा रहा था। सिर्फ नदी के कलकल नाद में जीवन का संचार प्रतीत होता था।

× × ×

मेरा भोजन रहमाना लेकर आया। सालन अच्छे ख़ासे स्वादिष्ट थे। चपातियाँ तनिक मोटी थीं, लेकिन खूब थीं। जब मैं खा चुका, तो रहमाना बर्तन उठाकर ले गया। कुछ देर बाद बूढ़ा और लाला—दोनों बाप-बेटी आ गए और चटाई पर बैठ गए। मैं बूढ़े से उसके कारोबार के विषय में बातें करता रहा, फिर मैंने पूछा, "खाना किसने पकाया था?" और लाला की ओर देखकर कहा, "रोटियाँ तो तुम्हीं ने पकाई होंगी।"

"नही हज़रत!" लाला ने मुस्कराकर उत्तर दिया!

इतने में रहमाना ने दुकान पर से आवाज़ दी, "ए अज़ीज़ा!"

अज़ीज़ा बूढ़े का नाम था। वह उठकर चला गया, लेकिन लाला बैठी रही। मैंने पूछा, "तुम्हारी माँ भी है?"

"मर गई, हज़रत!"

"तुम उसे याद तो करती होगी?"

"हाँ, हज़रत!"

"कोई और बहन-भाई है?"

"नही, हज़रत!" लाला ने फिर उसी प्रकार जवाब दिया।

"लाला!" मैंने हँसकर कहा—"तुम्हें सिर्फ़ दो ही बातें आती हैं? "हाँ, हज़रत और नहीं हज़रत?"

वह हँसने लगी, फिर उसने शरमाते हुए पूछा, "आप किधर से आए, हज़रत?"

"पंजाब से।" मैंने कहा, "तुमने कभी पंजाब देखा है?"

"नहीं हज़रत!"

फिर वही 'नहीं हज़रत' सुनकर मुझे हँसी आ गई। उसने भी हँसकर कहा, "फिर और क्या, हज़रत?"

इतने में अज़ीज़ा भी आ गया। मैंने उससे कहा, "अज़ीज़ा! तुम्हें लाला से बहुत स्नेह है?"

अज़ीज़ा स्नेहपूर्ण दृष्टि से पुत्री की ओर देखते हुए बोला, "मैं तो इसी के लिए जीता हूँ, हज़रत!"

"लाला नाम तो तुमने खूब रखा है!"

"हज़रत!" अज़ीज़ा ने उत्तर दिया, "यह नाम उसकी माँ ने रखा था; वह मर गई बेचारी!"

"कितने दिन हुए?" मैंने पूछा।

"कोई दस-बारह साल, हज़रत!"

मैंने लाला से पूछा, "तुम सारा दिन क्या करती हो?"

"काम, हज़रत!"

अज़ीज़ा हँसने लगा। मैंने पूछा—"क्या काम?"

"सुबह नदी से पानी लाती हूँ, हज़रत! फिर मुर्ग़ियों को दाना डालती हूँ और रोटी खाकर बकरियों को चराने ले जाती हूँ।"

"बहुत काम है, हज़रत!" अज़ीज़ा ने प्यार से बेटी की ओर देखते हुए कहा।

कुछ देर बाद दोनों बाप-बेटी चले गए। और नींद ने मुझे अपनी गोद में ले लिया।

× × ×

प्रातःकाल जिस समय मेरी आँख खुली, चिनार पर पक्षियों ने शोर मचा रखा था। कोठरी के बाहर दो कौवे उठाईगीरों की तरह गिरे-पड़े टुकड़ों की खोज में थे। सामने पीरपंजाल की हिमाच्छादित चोटियाँ थीं, और क्षितिज पर लाल पहाड़ियाँ अत्यन्त आकर्षक प्रतीत हो रही थीं। दुकानों के पीछे पहाड़ी नदी गुनगुनाती जा रही थी। अचानक लाला नदी की ओर से आती हुई दिखाई पड़ी। एक घड़ा सिर पर था और दूसरा कूल्हे पर, और कुरते का दामन वायु से अठखेलियाँ कर रहा था। लाला एक हंस की भाँति छाती उभारती पत्थरों पर धीरे-धीरे क़दम रखती हुई दुकान की ओर जा रही थी।

रहमाना चाय लेकर आया। लाला चिनार के नीचे खड़ी मुर्ग़ियों को दाना डाल रही थी। चाय पीने के बाद मैंने अज़ीज़ा को बुलाकर दाम दिए और सवार होकर चिनार के पास पहुँचा और जेब से रुपया निकालकर कहा, ''यह लो लाला!''

''नहीं, हज़रत!'' वह सिर हिलाकर बोली।

''क्यों?'' मैंने कहा, ''ले लो लाला!''

रहमाना भी पास आ खड़ा हुआ और ललचाई दृष्टि से रुपए की ओर देखने लगा। मैंने फिर कहा, ''लाला, लेती हो क्या?''

''नहीं, हज़रत!''

मैंने हँसते हुए रुपया रहमाना की ओर फेंक दिया और जब चलने लगा, तो लाला ने मेरी ओर देखकर कहा–''सलाम, हज़रत!''

यद्यपि लाला और वह सुहावना दृश्य शीघ्र ही मेरी दृष्टि से ओझल हो गया; लेकिन लाला के 'सलाम, हज़रत!' की मधुर वाणी मेरे कानों में देर तक गूँजती रही।

× × ×

कश्मीर से लौटते समय चूँकि मैं दूसरे रास्ते से आया था, इसलिए उस पहाड़ी रमणी को फिर देखने का अवसर न मिला। इसी तरह यद्यपि तीन वर्ष और भी बीत गए, तथा लाला के चिनार के नीचे खड़े होकर मुर्ग़ियों को दाना डालने और फिर नदी से पानी लाने का दृश्य मुझे भूला नहीं था। चौथे वर्ष मैं फिर कश्मीर की सैर करने के लिए घर से निकला और यात्रा करता हुआ बानिहाल पहुँच गया। वही पिछला पहर था, और सड़क के किनारे वही चिनार था। लेकिन अज़ीज़ा के बजाय दुकान पर रहमाना था, और मेरी आँखें जिस चीज़ को ढूँढ़ती थीं वह कहीं नहीं दिखाई पड़ी। जब मैं दुकान के पास पहुँचा, तो रहमाना बोला, ''उतरो हज़रत!''

''अच्छे तो हो रहमाना?''

''हाँ, हज़रत अच्छा हूँ।''

''मुझे पहचाना तुमने?'' मैंने पूछा।

''पहचाना, हज़रत!'' रहमाना बोला, ''बहुत दिनों बाद आए आप।''

उसी कोठरी में, जिसमें आज से चार वर्ष पूर्व मैंने रात बिताई थी, फिर मेरा बिस्तर जमा दिया गया। सड़क पर दुकानदारों के बच्चे खेल रहे थे। चिनार पर बसेरा करने वाले पक्षी इधर-उधर से आ रहे थे; लेकिन आज पहाड़ी नदी के कर्णप्रिय गीत किसी के रुदन से मिलते-जुलते थे।

मग़रिब की नमाज़ के बाद रहमाना भोजन लाया। कुछ उतना स्वादिष्ट न था। जब मैं खा चुका, तो वह बर्तन उठाकर ले गया। मिट्टी का दीया एक कोने में जल रहा था, और मैं कम्बल ओढ़े उस रात को याद कर रहा था, जब लाला मेरे पास बैठी 'हाँ हज़रत और नहीं हज़रत।' कह रही थी। दुकान से छुट्टी पाकर रहमाना मेरे पास आ बैठा, और बोला, ''कुछ हुकुम हज़रत?''

"बैठ जाओ, रहमाना।"

वह बैठ गया। मैंने पूछा, अज़ीज़ा किधर गया?"

"मर गया, हज़रत।"

"और लाला?"

यह सुनकर उसने सिर झुका लिया।

"ब्याही गई?" मैंने पूछा।

"न मालूम, हज़रत!"

"क्या मतलब?" मैंने पूछा।

"हज़रत! बड़ा लम्बा क़िस्सा है।" रहमाना ने एक आह भर कर कहा।

"क़िस्सा!" मैंने आश्चर्य से कहा, "कैसा क़िस्सा?"

"यही लाला का, हज़रत! सुनिएगा आप?"

"हाँ-हाँ! ज़रूर!"

रहमाना दीवार से पीठ लगाकर बैठ गया और कहने लगा :

दो बरस हुए हज़रत! दिन ढलते वक्त एक नौजवान मुसाफ़िर यहाँ आया। बहुत पैसा ख़र्च करता था। लाला जिस प्रकार और मुसाफ़िरों की सेवा करती थी, उसकी भी करने लगी। सब मुसाफ़िर तो दो-एक रात यहाँ ठहरते हैं, फिर चले जाते हैं; लेकिन उसे यहाँ आए हुए कई दिन हो गए। जब देखो, लाला और वह दोनों दिखाई देते। लाला पानी भरने जाती तो वह भी साथ हो लेता; मुर्ग़ियों को दाना देती, तो वह भी दाना देने लगता और हर वक्त उसके साथ रहता। मैंने दो-एक बार अज़ीज़ा से कहा भी; लेकिन उसने कुछ परवाह न की। मैं फिर चुप ही रहा, हज़रत! इसी तरह दस-पन्द्रह दिन बीत गए। आख़िर एक दिन उसने इक्का मँगवाया। जब वह सवार होकर जाने लगा, तो लाला ने अज़ीज़ा से कहा कि मैं दो-एक दिन के लिए ननिहाल जाऊँगी। लाला का ननिहाल उसी ओर था। अज़ीज़ा ने उसे इजाज़त दे दी और वह उसी इक्के में नौजवान के साथ सवार हो गई। उनके जाने के कोई दो घंटे के बाद वर्षा होने लगी। वर्षा क्या थी, तूफ़ान था हज़रत; न दिन को थमी न रात को, अगला दिन भी बीता और फिर रात आई; लेकिन पानी वैसे ही पड़ता रहा। अब अज़ीज़ा बेटी के लिए बहुत चिन्तित हुआ। हज़रत, सात दिन और रात वह पानी बरसा कि न कभी देखा, न सुना। सब नदी-नाले चढ़ गए, सड़कें टूट गईं; पुल बह गए। कोई दस-पन्द्रह दिन बाद पता चला कि लाला उस मुसाफ़िर के साथ कहीं चली गई है।

यह सुनकर अभागे अज़ीज़ा के हाथों के तोते उड़ गए; सड़क पर बैठकर बच्चों की भाँति फूट-फूटकर रोने लगा। इसके बाद उसे ज्वर आने लगा और दो-तीन महीने वह खाट पर पड़ा रहा। वह हर साँस के साथ बेटी को याद करता और रोता। इसी बीच जाड़ा पड़ने लगा। आख़िर ख़ुदा-ख़ुदा करके जब बसन्त ऋतु आई, तो अज़ीज़ा मुझे साथ लेकर बेटी की खोज में निकला।

जम्मू पहुँचकर हम एक सराय में उतरे। उस सराय के पास घोड़ेवालों का चौधरी

रहता था। चौधरी अज़ीज़ा को पहचानता था। जब अज़ीज़ा ने उसे अपनी राम-कहानी सुनाई, तो चौधरी ने उसे ढाढ़स बँधाया और बतलाया कि लाला जिसके साथ गई है, उसे वह जानता है। वह अपने गाँव का मलिक है। चौधरी ने हमें मलिक का और उसके शहर का नाम और ठिकाना भी बता दिया।

जम्मू से हम लोग गाड़ी पर सवार हुए और दो दिन बाद उस शहर में, जहाँ मलिक रहता था, पहुँच गए। वहाँ जाकर पता लगा कि मलिक बहुत अमीर आदमी है। इधर-उधर से पूछते हुए हम लोग मलिक के घर पहुँच गए।

शहर से बाहर उसकी हवेली थी। हवेली के बगीचे में लाला फूल तोड़ रही थी। अज़ीज़ा बेटी को देखते ही 'लाला! लाला!' पुकारता हुआ उसकी ओर लपका। मैं वहीं खड़ा रहा। लाला पिता को देखते ही कुछ ऐसी भयभीत हुई कि वहीं मूर्च्छित होकर गिर पड़ी।

अज़ीज़ा उसे सँभालकर वहीं बैठ गया, और 'लाला! लाला!' कहकर उसे सचेत करने की चेष्टा करने लगा। वह इसी तरह पुकार रहा था कि एक तरफ़ से एक नौजवान घुड़सवार आया। यह मलिक था। मलिक सीधा बग़ीचे की ओर गया और अज़ीज़ा की आवाज़ सुनकर इधर-उधर देखने लगा।

एक नौकर ने आकर घोड़ा पकड़ लिया और मलिक फाटक से होता हुआ बग़ीचे में आया और लाला को अज़ीज़ा की गोद में मूर्च्छित देखकर उसने किसी को आवाज़ दी। एक स्त्री मकान के भीतर से आई और लाला को मूर्च्छित देखकर भागी-भागी फिर भीतर गई और एक दूसरी स्त्री को लेकर आई। वे दोनों लाला को उठाकर मकान में ले गईं। अज़ीज़ा ने मुझे आवाज़ दी, "रहमाना! इधर आ जल्दी।"

मैं उसके पास जाकर खड़ा हुआ और मलिक को झुककर सलाम किया। मलिक ने पूछा, "अज़ीज़ा तुम यहाँ क्यों आए?"

अज़ीज़ा बोला, "हज़रत! लाला को लेने!"

मलिक ने हँसकर कहा, "वह तो अब मेरी बीबी है।"

"होगी, हज़रत!" अज़ीज़ा ने कहा, "अब आप उसे छोड़ दें।"

मलिक बोला—"अज़ीज़ा, तुम पागल तो नहीं हो गए।"

"हाँ, हज़रत!" अज़ीज़ा बोला, "मैं पागल हूँ, मेरी बेटी को आप भगा लाए हैं; मैं पागल हो गया!"

"मैं भगा लाया?" मलिक हँसकर बोला, "नहीं वह तो अपनी मर्ज़ी से आई है।"

अज़ीज़ा ने मलिक के पाँव पर सिर रख दिया और कहा—"हज़रत, अब रहम करो! मैं ग़रीब आदमी हूँ, मेरी लाला मुझे दे दो।"

मलिक ने जेब में हाथ डालकर कुछ नोट निकाले और अज़ीज़ा की ओर फेंककर कहा, "ये ले लो और अब जाओ"

"नहीं, हज़रत।" अज़ीज़ा बोला, "मुझे रुपया दरकार नहीं, मुझे मेरी बच्ची वापस दे दो।"

"फ़िजूल बकवास मत करो।" मलिक ने गुस्से से कहा, "रुपए पकड़ो और चले जाओ।"

"अज़ीज़ा अब ज़मीन से उठा और बोला—"मैं बेटी के दाम लेने नहीं आया, हज़रत! मेरा फ़ैसला खुदा करेगा।"

मलिक ने नौकर को आवाज़ दी। जब वह आया तो उसने हुक्म कर दिया कि हम दोनों को बाहर निकाल दे। मैं और अज़ीज़ा वहाँ से वापस आ गए।

मैंने कहा, "अज़ीज़ा पुलिस में रिपोर्ट कर दो।"

"नहीं।" अज़ीज़ा बोला, "जो क़िस्मत।"

उसी दिन हम जम्मू की ओर चल दिए।

वापस आकर बेचारा अज़ीज़ा बीमार पड़ गया। वह दिन-रात बेटी को याद करता और रोता। आख़िर लाला को याद करते-करते कोई दो-पौने दो महीने बाद वह क़ब्र में जा सोया।

अज़ीज़ा को मरे कोई साल भर हो चुका था। बसन्त ऋतु थी। मैं दुकान पर बैठा था कि एक बग्घी दुकान के पास आकर रुकी। अन्दर से बुर्क़ा ओढ़े एक स्त्री निकली। उसके साथ दो-एक नौकर भी थे।

वह मेरे पास आकर बोली, "ए रहमाना, बाबा किधर?"

यह लाला थी, हज़रत!

मैंने रोते हुए कहा, "बाबा मर गया, लाला!"

यह सुनकर उसके आँसू निकल पड़े।

"कब?" वह बोली।

"साल भर हुआ।" मैंने कहा।

"चलो।" वह बोली, "मुझे उसकी क़ब्र पर ले चलो।"

मैं उसे अज़ीज़ा की क़ब्र पर ले गया। लाला चीख मारकर बाप की क़ब्र से लिपट गई और चिल्ला-चिल्लाकर रोने लगी।"

# आमों का टोकरा

*सआदत हसन मंटो*

ख़ज़ाने के सारे बाबू जानते थे कि मुंशी करीम बख़्श की पहुँच बड़े साहब तक भी है इसलिए वे सब उसका आदर करते थे। प्रतिमाह वह अपनी पेंशन के कागज़ भरने और रुपया लेने के लिए ख़ज़ाने में आता तो उसका काम इसी कारण जल्दी-जल्दी कर दिया जाता था। पचास रुपए उसको अपनी तीस वर्ष की मेहनत के सबब प्रतिमाह सरकार की ओर से मिलते थे। प्रतिमाह दस-दस के पाँच नोट वह अपने काँपते हुए हाथों से पकड़ता और अपने पुराने वज़ह के लम्बे कोट की अन्दर की जेब में रख लेता। चश्मे में से ख़जांची की ओर प्रेमभरी दृष्टि से देखता और यह कहकर, "यदि ज़िन्दगी हुई तो अगले महीने फिर सलाम करने के लिए हाज़िर हूँगा," बड़े साहब के कमरे की ओर चला जाता।

इस समय मुंशी करीम बख़्श की आयु पैंसठ से कुछ ऊपर थी, परन्तु जवानी की तरह उसके बुढ़ापे में भी उसमें किसी प्रकार का अन्तर न दिखाई देता था।

पेंशन के रुपए लेकर छोटे जज साहब के कमरे के पास जाकर वह अपने आने की सूचना दिलवाता। छोटे जज जो अपने स्वर्गीय पिता के स्थान पर हाल ही में जज हुए थे, उसको देर तक बाहर खड़ा न रखते, तुरन्त बुला लेते और काम छोड़कर उससे बातें शुरू कर देते।

"कहिए मुंशी जी कहिए मिज़ाज़ कैसा है?"

"अल्लाह का लाख-लाख शुक्र है। आपकी दुआ से बड़े मज़े में बीत रही है।"

"मेरे योग्य कोई सेवा।"

"आप मुझे क्यों शर्मिन्दा करते हैं। मेरे लायक कोई हुक्म हो तो कहिए।"

"आपकी दया है।"

फिर बड़े जज साहब की स्मृति में करीम बख़्श पुरानी बातों का ताँता लगा देता, और बातें होते-होते मुंशी करीम बख़्श के आमों के बाग़ की चर्चा भी होने लगती। मौसम आने पर जज साहब के लड़के की कोठी पर आमों का एक टोकरा पहुँच जाता था। मुंशी को प्रसन्न करने के लिए वे प्रतिमाह उसको याद करा दिया करते थे, "मुंशी जी, देखिए इस मौसम पर आमों का टोकरा भेजना न भूलना। पिछली बार आपने जो आम भेजे थे उसमें से तो केवल दो मेरे हिस्से में आए थे।

कभी यह तीन हो जाते थे और कभी चार और कभी केवल एक ही रह जाता था।

मुंशी करीम बख़्श यह सुनकर बहुत प्रसन्न होता। "हुज़ूर ऐसा कभी हो सकता हे, जैसे ही फ़सल तैयार हुई मैं तुरन्त आपी सेवा में टोकरा लेकर हाज़िर हो जाऊँगा। दो कहिए दो हाज़िर कर दूँ। यह बाग किसके हैं? आप ही के तो हैं।

कभी-कभी छोटे जज साहब पूछ लिया करते, "मुंशी जी आपके बाग़ कहाँ हैं?"

"दीना नगर में हुज़ूर, अधिक नहीं हैं, केवल दो हैं। उसमें से एक तो मैंने अपने छोटे भाई को दे रखा है जो उनका बन्दोबस्त करता है।"

× × ×

जून की दो तारीख को मुंशी जी मई की पेंशन लेकर जज साहब के कमरे में पहुँचे और बोले, "दीना नगर से चिट्ठी आई है कि अभी आमों के मुँह पर चेंप नहीं आया, जैसे ही चेंप आ गया और फल पक कर तैयार हो गए, मैं तुरन्त पहला टोकरा लेकर आपकी सेवा में हाज़िर हो जाऊँगा। छोटे जज साहब, इस बार ऐसे अच्छे आम होंगे कि आपका मन मगन हो उठेगा। मलाई और शहद के घूँट न हों तो मेरी जिम्मेदारी। मैंने लिख दिया है कि छोटे जज साहब के लिए एक टोकरा विशेष रूप से जल्दी पहुँचे। दस-पन्द्रह दिन आपको और बाट देखनी पड़ेगी।"

छोटे जज साहब ने धन्यवाद दिया, और मुंशी जी ने अपनी छतरी उठाई और प्रसन्नचित घर लौट आए।

घर में उसकी विधवा बहन और पत्नी थी, मुंशी जी के और कोई औलाद न थी परन्तु इनका भी पचास रुपयों में निर्वाह नहीं होता था। इसी तंगी के कारण उसकी पत्नी के सारे गहने इन आठ वर्षों में हौले-हौले बिक गए थे।

जज साहब के बाद दूसरे नम्बर. पर एक रिटायर अफ़सर थे। इनसे मुंशी करीम बख्श की भेंट प्रतिदिन सुबह कम्पनी बाग़ में होती थी।

बाग की सैर के बीच में मुंशी जी और रिटायर अफ़सर की खूब छनती थी। सुपरिंटेंडेंट अपनी बहादुरी की चर्चा करते-करते करीम बख्श के आमों के बाग़ की चर्चा करने लगते, " मुंशी जी, कहिए, अब की बार फ़सल कैसी रहेगी।"

"डिप्टी साहब पिछली बार चूँकि आम बहुत हुए हैं, इसलिए यह फ़सल कुछ कमज़ोर ही रहेगी।"

"पिछले साल जो आपने आम भिजवाए थे बहुत अच्छे, बहुत मीठे थे।"

"अबकी बार भी उसी बूटे के हाज़िर करूँगा, पहले से भी बढ़-चढ़ कर।"

इस आदमी को भी करीम बख्श हर साल मौसम पर एक टोकरा भेजता था।

× × ×

आमों की फ़सल पर बूढ़ा करीम बख्श जवान बन जाता। डिप्टी साहब और जज साहब को आमों के टोकरे भेजने के लिए इतनी दौड़-धूप करता था कि बीस-पच्चीस साल का

जवान आदमी भी क्या करेगा। बड़े ध्यान से टोकरे खोले जाते थे। उसका घास-फूस अलग किया जाता था दाग़ी और गले-सड़े दाने अलग किए जाते थे। और साफ़-सुथरे आम नए टोकरों में गिन कर डाले जाते थे।

आम निकालते और टोकरे में डालते समय मुंशी जी की बहन और उसकी पत्नी के मुँह में पानी भर आता पर वे दोनों चुप रहतीं। बड़े-बड़े रस भरे सुन्दर आमों का ढेर देखकर उनमें से कोई यह कहे बिना नहीं रह सकती थी, "क्या हर्ज़ है अगर इस टोकरे में से दो आम निकाल लिए जाएँ।" तो मुंशीजी से यह उत्तर मिलता, "और आ जाएँगे, इतना बेताब होने की क्या ज़रूरत है।" यह सुनकर वे चुप हो जातीं और अपना काम करने लगतीं।

सदा की तरह इस बार भी आमों के दो टोकरे आए। गले-सड़े दाने अलग किए गए। जो अच्छे थे उनको मुंशी करीम बख़्श ने अपनी देख-रेख में गिनवाकर नए टोकरे में रखवाया। बारह बजे से पहले-पहले यह काम समाप्त हो गया और दोनों टोकरों को नलवाली कोठरी में ठंडी जगह पर रखवा दिया गया। जिससे आम ख़राब न हो सकें।

उधर से निश्चिन्त होकर दोपहर को खाना खाने के बाद मुंशी करीम बख़्श कमरे में लेट गया।

जून के आख़िरी दिन थे। इतनी गर्मी थी कि दीवारें तवे की तरह तप रही थीं। वह गर्मियों के दिनों में नलवाली कोठरी में चटाई बिछा कर सोया करता था। यहाँ मोरी के रास्ते ठंडी-ठंडी हवा भी आ जाती थी, परन्तु अबकी उसमें दो बड़े-बड़े टोकरे पड़े थे, उसको गर्म कमरे में जो भट्ठी बना हुआ था छह बजे तक समय बिताना था।

आमों के टोकरों को नल की कोठरी में रखवा कर जब वह गर्म कमरे में लेटा तो पंखा झलते-झलते एकदम उसका सिर चकराया। आँखों के सामने अँधेरा-सा छाने लगा। फिर उसको ऐसा जान पड़ा कि उसकी साँस उखड़ रही है। इस तरह के दौरे उसे कई बार पड़ चुके थे। इसलिए उसका दिल कमज़ोर था, परन्तु ऐसा ज़बर्दस्त दौरा कभी पहले नहीं पड़ा था। साँस लेने में उसे बड़ी दिक्कत जान पड़ी। सिर बहुत ज़ोर से चकराने लगा। घबराकर उसने आवाज़ दी और अपनी पत्नी को बुलाया।

उसकी आवाज़ सुनकर उसकी पत्नी और बहन दोनों दौड़ कर अन्दर आईं। दोनों जानती थीं कि उसको इस तरह के दौरे क्यों पड़ते हैं। तुरन्त उसकी बहन ने पड़ोसी से डॉक्टर को लाने को कहा। जिससे सुई लग जाए परन्तु कुछ ही मिनटों में मुंशी करीम बख़्श की अवस्था बहुत बिगड़ गई। उसका दिल डूबने लगा, वह चारपाई पर मछली की तरह तड़फने लगा। उसकी पत्नी और बहन रो रही थीं, और पास-पड़ोस के आदमी इकट्ठे हो रहे थे।

बहुत कोशिश की गई कि उसकी अवस्था ठीक हो जाए परन्तु सफलता नहीं मिली। डॉक्टर के आने से पहले ही मुंशी जी अपने जीवन की आख़िरी साँस लेने लगे। बड़ी कठिनाई से करवट बदलकर एक पड़ोसी से जो चारपाई के पास में बैठा था, डूबती

हुई आवाज़ में कहा, "तुम सब लोग बाहर चले जाओ। मैं अपनी पत्नी से कुछ कहना चाहता हूँ।"

सब लोग बाहर चले गए; उसकी पत्नी और बहन कमरे में रह गईं। रो-रोकर उनका बुरा हाल हो रहा था। मुंशी जी ने संकेत से अपनी पत्नी को पास बुलाया और कहा, "दोनों टोकरे आज शाम को डिप्टी साहब और छोटे जज साहब की कोठियों पर ज़रूर पहुँच जाने चाहिए, नहीं पड़े-पड़े ख़राब हो जाएँगे।" इधर-उधर देखकर फिर उसने बहुत हौले से कहा, "देखो तुम्हें मेरी सौगन्ध है। मेरी मृत्यु के बाद भी किसी को आमों का भेद मालूम न हो, किसी से न कहना कि यह आम हम बाज़ार से ख़रीदकर लोगों को भेजते थे। कोई पूछे तो यही कहना कि दीनानगर में हमारे बाग़ हैं....बस...और देखो जब मैं मर जाऊँ तो छोटे जज साहब और डिप्टी साहब को ज़रूर ख़बर कर देना।"

कुछ देर बाद मुंशी करीम बख़्श मर गया। उसकी मृत्यु का समाचार लोगों ने डिप्टी साहब और छोटे जज साहब तक पहुँचा दिया, परन्तु वे दोनों कोई ज़रूरी काम और कुछ मज़बूरियों के कारण जनाज़े में शामिल न हो सके।

# डरपोक

*शफ़ीकुर्रहमान*

इतने दिनों के बाद मैंने आज सुबह मोटर-साइकिल को हाथ लगाया। उसे चलाते समय मैं जैसे चौंक-सा पड़ा। चौंकता क्या, बिलकुल ठिठककर रह गया, और मेरी निगाहें बराबर की खिड़कियों की ओर मुड़ गईं।

आज से कई वर्ष पहले की एक घटना मुझे याद आ गई। बिलकुल ऐसी ही रंगीन सुबह थी, गुलाब की क्यारियाँ बिलकुल लाल हो रही थीं, ओस की चमकीली बूँदों से चारों ओर मोतियों की वर्षा हो चुकी थी, आपा के रंग-बिरंगें पक्षी सुरीली सीटियाँ बजा रहे थे, वायु के मन्द-मन्द झोंके भाँति-भाँति की सुगन्ध फैला रहे थे, जब मैंने और एक सुनहरे बालों और नीली आँखोंवाली नन्ही-मुन्नी गुड़िया ने मिलकर डॉक्टर साहब की मोटर-साइकिल स्टार्ट कर दी थी।

उस दिन हमें मौक़ा मिल गया। अख़्तर ने पूरे महीने-भर से मेरी नाक में दम कर रखा था। सुबह-शाम, उठते-बैठते, बस एक शब्द रह गया था, जिसको वह दोहराया करती थी—तुम डरपोक हो, तुम डरते हो, तुम ऐसे हो, तुम वैसे हो।

कई बार उसने कहा कि भई मैं बिलकुल नहीं डरता, आख़िर साइकिल तो चला लेता हूँ, लेकिन मोटर-साइकिल किस तरह चलाऊँ? चलाना तो एक तरफ रहा, मैं तो उसे हिला भी नहीं सकता। न यह पता कि चलाने के लिए कौन-सी कल घुमानी पड़ती है और अगर चल पड़े तो रोकते किस तरह हैं?

वह मुँह चिढ़ाकर कहती, "डॉक्टर साहब रोज़ तो चलाते हैं, चलाना सीख क्यों नहीं लेते?"

मैं कहता, "कोई सबक़ हो, तो याद भी कर लूँ। वे तो हैंडिल पकड़कर एक दुलत्ती-सी मारते हैं, और फट-फट की आवाज़ आने लगती है, फिर न जाने वे क्या खींचातानी-सी करते हैं कि देखते-देखते साइकिल हवा हो जाती है।"

तब वह कहती, "तुम यह सब क्यों नहीं कर सकते? बस, डरते हो न?"

मैं मिन्नत से कहता, "अभी मोटर-साइकिल बराबर तो हम ख़ुद हैं, बड़े हो गए, तो साइकिल छोड़कर मोटर-साइकिल चलाया करेंगे। भला कभी हमारे जितने बच्चों को मोटर-साइकिल पर चढ़ते कहीं देखा भी है!"

इसके उत्तर में एक तस्वीर दिखाई जाती, जिसमें एक लड़का एक मोटर-साइकिल

को चला रहा है, और एक लड़की पीछे बैठी है। मैं बहुत कहता कि यह तस्वीर झूठी है, यों ही किसी ने पेंसिल से खींच दी है, लेकिन जवाब वही मिलता कि बस, डरपोक हो।

अख़्तर के कहने पर मैं पहले ही भाँति-भाँति की मूर्खताएँ कर चुका था। हम दोनों ने सलाह करके पिताजी की सुनहरी घड़ी क्यारी में बो दी थी। अख़्तर का ख़्याल था, कि पौधे में पहले तो नन्ही-मुन्नी घड़ियाँ लगेंगी, फिर टाइमपीसें लगेंगी, और जब पौधा बड़ा होकर पूरा पेड़ बन जाएगा तब क्लॉक लगने लगेंगे!

लेकिन एक महीने पूरी देख-भाल करते और नियमित रूप से पानी देने पर भी कुछ न हुआ।

फिर उसके विवश करने पर मैंने वीरता दिखाने के लिए पिता की बन्दूक़ चला दी थी। जब बन्दूक़ चली, तो मैं कहीं गिरा, और बन्दूक़ कहीं। परिणाम यह हुआ कि मुझसे गुलेल तक छीन ली गई। अख़्तर कहती थी कि जो चीज़ जानवर को जाकर लगती है, वह पूरी बन्दूक़ ही होती है। यह गोली-वोली यूँ बनावटी बातें हैं। उस दिन बन्दूक़ चलाने पर कुछ भी साबित न हो सका। यह अवश्य हुआ कि बन्दूक़ चलाने पर गोली तो भगवान् जाने कहाँ गई, हाँ छत पर छब्बू मियाँ (जो सम्भवतः बिल्ली से लड़कर ऊपर धूप खा रहे थे) तड़पकर उछले और साथ रखे पानी के टब में जा गिरे, वहाँ से जो तड़पे तो रोशनदान में से होते हुए गिरे सीधे कमरे में, जहाँ आपा के पास होने के उपलक्ष्य में पार्टी हो रही थी। न जाने उनकी सहेलियों पर क्या बीती? आपाजान इतनी बिगड़ीं कि बस! उनके रंग-बिरंगे सीटियाँ बजाने वाले पक्षी सहम कर रह गए, और वह कमबख़्त तोता तो यूँ दुबक गया, जैसे मर ही गया हो।

फिर लगातार एक सप्ताह तक हमने एक पुस्तक में असंख्य परियों की कहानियाँ पढ़ीं, और अख़्तर के कहने पर सारी रात हमने छुई-मुई और नरगिस की कलियों पर पहरा देने में बिता दी। हम वहाँ परियाँ पकड़ने गए थे। अख़्तर के हाथ में परियों को पकड़ने के लिए एक छोटा-सा जाल था, जिससे हम तितलियाँ पकड़ा करते थे। हम दबे पाँव पहरा देते रहे। जब चाँद उदय हुआ, तो हम और भी सावधान हो गए। उस रात मुझे बड़ा डर लगा, ठंडी हवा के झोकों से मुझे झपकियाँ आ रही थीं। जब हमें मुर्ग़े की आवाज़ सुनाई दी तो अपने कमरों में जा दुबके। सुबह-सुबह हमें खाँसी भी हो गई और जुकाम भी।

एक दिन तीसरे पहर बाग़ में खेल रहे थे। एक पेड़ के नीचे मुंशी नमाज़ पढ़ रहे थे। अख़्तर मुंशी जी से कुछ चिढ़ती थी। वह बोली, "जब कोई आदमी नमाज़ पढ़ रहा हो, तो उनका कोई कुछ भी नहीं बिगाड़ सकता।"

"क्या मतलब हुआ तुम्हारा? यह बात मेरी समझ में नहीं आई।" मैंने कहा।

वह बोली, "अब यह जो मुंशी नमाज़ पढ़ रहे हैं न, अगर तुम इनका कान काटना चाहो, तो हरगिज़ नहीं काट सकते।"

मैंने कहा, "काट सकता हूँ।"

वह बोली, "नहीं!"

मैंने फिर ज़ोर दिया कि मैं काट सकता हूँ। इसके बाद निश्चय हुआ कि जब मुंशी जी इस बार नीयत बाँधें, तो मैं उनका कान काट लूँ। शर्त भी लगी। अख्तर दौड़ कर चाचा की शिकारी छुरी ले आई। मैंने छुरी हाथ में ज़ोर से पकड़ी और ताक में बैठ गया। मुंशी जी सिजदे में गए। अब जो वह बैठे हैं, तो लपक कर मैंने उनका कान मज़बूती से पकड़ा और अन्धा-धुन्ध छुरी चला दी। उधर कान है कि कटता ही नहीं; मैं हूँ कि ज़ोर लगा रहा हूँ, पर क्या मजाल जो मुंशी जी ज़रा भी हिले हों। वह बराबर नमाज़ पढ़ते रहे। अख्तर के ठहाकों पर दो-चार नौकर चले आए। मैं जो देखता हूँ, तो छुरी उल्टी पकड़ रखी है! नौकरों को देखकर हम वहाँ से भागे। कितने दिनों तक मैं यही सोच-सोच कर डरता रहा कि अगर छुरी की धार मैं मुंशी जी के कान पर फेर देता, तो सचमुच उनका कान मेरे हाथ में आ जाता, और फिर ख़ून भी निकलता।

फिर एक दिन हम आपा के साथ सिनेमा गए, जहाँ हमने मुक्केबाज़ी की एक फ़िल्म देखी। अख्तर को मुक्काबाज़ी बहुत पसन्द आई। घर आकर कहने लगी, "आओ लड़ें।" मुझे उस दिनों ज्वर आता था। वह सारी गर्मी पहाड़ पर बिताकर आई थी और ऐसी लाल हो रही थी कि बस!

पहले तो मैंने टाल-मटोल की कि भला एक लड़की से क्या लड़ूँगा। वह कहने लगी, "तुम डरते हो।" ख़ैर, मुक्काबाज़ी हुई। उसने अपने लम्बे-लम्बे नाखूनों से मेरे गाल नोच लिए, और जब मैंने उसे परे धकेल दिया, तो उसने दौड़ कर मेरी कलाई में इस बुरी तरह काटा कि अब तक निशान मौजूद है। फिर जो रोई है, तो मुझे चुप कराना मुश्किल हो गया। मैंने अपना 'मैकनिव' का सेट ला दिया, तितलियों के सारे पर, चॉकलेट से निकली हुई तस्वीरें, गोलियाँ—जो कुछ मेरे पास था, सब कुछ उसे दिया, तब कहीं जाकर वह चुप हुई।

मैं कुछ ऐसा डरता भी नहीं था। एक तो मुझे अख्तर के रोज़-रोज़ के भूतों की कहानियों ने मार रखा था। सुबह से शाम तक मुझे तरह-तरह की झूठी-सच्ची कहानियाँ सुनाया करती, और मैं विश्वास कर लेता।

एक बार कोई रात के ग्यारह बजे होंगे। सबके सब सेकेंड-शो में गए हुए थे। हम दोनों को उस्तानी जी पढ़ा कर गई थीं। कमरों में डर लगता था। हम बरामदे में बैठे थे। बाहर बड़े ज़ोर की वर्षा हो रही थी, बिजली चमक रही थी और बादल गरज रहे थे।

अख्तर ने एक कहानी शुरू की। बोली, "एक अँधेरी रात में एक बहुत ही डरावने और उजाड़ जंगल में ट्रेन जा रही थी, बुरी तरह वर्षा हो रही थी, एक लम्बे से, खतरनाक-से डिब्बे में, सिर्फ़ दो आदमी चुपचाप बैठे थे। बिजली ज़ोर से कड़की। एक आदमी दूसरे से बोला, "क्यों साहब, आप भूत-प्रेत को मानते हैं?"

दूसरा बोला, "जी नहीं, मैं तो नहीं मानता, और आप?"

पहला बोला, "साहब, मैं तो मानता हूँ।" यह कर वह बैठे-बैठे धुआँ बनकर उड़ गया।"

"धुआँ बनकर उड़ गया! कहाँ उड़ गया?" मैंने प्रायः चीख़ते हुए कहा।

"हाँ भई, ग़ायब हो गया, दरअसल वह ख़ुद भूत था और आदमी का भेष बदले बैठा था।"

मैंने अपनी कुर्सी और पास खींच ली।

वह डरावना मुँह बनाकर बोली, "और जो मैं यहाँ बैठे-बैठे ग़ायब हो जाऊँ, बस धुआँ बनकर उड़ जाऊँ, तब?"

मैंने लपक कर उसे पकड़ लिया, इतनी ज़ोर से पकड़ा, कि जैसे वह सचमुच उड़ जाएगी।

वह कहने लगी, "और जो मैं इन्सान न होऊँ तो? कुछ और होऊँ तो?"

और मैं कितना डरा था, उस रात को! ऐसी सर्द रात में मुझे इतना पसीना आया, कि कपड़े भीग गए। बहुत दिनों तक मैं यही सोचा करता कि अख़्तर सचमुच चुड़ैल हो, तो क्या हो?

एक रात अम्मा बोली, "नन्हे, ज़रा अन्दर से टॉर्च तो उठा लाओ, माली कहीं बाहर जाएगा।"

मैं बड़ा बहादुर बन कर अँधेरे कमरे से टॉर्च उठा लाया।

अख़्तर बोली, "बड़े बहादुर बनते हो, वह कहानी भी सुनी है तुमने? अँधेरे और माचिसवाली?"

मैं सिहर उठा, "कौन-सी कहानी?"

"वही कि एक आदमी अँधेरे कमरे में माचिस लेने गया, अन्दर बहुत अँधेरा था, हाथ को हाथ सुझाई न देता था। वह बेचारा टटोल-टटोल कर बढ़ रहा था कि एकदम किसी चीज़ ने उसके हाथ में माचिज़ दे दी।"

"माचिस दे दी? किसने?"

"न जाने कौन था! वह चिल्लाकर बाहर भागा, लोगों ने बहुत तलाश किया लेकिन अन्दर कोई न था। सो भई, अँधेरे कमरे में जाते हुए ज़रा होशियार रहना चाहिए।"

इसके बाद बहुत दिनों तक मैं किसी अँधेरे कमरे में नहीं घुसा।

तो अन्त में उसके बार-बार कहने पर तंग आकर मैंने यह निश्चय कर लिया कि अवश्य एक दिन मोटर-साइकिल चलाएँगे। अख़्तर को विश्वास था कि सारा डर तब तक है जब तक मोटर-साइकिल चलती नहीं। एक बार चल पड़े तो बस ऐसा लगेगा मानो मामूली साइकिल चला रहे हों।

जब कभी डॉक्टर साहब मोटर-साइकिल चलाते तो हम बड़े ध्यान से उनको देखते, शुरू-शुरू की बातें तो समझ में आ जातीं, लेकिन बाद में तीन-चार बातें इकट्ठी कर जाते, उनका कुछ पता न चलता।

अख़्तर बोली, "तुम पूछ क्यों नहीं लेते डॉक्टर साहब से।"

मैंने कहा, बताएँगे नहीं, और ताज्जुब नहीं जो बिगड़ जाएँ। और ऐसी कड़वी-कड़वी दवाएँ दें कि पता ही चल जाए!"

वह बोली, "तुम डरपोक हो!"

मैं झल्ला उठा। मैंने छाती फुलाकर कहा, "आज डॉक्टर साहब से ज़रूर पूछूँगा।"

डॉक्टर साहब अन्दर से निकले। मैं बरामदे में खड़ा था। उनके साथ बाहर तक गया। उन्होंने पीछे मुड़कर देखा। मैंने सलाम किया। उन्होंने जो मुझे विचित्र ढंग से देखा है, तो बस मैं घबरा गया। अख्तर मुझे खिड़की के परदों में से घूरकर देख रही थी। डॉक्टर साहब बोले, "सुनाओ बच्चे, कैसे हो?"

"जी, बहुत अच्छा हूँ...एक बात पूछने आया...जी! बात यह है कि...वह...अगर आप इजाज़त दें, तो हम बाग़ में जाकर गालियाँ और मूजरें खा लिया करें।"

"कैसे-कैसे ग़लत शब्द बोल रहे हो बेटे, तुम अवश्य ही बहुत ग़लत इमला लिखते होगे, मैं उस्तानी साहेबा से अवश्य कहूँगा, "गालियाँ और मूजरों से तुम्हारा क्या मतलब है?"

"जी...मैं कह रहा था...मूलियाँ और गाजरें।... ग़लती से...वह...देखिए न!"

"ओफ़्फोह! हा-हा-हा...ही-ही-ही...खूब! हाँ, गाजरें फ़ायदा करती हैं, अगर थोड़ी मात्रा में खाई जाएँ, तब...!"

मैंने बड़ी मुसमुसी सूरत बना कर अख्तर की ओर देखा। उसने मुझे मुँह चिढ़ा दिया। मैं एकदम एक बहादुर लड़का बन गया।

"डॉक्टर साहब!...बात है...आप नाराज़ तो न होंगे...कह दूँ?"

"कह दो, प्यारे बच्चे! आज ज़रूर तुम्हारे पेट में दर्द होगा, क्यों?"

मैं फिर घबरा गया।

"डॉक्टर साहब, यह आपकी टाई बहुत सुन्दर है, बिलकुल इसी रंग की एक तितली हमने पकड़ी थी।"

डॉक्टर साहब शरमा गए!

अख्तर ने फिर मुझे मुँह चिढ़ाया। मैं जल्दी से आगे बढ़ा। डॉक्टर साहब ने फिर मुझे देखा, और मैं फिर बौखला गया। मैंने कहा, "डॉक्टर साहब, आप बहुत अच्छे हैं, मैं आपका कहा अब ज़रूर माना करूँगा। आप जिस समय चाहें मेरी ज़बान देख सकते हैं। अगर आप अब कहें, तो मैं ज़बान दिखा दूँ, यह देख लीजिए...!"

उधर कहाँ तो वे जाने की तैयारी कर रहे थे, कहाँ चौंक पड़े, "नन्हें तुम ज़रूर जामुन खाकर आए हो, तुम्हारी ज़बान रँगी हुई है—और देखो...!"

मैं वहाँ से सरपट भागा। अख्तर ने पकड़ लिया। मुँह बनाकर बोली, "आपकी टाई बहुत अच्छी है जनाब! और यह गालियाँ-मूजरें क्या चीज़ है? डरपोक कहीं के! दो लफ़्ज़ मुँह से न निकले कि यह आपकी मोटर-साइकिल कैसे चलती है, जनाब...?"

मैंने कहा, "किसी और से पूछ लेंगे! बिजली का मिस्त्री है, शोफ़र है, उस्तानी जी हैं—कोई-न-कोई तो बता ही देगा।" लेकिन हमें किसी ने न बताया। शायद क़सम खा रखी थी सबने! आख़िर हफ़्ते-भर की मेहनत के बाद हमें कुछ-कुछ पता चल ही गया, कि स्टार्ट किस तरह करते हैं। अब सवाल था रोकने का। अख्तर बोली, जब चल पड़ेगी, तो देखा जाएगा।"

कई दिन तक मौक़ा न मिल सका। डॉक्टर साहब को न जाने कहाँ से एक भद्दी-सी मोटर मिल गई। जब वे एक मील दूर होते, तभी हमें पता चल जाता कि डॉक्टर साहब आ रहे हैं। मोटर का शोर इतना था कि हार्न की ज़रूरत न थी। दो-चार बार मोटर-साइकिल पर भी आए, लेकिन तुरन्त ही वापस चले गए। फिर उनका आना बिलकुल बन्द हो गया।

मैं तो मन-ही-मन प्रसन्न था, लेकिन अख़्तर मुझे नित्य विवश करती कि डॉक्टर साहब को बुलाओ। मैं बड़ी नम्रता से कहता कि भई, किस तरह बुलाऊँ, आख़िर डॉक्टर साहब को बुलाने के लिए कम-से-कम एकाध को तो ज़रूर बीमार होना चाहिए।

एक सुबह को हमें पता चला कि चाचा के सिर में दर्द है; परन्तु सूझी कि डॉक्टर साहब को चाचा की ओर से फ़ोन कर दें। हम चोरी-चोरी टेलिफ़ोन के कमरे में गए। कमरा चारों ओर से बन्द कर लिया। अख़्तर ने मुझसे कहा कि मैं मोटी आवाज़ में चाचा की तरफ़ से बोलूँ। मैंने डरते-डरते फ़ोन किया। डॉक्टर साहब की भारी आवाज़ आई, "हल्लो!"

मैंने गला साफ़ करते हुए कहा—"हे हे...लो ओ...!" पहले आवाज़ बिलकुल पतली थी, फिर अख़्तर की चुटकी से एकदम मोटी हो गई।

"कौन साहब हैं"—वह बोले।

"जी हम हैं...मेरा मतलब है कि मैं हूँ...(बहुत मोटे स्वर में) मैं हूँ...!"

आपकी तारीफ़...।

"मैं हूँ चाचा... और मेरे सिर में दर्द है। (मैं घबरा गया और फिर आवाज़ पतली हो गई)...जनाब डॉक्टर साहब, इस वक्त चाचा फ़ोन पर बोल रहे हैं—आप ज़रा तशरीफ़ तो लाइए!"

"साहब! कुछ समझ में नहीं आता कि कौन बोल रहा है, और मैं कहाँ जाऊँ?" आवाज़ आई। अख़्तर ने मेरे हाथ से चोंगा छीन लिया और भारी स्वर में बोली—"आप पहचानते ही नहीं, डॉक्टर साहब! मैं हूँ (चाचा का नाम लेकर) आप ज़रा आइए तो सही...!"

"ओफ़्फ़ोह! अभी आया !!"

हम भगे सीधे बाग़ की तरफ़—फ़ौव्वारे की आड़ में छिप गए। फट-फट करती डॉक्टर साहब की मोटर-साइकिल कोठी में दाख़िल हुई। उन्होंने सदा की भाँति उसे बरामदे के सामने ठहरा दिया और अन्दर चले गए। मेरा गला सूख रहा था, होंठों पर पपड़ियाँ जमी हुई थीं। हृदय बुरी तरह धड़क रहा था। लेकिन अख़्तर को ज़रा-सी भी परवाह न थी। उसने मेरा हाथ पकड़ा और लपकी सीधी मोटर-साइकिल की ओर। मैं पीछे-पीछे! उसने एक बार फिर मुझे डाँटा और डरपोक कहा। मैं ज़रा बहादुर सा बन गया। हमने मोटर-साइकिल को बड़ा ज़ोर लगाकर दीवार के साथ लगा दिया। निश्चय हुआ कि पहले अख़्तर पिछली सीट पर बैठे, फिर मैं बैठूँ और वह मेरी कमर पकड़े।

जैसे ही उसने मेरी कमर पकड़ी, मैं उछलकर उतर खड़ा हुआ। ऐसी गुदगुदी हुई

कि बस न पूछिए। खिलखिलाकर हँस पड़ा। मैंने कहा, "भई यों नहीं, यों तो गुदगुदी होती है।"

वह बोली, "अच्छा, अब कोट पकड़ लूँगी। मैं फिर बैठा, उधर उसका हाथ लगा और मैं हँसते-हँसते बेहाल हो गया। मैंने कह दिया कि इस तरह तो मैं गिर पड़ूँगा। चलना तो एक तरफ़ रहा। वह कहने लगी, "तो कहाँ गुदगुदी नहीं होगी?" मैंने कहा, "बाजू पकड़ लो।"

उसने मज़बूती से बाजू पकड़ा। उधर मैंने पूरे ज़ोर से उछल कर पैर दे मारा, और मोटर-साइकिल स्टार्ट हो गई! चीख़ते हुए डॉक्टर साहब बाहर निकले..."लेना पकड़ना!"

मोटर-साइकिल जो तेज़ी से चली है, तो बस कुछ पता न चला कि कहाँ जा रहे हैं। मोतिए के तख़्तों और फूलदार बेलों को रौंदते हुए पत्तों में घुस गए। फव्वारे से बाल-बाल बचे, मोड़कर डब्बू मियाँ को बचाया, नहीं तो वह नीचे ही चला आता। फिर मोटर-साइकिल एकदम तेज़ हो गई—हमने एक कलाबाज़ी-सी खाई, एक ज़ोरदार धमाका हुआ, और फिर पता न चला कि हम मोटर-साइकिल के ऊपर थे या वह हमारे ऊपर। थोड़ी देर के लिए मैं बिलकुल बेहोश हो गया।

कुछ देर बाद आँख खुली। सदाबहार की टहनियों में इस तरह उलझा हुआ था, कि निकलना असम्भव था। हाथ-मुँह लहूलुहान हो रहे। अब जो हिलने की कोशिश करता हूँ, तो देखता हूँ कि अख़्तर बाजू से चिपटी हुई है, उसकी आँखें बन्द हैं, लेकिन गिरफ्त उसी तरह है।

बड़ी मुश्किल से बाहर सिर निकाल कर देखा, डॉक्टर साहब, चाचा और दरजनों नौकर हमें ढूँढ़ रहे थे। मैंने अपना बाजू छुड़ाना चाहा, बहुत कहा कि भई अब तो छोड़ो हाथ, लेकिन उसकी गिरफ्त वैसी ही रही। आखिर तंग आकर ठहर-ठहरकर मैं टहनियों से बाहर निकला और साथ ही बाजू से लटकी हुई अख़्तर भी! मोटर-साइकिल सदाबहार की घनी टहनियों में से पार निकल गई थी, और हम रास्ते में उलझ कर रह गए थे। इसके बाद क्या हुआ? कुछ न पूछिए। हमें धमकाया गया, हर प्रकार की डाँट दी गई, बड़ों से लेकर छोटों तक—सबने अपनी हैसियत के अनुसार हमें उपदेश दिए। टेलिफ़ोन को एक ऊँची-सी अलमारी पर रख दिया गया (शायद लोगों को यह पता नहीं था कि हम मेज़ें रखकर वहाँ भी पहुँच सकते थे)। डॉक्टर साहब ने तौबा की कि वह कभी मोटर-साइकिल पर हमारे घर न आएँगे और उसी बेहूदा-सी मोटर पर आया करेंगे, जिससे हमें घृणा थी। अख़्तर के पिताजी को यह सारी कथा लिख कर भेजी गई। हमें किसी दूर के स्कूल में भेजने की धमकी दी गई।

कुछ दिनों बाद अख़्तर कहीं चली गई, मुझे भी किसी और जगह पढ़ने के लिए भेज दिया गया। फिर मुद्दत के बाद उसकी एक तस्वीर आई, जिसमें वह ऐसी बनी हुई थी कि मुझे विश्वास ही न आता था कि वह वही छोटी-सी नटखट अख़्तर है, जिसके हाथ और कपड़े मिट्टी में सने रहते थे। जिसने मेरी कलाई में इस बुरी तरह काट खाया था। कई और चित्र आए। हर नए चित्र में वह गम्भीर और अच्छी बनती गई। फिर

सुना कि उसकी कहीं मँगनी हो गई, उसके पत्र आने बन्द हो गए। इसके बाद कुछ पता न चला कि वह कहाँ है।

हाँ, तो मैं कह रहा था कि आज सुबह मोटर-साइकिल स्टार्ट करते समय में ठिठक कर रह गया। योंहीं बात याद आ गई। बिलकुल ऐसी ही रंगीन सुबह थी, ओस की बूँदें मोतियों की तरह चमक रही थीं, गुलाब की क्यारियाँ लाल हो रही थीं, वायु के मन्द-मन्द झोंके भाँति-भाँति की सुगन्ध फैला रहे थे, रंग-बिरंगे पक्षियों की सीटियाँ सुनाई दे रही थीं। मैंने जल्दी से मुड़कर खिड़की की ओर देखा कि शायद परदों के पीछे कोई नीली आँखों और सुनहरे बालों वाली गुड़िया मुझे मुँह चिढ़ा रही हो और हाथ बाहर निकालकर ज़ोर से कह दे—'डरपोक!'

# दंड

*बलवन्त सिंह*

यह कहानी पंजाब के एक गाँव से सम्बन्ध रखती है।

छोटा-सा गाँव था। दो-एक हवेलियों को छोड़कर बाकी सारे घर गारे के बने हुए थे। वही पोखर, वही बबूल, शृनी और बेरियों के वृक्ष; वही घने पीपल के नीचे रूँ-रूँ करते हुए रहट, वही सुबह के समय कुओं पर कुमारियों के जमघट; दोपहर को बड़े बूढ़ों की शतरंज और चौपड़; सन्ध्या समय नवयुवकों की कबड्डी और शान्तिपूर्ण रात्रियों में वारिस अलीशाह की हीर, हीर और क़ाज़ी के सवाल जवाब, वही मज़बूत, नटखट और चंचल छोकरियाँ और वही सीधे-सादे ऊँचे क़द के चौड़े-चकले नवयुवक।

सन्ध्या हो चुकी थी।

घर में पकाने के लिए कोई वस्तु न थी इसलिए जैतकोर पैसा आँचल में बाँधकर दाल लेने के लिए घर से बाहर निकली। लेकिन चार क़दम चलकर रुक गई। सामने पीपल के नीचे मुगदर के निकट फम्मन सिंह चारपाई पर बैठा मूँछों को ऐंठ रहा था।

जैतकोर जानती थी कि जब वह उसके पास से निकलेगी, तो वह उसे बिना छेड़े कदापि न मानेगा, अतः उसने सोचा कि दाल के बजाय किसी खेत से शाक लेती आऊँ ऐसा करने से वह पैसा छोटा भाई चन्नन ख़र्च कर लेगा। आज दोपहर भर वह खाँड़ की रंगदार गोलियों के लिए रोता रहा था। यह सोचकर वह खेतों की ओर चल दी।

सूर्य अस्त हो रहा था। बबूल और गन्नों की छाया लम्बी होती जा रही थी। जैतकोर छोटी-छोटी काँटेदार झाड़ियों से सलवार बचाती हुई चली जा रही थी। जामुन के निकट बेरों की झाड़ियाँ थीं। उसने थोड़े से बेर चन्नन के लिए तोड़ लिए, फिर आगे बढ़ी। उसके चेहरे से उदासीनता और क्रोध के भाव प्रकट हो रहे थे। इस समय वह फम्मन सिंह के विषय में सोच रही थी। आखिर फम्मन सिंह उसे क्यों परेशान करता है। अगर और कोई नहीं, तो सुमित्री तो उससे कम सुन्दर कभी नहीं थी, वह उसे क्यों नहीं छेड़ता? लेकिन सुमित्री के तीन जवान भाई थे। अगर कोई उसकी ओर उँगुली भी उठाए, तो वह उसका ख़ून पी जाएँ, यह विचार आते ही उसे अपना भाई याद आ गया। तीन वर्ष पूर्व, जबकि उसकी आयु पन्द्रह वर्ष की थी, उसका भाई घर से भोजन करके कुएँ पर गया, जहाँ उसने तरबूज़ खा लिया और साँझ तक हैज़े से मर गया। उसका भाई गाँव भर में सबसे अधिक लम्बा-तगड़ा था। उसकी छाती ऐसी थी मानो किसी बड़ी

चक्की का पाट। एक बालिश्त ऊँची और मोटी गर्दन, चौड़े-चकले मज़बूत हाथ, कलाई पकड़ने और कबड्डी खेलने में दूर-दूर तक कोई उसकी बराबरी न कर सकता था। एक बार कबड्डी में उसने थप्पड़ मार कर अपने प्रतिद्वन्द्वी नवयुवक की हँसुली की हड्डी तोड़ दी थी।

यह बातें याद कर करके जैतकोर की आँखों में आँसू आ गए। भला आज उसका भाई जीवित होता, तो क्या फम्मन सिंह कि हिम्मत पड़ सकती थी कि उससे छेड़खानी करे। कल ही की तो बात है कि उसी दुष्ट ने उसका आँचल खींचकर उसका सिर नंगा कर दिया था। यह सब इसीलिए तो था कि वह नम्बरदार का लड़का था और ये उनके ऋणी थे। माँ की मृत्यु के बाद उन पर संकटों के पहाड़ टूट पड़े। माँ के बाद पिता का स्वर्गवास हुआ; पिता के बाद उसका भाई मरा और अब बूढ़ा बाबा रह गया था, जिसे वह बापू कहा करती थी, या चन्नन था, छह वर्ष का बालक—माता-पिता की अन्तिम निशानी। कई बार फ़सलें ख़राब हुईं और नम्बरदार का डेढ़ सौ रुपए का कर्ज़ा सिर पर हो गया। भूमि अलग रहिन थी। बापू बूढ़ा था और इन सब विपत्तियों पर सबसे बड़ी कठिनाई यह थी कि निर्लज्ज फम्मन सिंह उसे दम न लेने देता था।

अब जैतकोर का फिर रक्त उबलने लगा। उसके हृदय में समस्त पुरुषों के लिए घृणा उत्पन्न हो रही थी। मन-ही-मन वह कहने लगी—"अब तारा सिंह को ही देखो। उसके न कोई आगे न पीछे, बस ले-देके उसकी माँ है; थोड़े दिन की मेहमान। उसे भला काहे की चिन्ता? भूमि है, एक कच्चा मकान, तीन बैल, एक भैंस और एक गाय भी है। उसे अकेले के लिए यह काफ़ी से अधिक है। निश्चिन्तता के कारण राँड़ का साँड़ हो रहा है। जब देखो, मूँछ पर हाथ। इतना लम्बा-चौड़ा जवान होकर बेचारी निर्बल लड़कियों पर आवाज़ें कसते हुए शर्म नहीं आती। मैं तो कहूँगी कि सभी पुरुष पहले दर्जे के गुंडे और पाजी होते हैं। जब कभी पानी का घड़ा कुएँ से उठाकर लाती हूँ, तो कैसे भद्दे स्वर में गाता है।

"निक्का घड़ा चक लछिए! तेरे लक नूँ जरब न आवे। निक्का घड़ा चक लछिए!"

(हे युवती, तू छोटा घड़ा उठाया कर। मुझे भय है कि कहीं तेरी पतली कमर में बल न आ जाए।)

बापू का विचार है, "मैं उससे विवाह कर लूँ, मगर मैं ऐसे लफँगे के साथ विवाह क्यों करूँ? माना कि फम्मन सिंह की भाँति उसने कभी हाथ नहीं फेंका, मगर इस तरह नवयुवतियों को सुना-सुना कर गाना भी तो भले आदमियों का काम नहीं।"

उस समय जैतकोर को रह-रहकर विचार आता था कि काश, वाह गुरु अकाल परख उसे शक्ति देता, तो वह दिल-फेंक प्रेमियों को ईंट का जवाब पत्थर से देती।

चलते-चलते वह रुक गई। सामने गन्ने के खेतों के पास ही हरा-भरा शाक का खेत था। लेकिन वह खेत था तारासिंह का। उसने इधर-उधर देखा। पशुओं का बाँधने का मकान खाली मालूम होता था। रहट चल रहा था और पास ही बैल बँधा हुआ था।

उसने जब अच्छी तरह देख लिया कि कोई निकट नहीं है, तो वह चुपके से खेत

में सिमट-सिमटाकर बैठ गई और जल्दी-जल्दी शाक तोड़ने लगी। सहसा एक आवाज़ सुनकर उसने सहम कर सिर ऊपर उठाया। देखा, तो दूर गन्ने के खेतों से तारू हाथ में फावड़ा लिए उच्च स्वर में गालियाँ देता चला आ रहा है। उसके शरीर में सनसनी सी उत्पन्न हुई, और वह शाक वहीं फेंककर जल्दी-जल्दी दूसरी ओर चल दी। इतने में तारू वहाँ आ पहुँचा। उसने तोड़ा हुआ शाक हाथ में उठाकर देखा और फिर उसकी ओर लपका। इधर उसकी छोटी-छोटी फटी हुई स्लीपरें हरी घास पर बार-बार फिसलती थीं। यह देखकर कि तारू उसको पकड़ना ही चाहता है, वह भाग खड़ी हुई। तारू भी दौड़ा। थोड़ी ही देर में तारू ने उसे जा दबोचा, और उसकी कलाई को मज़बूती से पकड़कर बोला, "क्यों री जीतू! हम से यह चालाकी? रोज़ तू ही शाक चुराकर ले जाती थी न? आज मैं भी इसी ताक में बैठा था।"

जीतू रोती हुई और उसकी कड़ी पकड़ से हाथ छुड़ाने की चेष्टा करती हुई बोली, "मैं तो तेरे खेत में पहले कभी नहीं आई...छोड़ मुझे।"

"कभी नहीं आई थी..." तारू दाँत पीसते हुए बोला, "चल आज मैं तुझे चख़ाता हूँ मज़ा।"

तारू उसे घसीटता हुआ कच्चे मकान की ओर ले गया और दरवाज़ा खोलकर उसे ज़ोर से अन्दर धकेल दिया। वह भैंस के ऊपर गिरने से बाल-बाल बची। उसकी एक चूड़ी भी टूट गई। चूड़ी को टूटते देखकर उससे सहन न हो सका। चिल्लाकर बोली, "तूने मेरी चूड़ी तोड़ दी; मैं कैसे चाव से मेले से लाई थी।" उसका स्वर भर्रा गया और वह टूटी हुई चूड़ियों को देख-देखकर रोने लगी।

अब तारू नर्म पड़ गया। उसे दुख भी हुआ। सहसा उसकी दृष्टि जीतू की कलाई पर पड़ी जिसमें से चूड़ी का टुकड़ा चुभ जाने से ख़ून बह रहा था। वह एकदम आगे बढ़ा, "ओहो! जीतू, तुम्हारी कलाई से ख़ून बह रहा है, लाओ..."

"हट।" जीतू ने दो क़दम पीछे हटकर कहा, "बदमाश,...कलमुँहा....मुसटंडा..."

तारू गालियाँ खाकर चुप हो गया। उसे यह पता नहीं था कि बात का बतंगड़ बन जाएगा। वह तो क्षणभर के लिए जीतू को परेशान करना चाहता था, क्योंकि उसे दिक़ करने में उसे आनन्द आता था। उसका यह उद्देश्य कभी न था कि जीतू की कोई हानि हो या वह उसे कोई शारीरिक कष्ट पहुँचाए।

जीतू दीवार के पास खड़ी चुपके-चुपके रो रही थी और तारू अपनी गर्दन खुजला रहा था। उसके मन में दया के भाव उत्पन्न हो चुके थे, पर वह सहानुभूति नहीं प्रकट कर सकता था। क्षणभर के बाद वह बाहर निकल आया और द्वार बन्द करके खेतों की ओर चला गया।

थोड़ी देर के बाद तारू सरसों का बढ़िया शाक लिए सहन में आया। जीतू ने आँख उठाकर उसकी ओर देखा। उसकी भीगी-भीगी लम्बी पलकों को देखकर तारू के हृदय में हूक-सी उठी। उसे अपने किये पर बड़ा खेद हो रहा था। वह झिझकता हुआ आगे बढ़ा और शाक का गट्ठा आगे बढ़ाते हुए बोला, "जीतू! अब तुम घर जाओ, लो यह शाक।"

जीतू पहले से भरी बैठी थी। उसने झपटकर शाक लिया और उलटा उसके मुँह पर दे मारा। सारा शाक बिखरकर ज़मीन पर गिर पड़ा और दो-चार पत्ते तारू की छोटी-छोटी दाड़ी में फँस कर रह गए।

तारू मुँह से कुछ न बोला और झुक कर फिर शाक चुनने लगा।

जीतू जल्दी से बाहर निकल आई। तारू भी शाक के लिए पीछे-पीछे लपका। जीतू पानी की नाली फाँदने लगी, तो उसका पाँव ज़मीन में धँस गया, क्योंकि ज़मीन नमी के कारण नर्म हो रही थी। उसने पाँव बाहर खींच लिया लेकिन स्लीपर फँसी रह गई। तारू ने बढ़कर जल्दी से स्लीपर बाहर खींच ली और कहने लगा, "तुम ठहरो, मैं अभी धोये देता हूँ—"

नाली के किनारे कपड़े धोने की सिल पड़ी थी। जीतू उस पर मुँह फुलाकर बैठ गई और तारू पानी की धारा में पहले शाक धोने लगा। वह अब कोई सन्धि-वार्ता करना चाहता था। धीमे स्वर में और अपनी समझ में बहुत नर्म स्वर में उसने कहना शुरू किया, "जीतू! यह भैंस तो अब दो कौड़ी की भी नहीं रही। तीन सेर, केवल तीन सेर दूध देती है। भला ऐसी भैंस रखने से क्या लाभ? एक भूरी भैंस मेरी नज़र में है, कम-से-कम सोलह सेर दूध देनेवाली। दाम अधिक है, मगर कुछ हर्ज नहीं। मुझे भैंस रखने का बहुत शौक़ है। मैंने एक सौ पचपन रुपए जमा किए हैं—बड़ी कठिनाई से—बड़ी ही कठिनाई से। उस भैंस को अवश्य खरीदूँगा। ऐसी मरियल भैंस रखने से क्या लाभ? ऐसी भैंस..."

तारू को ये बातें बिलकुल अर्थहीन-सी लग रही थीं। उसे इतना भी साहस न होता था कि दृष्टि उठा कर जीतू की ओर देख ले। उसने शाक धोकर एक ओर रख दिया और अब टूटी हुई स्लीपर धोने लगा। एक और बात सूझी, बोला, "और हाँ, तुम वरयामू को तो जानती ही हो, बहुत ही खोटा आदमी है। एक दिन क्या देखता हूँ कि चन्नन के कान ऐंठ रहा है। मैंने कारण पूछा तो डर गया। कहने लगा कि इसने खेत से एक खरबूज़ा चुराया था। मैंने चक्कन को उसके हाथ से छुड़ाया। बेचारा चिड़िया की भाँति सहमा हुआ था और फिर मैंने वारयामू की गर्दन पर धप दिए और कहा--तू इतनी-सी बात पर बच्चे को मारे डालता है। खबरदार! जो इसे कभी हाथ लगाया तो...जानता नहीं चन्नन किसका भाई है?"

यह कहकर तारू चुप हो गया और कनखियों से जीतू की ओर देखा। परन्तु वह अभी तक मुँह फुलाए चुपचाप अपने कबूतरों से सफ़ेद-सफ़ेद पैरों को ठीकरी से रगड़-रगड़कर धो रही थी। तारू उठा और स्लीपर उसके पाँवों के पास रख दी और शाक उसकी झोली में डाल दिया। वह उपेक्षा से उठी और इठलाती हुई चल दी। वह समीप के मार्ग से जल्दी से जल्दी पहुँचना चाहती थी, क्योंकि अब अँधेरा हो चला था। मगर रास्ता ख़राब था; खेतों में पानी भरा था और मेड़ बहुत कम चौड़ी थी। जीतू ने स्लीपर हाथ में लेकर बजाय मेड़ के, पानी में ही होकर जाने की ठानी। तारू जल्दी से आगे बढ़ा और उसका हाथ थामकर बोला, "तुम स्लीपर पहनकर मेड़ पर से चली चलो,

क्योंकि पानी के अन्दर काँटेदार झाड़ियाँ हैं... मैं तुमको सहारा दिए रहूँगा।''

जीतू ने झटके से हाथ छुड़ा लिया और कहने लगी, ''तुम लोगों को लाज नहीं आती, तुम लोग हर एक काम बुरी नीयत से करते हो। मगर मैंने अब निश्चय कर लिया है कि तुम लोगों की इस प्रकार की धृष्टता चुपके से न सहूँगी।''

यह 'बुरी नीयत' के शब्द को सुनकर तारू ने अपनी सफ़ाई पेश करनी चाही मगर जीतू चमक कर बोली, ''और आज मैं तुम्हें सावधान किए देती हूँ कि भविष्य में मुझे हाथ लगाने का साहस कभी न करना, नहीं तो हाथ तोड़ दूँगी।''

तारू ने पहले तो उसके नर्म और कोमल, नन्हे-मुन्ने हाथों को देखा, फिर अपने भारी-भरकम, मैले-कुचैले और खुरदरे हाथों पर दृष्टि डाली और तब उसके होंठों पर हल्की-सी मुस्कान नाच उठी।

जीतू को उसकी यह हरकत देखकर ज़हर-सा चढ़ गया और उसने आव देखा न ताव, तड़ाक से स्लीपर उसके मुँह पर दे मारी।

''जीतू! '' तारू अकस्मात सिंह की भाँति क्रोध में गरजा, लेकिन फिर न जाने क्या सोचकर चुप हो गया।

कुछ देर के लिए दोनों ओर सन्नाटा-सा रहा, फिर जीतू बेपरवाही से सलवार उठाकर पानी में चल दी। स्लीपर की एक कील थोड़ी बाहर निकली हुई थी जिसके कारण तारू का माथा छिल गया और रक्त बहने लगा। मगर वह रक्त की कुछ भी परवाह किए बिना जीतू के आगे-आगे चल रहा था। मार्ग में जो काँटेदार झाड़ी होती, उसे अपने फावड़े के एक वार से उखाड़कर जीतू का मार्ग साफ़ कर देता। जब जलमार्ग समाप्त हो गया, तो तारू ने बढ़कर काँटेदार झाड़ी में से रास्ता बना दिया और स्वयं ठहर गया। जीतू ने एक क्षण के लिए उसके रक्त से तर कुरते की ओर देखा और फिर चुपचाप घर की ओर चल दी।

अँधेरे में उसने धर का द्वार खोला।

एक ओर दीया जल रहा था। बापू गँड़ासे से ज्वार काटने में व्यस्त था और चन्नन कैंची से काग़ज़ के फूल काट रहा था।

जीतू अन्दर गई तो बापू ने एक बार सिर उठाया और फिर झुक गया। चन्नन ने एक बार कहा, ''बहन आ गई।'' और फिर अपने काम में लग गया।

उसने कोने में से कपास की सूखी छड़ियाँ उठाईं और उन्हें तोड़कर चूल्हे में रखा और ऊपर से उपले रखकर आग जलाई। फिर मिट्टी की हँड़िया में शाक पकने के लिए रख दिया।

बापू धीरे से बोला, ''आज नम्बरदार और सिपाही फिर आए थे।''

वह सब कुछ समझ गई। उसके हाथ रुक गए। वह कल्पनालोक में विचरण करने लगी। उसे विनाश और बदनामी नाचती हुई दिखाई दे रही थी। उसने ठंडी साँस लेकर सिर झुका लिया और कुछ व्याकुलता से उठकर, आटा लेकर तन्दूर पर रोटी पकाने चली गई।

रोटी खाते समय बापू ने बताया कि सिपाही कहता था कि यदि परसों तक रुपए का प्रबन्ध न हो सका, तो घर की क़ुर्क़ी करा दी जाएगी।

× × ×

मनुष्य पर जब विपत्ति आती है, तो एक नहीं, बल्कि सैकड़ों विपत्तियाँ बारी-बारी आक्रमण करके उसको विवश और लाचार बना देती हैं।

आज मानो अन्तिम दिन था। सुबह से बाहर गया हुआ बापू दोपहर को घर लौटा। उसके उदास झुर्रीदार चेहरे से साफ़ प्रकट होता था कि रुपए का प्रबन्ध हो नहीं सका। जीतू की माँ का एक सोने का गहना बचा था जिसके कुल बाईस रुपए मिले थे। बाक़ी सैंतीस कहाँ से आएँ? घर के जानवर बेचने से कुछ रुपया मिल सकता था, मगर उन्हीं से तो रोज़ी थी। यदि वे बिक गए, तो दाल-रोटी से भी गए। जीतू दोपहर का कार्य समाप्त कर घर से बाहर थोड़ी देर तक खुली हवा में खड़ी रही। नम्बरदार अभी तक आया न था, लेकिन उसे आना अवश्य था। और कल? कल सारी दुनिया उनका तमाशा देखेगी।

सामने से काली घटा झूमकर उठी और आकाश पर छा गई।

जीतू गुरुद्वारे की ओर चल दी। यह छोटा-सा गुरुद्वारा गाँव से कोई दो-तीन फ़र्लांग पर था। इमारत पुरानी थी, दो-तीन कोठरियाँ यात्रियों के लिए बनी थीं और साथ ही एक छोटी-सी वाटिका भी थी।

गुरुद्वारे का कार्य एक पवित्रात्मा के सिपूर्द था। जीतू के बापू की उनसे गाढ़ी छनती थी। ये महात्मा जीतू को सिख गुरुओं के पवित्र जीवन की घटनाएँ, उनके बलिदान और त्याग की कथाएँ सुनाया करते थे जिससे जीतू के मन को शान्ति मिला करती थी। जब वह वहाँ पहुँची, तो मालूम हुआ कि वह महात्मा किसी काम से दूसरे गाँव में गए हुए हैं। उसने कुएँ पर स्नान किया, पवित्र ग्रन्थ साहब के आगे सिर झुकाया और बाबा नानक से रो-रोकर इस विपत्ति के टल जाने की प्रार्थना करती रही। फिर उसने चमेली के फूल चुने और चन्नन के लिए माला गूँथने लगी, क्योंकि आज सुबह ही उसने उसको माला देने का पक्का वचन दिया था। इतने में वर्षा आरम्भ हो गई। खूब मूसलाधार वर्षा हुई! अन्त में मेह बन्द हो गया और वे सिख महात्मा न आए तो जीतू ने माला अपने बालों के जूड़े में लपेटी और गाँव की ओर चल दी।

बादल अभी तक छाए हुए थे; प्रकाश धीरे-धीरे कम हो रहा था। वह अभी तक घर से काफ़ी दूर थी कि उसने देखा कि एक सिपाही और गाँव का नम्बरदार उनके घर से बाहर आ रहे हैं। वह जहाँ थी, वहीं खड़ी रह गई। उसके पाँव जम गए। आख़िर क्या हुआ? कल...हाँ, कल ढोल पीट जाएगा...वह आगे कुछ न सोच सकी। वह लड़खड़ाते क़दमों से घर की ओर जाने की बजाय और ही किसी ओर चल दी। वह जानती थी कि इस समय उसके वृद्ध बापू की क्या दशा हो रही होगी, मगर उसे साहस न होता था कि वह घर जाए। वह विचित्र परेशानी में चलती गई। न जाने कितनी दूर

तक–अन्त में उसकी टाँगों ने जवाब दे दिया और वह वहीं खेत के किनारे बैठ गई।

हम दुख से इतना नहीं घबराते जितना दुख की कल्पना से। वह जानती थी कि इस कष्ट का सामना उसे करना ही पड़ेगा। परन्तु वह चाहती थी कि अन्धकार छा जाए और वह अन्धकार में सब की दृष्टि से बचकर चुपके से अपने गाँव में चली जाए। उसकी आँखों के सामने अपने घर का चित्र आ गया, जहाँ उसने बचपन से अब तक अपना जीवन बिताया था और अब वह घर दूसरे का होनेवाला था।

अन्धकार छाने लगा। आकाश पर इक्का-दुक्का तारे झिलमिलाने लगे। पशु गाँव को लौट रहे थे। तालाब के किनारे पीले-पीले मेंढक टर्रा रहे थे। झाड़ियों में टिड्डे अपने उच्च स्वर में बोल रहे थे और गिद्ध बेरों पर बैठे ऊँघ रहे थे।

जीतू ने सिर उठाया। सामने धुँध में तारू का कच्चा घर और रहट दिखाई पड़ रहा था। आज तारू का कुआँ देखकर जीतू पर एक नशा-सा छा गया। पिछली घटना उसकी आँखों के सामने नाच गई जब वह शाक लेने के लिए गई थी। तारू की कटुता, उसकी चूड़ी का टूटना, तारू का पछताना और उसे शाक लाकर देना, उसकी स्लीपर धोना फिर हाथ लगा देना और स्लीपर खाकर भी सहन करना, उसके रास्ते से काँटे साफ़ करना और उसके माथे से रक्त का बहना, सब उसकी दृष्टि के सामने फिर गया। वह सोचने लगी कि तारू में लाख दोष सही, पर दिल का बुरा नहीं आज जबकि उसका हृदय मड़ा आता था, वह चाहती थी कि कोई उसकी विपत्ति-कथा सुने। यदि सुननेवाला सहानुभूति के दो शब्द भी कह देगा, तो उसके हृदय को सन्तोष हो जाएगा। मगर ऐसा हमदर्द था कौन?

तारू के कुएँ कि इस समय कैसी शोभा थी। उस समय रहट की रूँ-रूँ और पशुओं की घंटियों की टन्-टन् ने कैसा विचित्र समाँ बाँध रखा था। श्रृनी के ऊँचे वृक्ष वायु में झूम रहे थे। हरे-भरे खेत में सफ़ेद घोड़ी घास चर रही थी; गन्नों के खेत के पास कुत्ते खेल रहे थे। वे कभी दुम हवा में उठाकर विचित्र ढंग से चलते, कभी गुर्राकर एक दूसरे पर लपकते और इकट्ठे होकर नए-नए खेल खेलने लगते।

जीतू को अनायास ही विश्वास होने लगा कि तारू उसका दुखड़ा अवश्य सहानुभूति के साथ सुनेगा। यह सोचकर कि इस प्रकार समय भी कट जाएगा और उसके हृदय का भार भी हल्का हो जाएगा, वह कुएँ की ओर चल दी। मदार के पेड़ों और काँटेदार झाड़ियों में से होती हुई कुएँ पर गई। हरी-हरी घास की सोंधी-सोंधी सुगन्ध आ रही थी। जीतू ने इधर-उधर तारू को देखा, मगर वह दिखाई न पड़ा। वह दरवाज़े की ओर बढ़ी, कुछ ठिठकी, ठिठककर बढ़ी और धीरे से कुंडी खटखटाई।

"कौन है?" अन्दर से तारू ने कड़े और शासन के स्वर में पूछा।

जीतू चुप रही।

"अरे भई कौन है? चले आओ, द्वार खुला है।"

जीतू ने धीरे से द्वार खोल दिया।

तारू उसे देखते ही उछल पड़ा, "आओ जीतू! तुम कैसे रास्ता भूल पड़ीं?"

उससे कुछ जवाब न बन पड़ा। उसने तारू की ओर; जो पीढ़ी पर बैठा गन्ना चूस रहा था, दबी-दबी दृष्टि से देखा और धीरे से बोली, "यों ही इधर आई थी, सोचा कि माँ से मिलती जाऊँ।"

"माँ तो कुएँ पर बहुत कम आती है। आती भी है तो दिन को। इस समय घर पर ही रहती है।"

वह जानती थी कि तारू की माँ कुएँ पर नहीं रहती, गाँव में रहती है। वह लौटने लगी, तो तारू ने डरते-डरते पीढ़ी अपने नीचे से निकाल कर उसकी ओर ढकेल दी और झिझकते हुए बोला, "जीतू! अब आई हो तो बैठो...अगर तुम्हें जल्दी न हो तो बैठो, शाक ले जाओ, चन्नन के लिए गन्ने लेती जाना। गन्ने बहुत मीठे हैं।"

जीतू पीढ़ी लेकर अँधेरे कोने में बैठ गई। तारू शायद मन में समझा होगा कि शाक और गन्ने का दाँव चल गया।

तारू ने टाट पर बैठते हुए पूछा, "आज तो वर्षा अच्छी हो गई है। हवा मज़े की चल रही है..."

"क्या तुम शरबत पिओगी? गुड़ बहुत बढ़िया रखा है।"

"नहीं, प्यास नहीं है इस वक्त।"

"अच्छा, कुछ हर्ज़ नहीं, तुम गुड़ घर ले जाना और कल शरबत बना कर देखना।"

"अच्छा।"

"मैंने चन्नन से कहा था कि गन्ने ले जाए, मगर वह आज तो आया नहीं। उसे यहाँ भेज दिया करो, रास्ता जानता ही है। रस पी जाया करेगा, और यहाँ हमारे पिछवाड़े बेर लगे हुए हैं—लाल-लाल, बहुत मीठे। मैं तो इधर-उधर के छोकरों को तोड़ने नहीं देता, मैं कहता हूँ कि चन्नन आए तो खाए। आख़िर बच्चा है न, उसे बेर बहुत भाते हैं। जब हम-तुम छोटे थे, याद है न, हम भी बेर खाने जाया करते थे।"

"क्यों तारू! तुम्हारे गन्ने तो खूब हुए हैं अबकी।" जीतू ने बात का रुख बदलकर कहा।

"हाँ, सब वाह गुरु अकाल परख की कृपा है।"

वह चुप रही।

"कहो तो बाहर से गन्ना ला दूँ?"

"नहीं तारू, मेरा जी नहीं चाहता।"

अब फिर कुछ देर के लिए सन्नाटा रहा। तारू उसके मौन का कारण जानना चाहता था फिर बहुत सावधानी से कहने लगा, "जीतू, मुझे वास्तव में डर लगता है कुछ कहते हुए, कहीं तुम बिगड़ न जाओ। आखिर बताओ न, तुम आज इतनी चुप क्यों हो? क्या कोई ख़ास बात है?"

ये सहानुभूति पूर्ण शब्द सुनकर जीतू की आँखों में आँसू आ गए, मगर अन्धकार के कारण तारू उन्हें देख न सका। परन्तु वह अपने भर्राये हुए स्वर को न छिपा सकी, "नहीं तारू...तुम्हें क्या बताऊँ..."

तारू के चेहरे पर क्रोध के चिह्न प्रकट होने लगे, आँखें चमकने लगीं। वह कड़े स्वर में कड़ककर बोला, "फम्मनसिंह ने कोई दुष्टता तो नहीं की? बता दो जीतू, वह देख सामने कृपाण लटकी हुई है, मैंने आज ही तेज़ की है। मैं फम्मन के विषय में थोड़ा-बहुत जानता हूँ, मगर अब उसकी मौत दूर नहीं। यह कृपाण उसी का ख़ून पीने के लिए रखा है..."

"नहीं तारू!" जीतू हाथ उठाकर बोली, "यह बात नहीं, यह बात बिलकुल नहीं...मैं बताती हूँ, तुमसे कुछ छिपा नहीं...असल बात यह है कि..."

दरवाज़ा धीरे से खुला। तारू चीते की भाँति चौकन्ना हो गया और उसका हाथ तुरन्त पास पड़ी कुल्हाड़ी पर जा पड़ा। जीतू ने चौंक कर दरवाज़े की ओर देखा।

"क्या मेरी बहन यहाँ है?" चन्नन ने धीरे से दरवाज़े में से सिर निकालकर तारू से पूछा।

तारू ने इत्मीनान की साँस ली और कुल्हाड़ी पीछे की ओर सरका दी।

"चाँद, आ जाओ, मैं यहाँ हूँ।"

चन्नन दौड़कर आया और अपनी बहन की गोद में चढ़ बैठा।

"ढूँढ़ लिया तुम्हें, मैं तुम्हें बड़ी देर से ढूँढ़ रहा हूँ। फिर मैंने सोचा कि बहन ज़रूर मेरे लिए बेर लेने के लिए तारू के कुएँ पर गई होगी।"

जीतू उसके माथे पर से बाल हटाते हुए बोली, "क्यों रे, तुझे डर नहीं लगा अँधेरे में?"

"नहीं।"

तारू बोला, "वाह, भला शेरों के बच्चों को भी कभी डर लगा है।"

चन्नन ने तारू की ओर देखकर कहा, "अच्छा तुमने कहा था कि गन्ने देंगे, लाओ अब...मैं तो बहुत से लूँगा।"

"आओ, ज़ितने चाहो लो।"

"अच्छा लाओ, दो।" यह कहकर वह गोदी से उतरने लगा मगर फिर रुक गया। "ज़रा ठहरो, एक बात है, तुम्हें नहीं बतलाएँगे।" फिर बहन के कान में कहने लगा, "बहन हमें एक पैसा दो, तुमने कहा था।"

"घर पर लेना।"

चन्नन कन्धा पकड़कर हिलाते हुए हठ करने लगा, "अभी दो।"

"तुम बहुत अच्छे हो चन्नन।" जीतू ने चुमकारते हुए कहा, "इस वक्त हैं नहीं।"

"तो तारू से ले दो।"

"उसके पास भी नहीं हैं।"

"हैं क्यों नहीं...आज जब तुम बाहर चली गई थीं, तारू हमारे घर आया और बापू को उसने छन-छन करके बहुत से रुपए गिन दिए।"

"चन्नन।" जीतू आश्चर्य से बोली।

लेकिन चन्नन अपनी ही धुन में था। "मगर मैं तो कहता हूँ कि बापू ने बहुत बुरा

किया। उसने शाम को सब रुपया नम्बरदार को दे दिया..."

जीतू के आश्चर्य की सीमा न रही।

"मगर यह तुमसे किसने कहा?"

"किसने कहा?" चन्नन चीख़कर बोला, "मैंने खुद देखा, अच्छा अब बताओ, तारू से पैसे ले लूँ?"

"तुमने ख़ुद देखा।" यह कहकर वह चुपचाप हवा में ताकने लगी। एक बड़े तूफ़ान और आँधी के बाद मानो एकाएक बादल फट गए। वायु स्तब्ध हो गई और चारों ओर शान्ति छा गई। उसके मस्तिष्क की चिन्ताएँ दूर हो गईं। उसके हृदय से एक भार-सा हट गया। इस तल्लीनता में जीतू को ज्ञात ही न हुआ कि कब चन्नन ने तारू से पैसा लिया और कब वे कुएँ पर से गन्ने लेने के लिए बाहर दौड़ गया और कब तारू अपनी जगह से उठकर भैंस के पास जा खड़ा हुआ। इस आनन्द-मिश्रित तल्लीनता में जीतू को तारू का ध्यान आया। वह संसार में उसका सच्चा सहायक था। कितना सज्जन, इतनी देर तक बातें करने पर भी उसने रुपयों की किसी प्रकार की चर्चा नहीं की न कोई संकेत ही किया। वे रुपए उसने किस-किस कठिनाई से जमा किए थे। मगर उसने निजी इच्छा पर उसकी आवश्यकता को तरजीह दी।

तारू का ध्यान आते ही उसकी सूरत उसकी आँखों के सामने आ खड़ी हुई। उसने तारू से कहा था कि वह प्रत्येक काम खराब नीयत से करता है, यह कैसे स्वार्थपूर्ण और अर्थहीन शब्द थे, वह उसका घायल माथा, वह कहता हुआ ख़ून, वह उसकी सहनशीलता–जीतू चौंकी और उसकी आँखें तारू को ढूँढ़ने लगीं जो कि उसकी ओर पीठ किए भैंस के पास खड़ा था। जीतू उसके पास जाकर धीरे से बोली, "तारू!"

वह चुप रहा।

"मेरी तरफ़ देखो, तारू!"

तारू ने देखा कि जीतू की बड़ी-बड़ी आँखों में आँसू डबडबा रहे हैं।

वह अपने भारी स्वर में बोला, "रोती क्यों हो जीतू, मैं तो हर समय इसी चेष्टा में रहता हूँ कि तुम्हारे किसी काम आ सकूँ। मुझे अपनी उस दिन की हरकत पर बहुत खेद है।"

जीतू ने धीरे से अपना हाथ उसके माथे पर रख दिया, जिस जगह उसके अभागे हाथों ने स्लीपर मारी थी। फिर धीरे से कहने लगी, "तारू, अब मैं जाती हूँ। मैं फिर आऊँगी, अब तुम आराम करो। हाँ, मैं फिर आऊँगी।"

यह कहकर वह पीढ़ी के पास वापस आई और स्लीपर पहनकर लौटी, तो देखा कि तारू रास्ता रोके दरवाज़े के आगे खड़ा है। वह मुस्कराकर अपने कड़े स्वर में बोला, "जीतू। आज फिर मेरी नीयत ख़राब हो रही है, आज फिर दंड करो।"

जीतू ने झेंप कर एक उचटती हुई दृष्टि तारू पर डाली, फिर शरीर को चुराती हुई उसकी ओर बढ़ी, अपने जूड़े से चमेली का हार खोला और कुछ मुस्कराकर लजाते हुए वह हार उसके गले में डाल दिया।

तारू ने रास्ते से हट कर द्वार खोल दिया। आगे चन्नन गन्ना लिये भागा जा रहा था। जीतू ने गन्ने थाम लिए और उसे गोद में उठा लिया। गोबर और कीचड़ से पाँव बचाती हुई वह चल दी। चन्नन उसके गले में बाहें डालकर कहने लगा, "बहन, तारू मुझे बहुत अच्छा लगता है, तुम्हें कैसा लगता है।"

जीतू मन-ही-मन लजा गई। उसने इधर-उधर देखकर कि कोई सुन तो नहीं रहा है, जवाब दिया, "हाँ चन्नन। तारू मुझे भी...तारू बहुत अच्छा आदमी है।"

जीतू को अब भी तारू के गाने की भारी और बेसुरी आवाज़ सुनाई दे रही थी :

*निक्का घड़ा चक लछिए!*
*तेरे लक नूँ जरब न आवे*
*निक्का घड़ा चक लछिए!*

# चचा छक्कन ने धोबिन को कपड़े दिए!

*जनाब सैयद इम्तियाज़ अली 'ताज'*

चची एक-दो बार नहीं, बीसों बार छक्कन से कह चुकी हैं कि बाहर तुम्हारा जो जी चाहे किया करो, मगर ख़ुदा के लिए घर के किसी काम में दख़ल न दिया करो। आप भी हलाकान होते हो, दूसरों को भी हलाकान करते हो। सारे घर में एक हड़बड़ी-सी मच जाती है, मेरा दम घुटने लगता है, और फिर तुम्हारे काम में मैंने नुक़सान के सिवा कभी फ़ायदा होते भी तो नहीं देखा। तो ऐसा हाथ बँटाना भला मेरे किस काम का?

चचा इस बेक़द्री से खीज जाते हैं। चिढ़कर कहते हैं, "भला साहब, कान हुए! फिर कभी आपके काम में दख़ल दूँ तो जो चोर की सज़ा वह हमारी सज़ा!" लेकिन उन्हें हर काम में टाँग अड़ाने का कुछ ऐसा रोग है कि जहाँ कहीं मौक़ा मिला कि फिर आप लँगोट कस कर तैयार!

आज ही दोपहर की सुनिए। चची का जी अच्छा न था। गला आ गया था, इसके कारण हल्की-सी हरारत भी थी। आप मुँह लपेटे दालान में पड़ी थीं कि धोबिन कपड़े लेने आ गई। चची ने कहा, "बरेठिन, आज तो मेरा जी अच्छा नहीं है। कल या परसों आ जाना, तो मैले कपड़े दे दूँगी।"

धोबिन बोली, "बीबी जी, बरेठा आज रात भट्ठी चढ़ा रहा है, कपड़े मिल जाते, तो आठवें दिन मैं दे जाती। नहीं तो फिर वही दस-पन्द्रह दिन लग जाएँगे।"

चची ने कहा, "अब जो हो, मुझमें तो उठकर कपड़े देने की हिम्मत नहीं।"

चचा छक्कन दालान में बैठे मियाँ मिट्ठू को सबक पढ़ा रहे थे। कहीं चची की बात सुन पाई। उन्हें ऐसे मौक़े अल्लाह दे! झट उधर आ पहुँचे। बोले, "क्या बात है? कपड़े देने हैं धोबिन को? हम दिए देते हैं।"

चची बोलीं, "ख़ुदा के लिए तुम रहने दो, हलाकान कर डालोगे सारे घर को। पहले ही मेरा जी अच्छा नहीं है। कल-परसों अल्लाह चाहेगा, तो मैं आप उठकर दे दूँगी।"

चचा कब रुकनेवाले हैं भला! ख़ुदा जाने उन्हें काम का जुनून है या घर के कामों से तबीयत को ख़ास मुनासिब बात है, या रोक दिए जाने में उन्हें अपने सलीक़े और सुघड़ाई का अपमान दिखाई पड़ता है। बोले, "वाह, भला कोई बात है। यह ऐसा काम ही क्या है, अभी निपटाए देते हैं।"

चची जानती हैं कि वह अपने आगे किसी की नहीं सुनते। वे तो बड़बड़ाती हुई

करवट ले पड़ रहीं, और चचा छक्कन चले धोबिन को कपड़े देने! चची टोक चुकी थीं, इसलिए आपने न तो किसी नौकर को आवाज़ दी, न किसी बच्चे को बुलाया, न किसी से पूछा कि किसके कपड़े कहाँ पड़े हैं, खुद ही घर की तलाशी लेनी शुरू कर दी। जो कपड़ा नज़र आया खुद ही आँखों के सामने तानकर परखा या नीचे फैलाकर देख लिया–"कम्बख्त पता भी तो नहीं चलता, कि पहनने का कपड़ा है या झाड़न बन चुका है। चमारों के बच्चे भी इससे अच्छे कपड़े पहनते होंगे।" किसी कपड़े को छोड़ा? किसी को बगल में दबाया, कहीं झुककर चारपाई के नीचे झाँका, कहीं एड़ियाँ उठाकर अलमारी के ऊपर नज़र डाली। मालूम होता था कि आज चचा ने क़सम खा ली है कि जो काम होगा आप ही करेंगे। लेकिन आख़िर कब तक? चचा छक्कन के लिए तो अल्लाहमियाँ बहाने पैदा कर देते हैं। कपड़ों की तलाश में असबाब की कोठरी में गए थे, कि पाँच मिनट बाद अन्दर से आवाज़ें आनी शुरू हो गईं–"अरे आना-आना! ओ बुन्दू! ओ इमामी! अमाँ दुद्दू! अरे भई लल्लू! किधर गए सब? दौड़कर आना, हाथ फँस गया। अमाँ, हमारा हाथ और किसका होता? यहाँ कोठरी में, नहीं निकलता, यह क्या करते हो? अक्ल मारी गई है? हाथ कैसे खिंचेगा। अरे भई, सन्दूक़ सरकाओ। लाहौल बिला! अमाँ, ज़ोर लगाओ। एक सन्दूक़ नहीं सरकता सबसे? मिलकर, हाँ यूँ...! तौबा-तौबा, देखते हो हाथ को? सारा छिलकर रह गया है! देखो इन बदतमीज़ों के तरीक़े? मैले कपड़े रखने को जगहें क्या-क्या अनोखी निकाल रखी हैं। सन्दूक़ों के पीछे मैले कपड़े ठूँसा करते हैं? अहमक़ कहीं के! तुम्हीं कहो, यह जगहें कपड़े रखने की हैं। नामाक़ूलों को इतना ख़्याल नहीं आता कि आख़िर ये खूँटियाँ किस मर्ज़ की दवा हैं!"

लीजिए साहब, हमेशा की तरह सारा घर चचा मियाँ के गिर्द जमा हो गया और आपने सुनाने शुरू कर दिए हुक्म–

"अब खड़े मेरा मुँह क्या ताक रहे हो? जमा करो मैले कपड़े। पर देखो, रह न जाए कोई। एक-एक कोना देख लेना, दालान में ढेर लगा दो सबका। बुन्दू, तू हमारे कपड़ों में से मैले कपड़े समेट ला, दो-तीन जोड़े तो चारपाई के नीचे हिफ़ाज़त से लपेटे रखे हैं, वह लेते आना और सुनना, वह छुट्टन या नब्बू का एक कुरता बाँस पर लिपटा हुआ कोने में रखा है, उससे परसों कमरे के जाले उतारे थे हमने। वह भी खोलते लाना और देख...हवा के घोड़े पर सवार है कमबख़्त, पूरी बात एक बार में नहीं सुन लेता! एक बनियान हमारी अँगीठी पर रखी है, बूट पोंछे थे उससे, वह भी लेते आना! जा, भाग कर जा! इमामी, तू बच्चों के कपड़े जमा कर। हर कोने और हर ताक़ को देख लेना। ये बदमाश कपड़े रखने को नई से नई जगह निकालते हैं।"

नौकर गए तो बच्चों की बारी आ गई, "कहाँ गए ये सब के सब? ओ छुट्टन! अरे ओ छुट्टन!! लीजिए मुलाहज़ा फ़रमाइए आपकी सूरत! अरे यह क्या हाल बनाया है, कोयलों में कहाँ जा घुसा था? उतार अपने कपड़े, नए कपड़े फिर मिलेंगे। पहले मैले कपड़े यहाँ लाकर रख और बन्नो किधर गई? मैं कह रहा हूँ, आख़िर यह मर्ज़ क्या हो गया है तुम लोगों को? जहाँ काम की सूरत देखी खिसक जाने की ठहरा ली! चलो

अन्दर, एक काग़ज़ और पेंसिल लाकर दो हमें। आख़िर लिखे भी जाएँगे कपड़े या नहीं? लल्लू, तुम बिस्तरों में से मैली चादरें और तकियों के गिलाफ़ निकाल लाओ।''

ग़रज़, कि पाँच मिनट में घर की यह हालत हो गई, गोया आँख-मिचौनी खेली जा रही हो। कोई इधर भाग रहा है, कोई उधर! कोई चारपाई के नीचे से निकल रहा है, कोई कोने झाँकता फिर रहा है। किसी ने लिपटे हुए बिस्तर से कुश्ती शुरू कर रखी है, कोई कपड़े उतार तौलिया लपेटे भागा जा रहा है।

साथ-साथ चचा के नारे भी सुनने में आ रहे हैं। ''अरे आए? अबे लाए?'' सब के हाथ-पैर फूल रहे हैं, सिही गुम है, टक्करें लग रही हैं!

कोई आध घंटे की मेहनत से सारे कपड़े दालान में जमा हुए। नौकर और बच्चे कपड़ों के ढेर के गिर्द दायरा बाँध कर खड़े हैं। सूरतें सब की ऐसी हैं मानो स्वाँग भर रखा है। किसी के मुँह पर मिट्टी पड़ी है, किसी के बाल मटियाले हो रहे हैं, किसी के कपड़ों पर जाले लगे हुए हैं। चचा चारपाई पर बैठे एक-एक कपड़े का मुआइना कर रहे हैं। हर कपड़े को अँगुली के सिरों से उठाकर देखते हैं, कभी बच्चों को कोसते हैं, कि 'कमबख़्तों को कपड़े पहनने का सलीक़ा भी नहीं आता।' कभी धोबिन को डाँटते हैं कि 'खबरदार जो एक दाग़ भी बाक़ी रहा।' कहीं बीच में वह बनियान भी हाथ में आ गई, जिससे आपने बूट पोंछे थे। ख़्याल न रहा कि यह अपनी ही करतूत है। बरस पड़े, 'अब देखो तो इसकी हालत। यह आदमियों के काम की मालूम होती है? अल्लाह जाने बदतहज़ीब कहाँ-कहाँ...!'

दाग़ अच्छी तरह देखने से चचा को याद आ गया, कि यह बनियान उनके अपने कमरे की अँगीठी से निकली होगी। चुनांचे फ़ौरन कपड़ों में मिला दी और बोले, ''चलो अब जो है सो है। लो, अब कपड़ों को अलग-अलग कर दो, कि कौन-सा कपड़ा किसका है।''

दस हाथ कपड़े अलग-अलग करने में लग गए! हर एक को अपनी कारगुज़ारी दिखाने का ख्याल है। धोबिन चीख़ रही है—''ऐ मियाँ, जाने दो, ऐ भाई, रहने दो, मैं अभी आप, अलग-अलग कर दूँगी।'' मगर बच्चे कहाँ सुनते हैं। कोई कहता है—यह मेरी क़मीज है, कोई कहता है—तुम्हारी कहाँ से आई, यह तो मेरी है। कोई कोट के पीछे झगड़ रहा है, कोई बास्कट पर! कोई कुर्ते की एक आस्तीन खींच रहा है। कोई दूसरी! किसी के पायजामे के पोयँचों पर रस्सा-कशी हो रही है। कपड़े चरर-चरर करके फट रहे हैं। चचा सबके नामों की सूची बनाने में व्यस्त हैं। बीच में सिर उठा-उठाकर डाँटते भी जा रहे हैं, 'फाड़ दिया न? अबकी बनाने को कहना कोई नया कपड़ा। जो टाट के कपड़े न बनाकर दिए तो! चले जाओ सब यहाँ से, हम अकेले सब काम कर लेंगे।'

बच्चों और नौकरों का क़ाफिला गया और धोबिन के साथ मिलकर सूची बननी शुरू हुई। उसे हिदायतें दी गईं, कि ''देख, हम पूरी फ़ेहरिस्त बनाएँगे कपड़ों की। सब के कपड़े अलग-अलग लिखवाने होंगे और साथ ही बताना होगा कि इतने कपड़े गर्म हैं, इतने रेशमी, इतने सूती!''

धोबिन बोली, "यों ही तो हमेशा लिखे जाते हैं।"

चचा को अपनी इस क़ाबिले-क़द्र और शानदार तजवीज़ की दाद न मिली, तो आप धोबिन से चिढ़ गए, "पगली कहीं की, हर रोज़ तो घर में हुल्लड़ मचा रहता है कि इसकी क़मीज़ बदल गई, उसका पायजामा नहीं मिलता; और कहती है, कि यों ही लिखे जाते हैं कपड़े! यों किसी को लिखना आता, तो यह रोज़-रोज़ की झक-झक क्यों हुआ करती?"

धोबिन चुप हो रही। कपड़े गिनने शुरू कर दिए। पर अब पहले ही कपड़े पर नई बहस छिड़ गई। धोबिन कहती हैं कि वह क़मीज़ छुट्टन मियाँ की है, पर चचा कहे जा रहे हैं कि नहीं बन्नो की है। धोबिन बोली, "मैं क्या पहली बार कपड़े ले जा रही हूँ; इतनी भी पहचान नहीं मुझको?" चचा कहने लगे, "बेवक़ूफ़ कहीं की। कपड़े बाज़ार से लाते हैं हम, सिलवाते हैं हम, रोज़ बच्चों को पहने हुए देखते हैं हम, और पहचान तुझे होगी?"

शहादत के लिए बुन्दू को बुलाया गया। चचा ने उससे पूछा, "यह क़मीज़ बन्नो ही की है न?"

बुन्दू की क्या मजाल कि चचा की बात झूठी बताए। डरता-डरता बोला, "मालूम तो कुछ उन्हीं की-सी होती है। पर वह आप ही ठीक-ठीक बताएँगी।"

बन्नो की तलबी हुई। वह आते ही बोली, "वाह! यह फटी-पुरानी क़मीज़ मेरी क्यों होती, छुट्टन ही की होगी।"

धोबिन को चचा के मिजाज़ की कैफ़ियत क्या मालूम? वह कह बैठी—"मैं तो कहती थी!" चचा के आग लग गई! बोली, "औलिया की बच्ची है न यह, तो इन्हें क्यों न मालूम होगा! मुँहफट, बदतमीज़ कहीं की, दूसरा धोबी रख लूँगा मैं।"

पूरे एक घंटे की मेहनत के बाद कहीं सूची बनकर तैयार हुई कि कौन-सा कपड़ा किसका है, और किसके कितने कपड़े हैं। अब जनाब इधर धोबिन से कहा गया कि तू सबके कपड़े गिन, इधर अपनी सूची का टोटल मिलाना शुरू किया। धोबिन गिनती है, तो उनसठ होते हैं; चचा अपना टोटल मिलाते हैं, तो इकसठ कपड़े होते हैं। धोबिन बार-बार कहती है—"मियाँ ठीक तरह जोड़ो, उनसठ ही हैं।" पर चचा हैं कि बिगड़े जा रहे हैं—"तेरा जोड़ना ठीक, हमारा जोड़ना ग़लत हो गया? जाहिल कहीं की, उठकर देख, नीचे दबाए बैठी होगी!"

धोबिन बेचारी हर तरफ़ देखती है, बार-बार कपड़े गिनती है, वही उनसठ निकलते हैं। चचा की आँखों के सामने भी एक बार गिन दिए और उनसठ ही निकले। आखिर एक नए सिरे से कपड़ों का मुक़ाबिला किया गया। कोई घंटा-भर की खोज के बाद मालूम हुआ कि धोबिन ने बताए थे दो जोड़े मोज़े और चचा ने लिखे थे चार! धोबिन उन्हें दो गिनती थी, और चचा चार अदद! इस पर फिर बेचारी धोबिन के लत्ते लिए गए—"जोड़ी के क्या माने? चार नहीं थे मोज़े? यों तू चार रूमालों को भी दो जोड़ी लिखा दे, तो यह हमारा कुसूर होगा? इतना वक्त फ़ुज़ूल ख़राब कर दिया।

सारी उम्र कपड़े धोते गुज़र गई और अभी तक कपड़े गिनने का सलीक़ा नहीं आया!"

बारह बजे धोबिन आई थी, चार बजे रुख़सत हुई। चचा छक्कन छुट्टी पाने के बाद सूची चची को देने आए। बोले, "निपटा दिया हमने धोबिन को!"

चची जली हुई थीं, बोली, "घर में क़यामत भी आ गई, कोई नंग-धड़ंग फिर रहा है, कोई गुसलख़ाने में कपड़ों के लिए गुल मचा रहा है, धोबिन दुखिया अलग खिसियानी होकर गई है। आधा दिन ख़राब करके किस मज़े से कहते हैं कि निपटा दिया हमने धोबिन को!"

चचा चिढ़ गए, "उन्हें कभी फूटे मुँह से तारीफ़ के दो लफ़्ज़ कहने की तौफ़ीक़ न हुई!" चचा रूठ कर चारपाई पर पड़े रहे।

चची ने पूछा, "पायजामों में से इजारबन्द भी निकाल लिए थे?"

चचा की आँखें कुछ खुलीं, मगर जवाब न दिया। बड़े मुनासिब वक्त पर रूठ गए थे।

इतने में सूची देखकर चची बोलीं, "और यह मेरी रेशमी कमीज़ कौन-सी? हल्के फ़ीरोजी रंग की? ऐं ग़ज़ब ख़ुदा का, मैंने तो वह इस्तिरी करने को अलग रखी थी! कमबख़्त दो कौड़ी की कर लाएगी, और इसमें से मेरे सोने के बटन भी उतार लिए थे या नहीं?"

अब तक तो चचा की त्योरी चढ़ी हुई थी। सोने के बटनों की सुनी तो हड़बड़ा कर उठ बैठे। कहने लगे, "बटन? सोने के? तुम्हारे? तुम्हें मेरी क़सम! हैं, हैं, वह तो नहीं निकाले हमने!"

जूती पहनते हुए चचा बाहर भागे, "अरे भई! धोबिन! ओ बुन्दू, चली गई धोबिन। अरे इमामी, किधर गई धोबिन? अरे दौड़ियों, अरे भई जाना, पकड़ना, लेकर आओ, मुँह क्या ताकते हो; सोने के बटन ले गई, अमाँ, सोने के बटन!! तुम्हारी चची के। उसका घर किधर है चौक से मुड़कर किधर को? अमाँ, खोचेवाले, किसी धोबिन को जाते देखा है? अरे भई रेवड़ीवाले, कोई धोबिन तो उधर नहीं गई? ओ भाई गँडेरियों वाले, कोई धोबिन...दाएँ हाथ को? उस तरफ़ को...?"

अभी तक चचा बटन लेकर वापस नहीं आए!

# सिगरेट

*सैयद एहसान अली शाह*

अपने हमजोली—हमजोली ही समझिए—प्रोफ़ेसरों को जब देखता हूँ, तो सीने पर साँप लोट जाते हैं। कोई मोटर पर सवार होकर कालेज में आता है, तो कोई मोटर साइकिल पर। कोई ताँगे पर आता है, तो कोई बग्घी पर और फिर इन सबकी पत्नियाँ मानो बसन्त के मुस्कराते हुए पुष्प हैं। मैं अक्सर सोचता हूँ कि ये लोग कितने भाग्यशाली हैं। अपनी निजी सवारी पर बैठकर शहर में घूमते हैं; निजी मकानों में रहते हैं। जिनमें सोफ़े, दरियाँ, कालीन, भाँति-भाँति के चित्र, तरह-तरह की मूर्तियाँ और रंग-बिरंगे पर्दे हैं। जहाँ जाते हैं, तबीयत पर एक आनन्दमय नशा छाया रहता है, साथ ही प्रेम की भूखी देवियाँ एक मुस्कराहट पर अपना जीवन अर्पण करने को तैयार रहती हैं। कितने भाग्यशाली हैं ये लोग और कैसा सुखी होगा इनका घरेलू जीवन!

इनके मुक़ाबले में एक मैं भी हूँ। हूँ मैं भी एक प्रोफ़ेसर ही; लेकिन मुझमें और दूसरे सहयोगियों में आकाश-पाताल का अन्तर है। उनके पास मोटर है और मैं बाईसिकल पर सवार होकर कॉलेज जाता हूँ। यह बाइसिकिल भी बाइसिकिलों के इतिहास में पुरातत्व का महत्त्व रखती है। इसके ट्यूब गुदड़ी की तरह फटे पुराने हैं; टायरों पर मोची की एक नहीं, दस मोहरें लगी हुई हैं। इस बाइसिकिल के अतिरिक्त मेरे जीवन की प्रत्येक वस्तु गुदड़ी बनी हुई है। एक छोटा-सा कमरा है, जो मेरा है। मकान की सबसे निचली मंज़िल में एक धुँधला-सा कमरा, जहाँ मेरा विचार है कि सूर्य की किरणों का दम घुटता है, इसीलिए इधर मुँह करने का साहस नहीं करतीं। इस धुँधले, सील-भरे कमरे की दीवालों का पलास्तर जगह-जगह से उधड़ गया है और इस कमरे को काग़ज़ और कपड़े के पर्दों से ढाँका गया है।

इसमें एक ओर एक अलमारी है—बिलकुल नई; लेकिन इसका नयापन ही क़यामत है। ऐसा लगता है कि इस कमरे के भयावनेपन में वृद्धि के लिए एक विरोधाभास पैदा कर दिया गया है। इस अलमारी के निकट एक छोटी-सी तिपाई पड़ी है जिस पर पुस्तकों का ढेर हर समय लगा रहता है। इन्हीं पुस्तकों के ढेर में सिगरेटों की खाली, आधी भरी हुई डिब्बियाँ पड़ी रहती हैं। तिपाई से कुछ दूर पर एक आरामकुर्सी की बाँहों पर पुस्तकें पड़ी रहती हैं और यहाँ भी सिगरेटों की डिब्बियाँ दिखाई पड़ती हैं। कॉलेज से आने के बाद और वहाँ जाने से पहले, मैं इसी आरामकुर्सी पर बैठता हूँ। मेरे दाहिने हाथ में

सिगरेट होता है और बाएँ हाथ में किताब। यही मेरा जीवन है—एक प्रोफ़ेसर का जीवन!

सबसे बड़ी चीज़ जिसमें मुझे दिलचस्पी है, सिगरेट की वह राख है जो मेरी आरामकुर्सी की बाँहों पर पड़ी रहती है—चौड़ी-चौड़ी, मैल से काली बाँहों पर सफ़ेद-सफ़ेद राख! आज से पूर्व इस राख को देखकर मेरे मन में एक विचित्र प्रकार की गुदगुदी-सी होने लगती थी। मैं सोचा करता था कि यह तुच्छ राख, जो फूँक मारने से उड़ जाती है और ऐसी उड़ती है कि फिर उसके अस्तित्व का चिह्न बाक़ी नहीं रहता, किस तरह एक श्रेष्ठ लेखक के लिए एक मनोरंजक उपन्यास का कथानक छोड़ गई और वह उपन्यास—हाँ, मैंने उसे स्वयं कई बार पढ़ा था और केवल इसलिए पढ़ा था कि उसमें सिगरेट की राख की चर्चा थी और यह राख मेरे जीवन में एक हमजोली की हैसियत रखती थी। मैं बहुधा इस राख को देखता और सोचा करता—सोचा करता और आप ही आप मुस्कराया करता। मैं सोचता था कि क्या उसी तरह—उपन्यास के उसी नायक की तरह, यह राख मेरे जीवन की इस धारा में कोई अन्तर डाल सकेगी?

लेकिन अब मेरा दृष्टिकोण बदल गया है। अब मुझे इस राख से उलझन-सी होने लगी है। अब जब कभी मैं इस सफ़ेद-सफ़ेद राख को आरामकुर्सी की बाँहों पर बिखरी हुई देखता हूँ, तो मेरी कल्पना न जाने किधर-किधर भटकती है, क्या-क्या दृश्य दिखाती है। मैं देखता हूँ—मैं बहुधा इस राख को देखकर कल्पनाएँ किया करता हूँ।

छुट्टी हुई और मैं दो-चार किताबें उठाए बाइसिकिल की ओर लपका। बाइसिकिल के पिछले पहिए में हवा न थी और मुझे बाइसिकिल को मिस्त्री की दुकान तक घसीटना था। मैंने नित्य की भाँति आज भी नई बाइसिकिल खरीदने का निश्चय किया और मिस्त्री की दुकान पर पहुँच गया। हवा भर दी गई और मैं घर चला आया। घर पहुँचा, बाइसिकिल रखी ही थी कि सीढ़ियों पर से किसी के भाग कर ऊपर चढ़ने की आवाज़ सुनाई दी। मैंने सोचा, कोई होगा। इस तरह के हज़ारों 'कोई' मेरे घर आया करते थे। यह सोचकर मैं सीधा अपने कमरे में चला गया।

कमरे में पहुँचते ही सबसे पहली चीज़, जिसे देखकर मेरे दिल पर एक धक्का-सा लगा; वह एक नन्हे से पंजे का निशान था, जो मेरी आरामकुर्सी की बाँहों पर बिखरी हुई राख में बना हुआ था। एक छोटा-सा मानव पंजा जिसकी पाँचों अँगुलियाँ स्पष्ट दिखाई पड़ रही थीं। प्रत्यक्ष था कि इस कमरे में कोई न कोई आया है, लेकिन मेरी किताबें उसी बेतरतीबी से पड़ी थीं। खुली हुई किताब, जिसे मैं सुबह पढ़ते-पढ़ते छोड़ गया था, वैसी की वैसी खुली रखी थी। कमरे की किसी चीज़ से ऐसा नहीं मालूम होता था कि मेरे अतिरिक्त कोई और इस कमरे में आया है। हाँ, वह निशान—मेरी आँख आप ही आप मेरे हाथों की ओर खिंच गई। लेकिन मेरे हाथ! लम्बे-से, पतले हाथों का यह चिह्न कैसा हो सकता था।

चोर पकड़ लिया गया था। मैं एक-एक डग में दो-दो चार-चार सीढ़ियाँ फाँदता हुआ ऊपर पहुँच गया और छूटते ही माँ पर बरस पड़ा।

"आप क्यों गई थीं मेरे कमरे में? क्या ज़रूरत थी आपको वहाँ जाने की? सब

सत्यानाश कर दिया आपने! हजारों बार कह चुका हूँ कि मेरे कमरे की सफ़ाई की ज़रूरत नहीं। आप वहाँ जो कबाड़ख़ाना है, उसे पड़ा रहने दें। फिर क्या वजह है कि मुझे व्यर्थ में परेशान किया जाता है।"

मैं ठीक नहीं कह सकता कि मेरा यह भाषण कब तक जारी रहता, यदि माँ ने होंठों पर अँगुली रखकर मुझे चुप रह जाने पर बाध्य न किया होता।

"हैं हैं" वे बोलीं, "किसी को क्या पड़ी है, तुम्हारे कमरे में जाने की? कोई नहीं आया।"

मैं उस पंजे को गवाही में पेश करने ही को था कि एक छोटी-सी लड़की लम्बा सा घूँघट निकाले तेज़ी से मेरे पास से गुज़री और आँगन में से होती हुई अन्दर कमरे में चली गई। मुझे ऐसा महसूस हुआ किसी ने मेरे होंठ सी दिए हैं। मेरे हाथ आप ही आप जेब की ओर खिंच गए। सिगरेट का बक्स निकल आया और मैंने सिगरेट सुलगा लिया। लेकिन इस बीच में मुझे फिर अपने गुस्से का ध्यान आ गया और मैंने अपनी बात रखने के लिए बनावटी तौर पर कहा, "देखिए अम्मी, मेरे कमरे में कोई न जाया करे, मैंने हज़ार बार मना किया है।"

अम्मी बोलीं, "तुम तो पागल-से होते जा रहे हो। इतना न पढ़ा करो, जाओ कपड़े बदलो—खाना..."

लेकिन मैं तो नीचे पहुँच चुका था। खाने के बाद उन्होंने क्या कहा, यह मैंने नहीं सुना। हाँ, अनुमान से मुझे मालूम हो गया कि खाना तैयार है। गुस्सा दिखाने के लिए ऐसा करना आवश्यक था।

× × ×

हमारे घर में यह एक विशेष बात है कि घर के सब व्यक्ति मिलकर एक ही दस्तरख़ान पर खाना खाते हैं और यह भोजन का समय ही ऐसा होता है, जिसमें मैं घर के अन्य व्यक्तियों से मिलता हूँ और पारिवारिक मामलों के सम्बन्ध में कुछ जान पाता हूँ। इसके अतिरिक्त मेरे जीवन का प्रत्येक क्षण पढ़ने या पढ़ाने में बीतता है। आज भी नित्य की भाँति दस्तरख़ान बिछा और मैं अपनी आदत के अनुसार दूसरों से कुछ पहले दस्तरख़ान पर बैठ गया। प्याज़ का क़तला खाया, शोरबेवाले डोंगे का ढक्कन उठा कर देखा, रोटियाँ गिनीं और अम्मी को पुकारा।

लेकिन कमरे के बाहर खुसुर-पुसुर की आवाज़ सुनाई दे रही थी। मेरे कान खड़े हो गए। मैंने ग़ौर से सुना; किन्तु कोई बात समझ में न आई। मैंने फिर पुकारा—"अम्मी! सालन ठंडा हुआ जा रहा है।"

"अरे भाई आ तो रही हूँ।" अम्मी ने जवाब दिया, "लेकिन यह शर्म की पोटली नहीं आती।"

"कौन है?"

"अरे यह रज़िया बड़ी आई शर्मवाली, भला बड़े भाइयों से भी शर्माया करते हैं।"

मैं सोचने लगा कि यह रज़िया कौन लड़की है? किन्तु मुझे अधिक देर सोचने की आवश्यकता नहीं हुई। मस्तिष्क ने कुछ क्षणों में अतीत पर से पर्दे उठा दिए और मैंने पहचान लिया—रज़िया!—एक नन्ही-सी लड़की, हमारे स्वर्गीय फूफा की किसी नाते की बहन की अनाथ बेटी थी। रोने की आदत! बात-बात पर बिगड़ जाने वाली! मैंने उसे पिछली बार उसके पिता के निधन के समय देखा था। वे बेचारे क्षय-जैसे भयंकर रोग से लगातार लड़ने के बाद अन्त में मृत्यु के सामने परास्त हो गए थे। उस समय मैं बी. ए. में पढ़ता था और रज़िया बारह-तेरह वर्ष की अल्हड़-सी बालिका थी। इसके बाद मैं आगे शिक्षा-प्राप्ति के लिए लाहौर चला गया और फिर कलकत्ते पहुँच गया। इसी बीच रज़िया की माँ भी उसी रोग का शिकार हो गई। अब यह माँ-बाप की इकलौती निशानी थी और हमारे स्वर्गीय फूफा के घर रहा करती थी। आज अम्माँ के कहने के अनुसार न जाने उसे क्या सूझी कि वह हमारे यहाँ चली आई।

यह सब कुछ याद आने के बाद मैंने सोच लिया कि मुझे उसे बुलाने और उससे बातें करने का केवल पूरा अधिकार ही नहीं है, बल्कि मेरा कर्त्तव्य भी है। अतः मैंने उसे आवाज़ दी—"ग़ैर कौन है यहाँ—किससे शर्म आ रही है इन्हें?"

"तुमसे!"

"अच्छा! वाह!"

और रज़िया शर्माती, लजाती, मुस्कराती हुई कमरे में आ गई। उसकी आँखें ज़मीन में गड़ी थीं और उसकी पतली-पतली, छोटी-छोटी, लाल-लाल अँगुलियाँ दुपट्टे से खेल रही थीं।

"लो भला, इनसे शर्माने की क्या बात है?" अम्मी बोलीं, "सलाम करो इन्हें और इन्हीं के सामने बैठ जाओ।"

लेकिन इसके पहले कि वह सलाम करे, मुझे न जाने क्या सूझी कि मैंने कह दिया, "सलाम हुज़ूर! अच्छी तो रहीं आप? बहुत दिनों बाद दर्शन दिए आपने। लीजिए, तशरीफ़ रखिए। अरे भई, हमें यह पसन्द नहीं, बेतकल्लुफ़ी से बैठो। तुम्हारा अपना घर है, यह लो चम्मच, अपनी प्लेट में भी सालन डाल लो और हमें भी, हर्ज़ न समझो तो दे दो। अरे वाह, तुम तो जैसा लोग कहते हैं, ज़मीन में गड़ी जाती हो। देखो भई रज़िया, यह बात तो हमें बिलकुल पसन्द नहीं। ओफ़्फ़ोह! तुमने हमारे सलाम का जवाब भी नहीं दिया? अरे भई, हम हुज़ूर को सलाम कर रहे हैं।"

रज़िया के होंठों पर एक मुस्कराहट-सी काँप रही थी। उसका माथा अंगारे की तरह लाल हो रहा था और उसकी लम्बी-लम्बी पलकें मृग-नयनों को इस प्रकार छिपाए हुए थीं, मानो दूसरों की दृष्टि से रक्षा कर रही हों। और ऐसा चाहिए भी था। मैं जो आँखें फाड़-फाड़ कर उसे ताक रहा था।

× × ×

उस दिन न जाने मेरे मन को क्या हो गया था। जी चाहता था अम्मी से कहूँ कि रज़िया

को स्थायी रूप से अपने पास ही रख लें। आख़िर स्वर्गीय फूफा भी उसके सम्बन्धी ही थे और हम भी एक तरह के सम्बन्धी ही तो हैं। फिर क्या कारण है कि रज़िया वहाँ रहे और यहाँ न रहे।

लेकिन यह होते हुए भी मैं अपने सीने में एक विचित्र-सी रुकावट का अनुभव करता था। यदि कोई और बात होती, तो मैं अम्मी से सब कुछ कह देता; लेकिन और बात के क्या माने—यह कह देता कि रज़िया जिस तरह फूफा की सम्बन्धी है, वैसी ही हमारी भी है। यह हमारे यहाँ रहेगी। आपके पास और कोई आदमी नहीं; आप दिन भर अकेली रहती हैं। इसके रहने से आपका अकेलापन दूर हो जाएगा। इसमें भला क्या बात थी जो मैं मुँह तक न लाता। यह कह देने में हर्ज़ ही क्या था; लेकिन फिर भी इन सब कारणों के होते हुए भी, मैं अम्मी से कुछ भी तो न कह सका। रोटियों के टुकड़े करता रहा; अनायास उनके किनारे कुतरता रहा; चावलों में अनायास ही किसी चीज़ को खोजता रहा। मेरी अँगुलियाँ काँपती रहीं, मेरे होंठ काँपते रहे, मगर मैं कुछ न कह सका।

लेकिन सहसा अम्मी ने मेरे मस्तिष्क का भार हल्का कर दिया। ऐसा लगता था कि उनके होंठों में कोई जादू है, जिसने मेरी खोई हुई शान्ति मुझे वापस दे दी। वे बोलीं, "आज मैं तुम्हारे फूफा के यहाँ जाऊँगी और इन शर्मीली बेगम का सामान यहाँ उठवा लाऊँगी। अब ये यहीं रहेंगी।"

मैंने जल्दी से मुस्कराकर कहा, "ज़रूर! ऐसा ज़रूर कीजिएगा अम्मी! आख़िर रज़िया बी हमारी भी तो कुछ लगती हैं। इनकी सेवा करना हमारा भी तो कर्तव्य है।"

और रज़िया का सिर शर्म के मारे इतना झुका, इतना झुका कि खाना मुश्किल हो गया।

× × ×

चन्द दिनों में वह बेतकल्लुफ़ हो गई। मैं समझता हूँ, बेतकल्लुफ़ी का भोलापन जो प्रकृति की ओर से प्राप्त हुआ था। अब वह इस घर को अपना घर समझने लगी थी। हर समय झाड़-पोंछ में लगी रहती और यह उसकी कृपा थी कि मेरा कमरा, जो किसी समय मैला-कुचैला था, अब साफ़-सुथरा हो गया था। उसी के आग्रह से तंग आकर मैंने कमरे में प्लास्टर करवाया; फ़र्श ठीक कराया; आल्मारियाँ बनवाईं और रज़िया ने यह काम अपने सिर ले लिया कि मेरे कॉलेज जाने के बाद उसे साफ करती; किताबें सजाकर रखती; सिगरेट के डिब्बे एक जगह इकट्ठा कर देती; लेकिन साथ ही एक ज़ुल्म भी कर देती अर्थात् आरामकुर्सी की बाँहों पर से वह राख उड़ा दिया करती, जिसने पहले दिन उससे मेरा परिचय कराया था और जो उसके आने से पहले मुझे अत्यधिक प्रिय थी।

उस राख का उड़ जाना रज़िया के लिए कोई विशेष महत्त्व न रखता था और वैसे किसी मनुष्य के जीवन में उसका महत्त्व प्राप्त कर लेना वास्तव में एक हास्यास्पद बात थी; लेकिन जीवन में हज़ारों बातें हास्यास्पद होते हुए भी ऐसी होती हैं कि मनुष्य उनसे अलग नहीं हो सकता। यह आरामकुर्सी की बाँहों पर बिखरी हुई राख भी कुछ ऐसी ही चीज़ थी कि मैं उसे अपने जीवन से अलग नहीं कर सकता था।

अतएव एक दिन तंग आकर मैंने रज़िया से कह दिया, "देखो न रज़िया, तुम कमरा ख़ूब साफ कर दिया करो; लेकिन मेरी कुर्सी न साफ किया करो।"

बात वास्तव में अजीब थी और हर आदमी इस पर चकित होता। रज़िया की भी बड़ी-बड़ी आँखें आश्चर्य से खुली रह गईं और इसी दशा में उसने मेरी ओर देखते हुए पूछा, "क्यों? वह कैसे?"

"बस!" मैं सोच रहा था कि इसका जवाब क्या दूँ। "कम-से-कम वह जो सिगरेट की राख होती है न, उनकी बाँहों पर, वह न झाड़ा करो।"

"लेकिन।" रज़िया मुस्कराने लगी। उसकी मुस्कराहट बड़ी मधुर हुआ करती थी, "इस राख में ऐसे कौन-से लाल जड़े हैं?"

"मुझे अच्छी लगती है, रज़िया! देखो न, कभी-कभी आदमी को अजीब-अजीब चीज़ें अच्छी लगती हैं। जैसे कुछ आदमियों को बिल्ली-कुत्तों से बड़ा लगाव होता है, यद्यपि तुम ख़ुद जानती हो कि यह दोनों जानवर कैसे कुरूप होते हैं और फिर कुछ लोगों को—मैंने अक्सर नौजवानों को देखा है, अजीब-अजीब चीज़ों का शौक़ होता है। मुझे भी एक अजीब चीज़ का शौक़ है और वह है सिगरेट की यह राख। तुम इसे मत झाड़ा करो।"

"अच्छा। लेकिन प्रोफ़ेसर साहब!" रज़िया रुककर बोली, "आपको और कोई चीज़ अच्छी नहीं लगती?"

"और चीज़! क्या मतलब?"

"मेरा मतलब है कि आपको सिर्फ राख ही अच्छी लगती है?"

"अरे नहीं, पगली! मेरा यह मतलब थोड़े ही है। मैं कहता हूँ कि, क्या कहना चाहिए उसे—कुछ आदमी—मतलब यह है कि दुनिया में मुझे बहुत-सी चीज़ें पसन्द हैं, जैसे नरगिस का फूल मुझे बहुत भला लगता है—जैसे..."

एकाएक मेरी दृष्टि रज़िया की आँखों की ओर खिंच गई; लेकिन मैंने घबराकर दूसरी ओर देखा और कहा, "जैसेकि सिगरेट मुझे बहुत पसन्द है। मैं बहुत सिगरेट पीता हूँ; पहले शौक था, अब आदत हो गई है!"

"तो आपने यह आदत छोड़ने की भी कभी कोशिश की है?"

"कोई कारण न था कि यों ही, अनायास, एक अच्छी चीज़ छोड़ दी जाए। बेमतलब!"

"अच्छी चीज़! सिगरेट अच्छी चीज़ है, प्रोफ़ेसर साहब?"

"अरे, भाई, क्या करें और अकेला आदमी और करे भी तो क्या? सिगरेट पीने से ज़रा चित्त एकाग्र रहता है। तुम्हें मालूम है, सब बड़े-बड़े लेखक सिगरेट पीते हैं। इसका यही कारण है कि सिगरेट एक तो एकान्त के अच्छे साथी साबित होते हैं और दूसरे यह कि विचार एकत्रित रहते हैं।"

"लेकिन प्रोफ़ेसर साहब, मतलब यह कि आप लेखक तो हैं नहीं, फिर आप सिगरेट क्यों पीते हैं?"

"अरे भाई, लेखक नहीं तो अकेला तो हूँ।"

"अकेले कैसे? अम्मी हैं और–" वह कहते-कहते रुक गई।

"हाँ, अम्मी हैं; लेकिन रज़िया, बात यह है कि अम्मी-अम्मी हैं न! मेरी दोस्त थोड़े ही हैं।"

"तो आपका कोई दोस्त नहीं?"

"न!"

"बाहर भी कोई नहीं?"

"बहुत से हैं, लेकिन मैं किसी का नहीं बन सका। न जाने क्या बात है कि आदमियों से खचाखच भरी हुई दुनिया में मैं अकेला हूँ?"

"लेकिन प्रोफ़ेसर साहब, कुछ भी हो, आप सिगरेट छोड़ दीजिए, बुरी बात है। आख़िर तन्दुरुस्ती पर इसका बुरा असर पड़ता है।"

"अरे छोड़ो रज़िया, इन बातों को। सिगरेट छोड़ दूँ तो फिर मेरी ज़िन्दगी में बाक़ी ही क्या रह जाएगा।"

रज़िया ने फिर आग्रह किया–फिर आग्रह किया; किन्तु मानता कौन?

× × ×

दूसरे दिन रज़िया ने फिर राख साफ कर दी। मैंने उससे पूछा, तो उसने शासन के स्वर में कहा, "आख़िर इस राख में क्या रखा है...मैं आपका सिगरेट छुड़वा कर रहूँगी।"

"लेकिन रज़िया, इस तरह मुझे तकलीफ़ होती है।"

"और आपको सिगरेट पीते देखकर मुझे जो तकलीफ़ होती है।"

"यह कहाँ की बुद्धिमानी है! कह दिया कि मैं अकेला हूँ, इसलिए कलेजा फूँक रहा हूँ।"

"आप अकेले कब हैं? अम्मी हैं, मैं हूँ, और–"

न जाने रज़िया एकाएक क्यों झेंप गई और झेंप मिटाने के लिए कोई बहाना करके टल गई।

मैं मुस्करा दिया। मन-ही-मन समझ गया–पगली लड़की है, दीवानी कहीं की।

लेकिन इसके बाद सिगरेट सुलगाने को जी नहीं चाहता था। आदत हाथों को खींच कर सिगरेट की ओर ले जाती; लेकिन न जाने हृदय में वह कौन-सी शक्ति जाग उठी थी, जो मेरा हाथ रोक देती थी। मैं समझता था, सिगरेट पीना एक आदत है। रज़िया से बातें करने पर ज्ञात हुआ कि आदत नहीं ज़रूरत है। मुझे सहसा विश्वास हो गया था कि अगर मैं सिगरेट पीने का आदी न होता तो मेरा जीवन एक अनवरत एकान्त बन जाता। लेकिन अब ख़ुदा जाने, वह कौन-सा भाव था, जिसने मुझे यह समझ लेने पर बाध्य कर दिया कि अब सिगरेट की आवश्यकता नहीं। और जब आवश्यकता नहीं; तो फिर सिगरेट पीना व्यर्थ है।

लेकिन यह होते हुए भी उस दिन ज़बर्दस्ती मैंने दो-चार सिगरेट पी ही लिए। इन

दो-चार सिगरेटों की राख कुर्सी की बाँहों पर बिखर गई। मैंने इस राख को देखा; एक आनन्द का अनुभव किया। लेकिन फिर सहसा मेरे हाथ आप ही आप कुर्सी की बाँहों पर फिर गए और राख साफ हो गई। अब इसकी भी आवश्यकता न थी।

और दो-तीन दिन के अन्दर-अन्दर मैंने सिगरेट पीना छोड़ दिया। रज़िया यह देखकर बहुत प्रसन्न हुई। इतनी प्रसन्न कि उसकी हर बात में प्रफुल्लता और उसके हर काम में उत्साह-सा दिखाई पड़ने लगा। सिर्फ यही नहीं, उसने एक दिन अम्मी के कथनानुसार झिझकते हुए उन्हें यह भी बता दिया कि मैंने उसके कहने पर सिगरेट पीना छोड़ दिया है। अम्मी ने उसकी इस प्रसन्नता में पूरा भाग लिया और बोलीं, ''कैसी भोली बच्ची है! इसी एक बात पर फूली नहीं समाती, 'प्रेम की भूखी है बेचारी! न बाप, न माँ, न भाई, न बहन। अल्लाह अपना रहम करे।''

उन्होंने कहा, मैंने सुन लिया। बात आई गई हो गई। लेकिन मैं बहुधा सोचा करता था कि क्या मेरे कारण रज़िया की वह स्वाभाविक भूख मिट गई है या रज़िया के कारण मेरा उबा देने वाला एकान्त ख़त्म हो गया है। मेरा विचार था कि यह दोनों चीज़ें एक साथ पूरी हो गई हैं।

× × ×

लेकिन अभी यह विचार किए हुए अधिक दिन नहीं बीते थे। यही कोई साल छह महीने हुए होंगे और मैं अपने यौवन के रंगीन क्षितिज में प्रेम के सूर्य को उदय होता देख रहा था कि एकाएक संध्या ने हम दोनों को दबोच लिया।

एक दिन रज़िया ने मुझसे शिकायत की कि उसकी आँखें और नथुने जलते हुए से प्रतीत होते हैं। अम्मी का विचार था कि बात बिलकुल साधारण है; लेकिन न जाने क्यों मेरा कलेजा धक से रह गया। उसका बाप भी मर चुका था, उसकी माँ भी मर चुकी थी। और वे दोनों एक ही रोग में मरे थे। मैंने डॉक्टर से सलाह करने का निश्चय कर लिया।

डॉक्टर ने कहा—ख़ुश रहे, भोजन ख़ूब करे, सुबह-शाम घूमे, व्यायाम करे और न जाने क्या-क्या करे और कैसे करे। मैंने उसे सब कुछ बता दिया। वह मुस्कराकर बोली, ''अम्माँ को भी यही डॉक्टर ने कहा था। और उन्होंने वह सब कुछ किया भी था; किन्तु अम्माँ अब हैं कहाँ?''

मुझे ऐसा अनुभव हुआ कि मैं इस संसार में नहीं, बल्कि किसी गहरे खड्ड में गिर गया हूँ, जिसकी गहराई इस संसार में नहीं, बल्कि एक अन्धकारमय शून्य में समाप्त होती है।

इस भयानक विचार के होते हुए भी रज़िया ने, शायद मुझे प्रसन्न करने के लिए, वह सब कुछ किया जो डॉक्टर ने बताया था। लेकिन आँखों और नथुनों के साथ-साथ अब शरीर भी गर्म रहने लगा। होते-होते खाँसी भी शुरू हो गई। बुख़ार तेज़ होता गया। खाँसी बढ़ती गई। डॉक्टरों और हकीमों के नुस्ख़े बदलते गए; लेकिन रज़िया दिन पर दिन पीली और निर्बल होती गई। यहाँ तक कि रोग-शय्या पर पड़ गई।

बीमारी के कारण उसके स्वभाव में चिड़चिड़ापन आ गया और सबसे बड़ी मुसीबत यह थी कि वह हर समय मुझे अपने समाने बैठाए रखती। नौकर को ख़ास तौर से यह निर्देश दिया गया था कि मेरी आरामकुर्सी उसकी चारपाई के सामने रहे और मेरी किताबोंवाली तिपाई आरामकुर्सी के पास पड़ी रहे। मैं इसी आरामकुर्सी पर बैठा कभी पढ़ा करता; कभी रज़िया को देखा करता; कभी उसे दवाई देता और कभी फल आदि खिलाता। लेकिन रज़िया हर समय और हर घड़ी मेरी ओर ताका करती भूखी-भूखी दृष्टि से और उसकी आँखों से स्पष्ट था कि वह कुछ कहना चाहती है; लेकिन कह नहीं सकती।

एक दिन मैं इसी तरह बैठा था। मेरे हाथ में कोई पुस्तक थी और मैं अध्ययन में व्यस्त था कि रज़िया बोली—"प्रोफ़ेसर साहब, आपको सिगरेट छोड़े हुए कितने दिन हुए।"

"ऐं? क्या कहा? सिगरेट छोड़े?" मैं इस अचानक सवाल पर बौखला-सा गया, "यही, कोई वर्ष-डेढ़ वर्ष!"

"और इस बीच आपने कभी सिगरेट नहीं पिया?"

"न।"

"बाहर भी नहीं!"

"नहीं जी! जब छोड़ ही दिया, तो फिर बाहर और घर में एक ही बात है।"

"लेकिन आपका जी कैसे बहलता था?"

"क्या मतलब?"

"आप कहते थे न, अकेले आदमी के लिए सिगरेट आदत नहीं, एक ज़रूरत है। फिर यह ज़रूरत आपकी..."

मैंने ध्यान से रज़िया के मुरझाये हुए चेहरे की ओर देखा और अकस्मात् मेरे मन में एक विचार उत्पन्न हुआ। मैं रज़िया को प्रसन्न करना चाहता था। मुझे न जाने क्यों विश्वास हो गया कि मैं उसे प्रसन्न कर सकता हूँ और अगर वह प्रसन्न हो गई, तो सम्भव है बच जाए।

"हाँ रज़िया, अकेले आदमी के लिए सचमुच सिगरेट एक आवश्यकता है।"

"तो फिर आपने छोड़ा क्यों?"

"मुझे एक दोस्त मिल गया था इसलिए मैं अकेला नहीं था; ज़रूरत नहीं थी।"

"कौन था वह?"

मैंने रज़िया की ओर देखा। जाने रज़िया को मेरी आँखों में क्या बात दिखाई पड़ी कि उसने एक आह भर के मुँह दूसरी ओर फेर लिया।

और कुछ ही क्षणों के बाद मैंने अनुभव किया कि वह बुरी तरह रो रही है। मैं उसे प्रसन्न करना चाहता था; लेकिन यह प्रसन्न नहीं हुई थी। वह रो रही थी। और वह रोना केवल रोना ही नहीं था; वह अपने जीवन के कई क्षण आँसुओं के साथ बहा रही थी। अतः मैं व्याकुल होकर उसकी ओर लपका और उसे दिलासा देने लगा। लेकिन

मैं उसे जैसे-जैसे चुप होने को कहता, उसके आँसू अधिक वेग से बहने लगते। यहाँ तक कि वह रोते-रोते निढाल हो गई और थककर अर्द्ध-मूर्च्छित-सी हो गई। कुछ क्षणों के मौन के बाद उसने नौकर को बुलाया। अपने तकिए के नीचे से पैसे निकालकर उसे दिए और अत्यन्त शासन के स्वर में आदेश दिया कि, "सिगरेट लाओ!"

मैं चकित रह गया।

"सिगरेट पीजिए प्रोफ़ेसर साहब!" उसने डिबिया मेरी ओर बढ़ाते हुए कहा, "अकेले आदमी के लिए सिगरेट आदत की नहीं, बल्कि ज़रूरत की चीज़ न होती है, प्रोफ़ेसर साहब!"

और उसकी आँखों में फिर आँसू भर आए।

●●●